巴黎咖啡馆史话

Histoire insolite des cafés parisiens

[法] 热拉尔 · 勒塔耶尔 著　刘宇婷 译

GÉRARD LETAILLEUR

西南師範大學出版社
国家一级出版社　全国百佳图书出版单位

谨献给我的儿子

感性的游子，纪尧姆

这是一本和巴黎咖啡馆有关的书

我们可以从中窥见一个浮光掠影的世界

那里拥挤、嘈杂、多变，又充满差异

这里不仅有大名鼎鼎的人物

还有天马行空的文人骚客

没有光环的诗人

默默无闻的演员

境况悲催的画家和风尘女子

我们能在此遇见那些所谓的社会改革者和野心家

他们之间若有一个共同的特点

那就是在某一天踏进了同一家咖啡馆

——热拉尔·勒塔耶尔

目录

推荐序

当我们开始阅读这段有趣的历史，我们会发现法国生活的方方面面。无论是政治、社会，还是艺术生活，究其发展原因，大部分都得益于法国人对咖啡馆的极大热情！这样说是否无稽之谈？读者自有判断……

从路易十二时期的天使酒馆，到第四、第五共和国时期的花神咖啡馆；从圣尼古拉酒馆到双叟咖啡馆；从三新月客栈到源泉咖啡馆，途经伏尔泰咖啡馆、普罗科普咖啡馆（简直成了喜剧演员的向往之地），这一路漫步下来，穿越时空，人们曾多少次相聚又分离（其中甚至包括拉瓦亚克和卡图什的会面！），智慧、风景、趣事，甚至是争论都在这里争相上演。这一路所见，让我们可以尽情审视巴黎的精神风貌。

大学生、艺术家、作家、政客、记者和社会新闻编辑，几个世纪以来，他们不断通过思想和论战树立起他们的观点，再将其打破。这些人可以在书中的每个章节勾起我们的回忆——这就是巴黎之所以被誉为“欧洲的咖啡馆”的最好例证！

不管叫它们酒馆、酒店、咖啡馆、啤酒屋，还是小酒馆，这些地方都有自己的历史和数不清的轶事。这不禁令人感叹，巴黎竟有那么多丰富的过往和独特的魅力！

作为一部参考著作，这部“史话”，除了它的有趣之外，还证实了在21世纪——这个现实经常被虚拟替代的时代——我们再也无法在咖啡馆这样的文化场所如此长时间停留。当我们剥掉墙皮，依然能看到那些古老的石块，以及让它们生机勃发的那种精神。

诺查丹玛斯[①]曾做过一个美好的预言，就像这本书展示给我们的：

只要巴黎仍在，世间欢乐长存。

尽管这位预言家并未明示，但正是在这些咖啡馆里，巴黎的欢乐才能够永远地得到庇护。

让·皮亚（Jean Piat）

法国莫里哀戏剧最佳喜剧演员奖得主

① 诺查丹玛斯：（1503—1566）法国籍犹太预言家。——译者注

开 篇

小酒馆如何成为人民议会厅。

——奥诺雷 · 德 · 巴尔扎克

《人间喜剧 · 农民》第十二章

想要了解巴黎有很多途径。岁月在这里聚积了太多古老的砖石和丰富的文化，即使政权更迭，几经拆毁，游客们对这座首都的热情依旧不减。巴黎的部分建筑见证了历史上那些重要事件，有些建筑正是它们发生的舞台。那时的人们可以透过窗扇看到皇帝或亲王的车队从窗前经过，看到闹事的人群、蒙面的革命者，伴随着无以名状的吵闹声，回荡在流动的混乱之中。

作家和艺术家们争先恐后地用悲伤感怀或清新幽默的文章，又或者是用令人沉浸在冥想中的诗句，来歌颂这座古老的城市，描绘出这座城市中忙碌的、躁动的、无忧无虑的人们。他们随时准备好对抗一切命运的不公。还有什么样的情感与灵感比这更加自然流露呢？不幸的是，谁也无法阻挡命运的车轮前行，这一切都是那样的短暂，易逝，昙花一现。记忆之门已经关闭，我们像被遗弃的孩子一样留在原地，一边不安地等待，一边找寻记忆消逝的幻影。

如果人们无法意识到咖啡馆的重要性，如何能够读懂巴黎那些动荡的岁月，以及那些欣喜的时刻？当我有了这个想法，一个有趣而新颖的办法出现了。我可以再现那些消失的年代，我可以讲述“闲谈商店”的历史。人们过去给巴黎的咖啡馆冠名为“闲谈商店”，大家喜欢在这里见面，聊天，彼此欣赏和争吵。人们有时候会在这里找到一片自娱自乐的天地，又或者仅仅是在这里简单地存在过。

咖啡馆框住了最活跃的对话、最激烈的争论和最喧闹的场景。它扮演着一个今时今日我们都很难揣测的角色。遥想咖啡馆在全盛时期展现的不同侧面，简直就像在我们眼前展开一幅幅风景优美的画卷，让我们找回一连串已经被遗忘的符号，以及风俗历史中最动人的有趣段子。

酒馆、酒店、餐馆、咖啡馆、啤酒屋，无论叫哪个名字，它们比起正式的社会机构名字也毫不逊色。它们非常对法国人的胃口。在那里，人们可以自由而亲切地交谈着有关生活的一切话题。

我们可能还会记得那段可以追溯到1830年的话语：

> 诸位认为这里应该由谁来掌权？是国王吗？是贵族议会吗？是国民议会吗？真是幼稚！至高无上的权力存在于卖巧克力冰淇淋的城市广场，存在于台球厅，存在于林荫大道的咖啡馆里。

> 司法案件的最终上诉由谁来审判？是最高法院吗？
>
> 是咖啡馆！
>
> 文学方面谁是权威？是法兰西文学院，还是《辩论报》？
>
> 不，是咖啡馆，还是咖啡馆！[1]

很久以前，在恺撒那个时代，在凯尔特高卢的边境上，有一座破烂的城堡。城堡里尽是些茅草屋，它们遍布在部分岛屿上，这些岛屿则是因河流冲积而形成的，其中最大的一座岛很像一艘下锚的船。

征服者阿莱西亚将这座岛命名为吕泰斯，可能是源自凯尔特语中“loutouchezi”这个词，意为“沼泽中的住所”。岛上的部族，巴黎西人（parisii），受塞农人的庇护，在罗马人入侵之前过着平平淡淡的日子。

这个部族从哪里来？历史学家们也含糊其辞，在各种推测中找不出答案。“巴黎西”这个词从种族的角度来说，与特洛伊王子帕里斯、伊索斯王或伊希斯女神会不会有什么关系？这些疑问始终没有一个确切的答案。

然而从1991到1992年对贝尔西（bercy）遗址的考古发现来看，可以肯定的是，至少6000年以前，在最早的一批凯尔特人到来之前，这里就已经有了人类生活的痕迹。那时塞纳河的一条支流流经那里，河水深约8米。人们发现了一个村落遗址，周围用木栏围住，那里有数不清的日常生活用品：用橡树树干凿成的小船，陶花瓶，陶土女性塑像，双耳的罐子，放面包的托盘，平底锅，长柄汤勺，斧子，石磨和用砂岩打磨的磨轮，用鹿角做成的槌子、鱼钩、凿子、雕像……

总之，这些器物上留存着的工艺、食品、工具、信仰的痕迹，见证了那个时代高度活跃的人类生活。

再让我们来看看4000年后，奥古斯都大帝的卢特西城。一大片森林密布的高地俯视着色卡纳河，这就是我们今天所知道的塞纳河。这些高地被广袤的沼泽地包围，这就是耶稣基督诞生前一个世纪巴黎的模样。罗马史学家李维向我们揭示了早期古巴黎人的点滴生活习俗："这个民族高贵而骄傲，反复无常又易怒，天生喜欢徒劳的争执。他们的思想和心情一样随性，不太去思索，也缺乏连续性。他们需要热闹、战争和华服。战士把自己的长发染成红棕色，他们的妻子涂脂抹粉，挂着沉甸甸的金链子。这个民族喜欢有条纹的希腊式短披风，颜色鲜艳的羊毛披肩，还有布满圆盘和花卉图案的紫色长袍。"

"而战士最喜欢的，是战斧，猎刀，箭形的头饰，用驼鹿或原牛这些丑陋野兽的角和羽毛装饰的头盔。我们曾经见过战士鄙视其他的服饰，把自己的衣服扔在地上去追击敌人……"[2] 我们还知道这些古巴黎人十分迷信。在村子里，他们供奉着数不胜数的神明，他们认为这些神明会救他们于水火：商业之神墨丘利、战争之神卡缪尔……1711年，人们还在巴黎圣母院的祭坛处发现了一块长方形的石头，原来这里是提贝里乌斯统治时期一个用来祭祀墨丘利的祭坛遗址。

在罗马人的影响下，这座船夫和渔人的大镇子一点一点变成一座井然有序的小城市。我们完全可以想象，在最初形成的小酒馆里，人们已经能用几个古罗马银币换得几轮高卢啤酒下肚了。

之后，古代世界分崩瓦解，罗马人失去统治地位，高卢人也日渐式微，蛮族入侵，之后最早的一批基督徒到来。然而四个世纪之后的巴黎，仍旧满是用木板或柳条栅栏围成的圆形小房子，没有楼层，也没有烟囱和窗户。圣女日内维夫①、克洛蒂尔德②和克洛维斯③所信奉的新宗教在这里建立起庞大的建筑：万神庙（圣日内维夫教堂），圣文森特大修道院（圣日耳曼德佩教堂）……在城市的北部，原先高卢人称为"火星山"的那座山丘，为了纪念圣徒德尼，被早期的基督徒改名为"殉道者山"，最终定名为蒙马特高地。那时的蒙马特高地就是一座小山丘，覆盖着草场，有溪水流淌，山顶却光秃秃的，感觉像是有一只巨型鼹鼠在平原上竖起了一个巨大的土石块。

《金色传奇》[3] 中讲述了圣徒德尼在雅典得到圣徒保罗的教化，皈依基督教，在 1 世纪末期，圣徒德尼被当时的罗马教廷派来向巴黎西人传播福音。后来的故事我们已经有所了解：他和他的同伴埃勒戴尔、鲁斯迪克被罗马行政官下令逮捕，关进监狱。之后，在十月里一个寒冷有雾的早晨，他被带到蒙马特山上殉道。他殉道的地方曾经矗立着墨丘利神殿，后来神殿拆毁，石柱被拿去装饰圣皮埃尔教堂。"殉道者街" 就是为了纪念这悲剧性的一天而命名的：圣徒德尼和他的两个信徒在山丘的高处，也就是在今天的安托瓦内特街那里，被利剑斩首。

① 日内维夫：Saint Geneviève, 法国天主教圣女，巴黎的守护神。——译者注
② 克洛蒂尔德：474—545，克洛维斯的妻子。——译者注
③ 克洛维斯：466—511，萨利昂法兰克国王。——译者注

在人群错愕的目光下，一位主教恭敬地用双手捧着圣徒德尼胡须花白的头颅，拿到目的泉那里去冲洗。然后，他带着头颅向北走了大约6000步。虔诚的信徒卡蒂拉在此等候，并埋葬了圣德尼，此后信徒们又在那里建起了大教堂。殉道者鲜血的红色，代表这座城市商船的蓝色，以及代表亨利四世王室羽饰的白色，久而久之，便成了法兰西国旗上的三种颜色：红蓝白。

权力一时间落入了墨洛温王朝手中，而宗教的权力被主教牢牢掌控，主教利用王室对宗教裁判所的畏惧，操控着法兰克王国的政权，并将巴黎置于天主教这一新兴教会的管辖之下。耶稣基督的字母纹饰取代了墓室石头上雕刻的牡羊头或纵酒狂欢的场景。教会象征性地把基督的纹饰放在字母“α”和“Ω”之间，形成代表某种神秘力量的纹饰，这种神力可以超越时空。这时的人口也发生了变化。高卢－罗马人迎来了一大批效忠墨洛温王朝王室的近臣，这些法兰克军队的老将们挥舞着标枪和战斧而来，同时也带来了许多手工艺人：军械师、织布工、绣花工、金银匠……吕泰斯在这时改名换姓：她变为了巴黎。

公元451年，圣女日内维夫保护巴黎，使其免于匈奴的暴虐统治。885到886年，这座城市在抵抗了13个月之后，被诺曼人攻陷。此时，没有什么能够阻挡巴黎向塞纳河的两岸扩张。公元987年，于格·卡佩将他的王朝首都设立于此。巴黎的版图继续扩大，并逐渐建起自己的城墙。1170年，路易七世下令，将从科尔贝到芒特的河运权交由强大的水务商人行会垄断。内河航运贸易给这座首都带来了财富。因此巴黎市的徽章上有船的图案和拉丁文的铭文“Fluctuat nec mergitur”(漂浮永不沉没)，时至今日仍在提醒着我们那段历史。如果说塞纳河的右岸聚集着商业活动，那么左岸就代表着知识和精神生活的繁荣。1237年，欧洲最古老大学之一的索邦大学将校址设立在了圣日内维夫山上。

哥特艺术在建筑中被发扬光大，在西岱岛的中心，我们可以看到巴黎圣母院和它周围那些无与伦比的教堂：由圣路易主持建造的圣礼拜堂，圣雅各屠宰场教堂，圣热尔韦教堂，圣赛夫韩教堂……在14世纪，国王查理五世在右岸设起一道开有6座大门的城墙，并且扩大了他的行宫——卢浮宫——周围的要塞。到了15世纪，旧宫殿已是荡然无存，直到一个世纪之后，在国王弗朗索瓦一世的命令下才得以重建。查理五世时代，巴黎住有7万居民，到了弗朗索瓦一世时达到了30万。到18世纪初，巴黎拥有了60万居民，已然成为欧洲最大的城市。巴黎像古时的罗马一样，有着丰富而活跃的艺术和文化生活。贵族和小资产阶级气息融入了圣日耳曼和圣奥诺雷这样的新兴城区。著名的建筑师大胆地施展才华，以满足国王美化和点缀这座城市的愿望。

巴黎人代表了法国的形象，她就像一个大熔炉，无论是来自亚洲高原、希腊岛屿、拉丁沼地、斯堪的纳维亚峡湾，还是日耳曼森林的文化都在这里交融。这个民族所生活的地理位置很好地给出了解释：法国位于欧洲半岛的边缘，既是地中海地区的十字路口，也是古代世界文明和大西洋文明的摇篮。这里犹如欧洲的后花园，气候宜人，土壤肥沃。巴黎经常被其他民族觊觎，也曾经多次遭受入侵。巴黎人拥有这些多样性的结果就是他们经常会对立起来，接着很快就会由服从等级和权威，变成无组织无纪律的无政府主义。他们热衷于批判政府，但又是这片土地的奴仆。他们热爱自由，不拘一格，也喜欢享受特权和破格的优待。他们相信自己的命运，每当遭遇民族危难之时，他们总能够为民族的复兴找到必要的原动力。于勒·雅南曾写道：“巴黎属于每个人，也属于所有人：很少有人生在这里，所有人都只是经过，没有一个人留下。”[4]

我们的祖先不遗余力地提高自身的防御能力。巴黎的每一个入口都设有哨塔、堡垒和城墙。每个哨塔下面都有战壕。每个战壕里都有全副武装的士兵。在城墙内，数不清的街道相互交织，汇集，混杂在一起，巡视极为不便。在城市上方，整齐的人字山墙，尖尖的屋顶，尖顶，楼顶的风标，阁楼和顶塔，这些建筑的顶部覆盖着破烂的石板瓦，上面长着一层金黄色的湿漉漉的苔藓，略带发黑。在城市中，破烂的房子，难看的木板桥和歪七扭八的房梁将塞纳河完全遮挡住了。危险还不仅来自于外部，很多奇闻怪事都证实了这一点。

“美男子”腓力一世下令编纂了登记簿，现存于巴黎兵工厂图书馆，这是关于当时社会风土人情的珍贵史料。幸好有这本巴黎最古老的“大黄页”，让我们了解到一些严重犯罪事件，有些简直超乎我们的想象。从1387年发生的一次事件中，我们就可以略知一二。[5]在西岱岛的矮人街上有位理发师，他的店铺对面是一家闻名的糕点店，专卖好吃的馅儿饼。有一天，理发师的店门口聚集了一大群人。一只丹麦犬在他的门口狂吠，而狗的主人，一名德国的大学生，两天前就失踪了。警察展开了调查，结果发现了一个血腥的事实：这位理发师用剃刀将客人割喉杀死，然后通过一个公共的暗道，把尸体运到他的邻居那里，将尸体剁碎，做成肉酱馅儿饼！

白天，有人在沙滩广场斗殴，有人在蒙福孔高地被处以绞刑，人们听到丧钟的次数已经快要赶上祈祷的钟声。阴暗的屋子、不透风的过道、死胡同、交叉路口、迷宫一样的小巷、十字路口、大广场……到处都回荡着这钟声。离我们现在的彼特肖蒙不远处，就是过去曾竖着一个巨大绞刑架的蒙福孔高地。罪犯们就在这里被吊死，有时在行刑之后尸体仍挂在那儿。这里还有一个小典故，大多数语言学家追溯法语“绞刑架”（gibet）这个词，发现其来源于阿拉伯语“djebel”，意思是山，说明了行刑地点通常会选在一个高处。

旧时，已经判刑的犯人要光着头，缚着双手，从夏特莱监狱徒步走 3.5 千米的路。到了绞刑架那里，如果绳子断掉了，或是在最后时刻，有一个女人愿意嫁他为妻，他仍旧有机会获释。有故事[6]说一个被判了刑的无赖被一个长相丑陋，但是想要嫁他的女人吓坏了，他转向行刑人大喊：“兄弟，赶快吊死我吧！求你了！”

夜晚，一些人不顾宵禁跑出去，沉湎于一些奇怪的仪式。他们跑到被吊死的尸体下去采一种植物，据说这种名叫曼德拉草的植物可以通过受刑人和土地之间的某种连接而获得神力。相信这种神力的人组成一个神秘的社团，想方设法地将这种暗黑的植物为己所用。

为了参加疯狂怪诞的集会，这些人不仅要躲过骑警队，还要躲避那些从塞纳河游进巴黎的狼。这些食肉动物到处觅食，专找受刑人的尸首，或是死于饥饿和黑死病的尸体。我们在查理七世的日记中可以读到：“这些狼就像国王一样在巴黎大吃大喝，啃食男人、女人、小孩的肉体。仅在9月的最后一个星期，从蒙马特高地到圣安东尼门，这些狼一共咬死并吃掉了14个大人和小孩[7]……”

可以想见，在那个时候，即使是对教会来说，想要对抗巫术、偷窃、抢劫、伤风败俗和下流猥亵的荒唐之事也并非易事。这最终导致了几个世纪以来，很少有什么事情能够让巴黎人惊讶或动容，更少有什么事儿能让他们焦虑不安，因为没有什么对他们来说是真正新奇的。投机商人？在14世纪，他们被行刑人打断手脚，挂在中央菜市场的刑柱上示众。货币贬值？汇率的摇摆不定在1306年引发了暴动。当时的图尔城银币券，原本相当于3个苏①，后来1个苏都换不到。巴黎人对此异常愤怒。暴动的人群一直跑到国王居住的圣殿，高声喊叫：“阿罗！阿罗！阿罗！”这是喊“冲啊”②的另一种形式，必须承认，巴黎人在发明口号方面非常在行。

那时的生活成本高吗？从1350年开始，由于黑死病肆虐，物价翻了一倍。国王颁布了一道命令，要求那些游手好闲的人必须工作，不然就要受罚，打上烙印。洪水滔天，巴黎可是遭了不少的罪，塞纳河的大水甚至曾经肆虐到今天的巴黎东站一带。还有奢侈的梳妆打扮，“美男子”腓力一世已然对此感到很过意不去，极力反对这种极尽奢华的享乐之风。

这座城市的大街小巷都记载着她的历史，而这些街巷的名字，对于今天的人来说，有时候的确是个谜。事实上，一些古老的街道

---

① 苏：法国古时的货币单位。——译者注

② 冲啊：在法语中是 allons，前文提到的“阿罗”为 alo。——译者注

名字用了很长时间才慢慢固定下来，之后那些以人物命名的街道名字也是如此。当街道多到令人难以分辨的时候，我们的祖先才开始给它们取名字。

起初，有些街道是以它最主要的特点命名的，无论这个特点是好是坏，如：新街、右街、大街、石板街、低地街、乱街。而有时候，街道也会用让人感到害怕，甚至是恶心的名字来命名，比如：空袋街、摘帽街、臭虫洞和地狱道……

此外，一些街道还会用这块地的主人，也是当地望族的名字命名：维维安街（维维安家族的地产）、让·埃弗鲁街、罗兰·拉弗涅街、弗·尼古拉·阿罗德门……或是用当时的社会名流的名字命名：布尔丹、沙罗纳、蒂松、布瓦涅、杰夫瓦·朗日凡、摩勒、科卡特里、巴尔贝特等。还有一些街名来自这条街上的一些古老的标志：锡器盘街、铁锅街、白马街。在谢尔什·米迪街上，我们能看到一个非常有名的标志性日晷：一个男人站在下午 2 点的位置找正午 12 点的方向。

随着时光流逝，这些口口相传的名字变了模样，也变了意思。热讷尔[①]街并不像我们以为的那样，得名于某个宗教团体特别严格的斋戒，而是出于一个普普通通的原因：这条街曾经贯穿一个老式的网球场，人们管这种网球运动叫“新玩意儿”[②]，而这个词的法语发音恰巧接近“热讷尔”，后来就变成了同音词“热讷尔”。欧

① 热讷尔：jeûneurs，法语意为守斋者。——译者注
② 新玩意儿：jeuneuf, 发音类似 jeûneurs。——译者注

弗尔街的原名是“杜弗艾尔”（一种稻草）；格勒内塔街最初叫“达尔内 · 艾斯塔”（最后一步之意）；圣拉扎尔谷仓街的街名来源于发音相近的一个资本家的名字，格尔尼埃 · 德 · 圣 - 拉德尔；腓力一世时代的塔什里街的街名集合了“扣子工”和“别针商人”之意；而圣马丁夜壶街变成泉水街之后，听上去也就没那么好笑了。

从一条小道通向塞纳河的一端，可以坐渡船到河的另一边，因此这条小道就叫作渡船街 。一条通向小桥的街上经常会聚集一些街头艺人，过往的闲人就想到了给这个地方取名叫杂耍街。穷人们交不起小桥的过桥税，就只能拿猴子扮鬼脸挣的“猴钱”抵税。之后，科学家、军事家、政治家、作家、探险家们为一条街、一条大道、一个广场、一条小巷、一条死胡同贡献了他们的名字，也传递了他们的名望。

第一章

Chapter 1

当咖啡馆还只是小酒馆的时候

Au temps où les cafés n'étaient que tavernes, estaminets et cabarets

酒神巴克斯是我教父

我在葡萄架下继承了他的名字

我就是酒瓶里泡大的孩子

自我出生那日起

品味琼浆便是头等大事

我的父亲是酒桶

我的母亲是酒罐

我的祖母是品脱杯

（节选自路易十一时期一首民歌的某一小节）

由卡佩尔改编

银塔餐厅

银塔餐厅（LA TOUR D'ARGENT），位于巴黎第五区，是巴黎一家著名的高级餐厅，1582年由胡都（ROURTEAU）创立。其地理位置非常好，可一边用餐一边欣赏塞纳河和巴黎圣母院的美景。虽然价格昂贵，但由于其知名度和高品质的美食，仍有大批大批的人慕名而来。银塔曾是米其林3星餐厅。

摄影：王欣

据编年史家格雷瓜尔·德图尔的记载，在 371 年的某一天，一位一无所获的穷苦渔人请求圣徒马丁的帮助，请他在上帝面前为自己说说好话。圣徒马丁被他虔诚的祈祷所动容，于是帮助了他：渔人再一下网，一下子就抓到一条二十斤重的鱼。他急急忙忙地跑到离他最近的一个小酒馆，拿鱼换了白煮肉和葡萄酒。有些人认为，法语中“鱼”这个单词和“小酒桶”的名字都来源于这个传说。

至于圣徒马丁，他之所以帮渔人实现愿望也不是没有原因的：作为饮酒者的守护神，圣马丁以乐于豪饮出名。我们有 16 世纪的民谚为证：“只要圣马丁喝好酒，水自然会流到磨坊。”

在 10 世纪，有句谚语专门形容买酒痛快畅饮，叫作“圣马丁附体”。从古时候高卢人难喝的啤酒到今天小酒馆里的自酿酸果酒，在巴黎的天空下一直都有酒喝。早在 6 世纪，来自威尔士的著名游吟诗人塔利辛，创作了大量的诗歌，揭露了高卢教士的肮脏习俗，抗议他们在酒馆里夜夜笙歌，消耗生命，腐化堕落……“夜晚，他们买醉；白天，他们沉睡。这群懒鬼，正事他们一概缺席。他们厌恶教会，却出没于酒馆……”[1]

在这些小酒馆里，教会信徒和乡野莽夫鱼龙混杂：有好色之徒，也有淫娃荡妇；有乡村乐师，也有游吟诗人。他们唱着讽刺的歌谣，跳着舞。庸医在这里卖鱼，卖春药，卖煎剂，卖强力的魅惑和诅咒，教士则用赦罪来做买卖。

到11世纪，兰斯的圣徒传记作者弗洛多德给我们讲述了一个关于克洛维斯国王受洗的奇特故事。在那个时候，人们已经不只在小酒馆喝酒了，还可以到教堂门口去喝，甚至在教堂里面喝。他写道：“圣徒雷米祝祷了一小瓶葡萄酒，并将它递给克洛维斯国王，这酒不会干涸，也不会衰退。一旦他喝下这酒，就会充满神奇的力量；对于那些对教会不敬的人，这酒会让他们遭殃，比如那些卖酒给教会酒馆的人。”[2]

圣雷米严禁在教会的区域范围内开设酒馆，特别是禁止在教堂的门廊前卖酒。在加洛林王朝前期，我们可以在一部当时的法律汇编中了解到人们在酒类零售店的消费情况：圣诞节当天，每位法官会向我们介绍每块耕地的产出，包括酿酒的葡萄，待售的葡萄酒、桑葚酒、烧酒、蜜酒[3]，以及啤酒的产量[4]。

教会试图采取一些行动，阻止部分信众对酒精饮料的痴迷。比如在公元847年的主教会议上，教会决定对所有在修会中有纵情酗酒习惯的人处以40天苦行赎罪的惩罚。而非神职人员将被惩处30天不许碰猪肉、啤酒和葡萄酒。

那时，在摊档、戏园子、棋牌室、茶点室、小酒馆、小饭店里坐着的一小撮客人当中，混杂着僧侣、教士和兵痞也并不稀奇。

几个世纪过去，这些风俗却没有改变。吕特伯夫在他的诗中，就描述了这种将年轻的外省学生也拖下水的放荡生活，成了流传已久的诗句：

穷苦农民家的儿子
来到巴黎求学
…………
当他来到巴黎
梦想就要实现
…………
一条街一条街看过去
闲逛瞎混也挺好
东看西看，到处都新鲜
但是他的袍子破了，他又没有钱
…………
当掉大衣，穿个破衣衫
只要能喝酒，一切都好办
…………[5]

法国国王圣路易身边的罗贝尔神父，他出生于雷泰尔附近的索蓬，创立了索邦大学，教授文学、科学、法律、医学、神学、辩证、宗教教谕 7 大学科。

各地的大学生纷纷涌向巴黎这个知识启蒙的圣地，他们大多数都住在拉丁区那些又脏又乱、人挤人的房子里。比起待在公寓里，一些年轻人更喜欢去圣雅克街上，待在一家连房梁都沁着酒香的小酒馆里。13 世纪末期时的圣雅克街呈现出一番与今时大相径庭的景象。这条街已然是人多热闹，两旁尽是花园、田地和葡萄园，径直通向蒙马特山顶。路两旁的一道道门前，堆着鹅群、猪圈、粪肥、榨油机，景象一点儿也不赏心悦目。与之相比，另外一些大学生当然更喜欢去巴黎的小酒馆寻开心。在小酒馆里，他们能够喝到满满一杯圣叙尔庇斯或红十字庄园的醇美葡萄酒，美酒配上“白送”的鲜美多汁的肉酱饼。他们唱啊，跳啊，极尽欢乐之能事。

但是圣路易国王抵制小酒馆诱惑的态度也很强硬。1254 年 12 月，圣路易颁布一条法令，试图禁止这种纵酒作乐的聚会和随之可能引发的悲剧，只允许过路的旅客在酒馆和小酒馆停留：“是令，若非过客或在城中无居所者，无人可在酒肆中留宿。”

巴黎城中有 2 万的外国留学生，他们慕名来这里的大学或学院读学士、硕士、博士，学习从亚里士多德的哲学到宗教教谕的各种人类知识之精华，国王希望保护他们这一弱势群体免受酒精的荼毒。

这些酒馆、饭店的老板名声不好，因为随便一个地痞流氓，只要他能交清什一税和瓶塞税，就可以开酒馆了。酒馆老板们的生意也要依靠隐修会和修道院里的“冷餐食堂”，向教会交一些统称为“酒馆钱”的酒税就可以了。无论是谁，只要他能交得出与他店里酒桶数量相对应的贡金，就可以正式开始经营了。老话说：“只要给国王进贡，所有人都能在巴黎开酒馆。”

然而，啤酒却引来了越来越严格的管制，考虑到消费者对重商主义的抵制、严重的造假情况以及各方利益，国家要求啤酒的销售必须要有更加严格的保障。之后国家便开始对啤酒制造业征收重税以避免过度生产。当时的国王圣路易任命艾蒂安·布瓦洛为巴黎市市长，他在《行业书》中记述了1268年巴黎啤酒制造商的状况：

若想成为啤酒制造商，须严格并忠诚地遵守由前人所创立并施行的做法和习俗，国王首肯的做法和习俗如下：

…………

全体啤酒制造商必须且只能用水和谷物制造啤酒，或用小麦和黑麦的混合麦，或用大麦渣。如有掺假，或加入其他成分，无论是刺激性浆果、松香豆或其他，无论多少，每经发现都将被处向国王缴纳20个巴黎苏的罚款，并且没收加入了其他成分的啤酒酿造槽。

业内人士也开始声明，将这些成分添加入啤酒中对健康无益也违背诚信原则，无论对健康的人还是病人，都会造成头疼或其他部位的疼痛。

叙事诗人、回旋曲作家厄斯塔什·德尚在担任桑利斯行政长官和香槟及布里地区的森林水务官时，记载了那个时代的人们过度饮用酒精饮料的结果：

喝酒怎能离得开明快的伊波克拉斯和卡尔纳什

朱红色的玉露，让人迷乱，又能读懂你的心

心中的热情换来痛苦的氤氲
身上疼，膀胱也疼
最后肾脏也生出了病痛
结石可能会要了性命[6]

尽管有这样的警示，人们还是不顾国王的政令，成群地出没于这些酒馆食肆。1350 年 2 月 27 日出台的一项命令规定，当巴黎圣母院的宵禁钟声响起时，所有的店主都必须停止接待酒客。根据吉耶贝尔的记录，巴黎那时有超过 4000 家酒馆，人们每天要喝掉将近 700 桶葡萄酒，当时一位神学家写道：

简而言之，在酒馆里有吃也有喝
有面包、美酒、炉火，还能小憩
酒杯、酒壶、银杯、餐具叮当作响
一旦走出门，就开始天旋地转
人们有时异常欢乐，有时突然感伤
比梨核还大的眼泪珠儿涌上眼眶
有什么大不了呢，不就是喝几杯！[7]

多亏了弗朗索瓦 · 维庸①的《大遗言集》，15 世纪一些酒馆的

① 弗朗索瓦 · 维庸：法国中世纪最杰出的抒情诗人，著有《小遗言集》《大遗言集》等诗集。——译者注

金字招牌才得以流传后世，如：朱维里街上的“埃蒙四子”，沙滩广场的“大调色盘”，博铎耶广场的“狩猎”，圣安东尼街的“权杖”，竖琴街的“白马酒馆”，圣雅克街的“母骡”……还有一些酒馆名字中的双关语、字谜和文字游戏令人过目不忘：好榅桲（与一个好地方同音），无酒之井（与劲酒同音），亚麻布猴（与圣巴蒂斯特同音）……

在1325年，查理四世颁布了一道法令，要求酒馆老板必须对死在店中的客人负责，“若店主扣留客人的物品，则按三倍偿还”，旨在减少店主图财害命的可能。然而，酒馆里这种利欲熏心的勾当却野火烧不尽，春风吹又生。于是法律变得更加严厉：15世纪初时，法律规定酒馆老板要将客人登记在册。更有甚者，在巴黎1398年统计的4000多家酒馆中，到1410年，只有60家被允许出售酒类饮料。1415年，法令规定所有出售添加鼠尾草或迷迭香香料的葡萄酒酒馆，必须在之前挂藤酒塞的地方挂上酒桶箍作为标记。

充满才情的酒馆常客们给我们留下了满怀人文气息的美味回忆，比如人称“小穷生”的弗朗索瓦·维庸，经常在朱维里街上罗宾·图尔日开的松果酒馆喝酒。1463年的某个晚上，他在这家酒馆喝了两壶葡萄酒之后便销声匿迹了。让我们看看他是如何以文买酒的：

弗朗索瓦老爷，借来两个大酒壶
拐弯抹角地说要装上好酒
一只壶里装满清水，他抱着两只壶跑去了松果酒馆
问店家有好酒否

店家装满一壶上好的白牛白葡萄酒

弗朗索瓦老爷把两个壶混在一起，转脸问酒倌：装的什么酒？

酒倌答：白牛白葡萄酒

换掉，换掉它！我想要的可不是它！

你这黄毛小儿哪里懂得酒？

赶快把我的酒壶腾空，我要的是上好的波城酒，别无其他！

说话间，那壶清水就被换成了满满一壶好酒

弗朗索瓦老爷的酒就是这么来的……[8]

拉伯雷曾长时间跟随维庸出没小酒馆，“值得称赞的正经酒馆有松果酒馆、城堡、玛德莱娜和母骡酒馆”。他还批判“教皇、教士、僧侣这些迷恋女人的恶魔，他们和女人、法官、权贵们混在酒馆里贪婪地嗅着比诺酒”。正如他在《巨人传》第2部第6章《隆萨尔》当中描写的一样，他在酒馆纵情大笑，因为“笑总比哭好”。诗人马罗及他在七星诗社的朋友们也经常出入这些酒馆寻欢作乐。还有一些酒馆的名字由于在傅华萨①的《闻见录》中提及而声名鹊起费司徒堡、金十字酒馆、银狮酒馆……

巴黎城中各处都充斥着尖叫、刺耳的噪声和商人此起彼伏的吆喝声。卖海鱼的吹嘘他那新鲜的鳕鱼和鲱鱼，卖淡水鱼的叫卖着来

① 傅华萨：（1337—1405），法国著名编年史作家。——译者注

自邦迪鱼塘的鱼。这边吆喝“核桃油，酸果汁，芥末醋汁嘞”，旁边的喊着“灯芯草，外国香皂”，卖孔雀的喊孔雀，卖鹅的喊鹅，还有的扯着嗓子喊着“咸肉、鲜肉、罐装蜂蜜、辣酱、豆泥、艾坦普的小洋葱头、成打鸡蛋、奥尔良水芹菜”！水果贩一边逡巡，一边叫卖卡尔维拉的苹果、圣里约尔的梨、眼豌豆，而在酒贩那里，6 个银币可以买到酸酒，3 个苏就可以买到 1 品脱好葡萄酒。

只有到晚上 8 点宵禁的时候，街上的喧嚣才会停止。一时间，灯火熄灭，嘈杂散去，街道一下子变得空荡荡，但也不是所有人都回去了：这是妓女们出没的时间了。这些名叫玛丽昂、玛格、托马希娜的姑娘们，经常混迹于米歇尔伯爵街上的贝壳酒馆，波堡的小磨坊，博铎耶门的钱袋酒馆。1420 年 6 月 26 日的一次逮捕记录[9]中描述了她们的穿戴：翻领拖尾的裙子，镶金边的腰带，戴着头饰，小帽上还嵌着扣眼。

名妓亚奈特 · 拉弗勒里经常穿着她的灰鼠毛蓝呢大衣，配一条带大银钉的腰带出来散步。弗朗索瓦 · 维庸和妓女们很熟，他还给她们起一些奇奇怪怪的绰号：大龙套、漂亮铁匠、宫廷洗衣女、矮脚烛台、调味品美人、补鞋匠公主、卖地毯的吉尔梅特、头盔美人、学者卡特琳……

那些“普通人”早早就回家了，他们很早睡下，早上也很早起来。他们只生活在阳光之中。而且，他们是手工艺人，不会让自己在昏暗的烛光下工作：他们希望造出好东西，卖个好价钱。

* *

15 世纪的巴黎，从塞纳河右岸东面的城墙到圣安东尼德尚都布满了葡萄园。葡萄压榨机放置在公共排水口前，腐蚀了圣安东尼门和圣殿门之间的土壤。古尔蒂耶、克里尼昂古尔和蒙马特的土地上仍是成片的葡萄园，用它数不清的藤蔓点缀着整个巴黎的土地。夏约葡萄酒非常有名，人们一定还记得，若干年后，英王爱德华四世正是因为暴饮路易十一赠予他的夏约酒而死。

巴黎的葡萄农组成了行会。1467 年 6 月 24 日，葡萄酒行会的元老们上书国王，称“葡萄的耕作没有得到监管，导致了大量的亏损”。国王下令设法解决，行会即每年选举出 4 名巡视员，他们有权到访所有的葡萄园，并对他们认定的过失和不当行为做出一系列司法处理。

巴黎人普遍很喜欢这位瓦卢瓦王朝的国王——路易十一，认为他是一个举世无双的谋略家。他善于运用他的政治智慧，调动一切资源：以退为进、收回封地、买通敌人的伙伴、撕毁条约、牺牲自己的盟友、用联姻来巩固王国、用年金来安抚英王、纵横捭阖、囚禁叛乱者、将叛乱者砍头和抄家……他一步一步地收回了勃艮第、皮卡尔迪、迈内、昂如、鲁西永和塞尔达涅。

酒馆里，平民百姓一边歌颂着这位国王的功绩，一边饮下一壶壶戈达尔淡酒和德斯旁斯酸酒（苹果和梅子酒）。人称“好时辰”的乐天派欧塞尔议事司铎罗歇 · 德 · 科利里，创作了不少幽默的小曲儿，在酒馆里广为传唱：

每个季节，每时每刻，我们都认认真真地向主短祷
走出深山，走出巢穴，我们小心翼翼地在酒馆相见
我们纵情畅饮，醉得人仰马翻，又一下子清醒得不得了
他带我来，又随我去，我是显而易见的乐天派
和我站在一边的支持者们，可爱的朋友们，今天我提议
为了不再如此这般口干舌燥，到院子里，葡萄架下
那里有酒等我们去喝光它[10]

还有像阿蒂斯·德西雷这样的，提醒酒客们提防那些过分的酒馆老板：

要是好好审视一下他们的罪过，莫过于在这杯盏之间
他们投机取巧，粗制滥造，以假乱真，从熟客和老主顾那里揩油水
这些事情他们信手拈来
蝇头小利，贪得无厌，满身铜臭，狗苟蝇营
您的银子不知不觉地就没了
一壶酒，三两杯
所有行业里，再没有比酒馆老板更大的骗子[11]

即使是女老板开店也没有好到哪儿去，就如阿蒂斯·德西雷在另一首诗中暗示的：

酒馆挂起招牌，就如美女梳起云鬓
一时间人头攒动，人们来到这里，寻求爱与爱人
这里没有醉鬼，只有人们满足的红扑扑的脸
和留下的买酒钱……[12]

开小酒馆的热潮一年胜似一年，这也使得经常出入酒馆的诗人们的艺术灵感得到了延伸。杜贝莱、蓬蒂斯·德·蒂亚尔、龙沙、若岱尔、德·巴伊夫、贝洛、佩尔捷·杜芒斯组成了七星诗社，他们才不管什么宵禁，只管在一起分享创作的喜悦。克莱芒·马罗曾在一张桌前向他的朋友们解释为什么诗歌要摆脱那些修辞学的影响，那天他刚刚出狱，准备大吃一顿，好好庆祝一番。

要知道那时到巴黎一睹其魅力的游客，都是带着一丝不苟的认真劲儿的。对于他们来说，在巴黎住上几日，是此生不会再有第二次的壮举。所以说，去一趟巴黎一定要什么都看一看，然后用余生来讲在那里的见闻，让听众们听得目瞪口呆。人们到巴黎去购物、求医，或是去品尝某种被传说得神乎其神、别处买不到的特产水果……这也就是为什么巴黎有那么多的酒馆、出租房、旅店、酒店、肉店、烤肉馆和甜品店的原因。国内外的游客纷至沓来使得巴黎房租水涨船高，从小卧室到私人官邸，很多地方都有带家具的房间出租，门房经常会在主人不在期间帮忙按天或按月出租。

听到民众的欢呼声，就知道是节庆日到了。这时巴黎人都停下工作，放起焰火，让城市散发出节日的气氛。街上到处是节庆的队伍，举着游行的彩带，钟声从四面传来。宫殿钟楼里的编钟也加入了这

宏大的奏鸣。每间房子里都透出灯光的氤氲，餐桌都架在了屋外面。人们举行仪式，感谢上苍赐予这欢乐的节日，祈求大地保佑丰收年景，或祈求对罪过的原谅。节日的欢乐多种多样，有长枪比武和骑士比武，彰显着正在走向没落的骑士精神；有圣约翰教堂的焰火；有狂欢节最后一天夏特莱兵士的骑马巡行；还有街头艺人敲响小锣，将人们聚成一圈看他们的杂耍。

然而，意大利式的假面游行，虽然十分时髦，却受到高度的管制，因为乔装打扮难免引起混乱。“在教区节日期间的公众舞会上，一些人乔装，戴面具，携带武器，绑架妇女，犯下谋杀罪行。更有胆大妄为者，奇装异服，骑马撞翻行人，或向人群投掷鸡蛋、沙石、面粉，并用棍棒击打之。”议会对假面游行明令禁止。节日的喜庆气氛让巴黎人忘记了烦恼。1559 年，亨利二世为自己的女儿和姐姐分别举办了隆重的婚礼，诗人龙沙描绘了从国王的宫殿到巴黎圣母院路上喜悦的景象：

庶民在下，人头攒动，摩肩接踵
这里，那里，如波涛涌动
如汹涌的大海，如金色的庄稼地
当风轻轻吹起时
激起的是巨浪，或是麦穗？[13]

“经济复兴”是卓越而显著的：此时的法国人口增长，森林被农田代替，工业繁荣。里昂加工天鹅绒，枫丹白露编织挂毯，圣日耳曼昂莱的玻璃工艺技艺超群，杜尔丹出产大量丝绸，奥尔良出产呢绒……

在亨利二世眼中，这是一场竞赛，只要折断一根木梁就能动摇整座大厦。手中拿着《福音书》的新教徒们掌握了话语权。这是与教会展开论战的好时机：罗马教廷未能从阿维尼翁教会分立的损伤中恢复元气，而对赦罪权的非法交易也在各省引起骚动。

整个欧洲北部都被新教徒占据了：英格兰的怀克里夫，波西米亚的让 · 于斯，德国的路德，瑞士的茨温利，皮卡尔迪的加尔文，这些人后来去了日内瓦。为了挽救基督教不致分裂，罗马教廷设立了一个持续了 18 年的主教会议。1562 年的瓦西屠杀点燃了导火索，内战爆发，开始了对阵战，密谋造反和屠杀使得战争愈演愈烈：由阿德雷男爵所在的新教徒阵营，对阵蒙吕克的天主教阵营。人们敲诈勒索、烧杀劫掠：瓦卢瓦王朝分崩离析。

1572 年 8 月 24 日，巴黎的暴行在圣巴托罗缪之夜达到顶点。国王查理九世，在他的母亲凯瑟琳 · 德 · 美第奇太后的推动下，下令血腥屠杀新教徒。以圣日耳曼 - 欧塞尔教堂的钟声为信号，天主教徒屠杀了包括科利尼上将在内的新教主要人物和 3000 多名新教徒。亨利 · 德 · 纳瓦尔和孔代亲王在最后一刻宣称改信天主教而逃过一劫。

1575 年，亨利三世接替了查理九世的王位。在他的唆使下，1588 年的 12 月，天主教极端派首领吉斯公爵被谋杀。亨利三世在几个月之后也未能幸免，死在一个发狂的僧侣刀下。这个僧侣在行凶之前不久，声称自己看到一个提着双刃剑的天使显灵。亨利 · 德 · 纳瓦尔，作为王位的合法继承人，最终赢得了王国。很快，信奉胡格诺派的波旁王室就得知国王改宗天主教。这时的巴黎不值得做一场大弥撒吗？由于无法返回兰斯，亨利·德·纳瓦尔在夏特勒加冕为亨利四世。巴黎最终向他打开了城门，并挂上了他标志性的“白色翎饰”。

* *

酒馆老板们却没有迷失方向。整个世界都需要喝酒：西班牙人，法国统治下的瑞士人，新教的德国人，贝亚恩的部队……他们也不惮于用非法手段来牟取暴利，比如走私或勾兑葡萄酒。布罗谷尔的乡绅纪尧姆·布歇，1513年左右生于普瓦捷，他在《怪谈》一书中用讲故事的手法辛辣地讽刺了那些老板：“他们不仅把井水掺进酒里，为了使酒卖相更好，还往酒桶里掺入一些对健康有害的物质，比如一种长在南方麦田里的芸芥籽，还有硫黄、煮熟的海水、蜂蜜、树脂、牛奶、石灰、沙子或者鸡蛋。”[14]

相较于谋杀、卖淫、走私、洗黑钱、偷渡，这些长久以来被指控的恶劣罪行来说，这些小伎俩还算是轻的。于谢特街是巴黎最受喜爱的街道之一，街道两旁林立的房屋框出窄窄的一线天，挂着数不清的酒馆招牌：有的用木板裁成，画上图案；有的则是铁铸的，在门口的吊杆上晃荡。这些酒馆中，天使酒馆在路易十二时期就已经接待了神圣罗马帝国皇帝马克西米利安一世派来的使节，或是像西班牙贵族奥耶尔这样的贵客。圣尼古拉酒馆不久之后也迎来了它重量级的主人，著名的卡图什……

这些地方到处充斥着各个国籍的无业游民，聚集了一群群无赖和投机分子，步兵部队有时从这些人里征兵。布朗托姆这样描述这些人："他们大多数是拿着口袋和绳子，逃避法律制裁的流氓恶棍，并且有突出的标志：一侧肩膀有百合花文身，把耳朵裁短，并用乱哄哄的长发和难看的胡子把耳朵遮起来，让自己在死对头面前看起来更有威慑力。"[15]

巴黎之所以能聚集起这样大一个走私团伙，首要原因大概是享誉整个欧洲的巴黎美食。16 世纪末，马里尼骑士在他的《回忆录》中记载道："在巴黎的街道上，到处可见游戏、芭蕾、宴席、交谈、假面舞会和珍馐佳肴。人们一天之内就能把大自然一年内所生产的牲畜宰掉，做成鸡肉串、羊后腿、肋排，没日没夜地在地狱之火上烘烤。"[16]

亨利四世本人更偏爱小酒馆，他经常隐姓埋名地出入不同的小酒馆，自称是为了了解民众对他统治的看法。他常常不辞辛劳地跑去银塔餐厅，这家餐厅自 1582 年起就开在图尔奈码头 15 号。传说他是那里第一个用叉子吃饭的客人。餐厅也因其亮眼的砂岩门面而得名。直到足足四个世纪之后，仍有世界各地的美食爱好者前来这里用餐。

天主教徒，抑或新教徒都不是很信任这位"两面派国王"，于是策划了一波又一波针对他的暗杀行动，最终有一次成功了。1610 年的复活节，一个无名小卒在圣奥诺雷门附近的三新月客栈藏下了一把匕首。此人名叫弗朗索瓦 · 拉瓦亚克，之前是一所学校的老师，后来成为斐扬派修士，光明派教徒，他预谋用匕首刺杀国王。传说在前一天他看到了某种幻象，使他改变了想法，但在接下来的 5 月 14 日这天，他最终还是付诸了行动。

亨利四世遇刺时，他的儿子路易十三只有 9 岁，由母亲玛丽·德·美第奇摄政。她十分仰仗孔西尼，并任命他为“法国元帅”。直到 1617 年，这位傀儡国王路易十三才派人暗杀了这位来自佛罗伦萨的投机主义者，并将母亲驱逐到布鲁瓦城堡之后，才掌握了实权。

巴黎在这段时间仍是游人如织，游客们为都城中建筑的宏大与壮美所惊叹。人们谈话间更是对巴黎赞不绝口。埃韦克主教、英格兰大首相理查德·德·伯里盛赞巴黎是“人间天堂”。一位热情洋溢的德国人写道：“见过意大利、德国，或是其他国家的城市，并算不上什么。令人眼前一亮的，是一个人说他曾经去过巴黎。”[17] 少数忧郁的灵魂在这里只看到了“羞耻又肮脏的交际花”，大多数人对这座城市还是充满爱意的。巴松皮埃尔曾对玛丽·德·美第奇王后说：“我如此热爱巴黎，根本不想离开！”[18] 音乐家冈代斯在 1643 年也表达了同样的意思：“无论男女，只要在巴黎能有一间陋室，就都足以开心了！”[19]

罩着玻璃灯罩的灯，挂在街角房屋的墙壁上，昏暗的光把街上照得并不很明亮，直至凌晨 2 点左右的样子，路灯里点着的蜡烛燃尽。巴黎人、外省人、外国人挤在熙熙攘攘的街道上，人们寻找客栈、餐厅、便宜的饭馆、甜品店、酒馆，寻找一个落脚处，一个无论何时都能吃到肉、鱼、蔬菜、甜食、水果，喝到好酒的地方。要知道，能在这些名声在外的餐馆吃饭是件时髦而又享受的事情。

以老板娘名字命名的布瓦斯列尔餐厅是贵族、绅士、朝臣和花花公子云集之处，这里的最低消费也要10个图尔银币。夸菲耶就相对更加亲民一些，只消6个皮斯托尔①就能尝到当地特色——著名的“贝阿蒂耶”[20]。德·苏夫雷司令员的原贴身侍从勒纳尔，在杜勒里花园里的露台开了一家酒馆，在那里发生了不少风流轶事。有一夜，在勒纳尔家里，德·博尔福尔先生搅乱了马萨林支持者的集会，最后掀翻了桌子，留下了一个烂摊子。

人们在布瓦斯列尔挥金如土，布瓦洛②作诗赞美布桑戈酒馆，他的朋友莫里哀则喜欢待在好男孩街上的好男孩酒馆。还有一些便宜的小客栈也吸引着那些到处东瞅西看的游客，比如：第九大街上的昂如酒馆；位于圣马丁街上，住一晚才不过20个苏的金色榨汁机酒馆；蒙马特街的曼图亚酒馆；在戈内格街的法兰西酒馆吃一顿晚餐要40个苏；在波堡街的羊毛酒馆大吃一顿才20个苏；还有圣奥诺雷街的公道价酒馆，十字架酒馆……经常有出租马车载着情侣们来亚瓦尔磨坊一度良宵。

人们不满足只是在酒馆填饱肚子，还经常毫无节制地喝酒。酒馆老板专门供应酒水，把成壶的葡萄酒倒在玻璃杯里卖。酒馆老板甚至还额外供应有桌布和餐巾的正餐。由于这些经营场所经常有喝得烂醉的人引发各种闹剧，酒店和酒馆的老板都要遵守教会定下的

① 皮斯托尔：法国古币名。——译者注

② 布瓦洛：尼古拉·布瓦洛（1636—1711），法国诗人、文学批评家。——译者注

严格得近乎苛刻的规定。在严格的税收监管下，他们还要交付瓶塞税。久而久之，“瓶塞”这个词也用来代指这些酒馆。熟客们去完一个“瓶塞”，又去另一个“瓶塞”。

比较有名的小酒馆有靠近圣约翰公墓的白十字酒馆；圣安东尼街的小圣安东尼酒馆；圣厄斯塔什街上靠近议事司铎住所的花楸树酒馆；朱维里街上的松果酒馆，就在西岱岛上圣母院桥入口处。圣约翰公墓旁边的火炬酒馆吸引了沙佩勒和马丁两位诗人，而拉米则偏爱三只勺酒馆。圣罗什山酒馆成了蹩脚诗人和游吟歌手的灵感之源，泰奥菲勒·德·维奥在于谢特街的小摩尔人酒馆为他的《颂诗》谱曲。

宫廷的演员们经常到好男孩酒馆聚会，老板贝热拉克先生很欢迎他们。勃艮第酒馆的演员们常去联盟酒馆，偶尔也会换换地方，去三木槌酒馆，天使酒馆，或者双雉鸡酒馆。科尔德利俱乐部、雅各宾派、塞莱斯蒂纳会修士、嘉布遣派修士，还有僧侣们则去往富农酒馆、罗兰桌酒馆、绿麻布酒馆……某位不知名诗人的打油诗写出了由衷的欢乐：

像嘉布遣那样喝酒叫穷喝
像塞莱斯蒂纳那样喝酒叫大喝
像雅各宾那样喝酒叫一杯接一杯
像科尔德利那样喝酒叫喝空酒窖[21]

瓦蒂尔和圣阿芒常去巴尔杜拜克街上的皇家之剑酒馆买醉，去圣厄斯塔什街的花楸树酒馆散播恐慌情绪，去巴德拉姆勒街的夸菲耶酒馆大摆筵席，抨击社会。根据塔勒芒所言，夸菲耶是第一家按人头或按用餐人数明码标价的酒馆，因此这在当时吸引了大批贪吃鬼。在 1627 年一部赞美巴黎所有小酒馆的诗集中，诗人克洛德·勒珀蒂为夸菲耶的老板献上了他经典的诗句：

夸菲耶让我心心念念
我的眼里只有她
我对她的爱如此不朽
她是如此神圣的存在
并不是为了枕边之欢
而是为了饮其琼浆[22]

圣阿芒也不负其酒鬼的盛名，在小摩尔人酒馆一夜狂饮之后，咽下了最后一口气。还有波堡街的羊毛酒馆，圣托马斯卢浮宫街的战船酒馆，圣殿市场的念珠、皇家之鹰、小邻居、圣马丁、山峦、白绫、青橡木，圣德尼街的太阳、铁十字，马才街上的白马酒馆，大仲马曾在《三个火枪手》中描写过这里，马车从这里离开去往奥尔良……这些形形色色的酒馆组成了一道美丽的风景。

律师们经常去勒帕莱的小恶魔酒馆，而法院的文书则去黑脑袋酒馆，在那里还能见到圣礼拜堂的唱诗班成员，他们似乎也是酒馆的忠实顾客。索邦大学里的人们则对莫拜耳广场的犀角酒馆情有独钟。

尽管有各种政令限制收益，酒馆旅店生意依旧红火。国王下令婚礼及宴会酒馆收取费用不得超过每人 1 个埃居①。如果老板们胡乱抬高价格，客人们一定会第一时间毫不客气地向他们发难，甚至用些卑鄙的手段。正如新桥上游吟诗人唱的《诗人西比斯传》中辛辣的独角戏：

周日过完大弥撒之后，您几位去了酒馆！

——啊呀，老板娘在呢，有什么法子给我们弄点儿好酒？

——来啦客官，您想喝多少钱的？ 6 个苏的，还是 8 个苏的？

——都要，多少都来点儿！

——皮埃尔，快去给几位客官拿酒，拿上好的！快着点儿，手脚麻利点儿！

——这就好！

您几位在桌旁落座，吃了点儿面包，随后对老板娘说：

——老板娘，给我们拿点儿水来解解渴，我们这儿还有人只喝水，不喝酒！

天哪！随后酒也上来了。您把酒喝了之后往酒壶里面加了水，喊跑堂的：

——你他妈的这是什么酒！给我拿掺水的酒！再去给我拿好酒来！

——几位客官，给您拿的绝对是好酒啊！

① 埃居：法国古币名。——译者注

——你这个蠢货！小心我揍你！你自己去看看那酒壶里！还不快去给我换了！

那可怜的酒馆看到酒壶里装满了水，只好拿走又给您几位换了壶好酒回来，老板娘的把戏就这么给拆穿啦！[23]

当时的新桥是一个人群聚集、人声鼎沸的市集。沿着女儿墙的各色商店里，卖的东西应有尽有。人们在这里玩轮盘赌乐透，一个里亚尔[①]可以玩两轮，赢到一支笛子、一个面具、一面鼓、一面镜子、一把梳子、一顶带羽毛的帽子……1629年，新桥上光是旧书店就有28家，里面堆着一摞一摞的书，有的是书店的旧库存，有的是从图书馆那里买来的不要的旧书。这里吸引人的东西也是五花八门：除了那些自弹自唱的艺人，还有江湖郎中：拔牙的、卖狗皮膏药的、卖跌打酒的，声称8个苏一贴膏药，一天之内包治百病！安托乃·德·隆比斯在他的《巴黎游记》中描写了一个号称能保养牙齿的江湖骗子，只不过他自己的牙只剩下了一颗。还有的江湖郎中卖石粉，说是能美容和返老还童；给人装玻璃眼珠，换新牙，还卖木头假腿！

游商在这里随处可见，他们用各种语言吹嘘叫卖。多亏了那些无所事事又容易上当的路人，最能干的小贩一年能赚几千里弗尔[②]。

人们喜欢在各个城门之间闲逛，除了打发时间之外，也能在时髦的酒馆里喝上一杯。夏约码头的红房子酒馆总是顾客盈门。

---

① 里亚尔：法国古币名。——译者注
② 里弗尔：法国古币名。——译者注

1626年5月，黎塞留在回到巴黎期间，甚至在这里住上过一阵。在樊尚，人们喜欢圣克鲁的比索特酒馆。店家拉杜里耶是一个有名的寡妇，曾经做过卖酒食的随军商贩，她把酒馆开在了一个漂亮的花园里。路易十三的兄弟，奥尔良公爵加斯东，经常到那里放浪形骸。老板娘端来的数杯酒下肚后，他在一群醉鬼的簇拥下，声嘶力竭地唱着轻佻的小曲儿：

葡萄酒冲我笑，我轻轻抚摸她
她让我忘了一切忧愁
唤醒我的所有感官
我们同样相爱
她拥抱了我，然后我也拥抱她
我抱起她，随后她也将我带走[24]

拉杜里耶不仅因职业操守而出名，她和阿拉斯省省长圣珀耶元帅的悲剧爱情故事也为她赢得了不少尊重与喜爱。他们的关系持续了近20载，直至圣珀耶元帅出面为桑·马尔斯侯爵的谋反辩护。圣珀耶和桑·马尔斯在西班牙的暗中支持下，密谋了对黎塞留的暗杀行动。之后圣珀耶被捕，处决后，他的头颅被挂在安眠大广场上示众。他的这位情妇来到了行刑现场，取回了这可怜人的头，做了防腐处理后，根据教会的仪式安葬。他们的故事也成为传奇。人们为这个敢于在自己丈夫面前坦陈自己的不幸爱情，并且敢于仇视黎塞留的女人着迷。拉杜里耶公开支持红衣主教的敌人也确是勇敢之举。

之后又有几个贵族出头，强硬的黎塞留一一砍下了他们的脑袋。沙莱、德图、蒙莫朗西、桑·马尔斯全都在断头台上和圣珀耶落得一个下场。黎塞留下达正义的判决，国王的刽子手负责行刑：路易十三十分支持他的首相，对他就像对待老师一样。参与了这些亲王叛乱的所有人中，只有奥尔良公爵加斯东得以幸免。路易十三不能下令处决他自己的亲兄弟。拉杜里耶对此还是很高兴：上帝给她留下了最好的主顾之一。

* *

巴黎闪耀着法兰西精神，但是作为首都，巴黎的卫生状况却一点儿也不耀眼。大多数街道没有人行道，甚至都没有铺路面，下水道就更少了。垃圾和废弃物侵占了街道，污染严重，到处都是动物和它们的排泄物。人们挤在泥糊的房子里，房子向外延伸，悬在本来就窄小的街道之上，真是名副其实的藏污纳垢之地。穷人家一家七八口挤在一间几乎超不过30平方米的陋室里。城市中滋生着鼠疫、痢疾、天花等传染病，麻风病倒是有下降的趋势。

每周日，巴黎人都会去十五区的酒馆放松一下，到戈布兰村的拉比耶弗尔一带的露天咖啡馆，或是去墨东、吕埃耶的葡萄园呼吸一下新鲜空气。猎人们到布洛涅森林聚齐，那里还能打到野生的鹿和麂子。他们的猎枪比过去的火枪要好用得多，仍用枪筒上膛，但是是用火石点燃火药，不再需要点着枪捻子了。在第八区的古尔拉雷娜，种着四排榆树，人们经常会来这里幽会，坐着马车徘徊在这些小道上，有时还跟着举火把的仆从。各种各样的消遣中，戏剧占据着重要的位置：夏天，演员们架起他们的露天舞台，上演弗洛利多、莫里哀、多里蒙的剧目；冬天，他们躲进客栈或者网球场演出。

阿尔芒·让·迪普莱西，也就是红衣主教黎塞留，死于 1642 年 12 月 4 日。路易十三不久后也于 1643 年 5 月 14 日去世，留下一个年幼的继承人，一个没有经验的摄政太后和一个被任命为枢机红衣主教的意大利修道士。

一些贵族觉得是时候结束卡佩王朝了，开始尝试谋反。红衣主教尤勒·马萨林曾经是教皇军队的指挥官，原本被认为没有政治资格的他，此时迅速显示了他的才能和手段，击碎了对方的阴谋和叛乱。为了显示他才是红衣主教，应该由他来保卫这个国家的安定与强大，使之不再受帮派和乱党的困扰，他十分坚决地下令逮捕了那些想模仿英国人限制王权并投票通过赋税的议会议员。街上树起了街垒，人们拿起了武器，酒馆和旅店都关门大吉，局势陷入困境。不久后，马萨林和太后逃到了圣日耳曼，在那里指挥孔代夺回巴黎：这就是著名的投石党运动。于是旅店里涌来了许多戴着翎饰的好斗的贵族，他们决定用自己的剑来试试运气，他们一会儿支持马萨林，一会儿又替孔代亲王出头。埃德蒙·罗斯唐在他的戏剧中用西拉诺·德·贝尔热拉克这个人物，将这类冒充绿林好汉的人化作不朽的经典：骑士加斯贡长着一个奇形怪状的鼻子，出剑十分迅捷。而现实生活中的西拉诺，是《月之行纪》的作者，喜欢去杜勒里花园的勒纳尔酒馆晃悠，或者去三桥酒馆和雅致酒馆，那里经常有人在策划阴谋和造反。1651 年，马萨林辞去首相之职。年轻的路易十四面临着挑战。但是最终，他成功地在与大贵族抗衡和发展自己的行政体系之间重新建立了权威。

于是，小酒馆又回来了：欢声笑语重现，随便一点儿小事就能引人发笑。人们开始嘲讽宫廷时下流行的东西，特别是主子们的装扮，事先要把头发刮干净，然后戴上著名假发商比内制作的长假发。要想得到这么一顶假发得花不少银子！很多酒馆客栈都换上了惹眼的巨幅招牌，奇怪的构图里透出一些新鲜感。但是，这些画招牌的画家在他们的同行眼中并不招待见，他们的作品画在一张破画布上，也不过就是一块招牌……然而，正如我们之前提到过的，很多酒馆的招牌也是出自名家之手，比如一个酒馆老板就曾让一个画家给他画招牌来付清酒钱，而这位穷困潦倒的画家不是别人，正是卡拉瓦乔……

于是巴黎的街道上各种花花绿绿的镂空招牌和精工细作的铁杆林立，主题通常幼稚而又狡黠：圣女、天使和圣徒与创世纪的星星、动物混杂在一起，还有各种不同职业的用具；从不同种类的动物，到数不清的各种样式的十字、皇冠、盾牌等等，不一而足。根据追溯到古希腊的传统，松果永远暗指酒馆。

画招牌是一项生动而又有趣的工作，有些招牌甚至曲解了宗教主题。在宗教主题的招牌中我们经常会看到“亚伯献祭”和“大天使圣米歇尔”，其中“三王朝圣”用得最为广泛，三位来自东方的旅人形象，很好地说明了酒馆业主屋檐下来自各国的文化多样性。布尔索[①]对那些“不知所云”的招牌感到很气愤，他写道：“我

① 布尔索：（1638—1701）法国文学家。——译者注

们应该狠狠罚那个可恶的酒馆老板一大笔钱，他居然在招牌上画了一头鹿和一座山，分明就是一个可笑的文字游戏，这样那些酒鬼就可以跟别人说他们每天都去听布道①了！”[25]

酒馆老板的行径并非无可指摘。财政大臣让-巴蒂斯特·科尔贝下令“自万物升天节之日起，每晚6时之后及自复活节之日起，每晚9时之后仍在出售壶装啤酒的酒馆，一律关闭……”以防一些奸商囤积居奇，在产酒旺季时控制酒的零售，以便在淡季高价出售。[26]这条禁令的颁布终于使得酒馆老板们开始勾兑葡萄酒，比如用白葡萄酒加上朱红色色素，或者加入其他添加剂，为了使造假不被识破，这些酒都装在壶里或是锡壶里，不会装在玻璃瓶中。

诗人们对这些倒是满不在乎。布瓦洛和律师布里亚克，向诗人拉辛推荐了贝尔丹寡妇开的白绵羊酒馆。酒馆在圣约翰公墓旁边，喜欢自由生活的拉辛在那里写下了《诉讼人》。他和沙佩勒、布瓦洛、拉封丹、赛维尼——赛维尼侯爵夫人之子、富赫蒂埃以及维翁纳、南图耶这些达官显贵组成了一个小圈子，经常混迹于这间酒馆。这里是他们白天夜晚出没的避风港，他们在一起玩霍加——一种在马萨林时期传入法国的类似“比利比”赌博的游戏。有时，人们能听到莫里哀在这里给他的朋友们朗诵他的《恨世者》。三个世纪之后，人们在白绵羊酒馆一摞摞尘封的文件中发现了一份17世纪的公证文书，它和其他文书、盘点混在一起。这本书页已经发黄的小册子里有酒馆老板的亲笔记载，记录着关于布瓦洛、莫里哀和拉辛

① 布道：法语中“鹿”和“山”连读与“布道”同音。——译者注

围坐在她的酒馆桌旁谈话的有趣小段子，好似《诉讼人》头几幕的场景。在松果酒馆，万桑·瓦蒂尔的十四行诗和情诗引起了文学界的严肃争论，以至于有一晚论战败北的作家圣阿芒不得不咽下……一杯水！简直是要了他的命！他端起玻璃杯，闻了闻，咽下一口水，做了个鬼脸，之后大声呻吟着完成了惩罚。

人们饶有兴致地观赏着于拉尼派和饶伯派的文学论战，这是分别由十四行诗《于拉尼》 的作者瓦蒂尔和十四行诗《饶伯》的作者邦瑟拉德双方支持者形成的对立两派。奇怪的诗句令语言学家们咋舌，却赢得了莫里哀和布瓦洛的喜爱，两人在胡言乱语和卖弄学问方面可谓棋逢对手。他们喜欢拿正统的语法学家开玩笑，把雇佣兵的粗话编成十四行诗。塞维尼夫人在她的《信札》中描述了这些聚会和晚餐是多么美妙："人们纵情饮酒，欢笑嬉闹。有时候他们也会喝些烈酒，比如淡红酒，一种用糖和腌渍的水果，比如浸渍过的樱桃酿成的烧酒。做醋汁的商人精于蒸馏技术，他们教那些爱喝酒的人如何用柠檬、橙子、醋栗、草莓、桃子和杏子做出美味的烧酒。这个时候，人们总是把做烧酒的、做沙司的、做芥末的和做醋的人混为一谈。"

诗人、作家和演员通常都住在条件艰苦又不保暖的阁楼陋室里，酒馆是他们最好的庇护所，使他们不用独自在家冻得手脚发麻，瑟瑟发抖。他们在这里融入欢乐的老百姓中，从他们那里学到新鲜的语言，丰富自己的语库。

圣阿芒的好友，诗人夏尔·维翁·德·达利布莱，热爱烟馆和酒馆，最后在小摩尔人酒馆楼上租了一间带家具的卧室。平时他只要跺跺脚，就会有酒倌拿着几大杯酒跑上来送到他面前：

我住的这个卧房，有个极大的好处
那就是当暴雨将至，冷风吹起
或是严寒逼近需围炉取暖之时
我只要敲敲地板就会有好酒上门[27]

当他们穷困潦倒的时候，他们就去古尔蒂耶、宝时龙，自我封闭在这些烟雾缭绕、满是骗子和卖笑姑娘的酒馆里，大喊大叫着，喝掉一杯又一杯的酒。这样一个群体有什么理智可言呢？

日后的咖啡馆提供了干净的空间，有桌椅和暖炉，诗人和作家们找到了更加适合思考的场所。至于咖啡馆里供应的那种令人口苦的饮料——摩卡，后来也激发了不少诗人和作家的灵感。几年之后，在大理石桌上的一杯热气腾腾的咖啡前，在泰奥夫拉斯特·勒诺多笔下，诞生了今日报纸的鼻祖——《小报》的第一页。

第二章

Chapter 2

路易十四发现咖啡

Louis XIV découvre le café

来呀，神圣的甘露
来呀，激发我的幻想
一点点地
让我感到你那芬芳的氤氲
突然间
你那穿透一切的温热
唤醒了我所有感官
没了模糊，没了混乱
我的思绪潮水般涌来……
而我相信，感受到觉醒的天性
从每滴琼浆中品尝出了
一缕骄阳……

——德里尔《咖啡礼赞》

摄影：索莱耶

外赫莱娜咖啡馆

外赫莱娜咖啡馆（LA MAISON DE VERLAINE）位于巴黎的拉丁社区，在万神殿和壕沟外护墙之间，不少文人雅士光顾过这里。这里环境优雅，拥有丰厚的文化与历史底蕴；服务热情，不仅提供浓郁的咖啡，也供应可口的晚餐，价格很是公道。

1669 年 11 月，路易十四在凡尔赛宫隆重接待前来朝会的奥斯曼土耳其帝国高门[①]大使、穆罕默德四世苏丹特使以及索里曼 · 穆斯塔法 · 拉加之时，他的惊讶之情难以言喻。凡尔赛宫用来接待奥斯曼人的房间，装饰成了东方风格，扶手椅和凳子都被清空，地上铺着数不清的又软又厚的毯子和靠垫，他们就在毯子上面盘腿而坐。奴隶们搭着缎纹金色流苏的餐巾，为前来做客的主子们送上一杯杯黑色液体，这又烫嘴又苦涩的东西叫作“卡瓦”，是土耳其人最喜爱的饮品。

咖啡就此正式进入法国。咖啡的起源，我们知道的并不多，只知道它是 15 世纪初出现在也门，之后遍布土耳其。咖啡从红海的摩卡港大量外运，以至于有一个品种的咖啡豆就以这个港口的名字命名。商人们把咖啡从摩卡港和贝特阿尔法基港装船出发，经过捷达，运到谢里夫的麦加，直至苏伊士。之后，再由沙漠里的骆驼商

① 高门：帝制时期的土耳其政府。——译者注

队运到开罗，从开罗运往伊斯坦布尔。当时凡尔赛宫内流传着一个关于这种“阿拉伯半岛烧酒”起源的趣闻：

> 有个养羊的阿拉伯人，有一天决定带着他的羊到一个新的草场放牧。之后他惊讶地发现他的羊突然都不睡觉了，变得异常兴奋。后来，他发现他的羊吃了一种灌木枝上长得很像野樱桃的果实。他想证实一下这种果实的效用，于是采了一些果实，用热水煮开，然后喝下了熬出来的水。之后整整一晚，他都没能合眼。[1]

实际上，在法国提到咖啡要追溯到1643年。一个黎凡特①人大费周章地想要普及喝咖啡的习惯。他置办下小夏特莱下面的一家店铺，在圣雅克街到小桥的过道上，挥金如土地推广他的“黎凡特蚕豆”。后来，一些外国商人从地中海带来了大包大包的咖啡豆，著名的商人让·德·泰弗诺也跟风做起了咖啡生意。渐渐地，人们对咖啡不再冷淡。1660年，在枢机主教马萨林官邸中，一位名叫莫尔的膳食总管，精于烹制咖啡。马萨林在品尝之后，毫不掩饰地表达了他对这种苦药汤味道的喜爱。格拉蒙元帅也同样钟爱摩卡，他经常在家品尝咖啡。当然，这也多亏了他的仆人安德烈·萨尔瓦托的手艺。

有人说，从我们喝的咖啡到我们喝咖啡的咖啡馆，这两条新兴

① 黎凡特：地中海东岸地区。——译者注

的生财之路之间，隔着的仅仅是一个空间。就在1672年的圣日耳曼市集上，两个亚美尼亚人，帕斯卡尔和马利邦就尝试着展示这样一个空间。他们在众多的糖果摊之间，开了一家装饰成君士坦丁堡“咖啡之家”风格的店铺。

早在1482年，国王路易十一向圣日耳曼德佩修道院的修士们提议，创办一个特别的市集。这个市集有着不同寻常的特性：它不仅仅是一个单纯的商业领域，而且与巴黎人的生活密不可分，逐渐与这座城市融为一体。到17世纪，圣日耳曼市集搬到纳瓦尔官邸的花园旧址处，从2月3日一直开到复活节前后。市集开在一座巨大的长方形石制建筑之中，建筑的墙体有扶垛支撑，屋架连接了两个高高的人字形山墙，山墙上开有天窗，之间由五个横向的屋顶架连接。建筑物里面九条通道把整块地方分成了24小块，有140个隔间可供出租。街头艺人和商人可以把隔间改造成小剧场或者小商铺。黑暗、曲折的街道通向围绕着市集的大广场：盲人街（今天的圣叙尔庇斯街）、吉萨尔街、比西街、图尔农街、飞心街、四风街、公主街……这些街上车水马龙，从不间断，马车夫的咒骂声和车轴发出的吱嘎声充斥在凹凸不平的石板路上。

只要一开市，人们就会被各种活动所吸引。小脸儿粉嫩的小孩子们喜欢赖在木偶剧场前，看表演者熟练地耍着木偶。一出出用简单丝线舞弄的把戏纷纷上演，其中有些人物还或多或少值得一提：纪尧姆，一脸狡猾的巴黎小子，鼻子尖尖，眼神发光，胆大妄为，毫无顾忌；拉波特吕施老爹，爱争辩的有钱老头儿，又爱抱怨，经常要诡计又被人嘲弄；宪兵戴着军装双角帽，是个小心翼翼又蠢笨的家伙；法官戴着方帽，穿着黑色长袍配白色胸巾；魔鬼穿着一身红，黑色狰狞的面孔上面有一对犄角，手里拿着钢叉；杜葛尔冬夫人是一位经常会暴怒的门房，她的脸总是通红的；米歇尔奶奶是个会轻信别人的好老太太，她总是哭哭啼啼地找她的猫；而卑鄙的吕斯蒂可吕总想把那只猫用各种佐料炖了吃。

人们挤作一团，认真地听滑稽小丑戈尔蒂埃-卡尔吉耶讲故事。他穿着一身古里古怪的衣服，同他的两个伙计图尔罗宾和胖纪尧姆一起唱那些放荡的小调。他自己还给那些下流粗俗的玩笑谱上曲，作为保留节目，时而表现得暴烈或极度兴奋，时而嘲笑宫廷显贵和教士，拿他们取乐。他在曲子的副歌部分骂遍了所有人。

在其他的小隔间或是露天舞台上，演员们即兴演出节目，用他们那转瞬即逝的灵感来娱乐大众。那时候的大部分剧目都不超过一幕，而且表演者不得对当权者不敬，要乐观向上，歌功颂德。演员们的表演到底是醉醺醺的临时发挥，还是发自内心的愉悦，观众也分不清。他们的表演是为了生存，并不是为了挣大钱。在所有文艺的行当里，戏剧表演还远不是最挣钱的。有时候，一些社会新闻也给他们的悲剧表演提供了素材，比如托马·高乃依的《女占卜师》，灵感无疑是来源于当时的下毒事件。

圣日耳曼市集分成不同特色的区域。葡萄牙人的地盘出售着从中国进口而来的商品：漆器、灰琥珀、细瓷器。此外，还有卖金银器、卖缝纫用品、卖鸟和卖羊皮纸的区域。令人难以忍受的嘈杂声占据着这里：鼓声、哨声、横笛和竖笛声、手风琴声、双簧管声、喇叭声、铜锣声、铃声、短号声，还有叫卖者的厉声叫喊……科勒泰在《巴黎的忧虑》中写道："整个城里的人都去到那里（市集），与其说是去买东西，不如说是去消遣：狡黠的情人、漂亮的姑娘、机灵的扒手组成了川流不息的人群。这里总会遭遇最奇特的扒窃和献媚。过去连国王都曾微服来过这里。"[2]

沿着小巷行走，目光总是会被各式各样的东西吸引：灯笼、帽子、假发、兵器、小摆件、乐器、香水、裙边、钟表、雕塑、油画、水彩，还有一些馋嘴的吃食，比如松露、糖衣果仁，配上淡酒，招引那些贪吃的人，满足他们的口腹之欲。这厢一只猴子打扮成火枪手的样子跳着小步舞曲，那厢一只兔子一边抽烟一边敲鼓……

一家装饰着精细的木质镂空墙裙和阿拉伯花纹图案的"酒馆"，招来了一群群吵闹的顾客，这里的杯装"窖藏"只卖2个苏。门口，一个卖艺的在发放里昂的药剂师让·吉兰秘制的药方传单。据说这种药从杯中飘出的烟雾能治疗眼肿耳鸣，对气喘、感冒引起的肺炎、脾部疼痛有很好的疗效，特别是对暴饮暴食有奇效。如吃多了水果引起不适，服用此药是再好不过的。[3]

这种饮品被装在瓷杯里端上桌来，亮眼的白瓷和色彩鲜艳的釉色令人心生欢喜。人们对这种轻薄得几乎透明，碰在一起会发出类似轻金属声音的杯子很是好奇，里面盛的"烧酒"又如此美味。更令人感到惊奇的是，这里的服务生都穿着亚美尼亚式的长袍，顶着高帽子。这家"酒馆"最终大获成功。在圣日耳曼市集闭市后，店主决定在学校码头那里开一家店。

咖啡也引发了不小的争论。当喝咖啡渐渐开始普及起来时，医生们警告那些粗心大意的人们，喝下这种危险饮料有多少危害。

1679 年有人发表了一篇题为“论服用咖啡对马赛居民健康的危害”的论文。文中指出喝咖啡的危害之一是会引起一系列疾病。此外，作者还针对咖啡的颜色，指出黑色的咖啡会使皮肤变黑，并且易得亚洲霍乱。赛维尼夫人谈起咖啡曾写道：“咖啡使我变傻。”她还建议她的女儿戒掉咖啡：“你以为咖啡能带给你力量，那其实都是虚假的。”[4]

相反，1671 年，《咖啡、茶和巧克力的用法》的作者吉兰对咖啡却大加赞赏：“喝咖啡是阿拉伯沙漠里风靡的习俗，并由此传到领主的土地上。喝咖啡有驱寒祛湿的功效，祛风扶正，以其净化之质除去水肿。喝咖啡同样对脓疮血浊有奇效，这使人们恢复活力，缓解腹痛或饮食不振。喝咖啡对头昏脑涨、寒冷、湿热和乏力也有很好的功效……日常饮用应观察不适者症状，而酌情适时服用。”[5]

奥尔良老公爵夫人兼帕拉蒂尼公主，这位以德国人粗犷脾气著称的贵族老太太对她的姐妹一通说教：“我很遗憾地得知您已经对咖啡上瘾了，这世上再没有比这更不健康的东西了。我每天都能看到有人因为喝这个而引起疾病，并被强制戒断。阿诺公主，克里斯蒂安·德·比肯弗莱公爵之女就是因为喝咖啡，遭受了极大的痛苦之后便死去了。在她死后，医生在她胃里发现了很多小溃疡。希望您能以此为鉴。”[6]但是帕拉蒂尼公主对自己震惊朝野的吃腌酸菜的食量却毫不在意。

《菲利普·德·当若侯爵的新日记》中记载，一名不知名的知情人士称，1708 年，身为养生学医生的弗拉芒省省长蒙贝龙先生，死于自己配制的咖啡。他在最后还很奇怪地补充了一句：“他最后死于手部的癌症。”[7]

无论如何，这种苦药汤在市场上崭露头角，使得这些咖啡馆老板在巴黎站住了脚跟，并且在1676年形成了一个新的行业。但是路易十四对这种时髦却一点儿也不感冒，他甚至拒绝给住在马尔利宫的贵宾上咖啡，因为他觉得40法郎一磅的咖啡实在是太贵了！

一些人对咖啡口诛笔伐，另一些人却对其赞赏有加。一位里昂的医生声称："咖啡对健康极为有益，它能够利肾、活络，并保持身体机能，消除瘀滞，通过促进发酵减轻肠胃负担，预防水肿、结石和痛风，能够治愈胁痛、坏血病，减轻各种肺病症状，清咽利喉，降热止燥，治疗偏头痛，能够使肥胖者减重，清瘦者增重……”[8]咖啡在他眼中真的成了灵丹妙药。

医学界从整体上来说，对咖啡的态度还是比较中立的。教会则对咖啡保持着非常良好的热情。这饮料不是号称可以除去体内的燥热吗？这不就可以扑灭那么多原罪的根源吗？这样一来，从某种程度上说应该可以让巴黎人变得更加道德高尚吧？

虽然这个进程十分缓慢，但咖啡馆出人意料地如雨后春笋般出现在巴黎的街头巷尾。到路易十四去世时，巴黎已有了不少于300家咖啡馆。

第三章

Chapter 3

从摄政时期到大革命：处于政治中心的咖啡馆

De la Régence à la Révolution : les cafés au coeur de la politique

所有德才兼备的外国人都来到巴黎，那时的巴黎如同加利亚尼所称，是欧洲的咖啡馆。

——莫雷莱神父《回忆录》

普罗科普咖啡馆

普罗科普咖啡馆（CAFÉ PROCOPE）可谓巴黎现存最古老的咖啡馆，这里依旧保持着古朴典雅的传统装饰。它的昔日常客包括18世纪欧洲启蒙运动思想家伏尔泰和卢梭，而世界第一部百科全书的作者——狄德罗曾在这里写出影响欧美革命和社会发展进程的著作。

摄影：王欣

历史学家们认为，准确地说，18 世纪实际上应该从 1715 年 9 月 1 日早上 8 点 15 分开始算起。在这一刻，世上最伟大的国王，在经历了 77 载的人生，在位 72 年，执政 54 年后，咽下了最后一口气。

在路易十四去世后的第二天，奥尔良公爵腓力二世接管了议会。亲王们、公爵们和大臣们都来到宫殿，在他们的见证下，腓力二世宣布摄政。他认为原遗嘱有悖已故先王的真实意愿，要求大臣“直言进谏”，协助他更改路易十四的遗嘱，夺取政权……很快这场会议就在山呼万岁中结束，路易十四的临终遗愿被扔进历史的故纸堆，了无痕迹。

腓力二世深知，要得天下必须要振兴经济，可惜他错信了苏格兰人约翰 · 劳的政策，给 1720 年的混乱局面种下了苦涩的种子：金融流通崩溃，工程停工，金、银、粮食、商品储备大量集中在少数人手中，更加添乱的是，普罗旺斯和朗格多克等地区鼠疫肆虐。

在经济繁荣、全面复苏的几年内，思想运动、观点、话题不仅仅在诸如德 · 朗贝尔夫人、德 · 唐森夫人、杜德芳夫人、若弗兰夫人们的社交圈或文学沙龙里大行其道，同样，咖啡馆也变成名副其实的社会大学。人们的服装变得不再那么宽大，但款式丰富多样，男人和女人开始用白粉扑脸，用来掩饰脸上的纹路。从某种程度上说，这也抹去了年龄的差异。女人们开始流行留短发，并烫成精致的卷发。但是她们的身体却要忍受从英格兰和德国传入的裙撑之苦。这些裙撑里的鲸须和紧身褡钳制住了女人们的腰身，妨碍她们呼吸，压迫她们的胸部。好在后来出现了一种大胆又轻便的“便服”，类似罗马帝国时期女性的霓裳，将女人们从裙撑中解救了出来。

杜罗尔在《巴黎趣闻》[1]中写道：“对一个外国人来说，没有什么比这些咖啡馆更方便和令人满足的了。这里装潢干净，可以安静地看政治新闻或文学作品，不用担心被打扰，也可以玩一些益于健康的游戏，人们花很少的钱就可以免费在这里冬天取暖，夏天乘凉，听记者说些时下有趣的事情，或者加入讨论，自由地说出自己的观点，不用担心会惹老板不高兴。”

1718年，瓦尔德克亲王顾问、著名旅行家、德国人若阿山 - 克里斯多夫 · 内梅兹在《旅居巴黎》一书中这样描写道：

> 巴黎有数不清的咖啡馆，有时一条街上能有十多家，其中一些名声在外，经常有亲王或其他大人物光顾。(……)在幕间或散场的时候，歌剧院和剧院附近的咖啡馆吸引着纯粹出于好奇的人们进去坐坐，有时能有上百人。洛朗寡妇在第九大街上开了一家叫“好灵魂”的咖啡馆，在地毯上摆着各式新奇又有趣的玩意儿，人们喜欢聚在那里。著

名的语言大师，著有《瑞典国王的村庄》的格里马莱就曾主办过这样的集会。新桥的斜坡左边也有个类似的彭瑟莱咖啡馆。一些学者经常会聚在鲁耶街上的另一家咖啡馆，一起讨论文学方面的话题，这家店就叫学者咖啡。记者们在咖啡馆里高谈阔论，谈论报纸上登载的国家大事。[2]

内梅兹提到的洛朗寡妇的咖啡馆，实际上是个文艺界聚会的圈子，格雷比隆、地理学家索兰、经常被人提到的布瓦丹、诗人鲁瓦和多谢、阿拉里神父、歌手德·罗什布吕内、芭蕾大师佩古，还包括一些默默无闻的文人，都被吸引到这个咖啡馆中。

文学评论家让-巴蒂斯特·鲁索在这里创作了一部名为《咖啡》[3]的剧本，写得平淡无奇，毫无新意。一位年轻的军官为这部剧献上了一首讽刺诗：

咖啡总是令人神清气爽
难为了亲爱的鲁索费了不少沮丧的气力
把每个人都搞得昏昏欲睡
只有你的《咖啡》能让人睡去[4]

鲁索后来把创作失败怪罪到洛朗寡妇咖啡馆里那些常客们的头上！

洛朗寡妇咖啡馆里有时气氛会变得很紧张。一天，佩古在店里对鲁索用手杖相向，因为鲁索发表了一系列针对他的挖苦文章，用词尤其猛烈。要不是最后鲁索向他求饶，他肯定会毫不客气地教训他一顿。鲁索对这种事也习以为常了。后来他因为写了一些污蔑诽谤的诗而被判决流放。他去了维也纳，在布鲁塞尔度过了余生。

勒萨热创立了一种新题材——风俗小说，他的文章风格狡黠，富有思想，他在《跛足魔鬼》一书中，用了几行字来描述那个时代的"聊天商店"：

> 这里各色人等来来往往就如潮起潮落。有贵族，有庶民，有容貌姣好的少年，也有相貌平平的聪明人或傻子，形形色色的人在一起交谈，每个人都贡献一点他的智慧。（……）要是能再去一些更加有个性的咖啡馆，就会遇到一些有德行的人，与他们成为朋友。但是这样的情况很少见，因为说到咖啡馆里结识的朋友，可能是僧侣，也可能是演员：他们聚在一起只是偶然的缘分，相见不意味着相爱，分开也不会觉得伤感。[5]

今天的我们简直难以想象咖啡馆兴盛时期巴黎的城市面貌。尽管美化城市的措施还没有显现什么效果，街道坑坑洼洼，污水横流，街边挤满了小商小贩，补鞋匠、旧货郎、卖字的，这与当时都市的时尚形成奇怪的对比，但去咖啡馆成了一件神奇又时髦的事。

由于人们无法自在地徒步行走，出行会坐推车，让人拿椅子抬着，或者坐"面对面""贡多拉"和"小澡盆"[6]。全副武装的行人永远会被横在路中间各行各业的小摊贩挡住去路，从剃狗毛的到卖汽水的，从擦皮鞋的到卖假发的，一应俱全。每个人都有自己的职业徽章，或是挂个有趣的招牌。所以当奥尔良公爵下令建造巴黎皇家宫殿游廊时，一些人看准机会，在出售精美商品、精心布置的店铺之间开了新的咖啡馆，这样更容易招揽顾客。

一些著名的画家参与了巴黎皇家宫殿游廊的装潢。华托为热尔桑画店作画；夏尔丹为一个理发店设计了招牌。小科尚为珠宝商斯特拉刻制了版画招牌；肖法尔为钟表商多蒂亚克设计了标志性的蝴蝶图案；小莫罗则画了夏莫裁衣店的招牌。埃塞尔在天体和指南针的图案中融入了“花与爱神”的风格，形成了钟表设计师马尼店面的标志。埃塞尔还设计了很多精美的洛可可风格的图案，有美丽的花环和优雅的叶漩涡装饰。

在这些人们逛逛就离开的时髦商店旁边，咖啡馆在悄然成长，只要有个小小的面向街道或小巷的门面就好。

大部分咖啡馆都开在巴黎很难找的角落里，周围都是客栈、烤肉店或驳船[7]，必须要穿过错综复杂的小巷才能找到。小巷里房子的角上总能找到圣母塑像，用她圣洁的慈悲照看着这片土地。入夜后，虔诚的信徒会在圣母脚下点燃烛火，然而被这安详而微弱的烛光照亮的并非都是教化人的场景，比如在 1720 年 3 月 20 日的一个星期五，发生了一件可怕的事情。一群有钱的“密西西比人”经常光顾甘冈普瓦街 54 号的木剑酒馆，他们是当时的密西西比公司的股东，自从一年前约翰·劳把银行开在了这条街上，这些投机商人就经常一股脑地涌到这个酒馆里来。这些暴发户中有个名叫拉克鲁瓦的掮客，当天晚上他和三位来历还算值得尊敬的人物见面：一位是霍恩伯爵，是德国亲王的兄弟，摄政王的族亲；一位是来自皮埃蒙特①的姓米尔斯的绅士；还有一位是图尔奈②银行家的儿子，勒斯唐先生。

会面结束时，霍恩和米尔斯一起杀掉了拉克鲁瓦，勒斯唐负责在街上站岗放哨。酒馆的一个伙计听到喊声，冲进他们会面的单间，看到了这一幕。伙计马上反锁上门，跑去喊人。米尔斯翻出窗户，想从威尼斯街那里逃走。他很快就被抓住了，还有跟在他后面的霍恩。两个犯人由于预谋杀人，论罪当受轮刑。

贵族们向摄政王腓力二世求情，他好歹和霍恩伯爵也算是表亲，看在与德国王室的同盟关系，好让霍恩伯爵免受这种屈辱又残酷的刑罚。摄政王回应道："我要是也流淌着和他一样的脏血，我就要把它抽出来！"[8]一个星期之后，米尔斯和霍恩在沙滩广场被处以轮刑。

后一年，我们也可以从另一个事件了解当时的社会风气：著名的窃贼路易·多米尼克·卡尔图什在上波恩街，也就是今天的奥贝尔冈街的手枪酒馆里被捕。那里是他和他三个同伙的地盘。

很长一段时间，他和他的流氓团伙一直在逃避警方的追捕，因为他们威胁着巴黎和周围郊区的安全。三个月前，他甚至斗胆在歌剧院一带露面……但是一天清晨，时候尚早，他的卧室房门被几个有力的肩膀撞开，很快他就被五花大绑。他还穿着衬衣，甚至没有

① 皮埃蒙特：今意大利境内。——译者注
② 图尔奈：今比利时境内。——译者注

来得及拿起他的武器。他也一样会被活生生处以轮刑。

一些城郊的露天咖啡馆也在摄政时期见了天日，比起凡尔赛宫的盛宴，王公贵族和富裕的资本家们反而更爱往巴黎的小酒吧和小酒馆里钻。弗朗西斯克·米歇尔写道："可能是贵族们已经厌倦了那种华丽丽的感觉，想要在放浪之中寻找新鲜感。"也是差不多在这一时期，出现了带有演出的咖啡馆的雏形——咖啡馆歌厅。但是这也并非首创：在1743年出版的《集市演出史》[9]中，讲述了早在1680年就有一位老板想到把他的咖啡馆向演员们开放，上演舞台剧或滑稽表演，每晚酒水消费和演出票费用差不多。可惜的是，有天晚上，一位顾客在他的饮料中喝出了一截蜡烛头。这件事情很快传开，人们甚至给这家咖啡馆起了个别号叫"蜡烛头咖啡"！虽然这家咖啡馆最后还是"熄灯"了，但是这个创意流传了下来：从此之后，这样的咖啡剧场不断地增多起来。

在酒馆里展现的风俗与在咖啡馆喝着摩卡的优雅大相径庭，咖啡的精妙在于让谈话者的大脑处于一种激动和活跃的状态而不会感到混乱。桌上摆放着用料讲究的精致饮品：玫瑰露酒[10]、水果冰水和花香味的柠檬水，人们坐在桌旁聊天，打听当天的新鲜事，思考，作诗，一起唱着《咖啡康塔塔》：

咖啡啊，到底是怎样未知的地方
才不知你那迷人香气撩起的艳火
你在你占据的广袤帝国的土地上
对抗酒神巴克斯

令人喜爱的甘露啊，叫我满心欢喜

你好像施了魔法，让我们的日子高兴起来

你伸出援手带我们走出困倦

你把生命中被偷走的时光还给了我们

……

咖啡啊，瓶中的酒

你对抗这致命的毒药

你为葡萄酒神感到开心

你用你的魅力唤醒醉酒的人

让他们重新找回理智

弗泽列先生词，贝尔尼埃先生谱曲[11]

在1730年前后流行的咖啡馆中，一定要提到帕尔纳斯咖啡馆，这里的装潢充满了东方的异域风情，提醒我们喝咖啡应该按土耳其流行的方法来：服务生都穿着松松垮垮的长裤，戴着包头的帽子，端上用搪瓷高杯盛着的苦咖啡。咖啡在咖啡馆以外的地方也大受欢迎。对于有钱人来说，在自己家里喝咖啡才是最时髦的。他们会把自己的某一处官邸布置成外面咖啡馆的样式，摆上豪华的桌子，挂起镜子，让自家仆人打扮成亚美尼亚人。人人都在家里喝咖啡，再加上点儿奶，咖啡就成了巴黎人的早餐。同样在晚饭后，人们喜欢和亲近的人或客人喝上一杯咖啡。国王的军队也开始喝咖啡，并且在行军的过程中把咖啡也带到了乡下。咖啡最终传遍法国各地。

* *

毋庸置疑，普罗科普咖啡馆称得上是巴黎第一家咖啡馆。它开在巴黎最古老的街区中心。在那个街区，穿过一片杂乱无章又脏乱不堪的房屋，有一大群与这个街区不相称的人在这里找客栈、烤肉店、棋牌室或者其他乐子。那里也有供男女幽会私通的小房间，还有一些只有入夜了才能进去、被警察密切关注的秘密场所。

普罗科普装修非常豪华：墙上挂着壁毯、油画和镜子，大理石的桌子，水晶吊灯闪闪发光。大门口四轮马车排着队停下，从车上下来的都是穿着裙撑、梳着高高发髻、搽着粉的尤物。她们并不进去，就点个冰淇淋或者巧克力，站在门口露台上的桌旁。咖啡馆里面十分嘈杂，挤着一群衣着光鲜的人，举止优雅的神父带着短剑混迹其中，文人的衣服口袋里勉强塞着书或者手稿，各种声音和动作混乱地交织在一起，人们在其间来回移动。

这家咖啡馆的主人是弗朗索瓦·普罗科普，真名叫弗朗切斯科·普罗科皮奥·德·科尔泰利，1670年到巴黎来淘金。他和来自克里特岛的小跛子冈迪奥，还有当时很有名的黎凡特人约瑟夫一样，最初从游商开始做起。

他不辞辛劳地背着一个装满各种容器和杯子的货摊，一手拿一个小蓄水槽，装着他要用的水，另一只手拿着一个带小炉子的咖啡壶。他把热腾腾的咖啡送到有钱人家的公寓或私人宅邸，4个苏一杯，和他一起走街串巷的还有背水的、卖扫帚的、推着装着大桶的小推车的、穿着古怪的卖醋小商贩、收废铁的、卖灯笼的和卖画的……

1675年，在他帮着那两个亚美尼亚商人帕斯卡尔和马利邦在圣日耳曼市集上向人们推销奥斯曼的“卡瓦”之后，他终于也攒够了钱在图尔农街上开了这家普罗科普咖啡馆。

1684年，他把他的咖啡馆搬到了圣日耳曼护城河街上，店面正对着埃图瓦网球场。原来这里是一家浴池，一些网球爱好者和教士决斗场的剑客们经常光顾此地。原先这里的门面是框起来的方砖，上面写着：“在这里，我们有浴池和蒸汽浴室，为您洁净身躯。”这个名叫都灵圣苏埃尔的蒸汽浴室不仅给贵宾们提供温暖的浴衣，还有意大利音乐伴奏下的餐点。尽管这里曾经因为有伤社会风化经历过一次法院提审，但这个浴室还是凭借设施齐全的房间，随时准备提供上好服务的浴女而备受推崇。

但是蒸汽浴室之后遭受了巨大的舆论压力。人们谴责浴室传播梅毒，有些不幸意外怀孕的少妇和姑娘们认为，水被不正经的放荡之徒污染了，把罪过推到蒸汽或是洗澡水上。这一次，有人倒大霉，就有人交好运：浴室倒闭了，咖啡馆开张了！

好运还不止于此。五年之后，国王剧院的演员们搬到了普罗科普对面，他们被马萨林学院那些严肃的冉森派教徒赶出了马萨林街，花了好长时间想找个合适的演出场所，直到不得已才选择了圣日耳曼护城河街的埃图瓦网球场。他们在旧网球场上建起一座宽阔又金碧辉煌的大厅，有三排包间，一个金光闪闪的蜡烛吊灯挂在屋顶正中。当然坐在吊灯下面的倒霉观众们可以少付一些票钱，以补偿他们离开剧场时满身布满蜡油的斑点。人们戏称这些观众为“吊灯骑士”……

就在普罗科普咖啡馆对面，一个世纪以来，在这个剧场里上演了莫里哀、高乃依、拉辛、勒尼亚尔、当古、勒萨热、伏尔泰和马里沃的戏剧。直到1770年，法兰西剧院进驻这个大厅，此后这里又成为画家格罗的画室。要是我们追溯戏剧史上早期的巴黎，圣日耳曼德佩毋庸置疑占据着法国舞台的先锋位置。

此时的普罗科普正春风得意。这群意料之外的顾客让收款匣乐开了花。崭新华美的剧院矗立在街旁，正面白色墙体上方的三角形门楣上冠有密涅瓦①的雕像，女神从高处俯瞰着门口拥挤的人流。

正门上方是带有法兰西纹饰的剧院名称“国王陛下资助的演员之家”。很多人对这个叫法颇有微词。一位名叫德拉图的宫廷神父表示反对：“胆敢在剧院的正门口写上‘国王陛下资助的演员之家’也真是特立独行。这群演员也不过是乌合之众，是一群让人瞧不起的哗众取宠的戏子，只是人们对他们过于宽容罢了！”[12] 莫里哀在他的作品中猛烈地回击了这种言辞。但这阻挡不了人们对戏剧的热情，他们涌向剧场，街上放眼望去，都是看戏人头上戴着的彩色羽毛帽子，之后他们就赶去普罗科普。咖啡馆就这样跟着剧场演出的节奏，跟着它的脉搏，分享着它的喝彩与屈辱。店主的孩子们就在这种嘈杂的交谈声中成长，在桌子之间追跑，逗顾客开心，尽他们所能帮着父母为客人端上咖啡。客人们叫他们“小小子”，长大点儿叫“小子”。“小子”后来成了叫服务员的词。

① 密涅瓦：罗马神话中的智慧女神、战神、艺术家和手工艺人的保护神，相当于希腊神话中的雅典娜。——译者注

普罗科普咖啡馆成了艺术家、演员和音乐家们交际和放松的场所：贝勒库尔、普瓦松兄弟、格朗瓦尔、基诺兄弟、勒坎、普雷维勒、莫莱、当热维尔小姐、勒库夫勒、戈森、克莱龙、圣瓦尔、迪梅尼，这些杰出的演员让法兰西剧院在欧洲首屈一指。得益于剧院周边的优越位置，普罗科普很快就招徕了一群以文人为主的顾客，在这里碰见布瓦丹、泰拉松神父、杜克洛、弗雷列、马蒙泰尔、拉莫里埃尔骑士、拉费上尉、语法学家迪马赛等人并非难事……

人们在这里无所不谈，发出最纯粹的喧哗，其间若有间歇，也能听到杜克洛那洪亮的声音。在这里，你得时刻保持敏锐，以便随时回击对方的任何新观点。除非他们说错了话，否则会一直保持着兴奋的精神头儿，最后演变成稀奇古怪又艳俗的舞蹈。马蒙泰尔和布瓦丹创造出了一种特殊的语言，并且扩充了词汇，比如灵魂叫“玛戈”，自由叫“让娜冬”，而上帝叫“存在先生”。他们用自己的黑话交谈。

“先生，”有天晚上一个不知名的人问布瓦丹，“我能否请教您，是不是存在先生经常表现不好，您对他好像很不满的样子？”

“先生，”布瓦丹回应道，“他是警察的眼线！”[13]所有在场的人都爆发出一阵哄堂大笑。

勒萨热坐在角落里，手里拿着他的助听器，当他发觉某个人的发言发人深省时才会戴上。他的座上客都是文人、学者、艺术家：画美惠三女神的布歇、雕塑家勒穆瓦纳、版画家皮埃尔·科尚，还有凯吕斯伯爵，马蒙泰尔总讲他的坏话。有时候若弗兰先生也会加入他们的集会，他的夫人定期会举办一个大受好评的文学沙龙，而他来这里张开嘴只是为了吃东西。有人为了戏弄他，每次都借给他《拉巴特神父游记》的第一卷，而他每次都会再读一遍。

“您觉得这部作品怎么样？”有人问他。

“十分有趣，但是我感觉作者写的内容好像有点儿重复……”[14]

他的律师朋友塔耶费总是和他同行。这位律师会在整个晚餐的过程中神采奕奕地讲述那些逗笑审讯官的段子，所有对话都在他滔滔不绝的单口相声前戛然而止。他的肢体语言和面部表情也绝对精彩，还能在他这种奇特的艺术理念中感受到他强烈的社会责任感：他家里那位管事的每年都会给他生一个孩子，他把这叫作清偿欠社会的债。

有天晚上塔耶费问他的朋友若弗兰：“您夫人最近怎么样？”要知道这个时候夫人在家早就睡着了。

若弗兰答道：“她通过仆人传话给我说，她很想念我，她都没法说话了……”[15]

《自然史》的作者布封在这里也是位闪耀的人物，他的口才常常令他遇到的名人们嫉妒，比如达朗贝尔、狄德罗、孔狄亚克。他们评价布封爱狡辩，夸夸其谈，有时甚至说他是个骗子。

一天晚上，内克尔夫人向布封问时间。

“我从来不看表。”布封用他那勃艮第口音回答道。

“我想也是，”内克尔夫人回敬他，“您就像布里丹神父调教出来的一样，您问他：‘现在几点啦？’他回答：‘永恒’……”[16]

脾气随和的布封在面对一些令人为难的问题时，总会用一种善意的真诚来回应。比如有人问他某个人算不算有思想，他会说：“您这个问题真是不好回答，我觉得谁都不傻。”[17]

他的《自然史》为他赚得了将近 20 万埃居的版权费，也为他招来不少艳羡和敌视。伏尔泰的主要著作当时也没有超过 1 万埃居，于是就狠狠地嘲讽布封。后来两人在普罗科普和解时，布封机智地报了仇。伏尔泰叫他阿基米德二世，他回答说不会有人叫“第二个伏尔泰”……

让我们回到丰特奈尔常坐的桌前，科莱说他的人生只有两大爱好：过油芦笋和白糖霜草莓。人们喜欢转述丰特奈尔那些经典的话，正如有一次在迈内女公爵的索镇城堡宴会上，来宾们玩着各种游戏，其中有个问答游戏。轮到丰特奈尔时，有人提问说挂钟和情妇有什么区别？他回答道：“一个标记时间，另一个让你忘了时间。”[18]这时话题又转向了地狱和魔鬼，他又丢出了一句颇有深意的俏皮话：“先生们，别说那么多魔鬼的坏话，它没准是上帝的手下呢！”他的话激起了不少抗议，于是他又变本加厉地安抚在场的人：“我的朋友们，要是哪个宗教不教化他的信徒们相互友爱，就应该被消灭。”他旁边的伏尔泰听到他的话，也忍不住帮上两句：“是不是非得要最后一个冉森派教徒用自己的肠子勒死最后一个耶稣会教徒，才能把事情推向和解？”[19]

另一桌坐着鲁医生和博尔登医生，化学家鲁埃勒和他的徒弟达尔赛。达尔赛曾经教过孟德斯鸠的儿子们。狄德罗请他们发言时，他们展示了自己的知识体系——为了携手打败他们共同的敌人：上帝。他们讲完后，身为那不勒斯大使秘书的加利亚尼神父，作为上帝的代言人，很乐于加入他们的唇枪舌剑：“哲学家先生们，你们的思想太超前了……首先我要跟你们说，我要是教皇，就把你们都扔进宗教裁判所；我要是法国国王，就把你们扔进巴士底狱。但很幸运的是，我既不是教皇，也不是国王，所以下周四我还会来这里，到时你们得像我现在这样耐着性子听我讲话。”

约定的日子到了，他们如约来到普罗科普，吃完晚饭喝过咖啡，由于那天很热，神父一手拿着他的假发，另一只手比画着陈述他的观点：“先生们，我猜想你们当中最为坚信世界是偶然的产物的那位，很爱玩儿骰子，他倒不会去赌场，而是去巴黎漂亮房子里的赌局，他的赌友一次两次，三次四次地打出 6 个点……玩儿了没多久，我的朋友狄德罗就输光了钱，他一时间毫不犹豫地喊道：‘这骰子肯定做了手脚，我被坑了！’啊！哲学家啊！怎么？就因为打了十几次骰子，让您输了 6 个法郎，您就坚定地认为这是投机取巧的行为、偷奸耍滑的诡计和事先预谋的诈骗，那么看看这个世上那么多比这高明精巧千万倍的阴谋诡计，您不觉得是大自然的骰子被人做了手脚吗？您不觉得天上有位出老千的大庄家早就布好了陷阱等着您掉进去吗？（……）”[20] 百科全书派成员的狂轰滥炸，也很难动摇这位伟大神父的信念。

百科全书派诞生于普罗科普咖啡馆，源于狄德罗和达朗贝尔之间的一次讨论，最初成功参与编撰的群体也不仅限于几何、机械或自然科学领域。达朗贝尔极具模仿天赋，德 · 让利斯夫人一点儿也不喜欢他，她曾写道：“他长着一副难看的嘴脸，总是用他那尖细刺耳的假嗓子讲一些荒诞不经的段子，我烦透了他。”[21]

达朗贝尔和狄德罗形成鲜明的对比。这个矮小纤瘦的男人无比好动，他小眼睛，大尖鼻子，穿着很简单，衣服总是单色。他戴个假发套，系着苏比斯式的蝴蝶结。

他其貌不扬，但有时他嘴角上会浮现出一丝略带苦涩的淡淡微笑，彰显了他的智慧。

他喜欢说俏皮话。一天，瓦瑟农神父和他坐在一起，对他说："那会儿做不做布洛涅主教完全在我。"

他回答道："您说的是布洛涅森林吧！"[22]

狄德罗就要稳重一些了。他有着高且宽阔的额头，眼神十分温和，且闪着敏锐的光芒。他语气柔和，既不狡猾也不天真，说起话来带着力量和尊严。他的思想中透露出真实的自我。我们知道他出身于朗格勒一个刀匠家庭，父亲早年把他送到耶稣会学校去读书。有一次达朗贝尔向狄德罗的父亲祝贺他儿子取得的成就，父亲不乏幽默地回答道："他现在出息了我是挺高兴，可是您不知道为了供他读书，我花掉了多少把柳叶刀……"[23]

到了夏天，普罗科普敞开了大门。许多到国王剧院看戏的观众趁着幕间休息出来买杯饮料，聊会儿天。到了冬天，咖啡馆大门紧闭，人们都待在屋里不出来，闲聊着互相挖苦或者跳康康舞。他们起身跳舞，手舞足蹈，无比喧闹。老板知道客人们跳得口干舌燥，特意为他们准备了无与伦比的特调饮料来解渴：鸡蛋花水、龙涎香柠檬水、核桃烧酒、西班牙皇后水、用糖和香草泡的桂皮水混合罂粟花一起调制的"维纳斯圣油"特饮、橙花奶油，还有一种巧妙地混合了姜、桂皮、肉豆蔻、丁香，并且长时间在甜葡萄酒中浸泡制成的"黑颇卡"开胃酒……

正是在这一时期，伏尔泰遭受了许多人对他的口诛笔伐。每次他一走进普罗科普咖啡馆，就会引起不小的骚动，常客们会小心翼翼地提起防备。其中有一个人已经开始冲他翻起白眼了，这个人就是利诺，一个稀松平常的作家。这也没什么好奇怪的，因为伏尔泰刚写了一篇关于他的文章："他每天都跑来剧院看戏，而不是静下心来想想自己该写点儿什么。他花了两年时间，就写了一幕毫无价值的剧本。就因为他常混迹于剧院和普罗科普，他就觉得自己是个人物了。"

伏尔泰经过普罗科普挂着精美壁毯的墙，来自威尼斯的镜子里反射着天花板上水晶吊灯的熠熠烛光。记者弗雷龙是个大腹便便的胖子，坐在桌前时总显得昏昏欲睡，《老实人》的作者向他点头致意。看到伏尔泰，弗雷龙的脸都涨红了。不久前，伏尔泰在他的讽刺文章《可怜鬼》[24]中用一篇四行诗把他嘲笑了一通：

某个夏日，小山谷中
一条蛇咬了弗雷龙
您猜怎么样？
结果蛇死了

伏尔泰选择不理会他，转而向歌曲作者帕纳尔交换了个狡黠的眼色。科莱和格雷比隆父子活跃在一个叫作"酒窖"的有趣组织里，帕纳尔也是成员之一，他经常会为他们写一些快活或讽刺的歌曲。伏尔泰还看到了一个他熟识的家伙，笨手笨脚的皮龙。他正像小丑一样手舞足蹈，即兴唱着一首滑稽的歌，逗他同桌的朋友开心。伏尔泰不无讽刺地祝贺他最新的一部悲剧《古斯塔夫·瓦萨》——实际上刚刚遭遇了惨败。结果会发生什么呢？那些爱吵架的人只要一言不合就可能使形势愈演愈烈，有时甚至会演变成一场决斗，但是这两方的精神层次是超越在这些很初级的反应之上的。好事者也很乐于旁观他们相互拌嘴。皮龙不是等闲之辈，他会巧妙地反唇相讥。伏尔泰也对这种你来我往颇有兴致，还激发出灵感，写下了几句小诗：

当皮龙朝着奥林匹亚剧院大吐苦水
当愤世嫉俗的鲁索开始高谈阔论
“先生们啊，”普罗科普如是说，“还是给您来杯咖啡吧……”[25]

皮龙有时会和大名鼎鼎的弗雷列聊上一会儿。弗雷列是一位集编年史学家、地理学家、神话学家、文献学家和哲学家等头衔于一身的人物。布干维尔这样评价他：“一切戏剧作品，无论是古典的，还是现代的，法国的，意大利的，英国的，还是西班牙的，都印在了他的脑海里。他能像分析熟知的高乃依的悲剧一样，当场把洛佩·德·维加的某部剧作分析得十分透彻。而且令人叹为观止的是，当他讲述某些天南海北的文学，或是政治上的轶事时，无论是希腊人、罗马人、凯尔特人、中国人，还是秘鲁人，都会觉得是在听自己的同胞在讲自己那个时代的故事。”[26]

我们之前提到过的歌舞剧、喜剧和歌剧作家夏尔 - 弗朗索瓦 · 帕纳尔是个才华横溢的人。尽管他常去普罗科普，却一直对那个圈子没有什么亲切感。这可能是因为他太了解那里了。为此他也曾写过几句诗：

咖啡馆

这里是人们丰富自我的所在
许多美好的零星点滴
让平庸的眼睛都会放出光芒
大理石装饰的厅堂
水晶灯点亮整个房间
让我们好好看看这些有才华的人儿
有时候他们的确其貌不扬
无所事事地坐在锅边打盹儿
破旧的衣服上熏得都是菜味儿
厅堂里布满镜子
即使没有那富翁们一下床就要喝的苦烧酒
这里也是闹声喧天
咖啡成了家常便饭
至于那些文人，对它更是甘之如饴
这里总能听到没完没了的长篇大论
和味同嚼蜡的故事

还有易怒又尖刻的人
目无王法地指东骂西
意见相左的学者
吵嚷着各抒己见
喧闹声让人什么也听不见
我们在这里构筑无数个幻想
我们在这里讨论每一个事件
我们在这里评论每一部作品[27]

普罗科普一时间成为国王剧院的老巢，在那个充满了躁动与反抗的岁月里，勒坎、莫莱、布里萨尔、多贝瓦尔是代表人物。克莱龙小姐是这群人中的女皇。她与卡塞尔征服者、布罗伊公爵的恋爱故事被这里的人们津津乐道。每天晚上他们都围坐在桌前大声卖力地唱着《戏剧爱好者信条》，拿那些在演出中大获成功的角色开玩笑：

我信伏尔泰，他是戏剧和哲理的缔造者，全能的父
我信拉哈普，伏尔泰的独子，我们的主
艾塞克伯爵怀了他，勒坎生下他
德·萨丁纳责难他
被扔在比赛特，住在马棚里
死后第三个月又复生
来到剧院，坐在伏尔泰的右边

由此他来定生死

我信勒坎，信圣使徒团

信神圣的达让达尔先生的教团

信斯基泰人的复活

信德·圣－朗贝尔先生的最高启示

信韦斯特里夫人难以言说的高深

如此这般！[28]

歌中唱的故事是这样来的，拉哈普当时作为《水星报》戏剧专栏的评论家，因被怀疑写过一些针对他的恩人——阿尔古尔学院校长的讽刺诗，被德·萨丁纳先生下令关在比赛特。1767年3月26日，伏尔泰的悲剧《斯基泰人》在法兰西剧院首演并不成功，他希望复活节后能重新上演。最后说的是罗斯·韦斯特里，她出身于艺术世家，是18世纪最后一位伟大的悲剧女演员。

一个生性快活的人偶尔也会加入喜剧演员的行列，他叫迪比克。白天他的身份是殖民地部的第一办事员；晚上，他会用自己的方式写些颇有才情的文字。谈话间，他像拉罗什富科那样过分地鼓吹自己的思想，比如他说："我们会因为一个女人与众不同而爱上她，也会因为同样的原因而离开她。"[29]某天晚上，他公然揶揄起杜尔哥来，这位财政大臣下令允许粮食自由流通，结果发现由此招致了不少贵族的反对。

杜尔哥对此曾指出："这大概是因为我们给的自由还不够！"对此迪比克讥讽道："他让我想到一个弄死病人的医生，他给病人放了20次血之后还在喊：‘我都跟他说了，血放得还不够！’”他还说应该给经济学家写的书加上这么一句题词：“病人活不成了，但这是一场非常成功的手术。”[30]

人们也常常会聊到演员之间的争吵，甚至会占到聊天内容的大部分比重，不仅仅是演员之间的，还有公司之间的。这也不是什么新鲜事了。从圣日耳曼市集鼎盛时期开始，那些各个戏种都齐全的巡回演艺公司，如尼科莱和塔巴林，就一直在和正牌的剧院作对。为了阻止这些流动的演出，剧院还会派打手去砸场子。这也是为什么这些演艺公司为了扭转局面，让小孩子去演出，之后还发明了木偶戏……

让我们暂时告别抨击文艺界虚假繁荣的弗朗索瓦·马里·阿鲁埃，离开左岸，穿过新桥——桥上伫立着迎风演唱的歌手和围观看热闹的人群，还有卖万金油的江湖庸医——接着往圣奥诺雷街的方向走。那里有普罗科普的对头——摄政咖啡馆。下午5点，这家装饰着镜子、吊灯的咖啡馆里鸦雀无声，只有偶尔的声响打破这片宁静。摄政咖啡馆聚集了许多棋类爱好者，棋盘可以按小时出租。晚间，前台还会收取额外的费用，因为要在棋盘两边各点一根蜡烛。

著名的棋手之间常常会进行高手对决。获胜者会被冠以各种绰号：敏锐的菲利多尔、顽强的马约、深不可测的雷卡尔……这里谈话声此起彼伏。尚福是个愤世嫉俗、看破红尘的浪子，平日里他给阿图瓦伯爵朗读书信，给伊丽莎白夫人做秘书。达朗贝尔低下他的大方鼻子正在和他交谈。离他们不远处，长着粗壮脖子、一脸罗马演说家神情的男子就是德尼·狄德罗。他写道：“无论好天气还是坏天气，我都有个习惯——下午5点到宫殿去散步。（……）要是天气太冷或是雨太大，我就会躲进摄政咖啡馆，兴致勃勃地看人家下棋。”[31]

在另一桌有两个人在交谈。其中一位，他穿着已经褪色的蓝色大衣，一双没有搭扣的鞋子，灰色的头发飘在领子上方，看上去是位好好先生。他眼神活跃，闪着智慧的光芒，他是美国人本杰明·富兰克林。无论走到哪里，他都很受欢迎。另一位是让-雅克·卢梭，他面颊塌陷，目光焦虑，穿得像个亚美尼亚人，头上戴着顶头巾裹成的帽子，已然开始成天担心被世人遗忘。他每天都来摄政咖啡馆，好让那些聚在门口想透过玻璃窗一睹其风采的人们看到他。他不惜一切代价地想要人们谈论他，但这个内心矛盾的家伙有时又会被围在他周围的人气得发抖，跑去躲起来。

一个世纪以来，摄政咖啡馆迎来了许多意想不到的著名顾客。正如1787年，有一位炮兵军官，他面容憔悴，面黄肌瘦，独自一人坐在一张桌前。没有人注意到他，即使是那个一本正经念着《法兰西水星报》的文章，希望有一天自己的文章也能在上面发表的年轻乡下律师罗伯斯庇尔也没正眼瞧他一下……这位军人不是别人，正是莱蒂齐亚·拉莫利诺的第二个儿子，出身于一个伦巴第家庭的小波拿巴。棋手期刊《帕拉梅德》在1846年的专栏中写道：“有这么几年，这家咖啡馆的老板还会些许得意地指着那些名人常坐的桌子，对他的服务生喊：‘去给让-雅克点单，给伏尔泰端咖啡！’”[32]

比西十字路口朗代尔咖啡馆的“酒窖晚餐”是另一个知名度很

高的文学家聚会。这个组织开始于 1733 年。那一年，有八位好友决定定期在其中一位家中集会。其中一位加莱先生，他在特里昂德里街上开着一家药品杂货铺，平时写诗。另外七人分别是皮龙、科莱、格雷比隆父子、弗泽列、杜克洛和帕纳尔。后来又有其他八位艺术家加入，其中有爱尔维修、蒙克里夫、让蒂·贝尔纳和音乐家让-菲利普·拉莫。集会愈发壮大，加莱的小药房已经难以容纳，他们只得离开那里，直到有天他们转移到了朗代尔，并且从此之后每月两次定期到那里聚会。

第一次晚餐在格雷比隆的主持下进行。每位到场的客人都要说几句祝词，唱上一小段，或者说些有趣的话。谁要是没能让大家笑出声来就要接受最具侮辱性的惩罚——在大家的嘲笑声中喝下一杯水。这顿晚餐大家从下午 3 点半坐到桌前开始，直到午夜。欢乐幽默的氛围要从始至终保持住。有时他们的讨论也能擦出些火花：有一晚让蒂·贝尔纳邀请拉莫一同创作一部歌剧，最终合力创作出了《双子座》。

伏尔泰应邀加入他们之时，曾与皮龙发生过多次激烈的交锋，但他深知如何用精巧的诡辩应对这位天才对手。

这个文学组织还以弘扬法兰西精神为己任，这些创始人的身边汇集了词曲作者拉布吕埃尔和拉努埃，男高音热约和画家布歇。

直到法国大革命爆发。酒窖俱乐部的成员们在这里集会，跳舞，听音乐，参与创作了《可怜的雅克》《爱的欢愉》《柔美的风笛舞》这样的歌曲。组织者时常召开会议。这个地方空间宽阔，照明条件很好，这在当时的咖啡馆里并不多见。对此，马耶尔·德·圣-保罗描写道："这家咖啡馆每晚都被油罐灯照得十分明亮。每盏灯都放置在一个水晶的广口灯盏里，由花环形的灯架连接，灯火耀眼，而这些玻璃吊灯也被老板的伙计们费心擦得锃亮。"恐怖时期，这里濒临破产，那个疯狂的年头，客人们纷纷因为各种各样的原因遗弃了这里。《卡马尼奥拉歌》《马赛曲》《事将成》这样的进行曲给软绵绵的诗歌加上了严肃有力的节拍。

酒窖俱乐部的成员中，勃艮第人亚历克西·皮龙一直是大家关注的焦点。这位乐天随和又才华横溢的诗人却毫无道理地被今天的人们给遗忘了。他成名于1722年，为圣日耳曼市集剧场的三幕独角戏《阿尔勒干·丢卡利翁》谱曲。他写了无数的歌曲、讽刺作品和短诗，风格通常都放荡不羁，自从路易十五拒绝了他加入法兰西学院的申请，他就只剩下一群朋友了。皮龙写下了自我安慰的墓志铭：

> 这里躺着的皮龙一事无成
> 甚至都没进到法兰西学院

还有一首歌谣[33]显示了这位诗人和咖啡馆这个圈子的联系：

> 皮龙，我爱你的才华
> 你简直就是有作诗癖
> 但是这要怪"酒窖"
> 把你推到台前

葡萄酒是你诗的灵感
你能写出一酒桶的诗

直到生命的最后，他依旧保持着幽默感。有这么一件趣事，他晚年的时候双目失明，有天下午，他的侄女陪着他在杜勒里花园散步，走过他身边的人不住地笑他，因为他失禁了。他的侄女发现后对他说："叔叔，大家都在看咱们呢……您能不能把您那里稍微遮一遮？"

"啊，我的孩子！"皮龙回答道，"我那里现在只是个笑柄啦！"[34]

1797 年，一位歌曲作者尝试恢复酒窖俱乐部这个显赫一时的小团体，让它重现昔日的荣光。此人名叫马克·安托万·德索吉耶，他曾经是神学院的学生，但是更立志于做一名歌曲作者。他的父母已经为他安排好了一份教士的教职，而他在神学院里把时间都花在了给滑稽剧的歌词谱曲，而不是在思索教义上。见他如此缺乏信仰，他的上级很快让他还俗了。经过了几年的世俗生活，他当上了酒窖俱乐部的主席，创作了《杜莫莱先生一路顺风》《菲亚尔代斯悲歌》《潘潘》和非常讨喜的独幕剧《德尼夫妇》。他在贝朗热管理酒窖俱乐部的初期协助他的工作，在 1815 年接管了滑稽剧剧场。

根据古斯塔夫·博尔[35]回忆，1732 年，巴黎共济会第一会所——圣托马 - 路易 - 达尔让的多次会议在朗代尔咖啡馆召开。每次会议之后都会有一个"分会晚餐"，这在共济会弟兄们的眼中和入会仪式同等重要。一些共济会成员也惊叹于这些"酒肉弟兄"的暴饮暴食。吉耶曼·德·圣 - 维克托的一部作品记叙了一次"分会晚餐"的情形：

他们架起一个铁制的大圆桌，圆桌根据房间的大小越大越好，好让来宾们都能围坐在四周。尊主会长总是坐在东方，面朝中心；总司讲坐在他的右手边；督导们坐在西方的两端；总会长坐在南面，把上位留给参与仪式的其他分会的弟兄；新人则坐在北面；其他弟兄则填满剩下的位置。

餐桌上的摆设形成三条平行的直线：餐盘摆成第一条线，瓶子和杯子摆成第二条线，菜肴和烛光组成最后一条线。

在这场美食的仪式上会用到一些特殊的词汇。酒杯会被叫作大炮；酒瓶是大桶；红葡萄酒是红炸药，白葡萄酒是强炸药；面包是原石；菜肴是原材料；烛光是星星；盘子是瓦片；刀叉是利剑；盐是沙子。（……）

当“大炮填好炸药后”，尊主大声命令道：

“右手拿好武器！”（弟兄们把右手放在杯子上。）

“举起武器！”（把酒杯举到自己胸前的高度。）

“瞄准！”（把酒杯举到嘴边。）

“开火！好炮！强攻！”（他们分三次把酒喝光，如果不喝光会被视为不敬。）

这时尊主命令道：“放下武器！”

弟兄们把酒杯举到左胸前，再到右胸前，然后再把酒杯举到脸的位置，画出一个三角形的形状。这样的流程做三次，同时酒杯要三次落在桌子上：第一次靠左一些，第二次靠右一些，第三次把杯用力掼在桌上。之后，再连续击掌三下，同时喊三次“万岁”！

尊主第一杯酒要祝国王身体健康。一位使者弟兄，此前一直没有参与到仪式中，这时他上前来，手中持剑，站在尊主面前“以国王我主的名义”致谢。随后，他发表了一段效忠国王的讲话，然后坐到东面的位置，总司讲的旁边。

之后大家一一为尊主、督导员们、执事们、客人们、分会的成员们、新人们，为王后和王室，为那不勒斯的卡洛琳王后，为总会长，为有值得一提的头衔的外国君主们祝酒[36]。这些仪式最终在合唱共济会歌曲中结束，这些歌通常配上当时流行的小调。

* *

跟着街上爱看热闹的人继续往前走，就到了当时非常时尚的圣殿大道上。在观赏过尼科莱和奥迪纳的滑稽表演后，人们前往土耳其咖啡馆，那里东方化的建筑风格很有异国情调。咖啡馆的名字写在门面的层间腰线上，黑底金字，两边各有一个徽章，上面画着奥斯曼人坐着抽水烟筒，还写着一些阿拉伯语。门面的装饰也十分应景：窗口都由小柱子框住，青色花岗岩的基座，青铜叶片和箭头装饰的大理石屋檐之间装着玻璃门窗。所有柱子的柱头都雕着埃及神殿一样的荷叶纹饰。人们来这里一边吃着冰淇淋，一边听着手摇琴姑娘芳松唱歌解闷。这里有逗跳蚤的，还有卖艺的小丑，他们是这里不可或缺的明星。露台前，几个游商小贩努力地向落座的客人兜售他们的商品，就像这个卖小五金的小贩[37]唱着歌儿吆喝他的“五金制品”一样：

快来买我的小玩意儿
我卖的价钱很便宜
象牙梳子送美女
牛角梳子送相公
漂亮绒球送小姐
精美的匣子有衬里
还有崭新的小哨子
让我卖遍了全巴黎
快来买我的小玩意儿
我卖的价钱很便宜

让我们往塞纳河的方向走。在现在的卢浮宫，也就是古代艺术馆的位置上，夏洛特和亨利 - 亚历山大 · 戈多夫妇 1762 年在这里经营着一家军人咖啡馆。这家咖啡馆由建筑师克洛德 · 尼古拉 · 勒杜精心装饰，很快便成为全巴黎最精美的咖啡馆之一。它最后消失在法兰西第二帝国，即在奥斯曼男爵主持的巴黎大规模的城市改造时期。丰特努瓦和克劳斯特坎普的老兵们经常来这里喝摩卡和樱桃酒。军队的指挥官们在这里畅谈有关战争的场景，或者顺便聊聊战略战术。弗雷龙在他的一篇文章[38]中盛赞这里的装潢："我觉得这里的设计独具匠心。设计师想象着军人们走下战场，到了一个可以放松的场所，把他们的长矛放在一起，系上象征着胜利的月桂，把他们的头盔别致地挂在上面。他在大厅的范围内，利用镜面，造成了 12 根凯旋柱无限延伸的效果。选择用头盔来装饰再好不过，而且很有对比感。根据纹饰的不同，头盔可以代表着英雄和古时候的众神。遵循着艺术上的精妙布局有助于提升品质的原则，墙上挂满了军旗、战利品、桂冠等作为装饰。”在头顶的天花板上，军人们可以看到这样一条非常应景的格言：“Hic virtus bellica gaudet.”[①]

* *

小贩们一般都会忽略军人咖啡馆，转而跑去同在圣奥诺雷街上的先知艾利咖啡馆。国际象棋和跳棋的棋手们都在学校码头附近，他们会选择去帕尔纳斯，或是去马努里老板原来的格拉多咖啡馆，在那里总会遇到德·庞斯神父、前上尉拉费、经济学家梅隆、数学家妮科尔、莫佩尔蒂和索兰。马努里为了能配得上他有学问的客人们，写了一篇论文《论波兰式跳棋》。刚刚获得学士学位的年轻人会去巴尔杜拜克街和圣梅里街的街角，这里原先有家皇家之剑酒馆，他们在那里庆祝进入议会工作，只有上帝才知道他们得疯成什么样儿。他们在酒馆吃夜宵，就像那个时候人们常说的“吃饱了脑子才更清楚”。

一位邮局的总出纳比亚尔先生经常出没于咖啡馆。这位表面上体面的出纳，因诈骗损失了几百万。他每天出入自己的办公室、酒馆和教堂。格林讲了一个关于他的故事。有天这个坏蛋领完圣体之

① 拉丁语，意为这里更能体现战士的价值。——译者注

后，又跑到了圣餐台上来，神父刚刚做完弥撒，只剩下几块小圣体饼了，于是对这位“圣”比亚尔说：“您这是乘我不备的时候来取，您应该满足于您所得到的。”[39] 在皇家之剑酒馆，比亚尔的桌前还坐着他的朋友杜克洛。当时的自由思想家发展出的观点引发了一些颇具煽动性的思考，杜克洛害怕因此而遭到报复。有天晚上，他故意把话题转向另外一件事，最近巴黎新来了一头小象，一时间成了宫廷宠儿和街头巷尾议论的话题。“先生们，咱们说说那头象吧。”杜克洛提议道，“这是目前这种形势下咱们唯一能放心谈论的话题了。”[40] 整个夏天，这两个好伙伴在狄德罗、马蒙泰尔、叙阿尔和莫雷莱的陪伴下，每个星期到塞夫勒省的水浒酒馆两次，沿着塞纳河乘船而下，在船上吃水手鱼。他们一路上欢声笑语，有时说的话都是毫无逻辑的胡言乱语，比如加蒂就表示谁愿意听他说话，他就跑遍这附近。“手里拿着柳叶刀和梅毒病菌，到田地里去给人家接种。”[41]

1774 年的巴黎，遍地都是烤肉店，每天定点供应一些做得并不是很精细的食物。很快巴黎的第一家餐厅诞生了，造成了很大的社会反响。一个叫布朗热的老板在渔人街开了一家新式的馆子，雄心勃勃地想供应各种食物，或者尽可能的种类繁多。菜肴从这个时候开始丰富了起来。布朗热在店门上方写下了《圣经》中的经文：“饥饿的人尽管来吧，我必使你们饱足。”这句铭文也成为餐厅（restaurant）一词的起源。几年后，在拿破仑帝国时期，巴黎的几家大餐厅已经是声名鹊起，正如布里福在《餐桌上的巴黎》[42] 中写道：“这些餐厅对于法国美食在欧洲的影响，将不亚于 17 和

18 世纪的文学。它们将会使我们的美食遍布天下。”

高档餐厅里一切应有尽有。这里有全套的银器：汤匙、餐匙、调味匙、平底杯、蛋杯、汤盆、芥末罐、盐罐、长盘、圆盘、烛台……我们现在用的“午餐”一词（déjeuner）当时是指早点，一般有咖啡、巧克力、果子露、黄油面包、水果……我们现在的“晚餐”（dîner）指当时的午餐，只有浓汤和淡汤，没有什么太多的选择。然而最令人期待的就是晚上 9 点多吃的夜宵（souper）了，最多的时候有三套菜品。

1749 年的一部著作《酒馆餐饮业主学及食品知识与属性考》[43] 向我们讲述了一些菜品的特点：“起初，秋冬时节的晚餐，餐厅供应圣梅内胡全羊。四道前菜：红衣主教鸡、热竹鸡肉馅饼、洋葱碎肉鸽、熏黄道蟹。四道拼盘：炖羊脑、炖小牛肉片、锡纸烤羊排、鸭肉里脊。第二套菜单包括烤火腿。四道烤肉菜：烤蔻城鸡肉、烤沙鸡、烤野鸭和烤雏鸡。四道沙拉和两种沙司。第三套菜单“只有”九道菜：火腿、香炒蛋、烤牡蛎配香草、猩红奶酪、新鲜松露、果酱馅饼、切炸糕、西班牙红酒奶油、烤杏仁酱。”这样一来，人们每样只尝一点，或者有些菜根本就没有动过也是十分正常的。革命者借此大肆抨击，较之穷苦大众这是少数人的过分铺张。

那时食物种类繁多，供应丰富而且价格低廉。40 个苏可以吃到肉菜汤、鳗鱼、青豆、鸽子、鸡肉、小牛排、饼干、杏、李子，配以白面包、红酒和一杯利口酒。30 个苏一人的客饭，可以吃到 10 道菜、甜点和葡萄酒。《现代厨师》[44] 一书中大力推荐了各种调味料、英式牛排，还有烤羊肉、羔羊肉或者狍子肉。一位热爱美食的年轻贵族勒巴甚至突发奇想，在他的《愉悦盛宴》[45]一书中，把菜谱都编成了诗句。

18 世纪成为精致而私密的晚餐的黄金时代，人们通常会在餐厅低声细语而又妙趣横生地聊天，食物也更加精美。后厨也有英雄人物。比如一位后勤总管普瓦尔夫的事迹，他为了和荷兰人抢香料丢了一条胳膊。“受爱戴”的路易十五在执政期间沉溺于女色，他喜欢吃精心烹调、用料考究的饭菜，格外钟情那些能够激起情欲的菜，据说有芹菜汤、三重香草巧克力和上等松露。宫廷中时常议论他在情妇们的寓所尽情享用自己烹制的咖啡。周五晚上的晚餐，国王会在众目睽睽之下，灵巧地用刀刃干脆利落地敲开鸡蛋的壳。国王陛下还很喜欢根据杯底留下的咖啡渣形态来“预知将来”，这要特别归功于一本 1742 年莱比锡出版的畅销书《咖啡杯中的预言》，书中提到：咖啡渣要是留下一道圆形的痕迹表明将有爱情的迹象，一条白色痕迹代表搬家，一个十字则预示着死亡……这样看来，路易十五和有着同样嗜好的圣日耳曼伯爵相交甚好也就不足为奇了。

路易十五骄奢淫逸，追求纯粹的快感与享乐。戏院里，时下当红的剧作家写的都是些下流逗乐的滑稽戏，街头上演的也都是一些轻佻的表演。同样类型的还有格雷古和布夫莱尔轻浮的诗，马朗扎克的俏皮话，多拉的《吻》，肖代洛 · 德 · 拉克洛的《危险关系》……女人们穿着性感撩人的短上衣，胸衣露出一排蝴蝶结。她们往头发上撒粉，让头发和眼睛同样闪着光芒，顽皮地在脸上贴上一颗假痣，不同的位置代表着不同的特点：在脸颊中间代表优雅，在鼻子中间代表放肆，眼角上代表热情，唇边代表娇媚，贴在扣子上代表藏有秘密……还有一些女人远离男人，对他们只表现出反感和鄙夷，转而带着极大的热忱涉足女同性恋的圈子。

女人之间的爱情变得渐渐广泛，甚至形成了一个圈子：阿南德音派，她们让时髦的咖啡馆成了女灶神维斯太的神殿，其中最有名的是在夏约的红房子咖啡馆，那里以接待女性欢乐派对而闻名。同样的爱情理念驱使这些秘密团体有着引人联想的名字：至福会、此刻会、反共济会、阿芙洛狄特等。

如果是男人被同性所吸引，会被谐星们称作“拔栅栏的”或是“爱布格”（ébugor），就是“家伙”（bougre）这个词的变形。当你把宽大的男士假发改成辫子、尾巴或者槌子的形状，再加上一顶迷你的折叠式高顶礼帽，这样子怎么可能不令人发笑？当时的社会被搞得头晕目眩，人们摆脱了宗教的制约，对一切貌似新鲜的事物敞开怀抱，但这也是要付出代价的。

这一时期的咖啡馆成了异见人士聚会的场所。塞巴斯蒂安·梅西耶认为那里是“无所事事者和穷人的避风港”。他从来都不喜欢咖啡馆，这也表现在他写在《巴黎画卷》里的寥寥数语中：

> （……）一群闲人在冬天为了省下自家的柴禾来这里取暖。有几家咖啡馆成了学院派的办公室，人们在这里对剧本品头论足，彰显自己的身份和地位。那些刚刚出道的诗人通常最为吵闹，还有那些经常被人喝倒彩的诗人，最终成为讽刺作家。在大多数咖啡馆里，闲谈的内容还是相

当无聊的，人们无休止地谈论小道消息。在这方面巴黎人简直是天真至极，别人说什么他们都信，上当一千次之后，才终于相信了内阁发布的小册子上的消息。（……）前人们都是去酒馆假装他们在那儿过得挺开心，而我们一点儿都不敢去咖啡馆，因为在那儿喝到的黑苦水比我们父辈纵情豪饮的葡萄酒更为伤身，而且有一种尖刻又忧伤的气氛总是笼罩在那玻璃厅堂里，到处弥漫着一种悲凉的调调：这种新式饮品能对调节气氛起什么作用吗？实际上，咖啡又难喝又有烧煳了的味道，柠檬汽水也不安全，利口酒对身体很不健康，但是只看外表的巴黎人，什么都能喝下，什么都能吃下，什么都能吞下。[46]

孟德斯鸠在他的《波斯人信札》[47]中，通过郁斯贝克这一人物描写了咖啡馆里有时出现的过分的热情（可能是因为法国人的脾性）。外国人喜欢到那里听各种各样的讨论，甚至是争吵。孟德斯鸠也经常到咖啡馆去。他性格十分温暾，有时仆人会因此而挖苦他（“他给钟表上发条还挺拿手的”[48]）。他声音尖细，带有很浓重的加斯科口音。他由于近视和害羞的性格，并没有太多的消遣，让他显得像个左派。要是有苛刻的听众在场，他的发言就会慢吞吞的，又很别扭。相反，如果是在他熟悉的地方，比如普罗科普咖啡馆，他就会才思泉涌。有时他也会玩笑式地反击。有个讨厌的家伙在咖啡馆里吹嘘一件荒唐的奇遇，看到孟德斯鸠在笑，就扬言：“这件事要是假的，我把脑袋给您！”

孟德斯鸠马上回答说："那我收下了，小小的馈赠也是友谊的象征啊！"[49]

* *

雷蒂夫·德·拉·布勒托内，自称"夜猫子"。1760年前后开始习惯于夜间出没于巴黎的街道，特别是在圣路易岛一带。他有可能受雇于警方，这也就很好地解释了为什么他总是能从激烈的争执中脱身。不管怎样，他的作品《巴黎夜色》向我们展示了那个时代的风俗。20年来，每天清晨，他都会写下前一夜他在巴黎街头和咖啡馆里的所见所闻。让我们跟着他一起进入夜色，到圣日耳曼-欧塞尔附近的学校广场，和他一起穿过那道咖啡馆的大门：

> 我发现（……）这里的人，大致可以分为以下四类：下国际跳棋的，下国际象棋的，路过的和常客。下国际跳棋的为数众多，下国际象棋的都是摄政咖啡馆那里淘汰过来的，人数较少。第三类是过路客，有外国人，有进来取暖的，有什么都不喝，只是来跟女人们搭讪的，还有想碰碰运气的骗子。最后就是常客，他们不玩棋，也不读那些五花八门的社会小报，他们来就是为了围在炉边聊聊闲篇儿，等着到点儿上床睡觉。这一大批闲人也可以分为三类：吃饭的和喝咖啡的，这些人晚上什么也不吃，就喝一小杯安达耶酒，但是他们早上会来吃早饭，

或者午饭后来喝杯水；还有就是聊天的，他们只是晚上来，一个子儿都不花；最后就是乞丐。这些穷鬼用他们有限的知识去和有钱人搭话，极尽恭维拍马之能事，然后这位有钱人就会打赏给这寄生虫一些喝的或是蛋糕。穷鬼通常会说清水煮的咖啡让他觉得不舒服，于是又让人往里面加奶，要点儿面包，就这样喝了五六杯，还吃了好多面包。穷鬼有时能要到点儿蛋糕，有时能要到点儿苹果酒或啤酒，就这样填饱了肚子。[50]

他写的另一篇关于某次造访宫殿旁边的酒窖咖啡馆的文章，也能勾起一些和今天大体相同的共鸣：

有天晚上我到了酒窖咖啡馆门口，刚好杜阿莫讷夫从里面出来。

"我的朋友，"他对我说，"进来这里待会儿，这里是机会主义的天堂。您能见到一些不认识的朋友，因为您老是躲着他们。"

"除我以外已经有人画过他们了，"我回答道，"嘿！为什么我要学别人，还不一定能学得比人家好？"

"还是进来嘛。难道因为拉斐尔和鲁本斯都画画，伦勃朗就不画了吗？来看看，看看！"

我于是进去了。我看到其中一个房间里满是低声说话的人，他们好像在策划着什么，十分投入的样子。我发现另一个房间里的人在观察着他们，却又装作什么也没看见没听见。

“这些是探子，”杜阿莫讷夫对我说，“那边的是做投机买卖的。”

“但是那些人都不互相交流啊！”我对我的朋友说，“我什么也没听到！”

他走近他们当中的一个，对他说：“跟这位夜猫子透露点儿投机的秘密。”

“好啊，反正我已经放弃了。这是一个又傻又让人破产的游戏：钱都是靠耍花招挣来的，没有什么是实实在在的。这还不像在英格兰，股市上的证券经纪会收到一些真实或捏造的公共消息来让股价升高：这样就减少了投机买卖，但是这些股价都是有最终的固定价格的，这样买家就不会陷入法国这些投机商人的陷阱。这些人利用那些低贱的穷人，在贬低某种货品的证券价格后垄断买空，这些人低价买入的同时，形成了为这些被垄断的票据埋单的市场，但这时这种票据还并不稀缺。等到票据到期的时候，市面上就找不到这种票据了，投机商人这时就会要求并强迫他们交出利润。这些悲剧的始作俑者，这些资本家，就是一群和流氓团伙为伍的家伙，他们相互勾结，迅速地让这个游戏中的银行家和商人破产。等您听完这些之后再来判断一下这些人财产的合法性！这种不义之财与其说是投机不如说是抢来的。而且别忘了这种可悲的投机什么也产出不了，只是一种财富的转移。看看这些庸庸碌碌的可怜虫，他们拿出全部家当，最后什么也得不到，还不如那些玩儿纸牌赌博的人。”[51]

* *

当革命的暴风雨席卷巴黎之时，咖啡馆不再是沙龙，而是成为俱乐部。皇宫的拱廊之下，人们被政治的热忱冲昏头脑，不安又激动的人群占据了咖啡馆。1786 年的年鉴中就列举了在这皇宫围墙之间为数众多的餐厅、咖啡馆和酒馆：拉巴耶尔餐厅、沃维里埃餐厅、英国小酒馆、弗拉芒山洞餐厅、米兰酒馆、博若莱酒馆、瓦卢瓦酒馆、圣詹姆斯酒馆、旁提耶夫酒馆和奥尔良酒馆、弗瓦咖啡馆、酒窖咖啡馆、夏特勒咖啡馆、瓦利亚提咖啡馆、机械咖啡馆……

彼时，形形色色的人出入在这城墙之间：小老板、高贵女子、外国军官和风雨无阻的散步者。在克拉科夫树[52]下，露台上，咖啡馆里，聚集着一群记者。狡猾又善于蛊惑人心的亲王奥尔良腓力公爵，暗中煽动着阴谋。每张桌子都变成了一个演讲台，演说者站在桌旁即兴地高谈阔论，努力地劝说人们接受某个可笑的宗派提出的提案。1789 年 7 月 12 日，在弗瓦咖啡馆，一名年轻的名律师卡米耶·德穆兰爬上其中一张桌子，手中擎着一把手枪，声嘶力竭地大喊：“内克尔的免职就是又一次圣巴托洛缪大屠杀爱国者的信号。就在今晚，瑞士和德国的军团将会从尚德马斯出发来消灭我们！我们只有一个办法了，那就是拿起武器！”[53]

所有人都涌向库尔修斯博物馆，当时首相富隆并不在那里，于是人们拿回了他的蜡像和奥尔良公爵的蜡像作为战利品。7月22日，他们从富隆活生生的躯体上砍下真正的头颅，并把它插在长矛尖上挥舞。两年之后，戴着黑色项圈的保皇派手持短棍，把弗瓦咖啡馆变成了他们的主场。1791年7月的某天，雅各宾派将保皇派赶跑，烧掉刺柏，在门口树起代表国家颜色的旗帜。第二天，保皇派卷土重来，夺回了他们被掠劫的场地，并且在咖啡馆焚起香来。人们都知道每次在巴黎街头斩首前，游街的第一站就是皇宫。囚车行进在俱乐部成员和妓女中间，行进到弑君的亲王的窗户底下。除了富隆的头，人们还目睹了贝尔捷和朗巴勒公主被斩首。有一天，载有死刑犯的囚车开到了这里，囚车在皇宫门前停下了一会儿。在囚车上即将被行刑的犯人中，人们认出了奥尔良公爵。人群中爆发出一阵嘲骂声，让他好好再看最后一眼他住过的皇宫。但是奥尔良公爵正了正肩膀，低声自言自语说：“他们这是在为我喝彩！”[54]

建筑师雅克·勒梅西埃在为黎塞留建造红衣主教宫的时候绝不会想到这一幕。这里直到1643年，奥地利的安妮和还是孩子的路易十四住进这里，才更名为皇宫。奥尔良公爵腓力住进来之后，皇宫成了荒淫放荡的中心。1771年到1772年的冬天，一群妓女光天化日出入皇宫做苟且之事，之后被驱逐出去，但是她们不知不觉地又回来了，更加肆无忌惮地做她们那卑贱又可耻的事情。直到发生了一件事让她们永远被流放，不得回来。一天晚上，皇宫的主人夏特勒公爵[①]在花园里散步，遇到了其中一个女子，他大叫着跑回了自己的房间："这个女人长得太丑了！"这个女子自尊心受到羞辱，随即脱口而出："您后宫中比我更丑的多得是！"[55]

这个无礼的举动波及所有的妓女，那些被称作"歌剧女郎""高贵小姐"和被包养的女孩儿们，统统都被驱逐出去了。这些妓女们对此都伤心欲绝，因为她们当中确实有几个很漂亮，很会穿衣服，还有一双会勾引男人的媚眼。

皇宫的建筑，有着拱廊、锚、船首和金色的壁柱，四周环绕着长廊。从蒙邦西埃长廊能看到1787年开业的原克拉扎咖啡冰淇淋店的一层：这里是雅各宾派的地盘。二层是各类游艺室，科莱·德尔布瓦在这里经常会偶遇巴拉斯、沙博、梅兰·德·蒂翁维尔，还有塔尔马和波拿巴。

在高中咖啡馆的旁边，一个叫罗曼的老板开了一家千柱咖啡馆，老板娘人称"汽水西施"，无数的客人被她的魅力所倾倒。在几位年轻的爱慕者当中，有一位文学界的出色人物：沃尔特·司各特。在拿破仑的百日王朝之后，这家咖啡馆成了保皇派的据点。

1784年，弗瓦咖啡馆搬到了黎塞留街皇宫的拱廊下面。最初来光顾这里的是神父、艺术家和贵妇。大革命乱势一起，这里就只剩下雅各宾派和保皇派。人们焚烧保皇派的报纸，庄重地烧毁教皇的偶像。到处都是一派热火朝天的景象：这里的15家餐厅，

① 夏特勒公爵：指奥尔良公爵腓力二世。——译者注

29 家咖啡馆，17 家台球厅和 18 家游艺厅都在分享着巴黎人的革命激情。小巷里，阁楼的窗户里，年轻的姑娘们也在蠢蠢欲动。保皇派在博若莱长廊的夏特勒咖啡馆，也就是后来的大维富尔咖啡馆集会。楼上，巴拉斯在他为情人拉蒙唐榭租的公寓里密谋着什么，她在剧院的演出场场爆满。其他有名的咖啡馆，如勒维里，第一个有固定价格的咖啡馆。在打败仗的第二天，这家咖啡馆的服务生用夜壶给一位普鲁士军官上了咖啡，因为这个德国人坚持要求服务生把咖啡倒在法国人不会用的杯子里……

1806 年 8 月 22 日傍晚，同样是在勒维里咖啡馆的露台上，发生了一个悲剧。那天下午，一个小老头坐在露台上，一副很悠然自得的表情，一边吃着冰淇淋，一边看着路上来来往往的漂亮姑娘。不远处，一个长得很美、很结实的女人在高声叫卖："漂亮的玛德莱娜家的点心！热腾腾的点心！"这种点心明显是以女人的名字命名的。马路上不断地有年轻的姑娘走来走去，这位老先生仍目光狡黠地欣赏着。他年轻的时候多么喜爱这些漂亮姑娘啊！他曾经画过著名的吉马尔和那些金发可人的模特，他可是她们的情人啊！他回忆着自己的过去，嘴上叼着冰淇淋的勺子。突然间，他的头歪向肩膀一边，唇上还留着微笑。这位无与伦比的画家让·奥诺雷·弗拉戈纳尔咽下了最后一口气。在他一生的作品中，我们可以看到他用轻柔又充满活力的笔触表现了艺术的魅力。

离勒维里不远处，是在 1786 年开业的三兄弟咖啡馆。在那里，每人只消 36 个苏就可以大吃一顿。当时并不富裕的波拿巴也曾在这里请巴拉吃过饭。

1774 年，一位姓氏很有预见性的汽水商人，屈西尼耶[1]先生开了酒窖咖啡馆，店里摆放着引人注目的宫殿的小炮筒。格鲁克和皮钦尼的支持者们经常在这里争论不休。要知道自 1774 年起，歌剧界是格鲁克的天下。他是王后玛丽·安托瓦内特的歌唱老师，比起意大利人皮钦尼，他有王后的支持。这两个音乐上对立的阵营在酒窖咖啡馆针锋相对。梅于尔、布瓦勒迪厄、安德烈·谢尼埃、塔尔马、大卫、拉蒙唐榭等人也经常出没于此。

这里也会上演情敌间的闹剧。刚刚出演了格鲁克的歌剧《伊菲姬尼》的德·波美尼尔小姐，向歌剧院的首席舞蹈演员泰奥多尔小姐发出决斗挑战。双方各有见证人：一方是费尔和沙尔穆瓦小姐，另一方是吉马尔和热斯兰小姐。她们决定穿着亚马逊服装用手枪决斗。在一个花瓣上还挂着露水的清晨，两个决斗者举枪相向。歌剧院的乐队指挥雷伊及时得到通知，赶来挡在两者中间，极力劝说两人言归于好。两人都不同意，但是在谈判的过程中，机灵的雷伊把两把手枪放在了湿草地上。当两个决斗者重新开战时，已经浸湿了的火药怎么也开不了火了，很快两人还是和解了。

执政府时期，在康巴塞雷斯的帮助下，屈西尼耶得以修建了一个圆形的凉亭，就在客人们常坐的皇宫花园里的帐篷处。凉亭建起来后，屈西尼耶决定改名，于是酒窖咖啡馆变成了圆亭咖啡馆。

---

① 屈西尼耶：厨师之意。——译者注

盲人咖啡馆开在不远处的一个地窖里，这家有音乐伴奏的咖啡馆最初的常客是无套裤汉[①]。柜台上面写着一行字：“在这里，我们以公民的称号为荣。我们以你相称。我们抽烟。”这里有一支由四个盲人组成的小乐队为纵酒作乐的聚会伴奏。失明的人对于究竟是谁来这里放浪形骸这件事，自然是最能守口如瓶的。

瓦卢瓦长廊那边，从 1785 年起，机械咖啡馆一直独领风骚。这家咖啡馆的特别之处在于那些看不见的“服务生”。每张桌子的中间有个升降装置，可以撤去餐具，客人点的东西则会从一条空心的桌子腿中间运到桌上来，然而这间咖啡馆在大革命期间倒闭了。

还有位于长廊地下层的二月咖啡馆，1793 年，就是在这里，一名叫帕里斯的保镖在路易十六行刑前几个小时，刺杀了国民公会议员勒佩勒蒂埃 · 德 · 圣法尔若。

1793 年酝酿着一场政变，人们谴责皇宫已经成了保皇派的巢穴：年轻的保皇派在这里耀武扬威地挥舞着他们的手杖，在热月政变后追捕恐怖分子，这里很受当时穿戴薄纱的时髦女子的青睐。后来博雷尔咖啡馆取代了二月咖啡馆，成了这群顾客的新欢。老板博雷尔会腹语，让气氛变得轻松了许多。

街上林立着香水店，出售各种玫瑰、琥珀、白麝香、茉莉香精，各种时尚商店，还有女人们酷爱的花店，能买到一大束花还配上 10 米的丝带。商人们喜欢去弗拉芒山洞咖啡馆享受那里的清静。在这个相对私密的环境里，寓言和真相、想象和现实被捣碎，搅和在一起。

---

① 无套裤汉：法国大革命时期对城市平民的称呼。——译者注

咖啡馆里无处不体现着奢华之风，就是为了让顾客们在这里感到和在家中一样的干净和舒适。蒙特哥菲尔兄弟乘坐热气球升上天空的事迹，被酒窖咖啡馆用金字刻在一张大理石桌子上。银器的碗碟，瓷器的茶杯，银器虽然不易被打碎，却勾起了人们的贪心。有狡猾的客人把吃冰淇淋用的银勺子换成普通的“镀银”的勺子……弗瓦咖啡馆也难免遭遇这样的扒窃：每天晚上关店之后都要一遍遍重新清点银器。

亚历山大咖啡馆的那些摆钟每一块都价值 500 里弗尔，汽水商安托万·科芬店里的钟也要值 200 里弗尔，差不多是整个店价值的 10% 了。人们经常会去这些店里对表。

在这个世纪之末，不只是政治能点燃人们的智慧火花，还有些人一时兴起，不顾法律的禁止，冒着被流放的危险组织偷渡的窝点。

这时的街头还流行着一种真正的不良之风：一种叫作“比利比”的赌博。这种赌博是在有 70 个编好数字的格子上下注。庄家随便抽一个数字，付给下注正确的赢家 64 倍的钱，然后收下其他所有下注。人们对此趋之若鹜，一时间巴黎开了 4000 多家赌场，通常都是在咖啡馆的地窖里，这些老板们很快就赚得盆满钵满。

当大革命在巴黎进行得如火如荼之时，人们在藏污纳垢的赌场挥金如土，或是在铺着绿色天鹅绒桌布的桌上进行着疯狂的派对：巴卡拉纸牌、三十四十、三同色、惠斯特、巴赛特、皮克牌……在凡尔赛宫，倒霉的路易十六竭尽所能地打击这种已然风靡整个宫廷的狂热。因为国王讨厌赌博，他既不喜欢输钱，也不喜欢欺诈。当他听到有朝臣作弊的时候就勃然大怒：他们有人用光面的鼻烟壶偷看牌，或者在牌后面粘上一根头发等等。普通百姓则学着那些他们想送上绞刑架的老爷太太们的样儿，在最负盛名的咖啡馆，或是最臭名昭著的赌场近乎痴狂地豪赌。王朝在摇摇欲坠之时，人们仍旧过着荒淫无度、纸醉金迷的日子，法兰西即将被内战的阴云笼罩。

这样的形势也使得许多法国人恢复了最简单的快乐。在城市和乡村，民歌小调遍地开花。历史常常证实了一种鲜明的对比，乱世通常也是诗歌最为繁荣之时。比如说我们知道罗伯斯庇尔喜欢在看到有人被送上断头台砍头的时候作田园诗。一群小孩子一边唱着“下雨了，下雨了，牧羊女”[56]的歌谣一边跳。法布尔·德·埃格朗蒂纳写这首歌谣的时候，能想到玛丽·安托瓦内特王后在小特里亚农宫的农场里扮农家女吗？他能预感到他写的这些歌曲将很快为他招来不测，甚至是一场腥风血雨吗？

不是非要有好的出身或者大量的财富才能享受生活的美好。不管教科书中是怎么写的，那些大地主、金融家、资本家、地痞流氓，还是过着相对满足的生活。对于贪婪的外省人或是打着烙印的外国人，巴黎吸引着他们的目光，激起他们的好奇。随着城市的发展，人们不停地建设着。30 年的时间里，10 万座新房屋和整片整片的街区拔地而起。在塞纳河左岸，新建的法兰西剧院奥德翁宫附近又开辟了新的街道。城市西边的皇家街建起了风格统一的房屋。普通百姓都住在东边，资本家随心所欲，教士们住在圣路易岛的马亥区圣安德雷德沙尔一带。新桥和皇宫附近一带是商业区。贵族们都居住在圣日耳曼区，临近是香榭丽舍大街和路易十五广场（今协和广场）。

巴黎的城市生活在快节奏地运转着。早上 7 点，路上基本看不到马车，只有花匠拿着空篮子，骑上他的瘦马去园子，还有赶去上班的办事员已是行色匆匆。9 点左右，穿着短外套的饮品店服务生把咖啡和蛋糕搬进屋。这时能遇见从头到脚都撒了粉的理发师——服务生通常管他们叫鳕鱼——他们一手拿个假发套，一手拿着推子东跑西颠。10 点钟，一片黑压压的人群在往皇宫和夏特莱的方向移动，这些是在议会工作的人……

中午正是投机商人和证券经纪赶往交易所的时间，游手好闲的人会去皇宫那边的咖啡馆。下午 2 点，一切都活跃起来：人们跟出租马车讲价，赶去餐厅和咖啡馆。3 点钟，街上没什么人，因为人们都在吃午饭，不过这样的清静也持续不了多久。5 点钟，街上开始熙熙攘攘，变得喧闹起来。马车横冲直撞，冲向行人。咖啡馆里也渐渐拥挤起来。7 点钟，又清静了一会儿。工人、手艺人都回到了自己居住的街区。将近 9 点的时候，喧嚣再起：人们出门去看节目。自从 1760 年白城堡的布儒瓦发明了带反射镜的煤油路灯后，晚上街道就明亮多了。11 点钟，街上又重归平静。人们吃完晚饭：咖啡馆已经送走了一批蹩脚诗人和无所事事的闲人。

将近午夜，马车接走不赌博的人，把他们送回家。凌晨 1 点钟，成百上千的农民带着他们的新鲜水果、蔬菜和鲜花赶往中央菜市场，还有卖鱼的和其他零售的商贩。6点钟，戈内斯的面包商人们运来了上等的好面包，他们要在回去之前全部卖光。这时，工人们也开始了他们一天的工作：他们刚刚起床就赶往作坊。有些人在路上经不住街角卖咖啡的女人的诱惑，花2个苏买上一杯用陶土罐装着的咖啡。

你拥有的财富决定了你过什么样的生活，这是不变的真理。如果说贵族家的门口有瑞士卫兵守卫，那资本家的门口就只有门房了。他们通常待在一间靠近大门口的小屋子里，同时也是代笔人、裁缝、补鞋匠……身怀多种技艺。门房的一个特殊工作是要吹哨子，当有人来拜访您时，您住在几层，门房就吹几下哨子，这样您就有时间准备了。

这一时期的普罗科普咖啡馆成了惹是生非的革命者的聚会场所：勒让德尔、卡米耶·德穆兰、法布尔·德·埃格朗蒂纳、比亚尔·瓦雷纳、马拉、丹东……在这里秘密策划着行动。他们在煽动情绪方面简直是行家，他们试图操纵群众，聚集乌合之众。他们知道，如果想要打击当权者，即使制造一些小混乱也是有益的。这样既可以检验军队、团结资产阶级、评定警察部门的工作能力，也可以见识一下群众的革命热情。此后，他们分散到各地，逮捕并杀害异见人士，以至于最后互相残杀……1792年6月20日攻占杜勒里的命令就是从普罗科普咖啡馆传出去的。一群穿着衬衫、外套，戴着帽子的男男女女，举着刺刀、长柄叉、镰刀，蜂拥着，歌唱着，叫喊着，挥舞着，参加了这次运动。

与此同时，博马舍的《费加罗的婚礼》将在奥德翁首演，他正在普罗科普不安地等待观众对这部歌剧的反应。也正是这部剧在上演后为他招致了三天的牢狱之灾！另一桌坐着医生吉约坦①，他更加务实一些，思索着如何更好地把那些冥顽不灵的思想家毫无痛苦地送到另一个世界去，于是他根据雪茄切头器的原理做出了改进……这些对现状不满的人们时不时也会去不远处的于谢特街5号。那里在1772年曾是圣殿骑士团和蔷薇十字会的集会场所。这里有两个地下室，两个重叠的地下酒窖，通过两条地下暗道，一个通往夏特莱，一个通往圣赛夫韩回廊，这里十分安静，对于秘密集会来说再合适不过。

1789年恐怖时期的酒窖咖啡馆的屋檐下，坐着山岳派和科尔德利俱乐部的成员，马拉、丹东、罗伯斯庇尔、圣-朱斯特在互相厮杀之前曾试图重新改造这个世界。他们给“反革命”定罪，即刻行刑，尸体被扔进咖啡馆地下室一口深井里，杀人者也不会受到任何追究。两个世纪之后，这里改名叫于谢特酒窖，来自大西洋彼岸的乐队在这里演奏爵士乐。

一些人寄希望于通过砍头来重建社会秩序，一些人则考虑如何让脑袋毫无痛苦地落下来，然而上帝派了一些非凡的人到世上，他们绞尽脑汁地想通过刀叉上的恩赐让自己的同类感受到幸福。这些人当中有一位在美食界拥有无上荣耀的大人物。他1784年出生在渡船街的一块空地上。他的母亲为他生了24个兄弟姐妹。他刚到会拿抹布的年纪，就被一个好心照顾他的糕点店老板收留了。这

---

① 吉约坦：在大革命时期发明了能够快速斩断头颅的刑具——断头台，免去了受刑人的痛苦，在当时被视为一种进步。——译者注

个小名叫作马里 - 安托万的小男孩被罗贝尔看中，收为学生。之后他去到拉吉皮埃尔那里当厨房学徒。拉吉皮埃尔死于法军从俄国的一次大撤退中，双脚被冻坏，脑袋扎进了炉子里，成为一段传奇。1800 年，这个 16 岁的年轻人在后厨洗盘子择菜，一步步成为塔列朗亲王、沙俄和奥地利国王的主厨，写下了许多关于美食方面的著作。他晚年时出版了一部回忆录，献给他的老师。他在题词处写道："起来吧，伟大的影子；听听你的仰慕者、你的学生的声音。你那非凡的天赋让你遭受了仇恨和迫害……哦，伟大的拉吉皮埃尔，接受你忠诚的门徒的敬意。我把我最好的著作献给你，它将是 19 世纪最优雅奢华的美食艺术的见证！"[57]

这个男人成功地征服了整个欧洲王室或帝国的餐桌，从英国摄政王到沙皇亚历山大。他出身贫寒，但聪明又极具天赋。1833 年，在他死前不久，街头小儿用 2 个里亚尔就可以满心欢喜地吃到"圆形泡芙"，这也被他视为自己最辉煌的杰作。他就是大名鼎鼎的安托万 · 卡莱姆[58]。

革命中的巴黎陷入了永无止境的混乱，喧闹嘈杂的人群只会在夜里还给城市片刻的宁静。在巴黎可以找到世界各个国家、各个民族的鲜活样本，人们从五湖四海来到这里一睹巴黎的风采。街上飞舞的都是思想，科学以极快的步伐前进。维尔日勒的一句诗能让一位教授足足品味八天。一个小时的时间内，一位学者就能向您清楚地讲述人体的机能。不过人们最感兴趣的还是戏剧：它是这个国家最值得高兴和骄傲的艺术。巴黎最自由公正的评判要数剧场正厅后排的观众，而他们都在普罗科普咖啡馆！

服饰时尚和法国语言一样流行，在全国上下都享有盛誉。薇薇安街上经营服饰的商人和写下脍炙人口诗句的诗人一样，大大激发了人们的思想与灵感：一顶软帽、一朵花、一条皮带、一顶阔檐帽、一枚蝴蝶结、一片飘浮的羽毛、一条裙子、一双穿上了跨过边境能比军队还迅速的鞋，每个人都有属于他自己的服饰、标志和性格，就像每一个工匠都有自己的旗帜，每一种职业都有共同的语言。外省人要想进到巴黎城里要通过包税人树起的45道城门。之后他们根据自己的财力找地方住下：茹勒区、布朗什街、殉道者城门、美丽城、圣马丁大道，或者更有大胆者会住到塞纳河上的某一个小岛上去。

很多人带着美好的梦想来到巴黎，希望可以在这里换一种更好的活法。他们熟悉了这里的109条街，120条死胡同，13道围墙，82条过道，75座广场和550座旅馆……尚福曾说："巴黎，这个奇怪的地方，吃顿饭要30个苏，出去兜风要4个法郎，必需品之外没用的东西要100个金路易，而这些没用的东西之外的必需品又要花掉400个金路易。"[59]

说起这些引人入胜的"聊天商店"，怎么能不提到星辰咖啡馆呢？1780年，一位马塔尔先生把这家咖啡馆开在了拉维莱特大街。这位老板找到了一个独树一帜的法子来增加自己的月收入：他让犹太人把死去的亲人葬在店后面一个宽阔的花园里，埋葬一个成年人收取50里弗尔的费用，儿童则收20里弗尔。但是在共和历九年风月2日颁布的《弗罗肖法令》之后，他的这项生意告吹。这项法令赋予了犹太人和新教徒、天主教徒同样的权利，可以在城中安葬。

我们讲述了这样的前因后果之后，大概能明白为什么在第二帝国时期大规模的路政建设工程中，每往巴黎古老的土地里挥上一铲，就会翻出一堆以前临时埋在坑里的森森白骨。

不知不觉地，老咖啡馆里的沙龙变得不再那么赏心悦目。人们再也看不到那些洋溢着喜悦的脸庞，看不到多情的神父在那里撰写一首短小的情诗。18 世纪初的雅致渐渐地消失殆尽，话题转向了政治。人们激烈地争论，目光狂热，满脸阴谋家的神情。1774 年路易十五死后，大革命就已经在人们的思想中生根发芽了。

百科全书派为这场以“理性”对抗“传统”的“圣战”已准备多时。

刚刚登上王位时的路易十六，师从哲学大师，很支持这些日后间接把他拉下马的思想家们。

到处都是针对法院和内阁政策失败的嘲讽，无论多小的一个事件都会在咖啡馆传播开来，精确到细枝末节。比如：“12 月 24 日到 25 日夜间，德 · 卡洛纳先生的床篷在他熟睡时塌了下来，砸在他身上。他惊醒过来的第一反应是有人前来暗杀他。幸好他并无大碍，只是吓得不轻，于是放了两次血来压惊。”[60]

相反，这时有一个人物以他的与众不同在巴黎的咖啡馆、内阁和凡尔赛宫大受欢迎，赢得一片喝彩和赞誉，他就是本杰明 · 富兰克林。即使是到内阁觐见，他也是一身“美国乡下人”的简便衣服和一派无拘无束的气度。人们对此赞叹不已。他总是穿着棕色粗呢的上衣，圆礼帽夹在胳膊下面，白色下装，头发平平的没有扑粉，鼻子上架着一副眼镜。这身简单的装扮与那些油头粉面、锦衣华服的朝臣们比起来，不知形成了多么强烈的对比。某个晚上，一位美国独立精神的热情仰慕者对富兰克林说："我不得不说，先生，现在美国正在为我们上演着一出好戏！"

"是的先生，"这位来自美国费城的博士谦虚地回答，"而且是不收费的好戏！"[61]

此时的法国财政入不敷出，在大革命时期凶险的形势下，用什么钱来堵住国库的窟窿，大家也是心知肚明。而路易十六又偏袒"新世界"的起义造反，这使得他和英吉利帝国的关系急转直下，更加加重了国家的财政危机。

看一个人经常去什么样的咖啡馆，就能轻而易举地了解他的立场。无论是男是女，由于咖啡馆里不再禁止女士入内，民兵的妻子和她们的丈夫一起出入咖啡馆也不是什么稀奇事了。于是皇宫附近的咖啡馆成了大革命愈演愈烈的舞台。

德·费里埃侯爵，这位来自外省的绅士对此深有体会："大革命就是在皇宫周围的咖啡馆里渐渐酝酿出燎原之势的。人们什么都想知道，什么都想打听，这种渴望交流的欲望使这些公民不断地聚集在这里。一人拿着一部宪法，自信地向大家宣称这就是革命的方向；另一人抑扬顿挫地朗诵着一篇时事评论；第三个人大声斥责内阁大臣、贵族和神父，为革命做舆论准备；而第四个人爬到桌子上，讨论起国家大事或是提出自己臆想的行政规划。每个人或多或少都有听众聆听，同意或是反对他的演说。"[62]

在同样位于皇宫的克拉扎咖啡馆里，科莱·德尔布瓦多次主持召开雅各宾派的会议。他们筹备着在 5 月 31 日这天推翻吉伦特派的统治。他们大声叫嚷，争先恐后地站到桌上发言，提出动议，揭发反动派，并高声喊叫着“处死他们”！

平时，克拉扎咖啡馆的客人们还会对光怪陆离的事物品头论足，比如那些穿着奇装异服、说话造作、受保皇派思想影响的年轻人，还有穿着古罗马服饰的妇女，以及那些被称作“慕斯卡丹”的男子，他们喷着浓重的麝香香水，扑着粉的头发十分飘逸，戴着大大的单片眼镜，系着长领带，套着紧身裤，手里拿着短木棍准备随时教训雅各宾派。

瓦卢瓦咖啡馆的客人都是“无药可救的”王权拥护者；夏特勒咖啡馆招待的都是“炮手”；而联盟派则聚集在佩隆街角的酒窖咖啡馆；杜勒里花园的奥多咖啡馆里坐着边打毛衣边列席国民会议的平民妇女；图尔农街的艺术咖啡馆吸引着极端主义者；塞夫勒街的胜利咖啡馆则是温和派的聚会场所。

在处于动乱和狂热之中的巴黎，咖啡馆简直就是一个个躁动不安的小王国。这里充斥着群众嘈杂的议论和革命的最新消息。人们在这里谋划着，每个咖啡馆都是某个党派的领地。丹东派成功占领了圣安东尼门一带，而马拉派则控制着圣殿大道的克雷岱咖啡馆、不明喜剧咖啡馆、诺曼底咖啡馆、土耳其咖啡馆、约恩咖啡馆、圆帆船和蓝日晷。在圣叙尔庇斯教堂对面开了一家微风舞厅，里面也带有一个咖啡厅。舞厅的入口处有一个死神的雕塑，展开的双翼上有一只蝙蝠，好像在保护着两个摆 X 型的白骨和一只空沙漏，整个雕塑的上方刻着一句铭文：

Hic resquiescant beatam spem expectantes.[①]

微风舞厅有这样的雕塑也并不稀奇，它开在圣叙尔庇斯教堂墓地的旧址上，而且由于原先墓地的石头没有被拆除，人们实际上是在坟墓上跳舞！执政府时期拿破仑得知了这件丑闻，下令关闭了舞厅。

在革命狂热中的巴黎，从每天下午 4 点开始，原本生活在平静之中的人们就会被各种令人忧心忡忡的消息所困扰。小店铺继续开门做生意。天黑后，成群的人擎着火把，举着敌人的画像框上街游行。皇宫的机械咖啡馆老板想要阻止他的客人唱《事将成》，结果却被捅了一刀。

普罗科普咖啡馆一度被改名叫“佐皮咖啡馆”，因为老板从屈费先生换成了佐皮。佐皮在他的店里发放由雅克·埃贝尔主办的抨击性报纸《迪歇纳神父》，被罗伯斯庇尔下令逮捕，并在 1794 年 3 月 24 日被执行死刑。这个倒霉的老板其实只是想摆脱这帮狂热之徒的骚扰。从 1789 年起，卡米耶·德穆兰、马拉、丹东、法布尔·德·埃格朗蒂纳经常会出现在普罗科普咖啡馆，还有一个叫朱利安的人，他是第一个模仿巴伐利亚光照会成员，戴起弗吉尼亚式软帽的公民。马拉在老喜剧院街的印刷厂印发他的报纸《人民之友》，他的大部分时间都在普罗科普咖啡馆写战斗檄文，或是在印刷厂度过。看他的穿着根本不会想到这些文章是他写的：他总是衣冠不整，穿着破旧的外套，头上顶着一块脏手绢，鞋上满是鞋带拖在地上溅起的泥浆。

① 拉丁文。他们在这里沉睡，等待着幸福希望的降临。——译者注

在前往科尔德利俱乐部之前，丹东和大家围坐一桌共同商议大事。他紧皱眉头，愤怒地大吼着，用拳头砸向桌子，震得勺子和叉子掉了一地。罗伯斯庇尔不同于马拉，当他要来普罗科普见朋友时，他总是打扮得整整齐齐。这位年轻的律师粉擦得脸色惨白，穿着精细浆洗过的衬衣和一件平纹细布的马甲背心，上面有浅色的绲边和洁白的花边襟饰。不过马拉和罗伯斯庇尔倒是有一个共同点：他们都患有神经性抽搐，所以人们经常会看到罗伯斯庇尔的丝绸衣服，或是马拉那打满补丁的卡马尼奥拉服一动一动的。

巴黎陷入了水深火热之中，人们放火，抢掠，摧毁一切。在无政府的状态下，流氓团伙趁火打劫，人们分不清谁是来维持秩序的，谁是来制造混乱的。那些逃亡国外的贵族的家产被没收，宗教特权被取消，教士的财产被国有化。用于维持修道院、教堂和神学院运作的财政收入和发放给教会医院的救济也被取消。国王被逮捕，关进监狱、审判，并被判处死刑。雅各宾派要消灭那些温和懦弱的人，所有人都成了嫌疑犯。吉伦特派指责斐扬派，科尔德利派批评吉伦特派，山岳派抨击科尔德利派，忿激派责骂山岳派。丹东血腥屠杀了监狱里拘押的犯人，马拉要了两万颗反革命的头颅，罗伯斯庇尔制造了“恐怖统治”……似乎没有什么能抵抗这一场血雨腥风。

1792 年 9 月 20 日颁布的法令将离婚合法化。1794 年，这项法令被写入宪法，导致大量的夫妻离婚。1793 年年底，仅在巴黎就有 5994 对夫妻离婚。这项法令导致共和五年内，在巴黎被遗弃的儿童上升到 4000 人，而外省的遗弃儿童也达到 44000 人。同时，花月 10 日人们大肆庆祝“夫妻节”，雨月 16 日则是“孝道节”。

人们传阅着不再被宗教教义所控制的报纸，同时抱怨书籍变得越来越猥亵：这些“年轻女孩最喜爱的读物”传播着极度的腐化和堕落。共和七年牧月的一份报告中，列举了部分书籍里不堪入目的粗俗语言，并对此总结道：“简直是世风日下，人心不古！”

塞巴斯蒂安·梅西埃写道：“23 家剧院，1800 家舞厅里夜夜笙歌，组成了晚间的娱乐消遣。（……）衬衫由于无法凸显优美的身材，已经被女人们丢在身后多时（……）取而代之的是一种肉色的丝质胸衣，让人们不再止于猜想，而是可以尽情欣赏美妙的身姿。这就是当时人们说的‘野人穿法’。女人们即使在严冬冒着冰霜也要穿成这样。（……）人们在那些尚能令人回想起恐怖统治时代最残酷画面的地方恬不知耻地跳着舞，就连在我那个区的 3 家被毁的教堂遗址上，或是还没有被移走的坟墓上也是如此：死者的姓名被跳舞的人踩在脚下，而他们从未发现，也忘记了自己身处一片坟墓之上。”[63]

还有一些咖啡馆开在了意想不到的地方。比如 1794 年，有人在圣殿监狱的护城墙下开了一间勒费夫尔老爹咖啡馆。这家店也不乏顾客，主要是国民卫队八个分局的卫兵。他们每天来执勤，看守落魄倒霉的太子。这些士兵每天争论的话题都围绕着这位王室的最后一位成员。

在这里，你最好是喝带酸味的劣等酒，也不要喝那些在桌上做摆设用的壶里的水，因为那些水是直接从塞纳河里打上来的。如果要是在今天，我们肯定不会喝的，但当时的情况不是这样，就像这首过度矫饰赞美塞纳河水的赞歌中所说：“一条持久清澈的河流，显示了它没有经受过多的化学污染，同样证明了几个世纪以来经历的幸运。塞纳河的河水集合了我们能够期待的所有品质。（……）化学的发明是为了改变我们的思想，它告诉我们，尽管塞纳河河水表面上看上去浑浊不堪，但也要比那些看上去清澈的河水好上很多倍。大多数河水在它们清澈的外表下掩藏着许多杂质。（……）它好过那些从瑞士的高山里流出来的清水，因为它是流动的活水。（……）塞纳河水饱受诟病，因为人们看到污水管向河里排出的脏水。但很多人不知道水、空气和物质的运动是可以再生更新的，所以我再次重申，有些浑浊的水要比澄清的水更有价值。”[64]

随着贵族的官邸纷纷关闭，府里的大厨们只得用自己的看家本领自立门户，开起了烤肉馆或餐厅。梅奥、罗兹、诺代、韦里、罗贝尔、勒卡克这些名厨都曾经在热爱美食的贵族宅邸掌过勺。从这时起，他们要用自己的厨艺为新客人服务了。大革命吸引了一批新群体来到巴黎，军人、公务员、议员、商人，他们都有到餐厅吃晚饭的习惯。餐厅要迎合不同的价位和口味，一时间涌现了许多名菜。

大奥古斯丁街上德阿尔姆开的“永恒大锅”是最著名的咖啡餐馆之一，价格也很便宜。在这家美食店里，火上永远放着一口大锅，里面煮着好多阉鸡，一点一点熬成上好的鸡汤。每天，几乎 24 小时只要有人点菜，德阿尔姆就从这神奇的锅里捞出一只煮得烂熟的鸡，配上粗盐端上桌。

此时的餐饮业发生了很多变化：各家争相发明新菜惊艳食客，或是满足他们的口腹之欲。竖琴街一位新来的勒布朗老板赢得了十足的口碑。他做的肉馅儿饼和火腿全国知名，从布雷斯特到马赛都有他的订单。他的餐馆从一层到阁楼都挂满了巴约纳火腿，最轻的也有至少 20 磅，挂得满满当当的，以至于都看不到房梁了。

在不恋女色钱财、不贪酒肉的罗伯斯庇尔掌权时期，高级餐饮业曾一度公开地遭到贬低，打破了备受贵族男女推崇的精致晚餐的传统，但一直非正式地受到塔列朗和巴拉斯的喜爱。

一位名叫波维烈的先生在 1792 年开了第一家高级餐厅，他原先是普罗旺斯伯爵的膳食官，也是前王室随从。他此前在黎塞留街 26 号开了一家伦敦大酒馆。布里亚 - 萨瓦兰在《味觉生理学》一书中提到这位厨师时写道："15 年来，他一直都是巴黎最著名的餐馆老板。首先，他有一间高雅的餐厅，穿着讲究的服务生，精心打理的酒窖和高级的饭菜。其次，他一直紧跟餐厅发展的步伐，不断提高厨艺。当有其他餐馆想和他一较高下的时候，他会接受挑战，并且完全处于优势。在 1814 年和 1815 年巴黎两次被占领期间，来自各国的车辆在他门前络绎不绝。出于生意的需要，他认识了所有的外国厨师，还学会了他们的语言。"[65] 无论是保皇派还是革命党，以及后来的拿破仑分子，都会到他这里用餐。

至于梅奥，他预见到当权者不久后将要倒台，便未雨绸缪，自 1788 年起在瓦卢瓦街上开了一家咖啡馆，一时名流云集。他那共有 22 种红葡萄酒、27 种白葡萄酒和 16 种利口酒的酒单，很快便被传为佳话。在其中一个房间里，梅奥放上了一个浴缸，客人可以在浴缸中倒满葡萄酒，还伴有技术熟练的按摩女郎。据说这样做能强身健体。

在动乱年代，咖啡馆、小酒馆和小餐馆在贫民区如雨后春笋般地出现，从勒阿弗尔街开到卡代街，从普罗旺斯街开到蒙马特高地脚下。其中有名的朗波诺老板，把他在美丽城的餐厅——皇家鼓——留给了他的儿子，又到三位一体广场边上开了一家“大品脱”。各家都有自己的拿手好菜，有的咖啡馆会供应瑟里的鲁昂肉饼，亚眠的安托万·德冈肉饼，来自弗雷于斯的鳀鱼，凯尔西和多菲内的红松鸡，配上一壶当地的葡萄酒。当时非常流行吃拉冯家的佩里格肉饼和古尔内黄油点心，还有黎塞留街的红鱼热牛肉饼和图丹的腰子馅儿饼。在格雷内塔街上戈特罗开的红帽餐厅里，人们能品尝到杏仁开心果奶油千层糕。在拉特的店里，食客们可以吃到波尔多软壳虾、尚蒂伊掼奶油和皇后饼干。人们还对这里的土豆粉饼干、普拉尔香蕉苹果和菲奈橙花奶油赞不绝口。公鸡街上，奥夫瓦先生的玛德莱娜蛋糕同样知名。人们根据自己的荷包可以品尝到沃斯纳、奥尔良或朗贡的葡萄酒。稍微有点儿钱的顾客会毫不犹豫地点上一杯莎塞内、托卡依或是土伦麝香红葡萄酒。餐后通常要喝一杯利口酒：橙花奶油配香槟葡萄酒，克里奥尔肉桂奶油配上博洛尼葡萄酒，佛罗伦萨枸橼奶油配上红白蓝三色利口酒。

法国各个地区的美食也获得了巨大的成功。比如在圣安娜街往鲁瓦街拐角的地方开着一家普罗旺斯兄弟餐厅。圣安娜街是一条风景优美的街道，曾经深受维庸的喜爱，这条街十分古旧，是一个大斜坡，有很多不知名的岔路，路就夹在两边破旧屋子的墙体和凸出来的部分之间，墙体随着时间的久远已经发黑，布满墙硝，有被冰雹砸出的坑，长着苔藓，渗出湿气。夜晚来临，路灯微弱的灯光照亮这条街，路最终消失在田野里。普罗旺斯兄弟餐厅为食客们献上特色的奶油焗鳕鱼和鱼汤。特地从马赛运来的红鱼和橄榄，让即使远离家乡的普罗旺斯议员们也能大快朵颐。

还有一些餐厅沾了名人顾客的光而变得知名。圣奥诺雷市场附近的贡布斯特街 6 号，大革命时期叫作圣奥诺雷绳缆厂街，在那里开着一家美丽晨曦驿站咖啡馆，老板姓德维涅，人称比卡尔。这家咖啡馆经常有议会的头面人物光顾。热月 9 日清晨，圣 - 朱斯特从隔壁一栋简易的楼房里走出来，那里是雅各宾派开会的场所，他走进这家咖啡馆，点了一壶苏雷斯尼葡萄酒。他慢慢地喝着，享受着这一刻的宁静，时不时和相熟的老板娘——美丽的奥萝尔[①]聊上几句。此后这位国民公会议员再也没有机会见到她了，几个小时之后，他和罗伯斯庇尔一道被关押在囚车里，去为他们犯下的罪行赎罪。

有时候命运也会在一个有着天使般面庞的年轻姑娘身上显露它的痕迹。1793 年 7 月 11 日星期四，一辆驿车停在了老奥古斯丁街 19 号的天公咖啡旅馆门前。旅馆门面上方二层有个铁艺栅栏的回廊，方便搬运行李，正有两个仆人靠着栏杆熟练地从马车顶上接过大包小包。店老板手里拿着软帽，围裙一边卷起，在忙前跑后，厨房里的小学徒跑进跑出，一群瘦骨嶙峋的狗围着他们嗅来嗅去，从它们那副瘦样儿和叫声中看得出来，它们在这个地方吃的打比吃的肉要多。马车声、杯盘摞在一起的声音、狗吠声、马蹄踏地声和车夫们互相破口大骂的叫声在旅店里形成了永不停止的噪声。一群旅人中有一位来自阿尔让丹的诺曼底姑娘，持续了两天的旅途让她感觉很疲惫，于是她叫人来为她准备好床铺。当老板娘格罗列夫人的服务

① 奥萝尔：Aurore，晨曦之意。——译者注

生正在忙着帮她铺床时，她问起他关于“小马拉”的事情：

“这里的人是怎么看他的？”

“小姐，爱国者们都很爱戴他，但是贵族们都恨他。”服务生回答道。[66]

第二天，她向一位马车夫要到了《人民之友》报社的地址，在科尔德利街18号的一幢房子的二层。她去了那里两次。第一次她被女佣人打发走了，她说马拉病得很重，不见任何人。她当天晚上7点半左右又来了一趟，马拉忠实的革命伴侣卡特琳·埃夫拉尔最终还是让她进屋了。马拉半躺在浴缸里，披着一张脏被单，正在一块木板上写东西。他们开始谈起卡昂的吉伦特派，马拉询问了一些情况，最后说：“请放心，他们过不了几天就都会在巴黎的断头台上了！”[67]

这时这个年轻的姑娘拿出一把藏在围巾里的刀，一刀刺向马拉。马拉流血不止，呼喊救命之时，她平静地站在一旁，凝视着自己的杰作。她被带到法兰西剧场警察局分局搜身，警察在她身上找到了她的皮箱钥匙，一枚银顶针，一卷棉线，一只轧花革的刀鞘，50里弗尔的银币，120里弗尔的指券①，一块金表和她出生时的肖像照。她叫夏洛特·科尔代，天公咖啡旅馆永远地失去了这位客人。

各种流血事件不断地增加了咖啡馆里关于时事对话的谈资。其中有一件特别极端的事件，是关于里昂的一起邮车袭击案，负责护送的人被杀。共和四年花月6日（1796年4月27日），一辆由四

① 指券：1789—1791年流通于法国的一种有国家财产为担保的证券，后当作通货使用。——译者注

名宪兵押运的国库货车停进了圣马丁街326号锡盘旅馆的院子——这个院子也是邮局院子。国库的押运车停在了里昂邮车的旁边，邮车马上就要开走了。这辆邮车又长又结实，车体的苫布是皮革的，两个轮子，套着三匹马。车厢里面有两个用皮带固定的长板凳。

宪兵从押运车里抬出几大箱装着700万指券的箱子和几包信件放到邮车上。一个刚刚在锡盘旅馆匆匆吃完饭的"信差"，埃克斯考冯，负责接下来护送全部东西。他刚刚和一位年轻的女子，女公民多尔戈芙一起吃完饭。邮车旁边，车夫南托刚整理完头发，他穿着整齐的制服：红色长裤，蓝色压花外套，金色纽扣的马甲背心，麂皮的套裤和一双骑士靴。

这时另一个人也走出了咖啡馆，他低着头，圆形的帽檐一直压到眼睛上方，向南托走近。这个男子大约50多岁，5尺3寸高，黑黝黝的脸，穿着一件红色的长礼服，下面藏着一把大刀，他向车夫提出到里昂转一圈，开出了一里12个苏的价格，最后轻声说："我们一起旅行将十分愉快。"

到了启程的时间，埃克斯考冯和这位乘客坐到长凳上，车夫挥鞭打马，通常是左边那匹驾辕的马，鞭子一响，这辆笨重的邮车开始缓缓移动，开出院子驶向林荫大道，往圣安东尼门的方向驶去。这条路是到达第一个驿站略桑的惯常路线，之后他们再继续到第二站，墨伦。但是里昂邮车根本没能到达那里！这就是骇人听闻的"里昂邮车事件"，押运人被杀，大量财物被偷，最终犯人被逮捕并被送上了断头台。这些犯人中有一个叫勒叙尔克的一口咬定自己是清白的，以至于时至今日，他是否有罪还有待定论。

第四章

Chapter 4

从拿破仑一世到拿破仑二世：咖啡馆的政治与表演

D'un Napoléon l'autre :
les cafés, de la politique au spectacle

我们摧毁了那些见证过巴黎显赫一时的地方，如今只有那些车水马龙的幻影来延续这座城市的精神了。但是铁锄也无法消灭掉这些幻影，它们会去寻找这些失落的往昔，并用一团迷雾包裹住我们的灵魂。

——让·科克托

伏尔泰咖啡馆

塞纳河左岸的这个不起眼的小咖啡馆，就是全法国人都知道的伏尔泰咖啡馆（LE VOLTAIRE）。它位于巴黎西岱岛的南岸，处于著名的拉丁区。巴黎历史悠久的大学，就星散在这个区域。伏尔泰当年被流放，回到巴黎就一直住在它的楼上，每天在此喝咖啡、写作，直到去世。

摄影：王欣

从共和四年雾月5日（1795年10月27日）起，人们在咖啡馆里为共和三年宪法下成立的全新督政府取代了国民公会而举杯庆贺。咖啡馆的数量在大幅度增长，不同身份的客人也多了起来：军人取代了政治家，还有很多外国人。巴黎皇家宫殿附近的咖啡馆仍旧是不同社会阶层聚集的主要场所：雇员和公务员上午10点到夏特勒咖啡馆吃早餐；从正午到下午3点，朗布兰咖啡馆的客人络绎不绝；晚上7点，人们会到酒窖咖啡馆去品尝潘趣冰淇淋。

之后，人们相约在弗瓦咖啡馆。从午夜到凌晨2点，帝国咖啡馆和里昂咖啡馆里仍旧十分热闹。早上，皇宫的回廊吸引着艺术家、作家和音乐家；晚上，这里则吸引着一群军官。回廊里无时无刻不吸引着爱吃巧克力的食客。

此时的巴黎显现出一副平静的面貌，人们不再放荡追逐，或是想着怎么搞垮对手和弄死朋友。人们只是安静地喝着咖啡，聊着当天的新闻。大革命之后的巴黎，街上已经看不见华丽的四轮马车，取而代之的是各种形状的马车。有些形状让人想到海螺，这是一种叫作维斯基的摇篮形敞篷马车。穿着奇装异服或衣着华丽的贵族青年男女们，经常坐着这种车招摇过市，用当时的话来说可谓“神采飞扬”。坐在车上的女人们穿着开衩的裙子，胸部在一层薄纱下若隐若现，她们身后坐着英格兰打扮的车夫。

浮华之风更是前所未有地盛行。街上总是停满了出租马车，以至于车辆管理中心很快就专门辟出一块地方供他们停车。

那些喜欢看舞蹈表演的高雅人士，经常会去城市边缘新开辟的一些花园，比如：圣拉扎尔街的蒂沃里花园、克利希街的哈内拉格花园或是去冷饮商威洛尼在老爱丽舍 - 波旁宫开的尚蒂伊小村庄舞厅。人们在这里能品尝到咖啡、茶、巧克力、点心、潘趣酒、清爽的利口酒、意大利雪糕、冰淇淋、果汁冰糕、慕斯、柠檬烧酒、啤酒，同时可以欣赏到鲁杰里的烟花表演，沉浸在现场乐队的音乐声中，之后还可以玩各种乡间游戏：秋千、羽毛球、套环……

“慕斯卡丹派”在罗伯斯庇尔倒台后重新回到了普罗科普，他们也变得不再那么好斗了。经常能看到塔列朗在桌旁和穿着灰色旧式衣服的女工们打情骂俏，他有时会碰到波拿巴将军。将军脸色灰暗，不苟言笑，穿着旧礼服外套，过大的靴子，破了的套裤，希望能在这里认识些朋友。他刚刚被撤职，从现役军官名单中除名，没有军饷，没有职位，没有配额。他甚至曾对巴拉斯说过：“我现在极需要一份工作，如果我不能再服役，我就去君士坦丁堡当炮手。”[1]

有时候普罗科普也会起些小风波，引起常客们的议论。1794 年 8 月 18 日到 19 日夜间那场严重的火灾，烧毁了圣日耳曼德佩修道院里的一个生产硝石的作坊，烧光了修道院的整个图书馆。两年之后，大量马赛革命党涌入巴黎，经常与督政府的支持者发生争执。

有时，巴黎的警察会进行突击检查。1797年9月4日（果月18日）夜里，新桥上架起的两座大炮突然开火：一时间炮声震天，玻璃全都震碎了，整个街区的人们都从梦中惊醒。一项集结了骑兵、大炮和刺刀的追捕保皇党人的行动正在展开，让人们以为又回到了大革命的恐怖时期。

这个时期也是普罗科普咖啡馆走向衰落的开端，从此开始一蹶不振，曾经的"政治家和思想家的办公桌"，自此沦为了多米诺和台球俱乐部。老板佐皮为了重整旗鼓，从1806年起与奥德翁剧院的艺术家们一起开办了一个文学沙龙，但是无法与18世纪轰动一时的文学集会相提并论。慢慢地，这个沙龙也变了味儿：人们低声细语避免谈及敏感话题。

1798年到1799年，法军远征埃及，标志性的金字塔战役使督政府失去了军队和人心。此时的拿破仑·波拿巴通过雾月18日（1799年11月9日）政变夺取了政权。他和西哀士一起建立了以共和七年宪法为基础的执政府。这是法兰西走向帝国的过渡时代的开端，宏图壮志的拿破仑曾经这样说过："我魂牵梦萦的，就是要让巴黎成为欧洲真正的首都。我想让她成为一座拥有200万、300万、400万居民的城市，一座前所未有的、宏大而又神奇的城市。"[2]

咖啡馆紧跟着时事。为了迎合当时的复古风潮，一位明智的工厂主在皇宫回廊开了一家埃及咖啡馆，装饰的石柱、神像和朱鹮，让人能够联想到孟菲斯的神殿。旁边的酒窖咖啡馆，此时因它招揽顾客的方式，被常客们戏称为"野人咖啡馆"。一个男子站在一个用木头围成的洞穴里边跳边做鬼脸，四周放着几面小鼓和一面巴斯克大鼓。他用力敲着这些鼓发出难听又不和谐的声音，取悦来这里喝上一杯啤酒或是吃上一块松糕的顾客。据说这个“野人”的扮演者曾是罗伯斯庇尔的马车夫。

瓦利亚提咖啡馆的老板进行了改革创新，建了两个分开，但是相通的酒窖。每个酒窖里都有一个小剧场可以轮流演出。来这里的人也是鱼龙混杂，有小资产阶级、工人、士兵、家仆，还有带着大圆软帽、穿羊毛裙子的妇女。这里通常会上演独幕滑稽剧，观众们围坐在桌前，边吃边喝边看演员表演。尽管酒窖里闷热不堪，人们还是争相前来放松欢乐。要不是警方的严密监管，这样的地方可能会成为流氓团伙或者反动分子的巢穴。由于有秩序又有安全保障，政府鼓励这样的演出或者读书会。此时，阅读正以一种在大革命时期前所未有的热忱，在巴黎迅速蔓延开来。人们如饥似渴地阅读各种小说，作者们拼命创作来回应读者的热情。有的人一天就能出版 4 部书。

然而政治体制却无法迎合所有人的口味。1800 年 12 月 24 日，阿波罗咖啡馆发生了严重的爆炸袭击事件。死者被炸得面目全非，埋葬在废墟下。幸存者体无完肤，衣衫破裂，发出绝望的号叫。这家咖啡馆坐落在圣尼凯斯街，原隆格维尔伯爵夫人的宅邸旁边，街上几座房子对着旋转木马广场，形成了一个岬角。第一执政[①]当晚本来准备去法律街的歌剧院，看海顿的清唱剧《创世纪》。

当这个“地狱机器”爆炸的一刻，有 20 多位客人正坐在莱热

① 第一执政：指拿破仑。——译者注

夫人开的阿波罗咖啡馆里。一瞬间，他们就被摧毁，撕裂，被击倒在地。十字形的玻璃窗、屋顶、房顶的瓦片、门面、墙砖、窗户框都被炸得粉碎，散落在整个街区。而拿破仑却大难不死，他乘坐的马车不知道为什么竟然驶过了咖啡馆。在快要到达法兰西剧院的时候，炸弹才爆炸。这一事件最终以关押了大批保皇党和罪犯而告终。

闻所未闻的好运一直伴随着第一执政：1804 年 5 月 18 日，尽管法案评议委员会的卡诺和参议院的格雷瓜尔极力反对这种没收自由的行为，但公民仍然投票授予了他帝王的头衔。从此，一个模仿波旁王朝的朝廷和一大批继承头衔的帝国贵族诞生了。1804 年 12 月 2 日，教皇为他加冕。没有什么神谕曾预见波拿巴将军会赢得如此的荣光，并自己把皇冠戴在头上。成为皇帝的拿破仑继续新的征程，控制舆论，在公共场所安排大量眼线。极度多疑的性格使得他把以前国民公共议员经常出入的咖啡馆列入黑名单。人们在各种场合都尽量回避谈论一些会引起秘密警察注意的危险话题。

在进军俄国惨败后，拿破仑带领只剩残兵败将的紫金军回到法国。德国趁机反戈兵变：1813 年，法军在莱比锡遭到盟军的重大打击。拿破仑虽然在法国本土的战役中取得胜利，却无法阻止 1814 年 3 月 31 日的巴黎陷落。4 月 3 日，参议院废黜了皇帝。拿破仑在枫丹白露宫退位，并被流放到厄尔巴岛。直到 1815 年 3 月 1 日，拿破仑决定离开小岛，在胡安湾登陆，回到被路易十八丢弃的巴黎。但最终，拿破仑的百日王朝还是在滑铁卢一役后覆灭。

有人倒霉就会有人走运，这是不变的真理。饮品店的老板们都摩拳擦掌：拿破仑的倒台对他们的生意来说是件好事。外国人、军人、平民百姓又开始涌进门了。露天咖啡馆的店主们赚得盆满钵满。这里有一个很好的证明。一位名叫都隆的店主，在圣德尼城门附近的拉夏贝尔开了家咖啡馆，他既讽刺又伪善地在咖啡馆门口竖了一块牌子，上面写着："国之万幸，投降让父亲们都可以回家了。"

"小红人"不再保佑皇帝了，巴黎的咖啡馆里，大家都在议论纷纷……这也不是人们第一次把拿破仑和神话里那个戴着猩红色帽子守护地下宝藏的小矮人联系在一起。据说在金字塔战役前夜，拿破仑曾经和小红人达成约定。在人们丰富的想象力中，怎么能少得了伟大的历史人物？这些胡言乱语都收录在一本名叫《大帝传奇，一位老兵在谷仓中口述，德·巴尔扎克先生记录》[3]的奇书中。书中记叙道，一个红衣小人曾经多次在叙利亚的摩西山上，向他的子民们面授机宜："雾月18日，马伦哥，加冕仪式……"

当然，关于小红人的种种行为只是传说，但是这个人物可能并不仅仅是为了某些精怪故事而捏造出来的。难道不是那些保皇党分子为今后改朝换代，而专门勾画出这样一个人物做舆论准备吗？这种猜测是很有可能的，而且也从警察的行动中得到了证实：他们逮捕了大批传播这一奇怪谣言的公民。

从1815年起，议会君主制为法兰西带来了大革命时代从未有过的物质繁荣，这也得益于这一时期欧洲大陆的长期稳定。一些富有思想性的话语、格言也变得激烈起来，人们感觉旧制度时期的风雅礼仪又得到了新生。文雅人之间说话不再有什么顾忌，他们当中也不免有人对帝国的覆灭感到遗憾，并且希望拿破仑东山再起。于是新的密谋又开始酝酿……

宫殿的咖啡馆又成为阴谋家们出没的场所，帝国时期的军官们聚在一起共谋大事。他们十分警惕，担心可能有奸细混入自己人当中。在小巷中碰到一些刚刚脱险、境况悲凉的原拿破仑大军的将领也毫不稀奇。他们四处游荡，戴着塌礼帽，穿着破旧的礼服外套和长裤。罩在外面的呢大衣手肘处已经磨破，膝盖露在外面。至于靴子，基本上就剩下一双用带子固定住的鞋底绑在裹着破布的脚上。他们带着自豪的神情前进着，穿着破烂的制服，弓着背，期待着拿破仑皇帝的凯旋。一名禁卫军军官在咖啡馆先是与人发生争执，很快就演变成了一场决斗。卡安的油画《圆亭咖啡馆的争吵》为我们展现了当时紧张的场面。杜勒里花园的咖啡馆缓解了人们政治上的饥渴。他们读着的报纸各有不同的立场和派别：波旁王朝忧郁的国王从忠实支持他的《日报》和《法兰西报》中找到安慰和同情；低迷的共和党人面前铺着《改革家报》；实用主义的理论家们埋头于《辩论报》，分析着自己在股市上预测的正确概率。

正是在这份《辩论报》上，1817 年 7 月 14 日刊登了黎塞留街上的奥兰普咖啡馆开业的消息。这家咖啡馆一举超越了许多竞争对手。人们要从一条地下通道进入咖啡馆。“老卡龙”划着他的小船，收取很便宜的费用，就可以把游客载到岸的另一边。这里昏暗无比，爱喝啤酒的人和积习难改的烟民来到这一个个阴暗的洞里，服务生穿着红色和黑色的衣服，就好像地狱火河河岸的居民。冥后普罗塞尔皮娜，头上缠绕着水仙花，身下的乌木王座上堆满了信徒的“贡品”。这群“幸福之人”在财神的指引下进入了魔法树丛。扮成仙女赫柏和伽倪墨得斯的姑娘们把冰淇淋和清爽的利口酒端上桌。柜

摄影：王欣

圆亭咖啡馆

圆亭咖啡馆（LA ROTONDE）之所以那么吸引这帮艺术家和文人，据说是因为当年的老板不仅心肠好，而且颇有艺术眼光，深信这些当时一个比一个穷困潦倒的画家日后都会成为令全世界瞩目的名家，所以特别吩咐伙计，破除客人每隔一小时应另点一份饮料的规矩，允许衣衫褴褛的画家爱在店内待多久就待多久。于是，一时间圆亭咖啡馆成了最得艺术家们青睐的咖啡馆，其名声不胫而走，引来大批来自世界各国的名人志士。

台装饰有一辆鸽子拉的战车，上面坐着美艳动人的维纳斯，俯允接纳凡人献上的黄金和乳香。圣歌女神主持着音乐沙龙，顽皮的忒尔西科瑞负责扮演阿波罗。这是一个强有力的竞争对手，所有巴黎咖啡馆的老板都如坐针毡：阿尔迪咖啡馆担心没有生意，托尔托尼咖啡馆已然无人问津，美人饮品店也在风雨飘摇之中，即使有千根柱子支撑也难以为继。

此时的法国分为两大阵营，这种对立从公众和私人生活最细微之处都能体现出来：看一个人称呼拿破仑"皇帝"还是"波拿巴"，管那些驻扎在格鲁凯约的外国军队叫"敌人"还是"盟军"，身着半饷军官的制服还是穿着领口绣着百合花的奥地利式军装，特别是看他们去朗布兰咖啡馆还是去瓦卢瓦咖啡馆，这是区分这两个阵营最直接的方法。强大的"半饷军官"[①]把宫殿作为他们的接头地点。这些怀着英雄主义抱负的军官被革去了军衔，没有了收入，强压着心头的怒火，坐在一杯咖啡后面，等待着爆发的那一刻。哪怕一个不顺耳的词，一个不屑的眼神，一个不经意的动作，一个某人高声念出的报纸标题，都会引发一场突发的决斗。

为了一点小事，这些人互下战书，手持利剑，跑到蒙邦西埃街或是瓦卢瓦街速战速决。一个店家的窗户正朝向蒙邦西埃街，他在1815年到1820年总抱怨说，他至少被夜里的刀剑声和死者临终前嘶哑的喘气声惊醒不下100次。之前说的那两家好斗的咖啡馆柜台底下长期存放着两把剑，以备不时之需，到时只要问堂倌要就可以了，

① 半饷军官：法国王朝复辟时期被政府解职的第一帝国军官。——译者注

只不过有时堂倌会回答说："啊，先生，剑正在别人手上用着呢……"

但是绝大多数的巴黎人还是渴望安静、祥和的日子。在经过四分之一个世纪的动乱之后，国家恢复到缓慢平静的生活。同样，在咖啡馆的桌前，比起互相厮杀，人们还是更喜欢谈论魔鬼游戏、猜谜或者经典多米诺。没有什么能阻挡人们在这一时间对游戏的痴迷，尽管书店门口挂着一些说教的字眼，好像这些游戏会引发世界末日，还配有这样的四行诗：

山洞有三道门
希望、疯狂和死亡
我们从第一道门进去
从后两道门出来[4]

1812年到1825年的巴黎人自命不凡，努力地想要鹤立鸡群，用一种今天难以想象的方式来打扮自己：每天早晨，他们把腿染成粉红色，这样可以更好地搭配丝质黑色长筒袜上的绣花。之后，他们熨平后面系扣的"英式衬衫"，这种衬衫比朴实无华的法国衬衫更好叠。他们在克什米尔套裤上扣上绣着金边花纹的白色蝴蝶结背带。然后，他们把花边襟饰烫成管状，系上有时要在脖子上绕三绕的细亚麻布领带。一根金色的细绳绕过脖子，上面会吊着一些小饰物。他们穿上提花马甲背心、燕尾服，头上戴一顶摩洛哥蓝白风格的圆礼帽，最后戴上海蓝色的手套。如此精心打扮后，这些凡夫俗子出现在了各个沙龙和咖啡馆中。

优雅的女士们打扮得都很一致，就是帽子要不断变化样式。某天要戴白色的帽子，装点上五六根像“垂柳”般垂下来的羽毛。另一天要戴黄色帽子，包着苏格兰塔夫绸，配上和塔夫绸的五六种颜色相配的不同颜色的玫瑰花。再过一天要戴绿白相间的帽子，或者要求头上要戴三团绣球花……下个月，这些花啊、蝴蝶结啊、羽毛啊全都不要了，全部换成点缀着星星的翅膀，这就是巴黎的轻浮之风。此时第一帝国覆灭，旧王朝试图从废墟中重新崛起，之后又经历倒台和东山再起。但是这些似乎都没能影响到这些衣着光鲜的年轻人，他们不关心政治，而是在连续的炮火声中预言未来。

在路易十八掌权初期，两家宫殿的咖啡馆格外出名，那就是弗瓦咖啡馆和酒窖咖啡馆。前者曾经遇到过抢夺生意的对手，甚至敌人，但是直到这些竞争对手都倒闭了，或者经营惨淡的时候，弗瓦咖啡馆还是矗立在那里，笑到了最后。这家著名的咖啡馆一直以来都是一个华丽的场所，有一种与生俱来的高贵气质，老板和他的伙计们都礼貌有加，上菜迅速、准确，而且提供的菜品近乎完美。这些都是弗瓦咖啡馆的魅力所在和生意兴隆的原因。另一家也是这一带年头最久、最漂亮、最多人来的咖啡馆之一，它经历过很多辉煌时期。店里装饰着许多音乐家的胸像：吕利、格鲁克、菲利多尔、萨基尼、皮钦尼，还有精美的油画展示着埃默农维尔的美妙风光。夏天，这家店的客人们可以坐在花园中的凉亭里，不远处有座喷泉，人们呼吸着凉爽的空气，同时可以瞥见宫殿回廊的景色。1819 年，《巴黎时尚年鉴》中记录了包括这两家咖啡馆在内的 304 家咖啡馆，其中 13 家有着丰富的夜间活动。

1815年6月对巴黎的咖啡馆来说十分值得纪念：第一批露天咖啡座出现了。这个“神奇”的事物首先出现在塞鲁蒂街和勒佩勒蒂埃街之间的一条林荫道上。托尔托尼店里的冰淇淋吸引了大批顾客，店里总是人满为患，于是他就在门口摆上了小凳子。竞争对手们先是感到很新鲜，随后纷纷效仿，都把椅子摆到了泰普街和艾尔戴尔街之间的一段没有人行道的路边上。晚上，他们就在树上挂上灯笼。这项创新之举取得了巨大的成功，俊男靓女们很快都把坐在户外当成了习惯。那时候人们把这里叫作班努赫鸠大道。勒佩勒蒂埃街和蒙马特十字路口之间的路旁已经摆满椅子，只是还没有装上灯笼，人称“昏暗大道”，经常有爱看热闹的闲人来这里游荡。街的另一边仍旧是小资产阶级、老兵、商人和工人住的地方。另一处经常有小孩子围着这些椅子追跑打闹，女人们披着朴素的披肩，戴着没有羽毛的帽子，穿着日常的长筒袜，这是正经人们常来的“安静大道”。怀念东方风格的人们可以继续向前走，到圣德尼大道上著名的摩尔人咖啡馆，那里的装潢风格可以追溯到一个世纪以前最时髦的咖啡馆。

也是在这一时期，年轻的阔少们行走在皇家宫殿附近的小巷里，引领着最新的时尚潮流，比如从伦敦传入的时尚，在裤子的裤脚处缝上纽扣。他们喜欢去异乡人咖啡馆和穿着切尔克斯民族服装的女招待聊天，她们的名字都很别致：泽米尔、祖尔贝、佐拉伊德、佐贝伊德、齐图尔贝……

1819年，普罗斯贝尔·贝洛里埃在圣雅克街175号开了一家学院咖啡馆，名字是模仿法兰西学院。这家咖啡馆也被称作“贝洛里埃”或者“酒桶学院”，因为一个很有趣的巧思：40个盛酒的橡木桶象征着法兰西学院的40位院士。当一位院士离开学院的时候就清空一桶，当然是喝光庆祝，直到下一位院士当选。早期的客人中，贝洛里埃云集了画家库尔贝、德布罗斯、山特伊，文学家亨利·米尔热、泰奥多尔·德·邦维尔、夏尔·波德莱尔、泰奥菲尔·戈蒂耶、大仲马，摄影师菲利克斯·杜尔纳雄——他更被人们所熟知的名字是纳达尔。晚些时候，拉乌尔·里戈、保罗·魏尔伦、阿蒂尔·兰波，甚至阿纳托尔·法朗士也加入到这个“学院”里来了。

他们还经常到蚕豆街上的白兔酒馆去，这家酒馆的气氛十分诡异，好像一只兔子蹲在一个死胡同里，装饰奇怪的门面，虫蛀的门楣和脏兮兮的小圆窗发出奇怪的微笑。一个黄绿相间的招牌挂在低矮的正门上方。一条长长的玄关通向一个带有壁炉的主厅。壁炉边有个小门通向一间墙上画着蝙蝠的屋子，这是一间土夯的半地下室，里面坐的都是常客。

屋内，葡萄酒、啤酒、烧酒和烟草的气味简直呛嗓子。空气中弥漫着厚重的烟雾，让人难以呼吸，人们被吊灯映得发红的脸在烟雾中若隐若现。客人们坐在一起交谈，面前摆着酒杯，烛光中反射出的人影好像在一面模糊的镜中。谈话声此起彼伏，相互交错。有人讲到激动时拳头砸在桌上，震得杯瓶乒乓作响，借此来抒发快活的情绪和互相嘲弄。粗鲁又精力充沛的客人们放声大笑，勾肩搭背，嘴里塞满了食物。

客人们像热爱饮酒一样热衷于歌曲和笑剧，他们听到节奏缓慢、幽怨缠绵的悲歌，也会露出微笑。他们铿锵有力地唱着革命歌曲，强烈的梦想带领着满怀希望的人们浴血奋战。在一个被叫作“学院”的后厅，一群大学生试图寻找恰当的词，在绿仙女苦艾酒和绿色学士服之间建立相似之处。这个后厅就像“贝洛里埃学院”：橡木桶码放得整整齐齐，蒸馏罐发出浓郁的香气。一杯酒 3 个苏，在这里思想是自由的。降了等级的教授、无名诗人、穿不起衬衫的学者、没有工作的记者，汇集在这里，讨论他们想写的东西。[5]有时候一些名人会来这里哼上几个小曲儿：阿道夫 · 梯也尔也不吝与这些粗人为伍，感受讽刺的乐趣。其他圈子的人也经常出入这样的酒馆或咖啡馆。这些借酒助兴的小团体都有一个很能体现生活情趣的名字：葡萄之友、巴克斯之子、乐天派、圆桌独立者和大漏斗。但是，第二帝国终结了这样的氛围，政府开始向未经批准的团体，以及这些充满自由主义风气的娱乐晚会征税。于是，音乐咖啡馆成了人们新的去处。

这一时期，离黄油磨坊不远的迈内道附近，有一家萨盖妈妈酒馆，聚集着一群快活的客人。这里也诞生了不少当时最红的明星人物：吉他歌手爱德华 · 东沃、歌曲作者奥古斯特 · 阿莱、著名的比尤……

这些咖啡馆有时候会取一个和所在街区相关联的名字，比如 1819 年在正义宫广场有一家正义咖啡馆，店里挂着忒弥斯女神的招牌。她是希腊神话中的正义女神，乌拉诺斯的女儿，手持天秤，掌管全宇宙的法律与秩序。

泰普街转角处的巴黎咖啡馆吸引着一批带着批判精神来品尝美食的客人。各种各样的社团到这里集会，比如由一群老兵组成的“小俱乐部”。这里的顾客大多身材瘦削，头发稀疏，留着精心修饰的胡子，穿着剪裁合身的蓝色礼服外套，露着白色的紧身马甲。他们在这里观察街上追求享乐的巴黎人，从大学生怀里拥着的可爱姑娘，到拥有随从的贵妇人，她们会让随从们在黄金屋咖啡外等上整晚。这也是奇卡尔[6]、古尔蒂耶、肥牛这些狂欢节盛行的时代。

一批新的资产阶级开始经常光顾时下最流行的咖啡馆。他们是一群吃利息的人，他们的群体不断壮大，在某种意义上可以说取代了旧时的贵族。他们代表了一个非常讲究的社会阶层，是父亲们嫁女儿的首选目标，当时一些讽刺作家写了很多文学作品来鞭笞这种社会现象。

“先生，我有 23 个法郎的地租收入。”拉比什的喜剧《一顶意大利草帽》中，男主角刚刚向他的未来岳父提了亲。

“你给我出去！”未来岳父一点儿也不留情面地回答道。

“是每天 23 法郎。”年轻的求婚者补充道。

“来，快坐下……”对方的口气一下子就软了下来。[7]

还有卢多维克·阿莱维那部讽刺名著《迪纳卡尔家族》中描述的现实和行为。书中向人们展示了迪纳卡尔夫妇是如何通过一张每年 6000 法郎养老金的合同，把自己一个漂亮迷人的女儿嫁给了一个意大利老侯爵，从此过上了富裕的生活。实际上这些靠利息过活的人，从平均收入来看，生活水平和那些工作的资产阶级基本上是一样的。只不过后者的大部分时间花在事务所、做交易和工厂中，而前者的时间则用来去世界各地到处旅行，去剧场的包间看戏，做小额证券交易，在街上或沙龙里高谈阔论，以及供养未来的大作家。

巴黎正在一点点地适应着波旁王朝的回归，其间也难免有一些动荡：流放造反的国民公会议员、处决百日王朝的主要祸首。1820年2月13日贝里公爵遇刺……人们为写抨击文章的保罗-路易·库里耶欢呼，他们喜欢听贝朗热那些反对教权的讽刺歌曲，比如《伊夫多国王》《穷人的神》《简单查理的加冕礼》《老中士》等。

人们去得最多的咖啡馆之一是位于黎塞留街和圣奥诺雷街夹角的国王咖啡馆。人们在这里总能遇见记者和作家，这些人没什么钱，或是负债累累，消费很少，但是写的东西很多。这里也是个文学俱乐部，聚集了很多当时的名人。一位今天已经被忘却的作家，泰奥隆，在这里用大幅的纸张完成了他最后的几部作品。他脸色苍白，只有两颊发红，不时向他的朋友罗什福尔投去目光，这位大获成功的滑稽剧和歌曲作家正在和诗人拉法热玩多米诺骨牌。

在两场排练之间，法兰西喜剧院著名演员塔尔马最终完成了他的《戏剧艺术》手稿。他坐在自己常坐的位子上，穿着一身高贵的礼服，头上戴着阔檐的礼帽，而邻桌的大仲马正从兜里掏出10个苏来付酒钱，其中4个苏是酒钱，6个苏是糖钱。国王咖啡馆还经常会迎来一些奇怪的文人，如普里瓦·当格勒蒙，他在写一本名叫《未知的巴黎》的书，总是一脸怪相到处闲逛。古斯塔夫·普朗什有时会坐在另一张桌旁，他是当时最著名的文学批评家，以衣着颜色多变、不修边幅而成为一代传奇人物。他和比洛一起开办了《两个世界》杂志。他那犀利、严肃而又专断的笔触，让很多人望而生畏。有长沙发的咖啡馆是花花公子们的好去处，在这种咖啡馆里只能抽雪茄或烟卷，是不允许抽烟斗的。厅里摆着一圈土耳其长沙发，客人们可以躺在上面，仿佛身在遥远的东方。如果再有舞女，幻想就更加接近现实了。

坐落在歌剧院正对面的勒佩勒蒂埃沙发馆，是“浪漫主义的普罗科普”，那里接待的都是当时最伟大的作家。穿着红色紧身衣的泰奥菲尔·戈蒂耶和他戴着火枪手毡帽的朋友们每晚都在这里尽兴而归。客人们都会点“锡拉库扎葡萄酒”，酒香扑鼻，但其实就是马拉加葡萄酒。1830 年 2 月 25 日晚间，这些文人们群情激动地聚集在这里。这是由于当雨果的悲剧《欧那尼》在法兰西剧院首演后，古典主义和浪漫主义的作家们就开始相互攻击谩骂。一批批忠实拥趸者和狂热信徒把乐队席和正厅后排都挤满了。欢呼喝彩声变成了嘶吼，两方阵营的支持者们像疯了一样，坐立不安，跺着脚从座位上跳起来。

楼上有人敢大声抱怨“滚出去”就有更疯狂的声音喊道“把他扔到后面去”，幸好演出按时结束了。可能是害怕下面的观众酿出什么事故，当晚，戈蒂耶和他的支持者们来到勒佩勒蒂埃沙发馆平复情绪。人们发现热拉尔·德·内瓦尔独自一人在角落里，像一个影子一样，瘦削的身体颤抖着，即使在隆冬，他也只穿一件破旧的短外套。有几个晚上，他还遇见过阿尔弗雷德·德·缪塞，他醉倒在一杯混合了啤酒、白兰地和苦艾酒的调酒前。大仲马声情并茂、口若悬河地讲述着一些根本没有在他身上发生过的奇遇，比如他和阿布鲁奇强盗的故事，强盗们都会声音洪亮地跟他打招呼：“日安，杜马先生！”还有他如何在非洲吃到了人肉。“我的朋友们，”他很喜欢跟听众们强调一下，“人肉还是很好吃的哩！”

大仲马总是会招朋引伴地来咖啡馆：阿韦尔是第一帝国时期的公务员，是“篡位者”拿破仑的支持者，还有演员乔治小姐、洛克鲁瓦、贝凯和一位年轻的作家于勒·雅南。乔治小姐打扮得有多精致，阿韦尔就有多邋遢，他还有一个宠物，一只名叫“雀雀”的小猪，后来他把猪送给了著名的《三个火枪手》的作者。大仲马的俏皮话也很多，有一天在排练《克里斯蒂娜》的时候，阿韦尔对他说：“亲爱的朋友，您知道吗，我很爱我的小猪，我和它睡在一起。”

“是啊，”大仲马回答道，“刚才我碰到您的小猪时，它也是这么跟我说的……”[8]

神圣的大仲马，逢人便讲在光荣三日的时候，他是如何端着一把步枪，在法兰西研究院门前的狮子像后面，坚持了整整36个小时。由于当时猛烈的枪炮扫射艺术桥，他只能躲在那里。尔后，他勇猛地抵抗住交火，在枪林弹雨中击退了对方的部队。在座的人也不敢多说什么，他们都心知肚明，如果他能开枪打到什么的话，那也是他邻居的耳朵。但是没有关系，大文豪把自己想象成达达尼昂①也没有什么好指责的。在他的痴人说梦中，他向他的朋友们吹嘘自己在瑞士吃过熊肋排，在俄罗斯吃过浇汁狼爪，在君士坦丁堡吃过狗耳朵杂烩，在埃及吃过醋油汁鳄鱼吻，在非洲吃过水手做法的狮尾，他还饶有兴致地坚称，他最喜欢的菜是蒙特卡洛鳀鱼。

① 达达尼昂：《三个火枪手》中的主人公。——译者注

“取一颗橄榄，”他讲道，“把中间去核，换成一块鳀鱼肉。然后，把橄榄放到一只肥云雀肚里，把云雀放到鹌鹑肚里，把鹌鹑放到雉鸡肚里，把雉鸡放到火鸡肚里，最后把火鸡放到奶猪的肚里，在火上烤三个小时，然后把所有东西都从窗户扔出去，除了……”

“除了那颗橄榄？”他的其中一个朋友问道。

“贪吃鬼！都扔了，除了那块鳀鱼！”[9]

这个奇妙的菜谱是由夏尔·蒙瑟莱于1865年在他的《美食年鉴》里记录的。这位作家兼记者花了一生中大部分时间来研究美食。巴尔扎克也经常去勒佩勒蒂埃沙发馆，用他那根出名的金手柄敲着地板。他总是会突如其来地说一些关于他正在创作的人物的事情，就好像在报纸上登的新闻一样：“马尔塞成了大臣。吕西安·德·吕邦普莱死了。”他经常会异想天开地一面大声宣布自己找到了一个方法，可以一下子腰缠万贯，一面又抱怨着咖啡多么不好喝。他会在大街上对一个身边的路人说：“我要在首都的中心，全世界的中心，开一家巨大的店，一个像天方夜谭一样神秘的地方，一家前所未有的咖啡馆！……我要让乔治桑去负责柜台。亨利！您觉得怎么样？柜台由一位女士掌管是多好的主意呀！……戈蒂耶肯定不会拒绝给我当跑堂！以后在这儿您就见不到他了，肚子上系个围裙，不过他做的东西肯定很难吃！……我嘛，我手上搭个餐巾，指挥一切，掌管一切，照看一切！”巴尔扎克接着说：“亲爱的朋友，这些还不算什么！这刚只是开场，一切才刚开始！精彩的地方就在这里了！我们卖什么？我们的店里出售什么？啊！对！您问得好……全世界人都会像您一样问这个问题的！我们卖什么？您请听好！我们卖……梅里诺！”

经过几番询问，他不断重复着这个奇怪的词，当人们问起这种饮料都是什么成分，他耸着肩膀说：“这会是什么做的？有什么用？这就是梅里诺啊！您觉得这还不够么？天哪！我们以后再说吧！我们有的是时间考虑！我现在也不知道！怎样都行！就是梅里诺！您刚才没好好听，所以没明白：梅里诺，梅里诺……里面什么都有！”[10]

让我们来想象一下巴尔扎克理想中的咖啡馆：这个地方，各色饮品供应齐全，大块玻璃的窗户，装饰精美的壁柱，熠熠生辉的吊灯和柜台上摆放的漂亮的咖啡壶，器具要符合这些孜孜不倦谈天说地的客人们的高贵气质。客人们围坐在桌旁的木凳上，几个人全神贯注地玩着跳棋，其他人一边读着自己报纸，一边密切地注视着邻桌的棋局。跑堂的服务生们手上搭着餐巾，像纷飞的蝴蝶一般跑来跑去。过了一会儿，天黑了，煤油灯取代了蜡烛。这也是当时的一项重要发明。那时所有的街区尚未全部通上管道，人们只得每天拿个铁皮罐，装一晚上的煤油回家，在上面加一根管子就能把灯点亮了。这样的照明设备已经成为每一家渴望跟随潮流的新咖啡馆必不可少的条件之一了。

但是巴尔扎克的店里除了梅里诺还得准备些别的：比如说他酷爱的这种黑色烧酒。更何况他是品咖啡的行家！就在他把自己连续关了 18 个小时，埋头于创作小说的那段时间，他曾经一天喝过 100 杯不加糖的咖啡。他一有机会就会去韦里咖啡馆吃饭。他圆滚滚的身躯证明了他的好胃口。有天晚上，他“请”他的编辑维尔戴吃饭。维尔戴由于胃病，正在节食。这是给巴尔扎克上的菜：100 个奥斯坦德牡蛎、

1 条诺曼底鳎鱼、12 块咸滩羔羊排、1 只乳鸭配芜菁、2 只竹鸡、蔬菜水果、几瓶葡萄酒、咖啡，还有利口酒。这顿饭的账单是 62 法郎，维尔戴付了 50 法郎，尽管他也就浅尝了几样菜……即便巴尔扎克长期经济窘迫，他也要凭借足智多谋，满足贪吃的胃口：他会在他的作品里提到某个咖啡馆，或是某家餐厅，让他的主人公去罗什·德·康卡勒这家他钟爱的餐厅吃饭，还有吕西安·德·吕邦普莱、拉斯蒂涅、德·莫弗里涅斯夫人……这些人物都去吃过。作为回报，餐厅的老板也会回请这位创作出《人间喜剧》的大作家。

为了准备开咖啡馆，巴尔扎克可能受到了布里亚 - 萨瓦兰《味觉生理学》一书的启发，开始准备他的咖啡。他在书中描述道："土耳其人不会把咖啡豆磨成粉，而是把咖啡豆放在研钵里用木杵捣碎。如果这些捣咖啡豆的工具用了很长时间，就能卖上好价钱。所以，我精心烘焙了一磅上好的摩卡咖啡豆，把这些咖啡豆均等分成两份，一份磨成粉，另一份用土耳其人的方法捣碎。我用这两种不同形态的咖啡冲泡，每种取相同的重量，加入同样重量的开水，搅拌同样多的次数。我自己尝了一下这两种咖啡，也让一些行家们品尝，最终我们一致认定捣碎的咖啡粉要比磨的咖啡粉泡出的咖啡更好喝。"[11]

当著名美食家给出了一份咖啡秘方时，卡佩王朝的后人们正在苦苦思索如何适应重掌政权。当祖先的王位重新回到自己手中之时，他们意识到昔日的王朝早已一去不复返了。

法国人民已经爱上了讲台和演说：他们从一部宪法到另一部宪法，从共和到专政，从起义到革命，不断探寻。路易十八和之后的查理十世要考虑权衡各种法典、各个省、各省省长和已然习惯于立法的两院。心怀不轨的人仍旧蠢蠢欲动。一些秘密组织仿照着意大利烧炭党暗中行动：他们在模仿大革命时期的俱乐部。

那个时候,受欢迎的咖啡馆,靠“家常菜”来吸引顾客。什么是“家常菜”呢？是布里亚-萨瓦兰大肆批评的白切肉？还是人们平时在自家厨房锅里炖的土豆？答案恐怕要到莫埃尔嬷嬷咖啡馆去找，这里是真正的家常菜胜地，牛肉杂烩中的“圣礼拜堂”。

这家咖啡馆在喜剧院旁边，周围是一大片房子，讽刺的是，其中几家餐厅以“意大利鹅肝馅儿饼”出名。这里经常可以遇到一群有名的艺术家、画家、游吟诗人、音乐家、记者、发明家和各种奇奇怪怪的乌托邦主义者。这里混杂着美食和算计，食客们装作漫不经心,但其实精打细算。他们扯着嗓子高声叫喊女招待：“小托瓦奈，小芳切特，小玛戈！”他们每个人面前都有一张精致的菜单，上面写着三文鱼片、松露竹鸡丝、香蕉果泥……如果要点这些菜，他们会告诉你已经没有了：实际上这些菜就从来没有过！这些漂亮的菜名只不过是摆设。要想吃上饭,只能通过祈祷,或者一点儿手段。有人讲过这样一个小故事，一位音乐家不得不即兴演奏了一段《东方交响曲》,才等来了他绝望的炒蛋。这里的规矩就是：你不喊就没人上菜，可以互相坐在对方腿上唱歌或者谈天说地。相应地，人们在这里也能品尝到真正的贝壳蛋、牛肉、洋葱和菠菜。

这个街区同样令人趋之若鹜的另一家咖啡馆——“恋爱中的松鸡”，会根据不同的时令提供各种食物。一进门，在摆满锡器的吧台，可以喝到大酒杯装的葡萄酒。诗人和作家们来这里等着自己的作品有朝一日一举成名。比起领救济金和到内阁门口去找活计，画家们更喜欢来这里吃饭。他们头天吃到了竹鸡，第二天会再来碰碰运气，看有没有炖菜和白葡萄酒烩肉。

这个时期，巴黎还出现了一种叫作“东道主宴席”的吃法。这是一个统称，专指大家在固定时间，一起在餐厅和咖啡馆吃牛肉杂烩。无论是谁，交上 7 到 50 法郎不等的钱，就可以一起吃。有时候东道主宴席会乱糟糟地上一堆菜：一个巨大的馅儿饼、一盆巨型沙拉、一块 4 磅重的面包、两三打沙丁鱼、一块 3 磅重的格鲁耶尔奶酪和立在桌子四个角上的好几升葡萄酒。

每有顾客一到，店主都会拿一块脏兮兮的抹布，随便抹一下桌子。顾客用很少一笔钱，就能满足最挑剔的胃口：浓汤、炸薯条、水和面包要多少都行。一到结账的时候，餐巾、叉子、桌布的费用就都出现在账单上了。食物美其名曰“小资美食”：普通的汤变成了浓汤、牛肉高汤，猪油小牛肉片成了今日特色菜。

说起各国的美食，德国有腌酸菜、俄罗斯有鱼子酱、英国有梅子布丁，而意大利有引以为自豪的各种面食。这项殊荣和盛产面食的地方密不可分。照传统来说，意大利人应该感激古罗马人发明了这种珍馐美味。其中有一种面的名字来源于拉丁语“马卡罗”（macaro），用来指古罗马城的面包师傅们擀面和揉面的圆柱形木棍。

在巴黎，意大利风味的咖啡餐厅很受欢迎。人们可以在勒佩勒蒂埃街的保罗 · 布罗吉家，或巴诺拉马街的格拉齐亚诺店里品尝到亚平宁美食。在那里，人们不仅能尝到通心粉、蝴蝶面、细面、千层面，而且样样都十分美味。保罗 · 布罗吉曾经在伦巴第和阿布鲁奇生活，他成功地把看似不可能的摩泰台拉香肠和猪油小牛肉结合在一起。客人们还可以边吃着扁意粉，边等着听鲁比尼和拉布拉切的演唱。有些客人因为来布罗吉吃过饭，品尝了一道道贝尔加马或米兰的美食，就自以为是男高音了。

格拉齐亚诺只是布罗吉餐厅的一个苍白影子，可能是因为它的发展方向总是反复变化。它成名于罗西尼的歌剧和知名歌剧演员开始风靡法国之时，但是后来许多演员离开了巴黎。这家咖啡馆目送着这些男中音、女低音、女高音们离开，去了伦敦、柏林、莫斯科。老板总是带着充沛的感情和富有韵律感的声音介绍店里的特色菜。看在上帝的份上，他需要一个新的歌剧大师的作品，来重拾往日的辉煌。他花了很大力气研发品质优良的干面条，并用了一种流传至今的食谱。在厨房炉灶腾腾的热气中，他用尽全力地在面缸里搅拌，和出他期待中的面。他在沾水的面粒里加入各种佐料、鸡蛋和香料，比例是和面的最大秘诀之一，另一个秘诀则是如何把这些东西捣碎、混在一起。然后，大块的面团被放到擀面杖下压平、压扁，并让面团通过几块带孔的钢板之间。面受到压力，空心管状的面体被拉长、挤压成形，然后像丝线一样悬挂在长棍子上。这就是罗马帝国时代诞生的通心粉。

格拉齐亚诺开在巴诺拉马街上，过了一家手套店和一家靴子店，我们就可以看到苏斯文具店的橱窗，里面展示着文具匣、保险箱、带锁的书桌、放名片的小盒子和机械屏幕……让我们再去看一眼拉波斯多尔夫人店里的草帽和漂亮的女售货员，和“一家之母”咖啡馆的老板米纳尔夫人打个招呼，然后继续往马穆鲁克商店溜达，去德国的舒梅尔香水店。绕过卖小望远镜的店铺，我们就能嗅到舍维香料店里飘出的松露味道。让我们再看莫里泽的咖啡机，它能保留住摩卡美妙的香味。从商店出来，别忘了蒙马特林荫大道街角的韦龙咖啡，客人们总能心满意足地离开。股市开市前和闭市后，一群买空卖空的投机商和证券经纪人便会占据这里的位置。

从 1824 年起，查理十世，这位善良又有抱负的王子，坐在了他去世的兄弟留下的王位上。他属于一批在外流亡归来“什么也没有遗忘，什么也没有学到”的贵族。在位前封号阿图瓦伯爵的查理十世，一直是这群人的领导者之一。人民并不信任这位国王。在咖啡馆里，经常会看到紫金军团的老兵们聚在一起抨击时政。诚然，他们第二次在盟军的帮助下回到法国，波旁王朝急于遣散被盟军打败的拿破仑军队，要不是对贵族们还保有一点儿信心，盟军也不会如此保护他们。于是为了给这些流亡贵族的子弟腾地方，紫金军团的军官都被遣散了。咖啡馆里的服务生扑着粉，穿着套裤，佩着剑，帝国的将军们穿着时髦怪异的衣服来咖啡馆喝咖啡和苦艾酒，这样的日子一去不复返了。

然而，路易十六的最后一位血亲的王位很快就开始动摇了。基于以往不愉快的经历，查理十世未能联合自由派资产阶级，人们深深感到 1830 年 7 月 25 日宪章对自由的威胁。在自由派资产阶级的推动下，巴黎再次起义，推翻了百合花王朝。资产阶级力挽狂澜，将国家的王冠放到了奥尔良公爵的头上。

1830 年，奥匈帝国有位驻巴黎大使馆的随员，鲁道夫 · 阿波尼伯爵，他是个出入巴黎上流社会的完美绅士，不知疲倦的舞者。

他有一本有趣的日记，当中记载了他在内阁做外交官的心路历程，以及他如何从自己的视角来观察路易-腓力执政第一个月以来的巴黎和巴黎市民。他写道："上流社会的人们都躲了起来，而且都做好了第一时间逃出法国的准备。街上再也看不到漂亮的车队，他们去哪儿都是走路，或者坐出租马车，以免刺激到群众（……）王公大臣们不和起义者们亲善一下吗？每天早晨 7 点，人们都能看到奥尔良公爵在卢浮宫前和国民卫队的炮手们一起训练。人们看到他穿着制服走在街上，商店里。国民卫队的士兵都把他当作好同志，好兄弟。多么有失身份啊！"[12]

从 1831 年起，除了关键时刻的爱国主义，人们开始不那么关心政治了。阿尔及尔总督侯赛因·帕查就是个很好的例子：瓦利亚提咖啡馆里，客人们拿他被砍头寻开心，一个喜剧演员用康康曲唱起了他的事迹：

老总督的命运如此凄惨
像脱缰的马一般逃命
我是个规规矩矩的老总督
最后落得脑袋搬了家[13]

接下来的几年里，巴黎的咖啡馆依旧座无虚席。剧作家、词曲作家、诗人们经常去达尼奥咖啡馆。肖德赛格、普雷奥和克洛东在此游荡，里贝罗勒预言未来，里谷和邦维尔经常来这里吃饭。让-雅克·卢梭街的圣艾格尼丝咖啡馆成了共和党人的巢穴。1848 年

2月，临时政府的未来书记费迪南·弗洛孔和未来的警察局局长科西迪埃在那里会面。有时，他们还会转移到卢森堡公园的塔布雷咖啡馆的栅栏门前。塔布雷也可以说是《两个世界》杂志的咖啡馆。冬天的夜晚，巴尔贝·多尔维利穿着黑红天鹅绒里衬的羊毛大衣、大方格裤子，戴着左耳卷边帽檐的帽子，走进塔布雷咖啡馆。这位写下《恶魔般的人》的作家，对《两个世界》杂志的同事们不屑一顾。他们当中有个名叫埃米尔·蒙特居的作家，很久前写的小说被拒绝发表。他是个身材矮小的男人，神情忧伤，对什么都不满意，对别人不满，对自己也不满，他总是伤感地抽着呛人的雪茄。屡教不改的话痨雷蒙·布吕克，他能隔着一张桌子，用最不愉快的话，让巴尔贝和他的同事保罗·佩雪耳根不得清净。

在文学家和政客的咖啡馆里，社交的方式是不同的：一种是在一个角落里安静地工作，另一种则是对人类和世界的未来展开虚无缥缈的讨论……瓦番街的杰南咖啡馆就是如此。据于勒·瓦莱斯讲，这里的老板"曾经想到一个主意，找了一些自视为拉斐尔或米开朗琪罗的画家，用铅笔和炭条在墙上画满了画，为他赚了不少钱。这家店又难看又吵闹，但是充满了欢乐和热情，墙上甚至还有常客的肖像。（……）这里的客人换得很快，工人们只是路过，酒鬼们觉得这里墙上的画倒是挺花哨，但是三六烧酒味道一般。好奇的过客和艺术家们络绎不绝"[14]。

然而不是所有的餐饮业经营场所都是这样的德行。有些酒馆，特别是那些有权通宵营业的酒馆就很不守规矩。这样的酒馆大部分都是葡萄酒商或者是卖烧酒的商人开的。每家店都有自己的门面、自己的金字招牌和自己的主顾。比如圣德尼街上保罗·尼盖开的三角灯笼酒馆。店里的地面和街上的路面一样，铺着枫丹白露砂岩。人们通过一个狭长昏暗的小巷进到里面，装潢有点儿像《巴黎谜案》中的场景。想象一下这样的氛围：在深秋里一个下雨天的黄昏，店里什么也看不清。几个人喊着让老板点上油灯。客人们沿着墙放下自己的斗篷和包袱，进到里面的主厅。主厅里有两张锡面的柜台，摆满了葡萄酒、甜酒，还有被叫作“辣心口”的水果烧酒。吧台对面固定在墙上的橡木长凳上坐着客人。有警察坐成两圈，尝试着在这喧哗吵嚷声中打个盹儿。一群人扎堆站在柜台前面，拿着酒壶、酒杯、酒瓶，上面贴着奇奇怪怪的标签：女人香，完美之恋，等等。

有一条过道通往另一个大厅：里面是聊天的沙龙，留给那些内行的酒客。厅里有 3 张长条桌和木板凳。四面落地的墙上装饰着一些胡乱上色的雕版画。屋子的结构也有待修缮：墙角凹陷，墙面凹凸不平。整个屋里包裹着一层热气，还浸渍着一股潮湿的瘴气，里面各色贫民扎堆：拾荒者、诗人、落魄音乐家、乡间乐手、低等士兵、小毛贼……有个年轻的姑娘溜到桌子之间，她的大裙摆上开满花朵，黑色的宽腰带勒得紧紧的，脸上粉扑得白白的，显示了她的职业。大木酒桶顺着墙在幽暗的光线中摆成金字塔形。这里的饭菜和卢库勒斯或特里马西翁的大餐毫无可比之处，倒是更接近于以撒的扁豆汤，只是不知道以撒的长子在打猎归来后，是不是真能喝一碗豆汤就饱。要是运气好点儿的话，在一碗熬了很久的蔬菜汤里面还能找到一些新鲜的洋葱和一块半生不熟的肉。至于甜点，通常是一只涩苹果，或者是煮得过熟的果酱。等老板娘把菜撤了，就会端上来一盆硌牙的酸苹果。吃下这样的苹果就感觉好像有个扫烟囱的想顺着你的喉咙往上爬，再听到老板娘愉悦地唱着萨瓦亚著名的小曲儿《扫烟囱的兰茨》，你就恨不得要吐出来了。

人们聊天的内容也和环境很相称，比如说他们会谈论起距巴黎几里以外的郊区发生的一件恐怖新闻。在从博蒙到巴黎的大路上，往维亚尔姆方向的交界处开着一家绿十字小酒馆。1829年1月28日，这家酒馆的老板夫妇惨遭杀害。尼古拉-纪尧姆·普吕多姆和他的妻子玛丽·迪吕的头盖骨被斧子敲碎。经过初步调查，丈夫是在桌前昏昏欲睡之时被一击毙命，而他的妻子则与凶手一番搏斗，经历了漫长而痛苦的折磨后被杀害。细节十分恐怖，她左手的无名指被扯断切下，结婚戒指被抢走了。一切怀疑迅速指向在酒馆关门后单独留在店里的两个人，感谢上帝，警察很快就将这两个逃犯捉拿归案。

让我们鼓起勇气去拉维莱特郊区的街道上走走，那里基本上只有露天的咖啡馆、客栈和并不诱人的小酒馆，到处都可能有强盗。运河边一排盖得不错的房子旁边立着一间穷酸的小屋，这就是我们要去的挂着上帝像招牌的拉迪格嬷嬷酒馆。

穿过烂泥浆砌成的城垛，酒馆就在一边，前门通向一个宽敞的大厅，将近150人在满是烟雾的空气中欢呼吵嚷，玩得不亦乐乎。这片嘈杂声中，还掺杂着炉子响亮的呼噜声，好像随时都要爆炸。跟着一群常客，我们来到了被叫作“花园”的地方。实际上那里就是一块泥塘，两边立着几张烂木桌，10个客人就能把这里挤得水泄不通。稍有一点点想象力就很容易把这个“花园”想象成一个巨大的锅，炭火之上煮着将要下地狱的人。“花园”的最里面，在用旧挂毯做成的华盖下面，两个酒桶之间，坐着这个不洁神庙的偶像——拉迪格嬷嬷。她头上戴着一顶脏棉帽，目光中透着酒气和放荡的神情，衣衫褴褛，赤裸着双臂，用嘶哑的声音骂着脏话。她看上去既不像男人，也不像女人。她正在谩骂一个无名氏。

“嘿！你，老不死的，”她吼道，“如果你不喝酒，你在这里干什么？”

“来看您。”这个人回答道。

“你当我是什么奇怪的野兽吗？”

然后这位悍妇将一杯酒泼在此人的脸上，酒都溅到了炭炉里。两人先是相互辱骂，之后又拳脚相加。人们围了里三层外三层，甚至站到桌子上看热闹。

在沾染上坏习气之前，是时候离开这个巫婆的老巢，去西岱岛上看看了。走过整条河岸，人群都不见减少，因为岛上有个定期市集，有很多卖旧货的或者江湖卖艺人聚集于此。小驼背酒馆就坐落在这里：这儿是出了名的贼窝。你要是去那里，最好就只穿件衬衫，戴顶普普通通的帽子。

这家酒馆在一条昏暗的死胡同深处。前门通向一个狭窄的庭院，院里十分阴暗，显得旁边的屋子倒是很明亮。沿墙堆满了脏柴禾，还有一堆沾满了不知道是泥点还是血迹的碎木板。另一边，地上凌乱地摆着十几个酒桶。之后还有一道门，要打开门闩才能进去，然后就会进到一间巨大而且形状奇怪的大厅，简直让人以为建筑师在设计这间屋子的时候见了鬼。左边的墙角里，立着一个石级、一个吧台、一个酒桶和一个老妇人。老妇人的脑袋在这一系列奇怪的组合之上，俯瞰着喧闹的人群。这位女主人面有愠色，像传说中吃人的妖怪，戴着一顶浸着酒渍的褶边帽。她照看着这个挤满了人，令人窒息的“地狱”。这个“地狱”中散发出可怕的喧嚣。所有的白色木桌子上都摆着玻璃杯和酒壶。长凳因不堪重负而吱吱作响。空气里弥漫着烟斗里冒出的浓烟和客人们难闻的口臭，简直让人无法呼吸。油灯渐渐暗了，蜡烛也快要熄灭了。在这支离破碎的光亮中，一只烧开水的炉子呜呜地响着。

屋内热气腾腾，有人脱掉了外衣，有人半敞开衬衫。人们喝着葡萄酒、啤酒、杜松子酒。酒壶有砂岩的或者铸铁的；小杯子是特殊玻璃制成的，从巴黎圣母院顶上扔下来也不会碎。墙上挂着客人送的漂亮装饰画。这些都使小驼背看起来那么与众不同。两位艺术家正在负责店里的装潢。他们的穿着也和别人很不一样：一个穿着带着油渍的长大衣，戴着简陋的帽子；另一个穿着一件难看的棕色外套，戴着贝雷帽。很多便宜的小饭馆都习惯于这样的穿着了，客人们不是穷学生，就是没什么钱的雇员。这些小馆子在多米埃和巴尔扎克的笔下成为不朽。比如索邦广场上的富力科多，或是竖琴街的维奥。

巴尔扎克在《幻灭》中写道：“这些餐馆里做的菜几乎没有变化，土豆是永恒的一道菜。恐怕全爱尔兰的土豆都被拿到富力科多来做菜了。（……）母牛肉在这里很受欢迎。（……）当鳕鱼和鲭鱼游到大海岸边的时候，它们就直接跳到了富力科多的餐桌上。”[15]

浪漫主义，比起理性更加注重情感，比起批判分析更加注重想象。它的出现成就了咖啡馆新的转变。其中有一家咖啡馆同时吸引着名人和那些不合群的人：留着长发的艺术家和头发蓬乱的诗人都会聚到舒瓦泽尔过道的塔尔马咖啡馆。他们在这里激烈地讨论着时尚、乐趣、风俗，戏剧界发生的成百上千的巴黎大事小情，今年成功的事、失败的事，以及发生在这些作家和演员周围的八卦。他们有时会发狂一样地争论，嘲笑那些主流作家和街头表演的喜剧之王，他们喜欢讨论哲学体系、政治策略，急于抹掉过去，享受现在。

泰奥菲尔·戈蒂耶、热拉尔·德·内瓦尔和朋友们喜欢去屠夫街的美丽奥兰普咖啡馆。在那里，几个苏就能吃到酸黄瓜和各种肉肠，配上劣质的烈酒。或者，他们会去塞纳河边的奥赛咖啡馆，在那儿一直待到天亮。有时候，热拉尔·德·内瓦尔会脱离群体。在临近交稿期限的时候，他会找一个安静的地方，从兜里拿出一小瓶墨水、羽毛笔、一沓写满字的便签，还有书和小册子。他简直像随身带了个迷你图书馆，然后开始奋笔疾书。他总能在最后一分钟完成他的文章或是小说。然后，他再到圣托马斯卢浮宫街和奥尔蒂街之间的多亚内巷的房子，去找他那个小团体的朋友们。

此后，巴黎因为一件特别可耻的事件而黯然失色。1834 年 11 月底，在圣殿街和沃尔塔街之间有条菲利波街，雷奥米尔街横插在这条街的尽头。在菲利波街上的时钟咖啡馆发生了一件非常严重的事件。两个本想盗窃的人最终犯下了双重谋杀。12 月 14 日，一个名叫沙尔东的放债人和他的妻子住在圣马丁街 271 号的红马过道，这两个强盗闯进他们的家中，扑向沙尔东，用三角刀捅得他流血而死，响动吵醒了妻子，他们便用枕头闷死了她，之后带着 500 法郎的现金逃走。其中一个杀人犯还很聪明，他消瘦，棕色头发，满脸放光，鹰钩鼻，有一双明亮的灰色眼睛，他知道雨果的《悲惨世界》就要在蒙帕纳斯上演。他叫皮埃尔·弗朗索瓦·拉瑟奈尔，是一位革命记者，还做过诗人。他在回忆录中承认曾经杀害了一个意大利人，抢劫并淹死了一个里昂的路人，并且在一次决斗中杀死了本雅明·康斯坦的侄子。另一个杀人犯是个23岁的男孩，他瘦长身材，举止优雅，为此拉瑟奈尔很是欣赏。他们两个都被判处死刑，被带到圣雅克城墙外的绞刑架——从1832年起就被搬到了这里。“来吧，”拉瑟奈尔对监狱长阿拉尔说，他脸色苍白，神情激动而痛苦，“要有勇气，先生。或早或晚，都会有这么一天。和我一样，及时行乐吧！”[16]

几年之后，巴黎建了防御城墙。这是在路易-腓力执政时期的1840年，政府下令围绕着巴黎及其郊区，修建一道有堡垒、护城河、泄水坡的城墙。

这道城墙是为了力保巴黎不失守。1845年，工程完工：城墙长35千米，护墙厚6米；护墙坡宽3米5，高10米；护城河宽15米，深8米；建有94座堡垒、17座城门、23道路障、12道边门和16座要塞。城墙很快就招来了不少骂名，因为这给周围的咖啡馆带来了一群盗贼。周日人们全家出游，到城墙边散步，呼吸新鲜空气，在草地上野餐，爬筑堤时，就会被这群后来被称为“阿帕奇”的强盗盯上，家中就会遭到打劫。晚上，这群人抢劫，互相之间大打出手。白天，他们会去当地的露天咖啡馆吃贻贝和炸薯条，喝点儿威斯派特洛或完美之恋一类的甜酒，还有“蛮族奶油”和“小玫瑰”。阿里斯蒂德·布吕昂[17]称这群人为“城墙痞”，他们住在破旧的房子里，从事着稀奇古怪的职业，有文身师，给屁股刮毛的，打地毯的，养猫的（实际上为那些小咖啡馆提供“兔肉”），还有拾荒的，为造革厂捡狗屎的。

咖啡馆里禁烟也不是什么新鲜事了。早在1840年，咖啡馆老板们就强烈建议实行禁烟，倒不是因为烟草对身体有害，而是浓烟容易熏旧家具。这些下重金装修咖啡馆的老板们可不想自己的油画、帷幔和金箔都被烟斗或烟卷熏黑。于是那些铁杆烟民们不屑于再去咖啡馆，而是到小酒馆去继续没有限制地放纵他们的烟瘾。

比如去伊莱特森林旁边的拉梅街上的倒罐酒馆，入口处有两棵接骨木沿着木架子生长，形成了一个拱顶。一幢饱经风雨剥蚀的覆盖着瓦片和石板的老房子坐落在院里，等待着迎接客人。屋内的装修很简洁：桌子就是在地上立几个破木桩，上面加盖板子，椅子也不值几个钱。人们主要是周日下午去那里享受伊莱特森林的树荫，自由地散步，和朋友见面，还能无拘无束地吸烟！

工人阶层只能去这种乡土气息浓郁的地方，而学生、自由思想家和一些稀奇古怪的人则更喜欢第九街马萨林咖啡馆的独特魅力。这家咖啡馆地方很大，有很多人慕名而来，挤在一群奇特的人群之中。门外，女人们在寻求某位男客人的“帮助”来跨进这道门槛：“哦，先生，行行好带我进去吧！”那个时候，女士在晚上是不能独自进入咖啡馆的。

咖啡馆里差不多是热带的温度，一群人跑东跑西，手舞足蹈。一切是那么的杂乱无章。人们一点点地适应了噪声，眼观六路，耳听八方。某处爆发出一阵喧哗，通常是打台球的在争执，或是对社会、艺术、宗教问题的热烈讨论，最后演变成了淫荡的玩笑。透过烟斗的烟雾，客人留着小胡须的双唇之间涌出精彩的推理、热情洋溢的讲话和深刻的思考。在摆满酒杯的木桌上，萦绕着伟大的思想和诗歌。那里有性情中人，也有有识之士。他们大多都郁郁不得志，只有通过买醉来忘记一切烦恼。他们大笑，唱歌，吃着火腿，大杯喝啤酒，然后离开，在街上游荡，鼻子朝着夜晚的繁星。时下的名人们见面颔首致意，比如来自伊泽尔的编辑皮克，他住在拉丁区，经常资助那里的文化事业，他经常在那里和他的律师和记者朋友会面。烟草的味道很快弥漫开来，有些人很享受闻到这个味道。几乎所有的桌子都有客人，这桌在喝葡萄酒，那桌喝啤酒，还有的喝着咖啡或甜酒。这里很少有人会点柠檬汽水和点心，更没有冰淇淋。每个人都忙着不同的事情，有的看报，有的聊天，有人甚至还抽着从酒馆带来的烟斗，上面有识别的记号或编号，还有人玩台球、皮克牌和埃卡泰牌。服务生在桌上放一块大方木板，上面铺上绿毯子，客人们两人一组或四人一组边喝边玩。

让我们来观察一下其中一位客人。他身材魁梧，肌肉结实，一眼就能看出来。他穿着很讲究，蓝色的上衣和棕色的裤子一尘不染。他的黑色领带紧紧地系在脖子上，不留一点儿空隙。他的上衣扣子仔细地由下往上扣好，把里面的马甲背心完全盖住。他穿着暗色的靴子，帽子却很闪亮，厚厚的胡须中间有一张快乐的面庞。他双眼炯炯有神，面色活泼，高昂着头，他的一举一动都能引起女士们的注意。他坐在一张板凳上，点起烟斗，要来一瓶啤酒。他对邻桌的多米诺骨牌很感兴趣，对牌局指手画脚，让两个牌手都觉得很没面子。

巴黎这一类的时髦场所还有意大利大道的大阳台酒馆、宫殿的英国啤酒馆 、圣马丁大道的弗拉芒酒馆和蒙马特大道瓦利亚提剧场边上的巴黎酒馆。演员和艺术家们经常在演出结束后到巴黎酒馆来吃晚饭。人们在这里聊着各种轶事和俏皮话。蒙马特大道从前是 1848 年老卫队的据点，1860 年新招的年轻卫兵们也加入他们，到奥德翁和卡奥尔咖啡馆。在这里还能碰到维克多 · 努瓦尔的朋友们，他们感到王朝时日无多，厌恶放荡的文学和政治。

再往前走，沿着鱼市大道和圣德尼大道，满是卖腌酸菜和啤酒的德国酒馆。从午夜到凌晨 1 点，这些酒馆前门庭若市，从歌剧院那边过来的形形色色的客人在这里驻足停留，品尝美食美酒，这对外行人来说还是很有吸引力的。其中一家啤酒馆的地下室里有个特殊的节目：在绿色的台球桌上，一个拥有着奥林匹亚曲线身材的金发美女塔塔和黑眼黑发无与伦比的萝拉，摆出各种性感撩人的姿势。球台上台球翻滚，香槟四溢，撒旦主宰着这样的聚会。一天晚上，场面最终失控了。黑发女神的倾慕者和金发女神的崇拜者打起来了：结果一人丧命。

巴黎吸引着来自各地的奇人，让全世界都变得黯淡无光，又使全世界都感到热血沸腾，就如一股暖流，传递出一种舒适的热情，特别是剧院和体育馆聚集的街区，洋溢着浓郁的生活气息，人们迈步来到圣马丁大道，沿着圣殿大道漫步，那里曾经被人们称为“犯罪林荫大道” 。

一群平民百姓聚集在人行道上和路中间。空气中弥漫着温暖的气息，让人感觉绵软又蠢蠢欲动。小舞厅里的音乐，黄铜镲片声的余音，高声吟唱的歌曲片段，管风琴的呜咽和看热闹的人群的杂乱脚步声交织在一起，形成一团奇妙的噪声，一首安息日的幻觉交响曲。

人们到处都能找到小酒馆来解渴。有的酒馆吧台上，在酒壶和酒杯之间还放着小轮盘，供客人们试试手气。这种轮盘游戏还算温和无害，因而得到立法者的宽恕。事实上，一些咖啡馆由于在吧台赌博已经得到了法律的制裁。但是仍有一些人贪得无厌，改变了娱乐的初衷，把游戏变成了赌博工具。原本只是随便玩玩，后来就变成了赌钱，这也是在老板的默许之下，更有甚者老板就是这个赌局的庄家。这种放任渐渐变成习惯，并引起了警方的注意，接着就是突击抓捕和判决。

坐在外面的客人就大不相同了。在路旁梧桐树的树荫下，咖啡馆的露台上，坐着最杰出的剧作家，音乐剧之王，他们沉迷在艺术之中，神圣的火焰在心中日夜燃烧。当他们的事业登峰造极之时，他们精神焕发，喜极而泣。这条大道上几乎所有的房子都是相互扶持的剧院，路人们能看到一连串 18 世纪末的过时门面。人们可以去快活剧场、疯人戏院、奥林匹克马戏团、小拉扎利、福昂布尔、开心剧场、历史剧院看戏。福昂布尔有哑剧表演，饰演小丑皮埃罗的德布劳老爹上台后，就到了小德布劳激动人心的表演时刻了。奥林匹克马戏团会上演令人热血沸腾的战争剧目，历史剧院则以悲剧著称。《我的主人雅克》里有个著名的贪吃鬼。小拉扎利上演的都是些稀奇古怪、令人咋舌的剧目，还有滑稽戏、木偶戏，名字也能令人浮想联翩：《臭虫与哲学家》《油牛》。

自从塔尔马销声匿迹以来，弗雷德里克·勒梅特成了巴黎最有名的演员。他懂得如何让整个剧场都保持兴奋，甚至可以让整个剧场因为他动动嘴唇而屏住呼吸：他的只言片语，举手投足，他的目光可以让最疲惫的观众都精神振奋。他可以装疯卖傻，时而卑微，时而伟大，时而恶毒，时而天真，通过扮演的人物还原他的那个时代。从1823年起，他在《向阳坡客栈》剧中成功塑造了罗贝尔·马凯尔这个角色。这家客栈还真实存在过。过去那里是圣马丁街上风景不错的小咖啡馆，后来一个老演员把它有趣装饰了一番。在19世纪末20世纪初，这家变成了布吕扬·亚历山大的酒馆，同时也是阴森恐怖的木偶剧场。酒馆墙壁和天花板上发出幽暗的灯光，墙上挂着难看的装饰画，画中是谋杀的场景和杀人犯的头像。舞台边上放着一架货真价实的红色断头台。每晚布吕扬·亚历山大都会在这舞台上唱歌，这个人有着猥琐的幽默，他模仿著名的阿里斯蒂德·布吕昂的穿着，而他只是一个庸俗的赝品。

1850年11月，在快活剧场，弗雷德里克·勒梅特在德内里和马克-富尼耶的著名五幕悲剧《草褥》中的精彩演出，赢得了满堂喝彩。该剧巨大的成功完全归功于舞台的呈现和这位伟大演员的天才表演。勒梅特平时邋遢、酗酒，但天赋异禀，充满悲剧色彩。他在生活中和在舞台上一样富于幻想，每天都书写着传奇。人们对他和克拉里斯·米鲁瓦的恋情津津乐道，两人的恋情总穿插着疯狂的温柔和打闹。整个街区以持久的热忱支持或反对这些当红艺术家，为他们的论战助威，讲述他们的奇闻逸事。人们对戏剧的喜爱是如此热情和强烈，以至于巴黎人从下午3点起就在票房门口排起长队等着开演。

穿着拖地长裙优雅走路的时代终结了，女人们穿着最时髦的服饰：匈牙利靴子和没有里衬的短裙。爱美的姑娘们穿上无褶的羊绒紧身裙，配上一件小外套，帽子上一块白色的面纱系在发髻的位置上。耳朵上方她们加上两个银色的小铃铛，靴子上也挂上了两个。一走起路来，这些铃铛发出声响引人注目，一群游商小贩围着她们。

演出之后，犯罪林荫大道上一片漆黑。演员们在水堡广场聚会到凌晨 3 点，那里有一个已经消失了的喷泉，现在矗立着共和国的雕像。他们去的咖啡馆有特吕肖或贝特朗，就在大道和圣殿镇街的拐角处。优雅的观众和公子哥儿们喜欢去德雅泽剧场旁边的土耳其咖啡馆。演出之间，约恩咖啡馆和戈代咖啡馆里挤满了客人。人们在这里纵情欢笑、舞蹈，也在这里密谋造反。国民卫队的卫兵们经常在勃艮第葡萄收割咖啡馆一起聚餐。1831 年 5 月 9 日，他们聚在一起庆祝吉纳尔、加尼耶兄弟和卡韦尼亚克无罪释放，他们被控阴谋危害国家安全。宴席最后，一位名叫埃瓦里斯特·伽罗瓦的先生手里拿着一把刀，以威胁的口吻祝了最后一杯酒：“敬路易-腓力！”

设计圣殿大道的土耳其咖啡馆的，可不是随便哪个普普通通的设计师。他设计的吧台、炉子和漂亮的蜡烛吊灯，完美到无与伦比。在这里，文学家和艺术家们的桌子永远向巴黎的有识之士开放。咖啡馆里屋有两张精美的台球桌，技艺高超的球手常常聚在球台边。喜欢台球的客人目不转睛地盯着球台，身体前倾倚在手杖上，对局势大加评论。

政客和多米诺骨牌的玩家被挤到了从主厅延伸出去的一间屋子里。还有一些人喜欢玩“博格”，这是一种考验耐心的游戏，玩法和“二十一点”，还有“黄矮人”接近，只不过参与人数不限。有时，连续玩上几个小时的博格就会让人倾家荡产。负责吧台的女士身后有块单面镜子，让她可以看到吧台的客人谁要点酒，谁在准备离开。有几个古怪的客人炫耀着他们最新潮的“罗宾逊”帽子，那形状让人不由得想到上端被切掉的甜面包。

土耳其咖啡馆也是朋友们聚会的地方。不少艺术家往来其间：风景画家泰奥多尔·卢梭，画家迪亚、德拉克鲁瓦、梅索尼埃、夏斯里奥，还有正值盛年，马上就要达到事业巅峰却突然染病的阿德里安·吉涅（泰奥菲尔·戈蒂耶对此感到十分遗憾），音乐家柏辽兹、比才，作家和诗人有亨利·莫尼耶、亨利·米尔热、热拉尔·德·内瓦尔、罗歇·德·博瓦尔，还有总是沉默寡言、神情忧郁的波德莱尔。

除了名人，这里也吸引了不少怪家伙。每日每夜，一群打扮得精致的、美艳的、复古的、奇异的、讲究的、时尚的、戴黄手套的、霸气的、可笑的、规矩的、死板的人们，走马灯似的进出。到处是随从，出租马车，散步的行人，各个阶层和国家的人，这条大道被堵得水泄不通，直到奥斯曼男爵和伏尔泰大道的出现才解决了该难题。

很久以后，多亏了马塞尔·卡尔内的电影《天堂的孩子》才让我们回想起这条“犯罪林荫大道”。“很遗憾，”让·科克托写道，“我们摧毁了那些见证过巴黎显赫一时的地方，如今只有那些车水马龙的幻影来延续这座城市的精神了。但是铁锄也无法消灭掉这些幻影，它们会去寻找这些失落的往昔，并用一团迷雾包裹住我们的灵魂。”[18]

那些追求感官刺激的人们在中央菜市场附近的馆子里继续他们的夜生活。这些夜间开放的店里有许多忙着供应饭食的伙计，也有同样多和皮条客勾搭在一起的姑娘。在煤油灯闪烁跳跃的光亮下，这里就像画家特尼耶画中的酒馆一样，各种事情在这里得到了结。在环境险恶的矿井工作的工人们，戴着三道梁的安全帽，围坐在桌边喝酒。他们身旁坐着几个打扮妖艳的姑娘，抹着厚重的粉，穿着艳丽的裙子，努力展现着自己俗气的魅力。这条大道上最有名的这种咖啡馆要数酒窖咖啡馆，最出名的啤酒馆要数小奶牛啤酒馆。

每天晚上，在市集上做买卖的商人克扎维埃·鲁埃勒和他的小贩团队都会来酒窖咖啡馆，白天他们都在街上卖货。这位精明而务实的商人看到了档案馆街和里沃利街一带的商机，在 1856 年买下了这两条街街角处的一个小店。凭借着自己的经商天赋，他一点点地买下了周边的一排房子，最终开了一家市政厅市集。其他桌上，被叫作“炮手”的皮条客和他们的“炮弹”姑娘们聊着天，这些妓女们在皮条客的照看下等着新的客人带走她们过夜。有时候价钱谈不拢就会以一记“铃儿”收场。“铃儿”是拉皮条的黑话，指的是刀子。皮条客们经常会说：“好铃儿不响两声。”伺机等到一个倒霉鬼“狠宰一刀”。

在塞纳河另一边的左岸，人们把这一大片欢场一分为二：老区，从老拉丁区到塞纳河；新区，在圣米歇尔大道一带。在拉丁区，苦艾酒叫“烂泥”，烧酒叫“石油”，啤酒叫“棺材”，苦开胃酒叫“教皇”。这些术语来自拉乌尔·里戈丰富的想象力。他是位政治记者，是公共安全委员会的发起人，后来成为巴黎公社委员会的成员，1871年在凡尔赛中弹身亡。他当时迷恋上一位阿尔萨斯姑娘，这位姑娘是他在圣赛夫韩街的铁锅啤酒馆结识的，她是一位政治伙伴的女佣。在巴黎公社时期，这家啤酒馆成了“大食堂”。铁锅啤酒馆开在街道的拐角处，有着青石板的门面，精心雕刻的房梁和突在外面的楼层。它的玻璃窗擦得干净透亮，让路人们不由得驻足注目：他们会放慢脚步看看玻璃中映出的自己。特别是年轻的姑娘，她们会在玻璃窗中欣赏自己紧身胸衣下的轮廓，流连忘返地欣赏着自己的发型，研究着她们浓密的长发要怎样在头饰上垂下才好看。他们是“大食堂”最初的“观众”。

亨利·米尔热在他的《放荡生活场景》中描述过一群艺术家把毛努斯咖啡馆当成画室之外的聚会场所。这位作家还在咖啡馆里放了一台刻印机。毛努斯咖啡馆是散落在巴黎的浪子们的理想咖啡馆。米尔热在这里得到了不少创作灵感，同样的还有科尔迪埃街的猪友咖啡馆，皮嘉尔街的古戎咖啡馆，那里是库尔贝、歌手皮埃尔·杜邦、设计师卡加的老巢。还有巴蒂尼奥尔大街的盖尔布瓦咖啡馆，后来爱弥尔·左拉在他的几部作品中给它改名叫作“博德干”。古斯塔夫·库尔贝把奥特弗耶街的安德勒凯勒啤酒馆当作为维护他的现实主义画派而奋斗的讲台。他的支持者也不在少数。于勒·加斯塔纳里、泰奥菲勒·西尔韦斯特、尚夫勒尔、让·瓦隆、波德莱尔也经常会出现在这里。

1848年，路易-腓力的长期执政以悲剧收场。1846至1847年严重的经济和金融危机为酝酿中的暴乱提供了极好的借口。商会里曝出的丑闻更是加重了人们对体制的不信任。反对派利用了人们的不满：他们在附近的咖啡馆里举办政治集会，与会者们声嘶力竭地发表长篇大论的改革演说。

长期以来选择无视的国王终于开始担心了。他试图禁止这些集会，孰料引发了导火索。2月23日清晨，巴黎在冰冷的雨中醒来，军营出动了部队去镇压闹事者。巴黎城里树起了街垒。反对派的组织者有抵抗者的支持，劝说士兵也加入他们的解放自由的战斗中来。两天之后，国王丢掉了王位。

然而国王过于信任商会的忠诚和自己的能力了。失望、气馁的国王路易-腓力突然要面对失去国家的巨大灾难，他深陷犹豫当中，最后决定同意退位。他和王后化名为勒布伦夫妇，离开巴黎这个凄凉地，前往翁弗勒尔，希望能搭上开往英格兰的客轮。比起这毫无光彩可言的出逃，查理十世的退位倒算是惊天动地了！

君主立宪制和君主专制一样走到了尽头。此后共和国和帝国先后诞生，历史在加速行进：1848年12月20日，路易·拿破仑亲王被选举为共和国总统；1851年12月2日，立法议会在政变中解散。乐天随和的马克·科西迪埃被任命为警察局局长，他平时不是在他的办公室就是在经常去的那几个地方：有小勃艮第葡萄酒的简朴咖啡馆，或者旁边那家靠近贝尔西堡垒的金色太阳咖啡馆。这家咖啡馆的老板娘是弗约夫人，也是著名记者和评论家路易·弗约的母亲。

路易·拿破仑用自己的方式来庆祝奥斯特里茨战役周年纪念，引起了民众的不满。从 12 月 2 日的第二天开始，人们开始组织集结，在柯特和圣玛格丽特街的街角树起了第一个简易街垒。路过的一辆大马车，两辆小车和一辆公共马车相继被拦下、摘套、放倒。数百名士兵在街区的两端集结，起义者朝部队开火。一个士兵被击中要害倒下。一个叫博丹的起义者站在街垒上精神崩溃，也被击倒。起义者又陆续筑起了其他的街垒，这只是接连几日动乱的开端。维克多·雨果集合了他的朋友舍尔歇、阿拉戈、布里夫、肖富尔、夏拉穆尔、米歇尔·德·布尔热这些愤怒的左派共和党人。他们聚在一起，由雨果起草了《致人民的倡议书》，很快就被发放到巴黎的各个角落：

共和国万岁！
宪法万岁！
全世界的苦难万岁！
路易·拿破仑这个叛徒！
他践踏宪法，置身法律之外

人民再也不要受苦难
再不需要一个王子来作威作福
人民将要做出惩罚
这是人民的使命！[19]

然而大多数的人民并没有想要惩罚谁。相反，这位新的国家元首拿破仑倒是让他们回忆起了很多历史上辉煌的时刻。人民还是选择了由他执政，于是雨果被流放。林荫大道旁那些由于暴乱而临时关闭或被占据的咖啡馆，又恢复了往日的平静。第二帝国继续运转：1852 年 11 月，路易 · 拿破仑称帝，幻想自己像恺撒大帝一样有能力实现自己的梦想，夺取意大利、德国，将它们置于哈布斯堡王朝的枷锁之下，并且摆平波兰人、奥地利的斯拉夫人、匈牙利人、罗马尼亚人和爱尔兰人……

* *

在这位新皇帝和他的塞纳区行政长官乔治 · 欧仁 · 奥斯曼男爵的统治下，巴黎将要经历她有史以来最大的变革，这一变革将解决卫生、公共秩序等方面的问题，同时也是出于展示经济繁荣的需要。如果你为那些即将被拆毁的老街区感叹，无疑是徒劳的和幼稚的。然而人们也不禁想起，我们的首都，在经历这个伟大改造之前，曾经拥有历史上最美丽独特的遗迹——那些在这纷乱复杂又瞬息万变的世界上不停探寻冒险和幸福的巴黎人。

旧巴黎的每一幢房子都有自己的灵魂。我们穿过一条街道就像在浏览一本书。每扇门后都有一段故事，每块石头都承载着巴黎的记忆。就如旧的中央菜市场一带，特别是老灯笼街，原先被叫作剥皮厂街，之后又改叫屠宰场街。在这些街道消失之前，曾是对过去最忠实的回忆。想象一下，1855 年 1 月 25 日，离夏特莱不远处，那时街上的溪流汇集着从屠宰场流出的血水，一直流向那个以恶臭闻名的下水道。老灯笼街的中间有一段石板翘起又黏糊糊的台阶，把街分成高低两段。对于住在下面那条街——小牛广场上的人来说，街上总是污水横流，房子阴暗潮湿，极易传播麻风病，终日不见阳光，台阶及周围的一切都显示出与“剥皮人”那个时代阴暗相辅的风貌。在高处的那条街上，一道木头的楼梯平台悬在下面的那条街上，通向大门紧闭的房子，毫无疑问这就是目的地。一只灯笼挂在正门口，上面有一行字：“夜间入住。”这家可以喝东西和住宿的咖啡馆还有一道门通向下面那条街，底层有一扇窗，像周围的邻居一样加了厚厚的防护栅栏。旁边沿着城墙有一条露天的过道，一些地方加了顶，阴暗、狭窄又污秽不堪，一个斜坡向下直通到塞纳河边。1855 年 1 月 26 日早上 7 点，几个菜农发现了诗人热拉尔 · 德 · 内瓦尔的尸体。诗人吊死在那家咖啡馆的栅栏上，他是被一个女人的蓝色围裙带子勒死的，头上还戴着帽子，双脚叠放悬在地上。自杀，还是他杀？这个问题一直没有得到解答。这就是这位大诗人、倾心于艺术的梦想家和放荡不羁的浪子奢侈而又传奇的最后一幕。

在老城区游荡的大学生当中，有个年轻人会在伏尔泰咖啡馆或普罗科普度过他的夜晚。他那南方人暴躁的性格，只要一个字就能让他从椅子上跳起来，口若悬河。他就是莱昂 · 甘必大。他就住在旁边图尔农街上的一个小房间里。某个圣诞夜，他来到普罗科普看到富克、巴泰尔和于勒 · 瓦莱斯坐在一张桌子前，他走过去，帽子戴在头上，淡淡地对他们说：“先生们，我就不跟你们行礼了，我帽子里有猪血肠！”[20]

很快，咖啡馆就已经装不下他的才华了，如乔治·德·维桑在《巴黎往日》中记载了这样一件轶事：

> 有天晚上他到当时的美术大臣莫里斯·理夏尔家做客，同行的还有他的朋友，著名的记者斯普勒。饭后，理夏尔夫人问客人要不要来杯咖啡。
>
> “我还是要一杯吧，虽然我更喜欢喝麻渣。”
>
> “抱歉，”夫人问道，“什么叫麻渣？”
>
> “夫人，这是普罗科普咖啡馆的回忆！麻渣，就是用啤酒杯装的咖啡！”
>
> “为什么咖啡要用啤酒杯来装？”
>
> “因为啤酒杯装得多，而且是一样的价钱！”[21]

甘必大先生几乎熟悉巴黎所有的咖啡馆。他当选议员之后就不再去马德里咖啡，改去里奇咖啡了。巴黎公社之后，他回到圣塞巴斯蒂安，每晚到弗隆坦酒窖，或是到主教咖啡馆要一大杯咖啡坐在门口。至于吃饭，他经常去香榭丽舍大街的丽多茵。如果说刚刚提到的里奇咖啡馆来的都是政客、资产阶级、歌剧院演员这样的大人物，那么1854年，在勒佩勒蒂埃街和罗西尼街街角开的小里奇咖啡馆很快就成为司机、机械师、歌剧院雇员这些简单而出类拔萃的小人物聚集的场所。小里奇咖啡馆毁于1873年10月28到29日夜晚的一场大火，这场火灾烧毁了勒佩勒蒂埃街上的大部分建筑。然而1880年，多亏了一位热心而又有头脑的贝纳尔先生，小里奇咖啡馆得以重新营业。

喜欢玩牌的人就更喜欢去圣路易岛上的双桥街，苏里索①老爹在那里经营着一家以自己名字命名的小酒馆。这个奇怪的姓氏实际上和这个胖乎乎、身材短小、红脸又开朗的男人一点儿也不相符，他身上没有任何幼年啮齿动物的痕迹，除了可能有些花白的头发散落在头顶，好像前一晚刚刚刮过。他的裤子、马甲颜色对比强烈，外套的后襟长得快到后脚跟了。他的这套行头就是没有白色，只有他那厚厚的帆布衬衫的折痕。他的咖啡馆盛行一种时髦的纸牌游戏，叫作"阴影野兽"，像惠斯特牌一样有四个玩家，闻名于巴黎。这种纸牌游戏据说起源于贝里，和波士顿牌的玩法差不多。这些玩家当中有几个家境富裕的资产阶级，他们在 1848 年受了打击，期待着临死前最后刺激一把。

人们在到处征用、拆除、挖掘、建造、粉刷、扩建……整个城区，大街小巷都被夷为平地，改造得更为通风和适宜交通。咖啡馆也在改变，变得更宽敞，更舒适，更加愉悦身心。咖啡馆的墙上装饰着高大的镜子，折射着天光或是吊灯和壁灯的光亮。厨房里配备了多种多样的设备，令人惊叹：旋转铁叉、烤肉钎子、焖炉、火铲、火钳、铁工具架、漏筒、砧板、臼杵、筛子、油槽、菜刀、黄铜的炉护板、双层蒸锅、搪瓷餐具、砂锅、蛋糕、冰糕、奶酪模具、冰淇淋机、冰淇淋勺……老板自豪而兴奋地站在闪闪发光的吧台后面，周围放着咖啡研磨机、酒瓶和各种五颜六色的瓶瓶罐罐。

① 苏里索：意为幼鼠。——译者注

1859年，在奥斯曼男爵开始改造工程之前，摄政咖啡馆搬到了圣奥诺雷街。这时的摄政咖啡馆和狄德罗、卢梭、拿破仑那个时代已经大相径庭，就算和三年前相比也截然不同了。那个时候阿尔弗雷德·德·缪塞还没去世。死亡摧毁了或即将摧毁过去那个时代的最后幸存者：拉布尔多奈、德夏贝尔、圣阿芒……

新的摄政咖啡馆分为四个部分：露台那里坐着从邻近酒馆过来的外国人，左厅多米诺玩家雪白的头发映得黑色都闪着白光，右厅里有张吧台，有人在打台球或者下棋，楼上的房间里有人在玩惠斯特牌和卢比肯牌。摄政咖啡馆的“摄政王”叫卡特兰。他在家人的帮助下，试图延续这家咖啡馆旧时的传统。

和以前一样，国际象棋爱好者形成了核心的客户群体。从下午6点钟开始，摄政咖啡馆变成了一个真正的避难所。所有的桌子在前一天就已经预订出去了。有一张桌子上刻着波拿巴的名字，在他成为执政官前，他曾经坐在这张桌前，手肘撑在桌上下棋。

在国际锦标赛上大放异彩的波兰人罗森塔尔，马术教授的儿子博歇和他的朋友塞甘已经到场，工艺拍卖师和业余棋手沙瑟雷跟在雕塑家勒凯纳和弗勒吕斯街上的印刷工拉于尔后面也出现了。其他人都已经就位：法兰西剧院的莫邦和若利耶，他们勤奋的学生亨利·德·伯尔尼耶，出演莫里哀戏剧的出名演员普罗沃，双眼时刻放光的“穆奈毛人”杜邦-韦尔农、蒂龙、加罗，还有国民议会的主席格雷维，他可是个热情而又有谋略的棋手。当棋子安静地移动时，旁边的房间里，骰子在色盅里发出不小的响动。原大臣比约的女婿拉努埃、旧军官库隆和诗人维尼翁正在全情投入……男男女女都被这里的魅力所迷惑。有天晚上，一辆公共马车在摄政咖啡馆门口翻车了，整个街区都为之震动，只有这些玩家无动于衷。

巴尔塔修建了菜市场，加尼耶设计了歌剧院的草图，维奥莱公爵主持了巴黎圣母院的修缮，达维奥、阿尔方、巴里耶 - 德尚参与了大量的建设工程，包括建造肖蒙山花园和蒙苏里公园。改造工程决定把城墙之外和周围附属的地带纳入城市的范围，面积从 3500 公顷增加到超过 7000 公顷。一切都在改变。当局出台法令沿内城修建铁路，征收布洛涅森林，开辟多条街道，美化和清理几个世纪以来都没有改善过的城市环境。

在一位痴迷于对称和透视的皇帝的指引下，从前拥挤、扭曲、毫无规划的城市变得明亮而通风了。政治反对派也借此找到了很好的理由来改善自己的形象。1868 年，于勒 · 费里出版了他著名的小册子《奥斯曼的神奇账本》。共和党人指责皇权破坏了旧的巴黎。他们迫使奥斯曼在1870年被解职。这位塞纳区的行政长官受尽屈辱，被迫屈服，最终在 1891 年撒手人寰，但他知道，后世将会懂得更好地评价他的功绩。

从经济角度看，第二帝国力图推行盎格鲁 - 撒克逊经济学家们和在英格兰生活多年的拿破仑三世所推崇的自由主义经济。但结果令人失望：生产大量过剩，而人们的工资水平却在下降。在棉纺厂或编织厂，老板们要求工人大量的工作却支付很少的薪水。他们强迫工人一天劳动十三个小时。为了降低成本，他们雇佣女人和小孩。出台的低收入政策使得一批批无产者诞生了。工业资本主义产出了大量的财富和最悲惨的境遇。那个靠家庭作坊生产出巧夺天工的工艺品的时代到哪儿去了？然而在1864年第二帝国承认了工人结社的权利：于是工会取代了往日的兄弟行会。

社会主义开始悄然兴起，而它最初的代表人物和捍卫者却都是货真价实的贵族，比如有德·西斯蒙第男爵，路易·勃朗男爵，老正统派的德·博纳罗蒂，托斯卡纳的显贵，巴库尼奈亲王……有的人提出了另外一种方向：傅里叶勾勒出一幅空想社会主义的草图，蒲鲁东提出"财产就是盗窃"的论点，并试图在"等价交换"中寻找解决问题的钥匙，但是他在卡尔·马克思定义的德国社会主义面前败下阵来。不满情绪愈发高涨，给了敌对势力可乘之机，这些自私而又可悲的人并不理会穷苦大众的福祉。他们把第二帝国称作"更糟糕的老二"。

同时期的一些啤酒馆发生了经营上的转变，介于传统的咖啡馆和餐厅之间，人们称之为"清汤"。今天"清汤"这个词多少带有一些贬义，"喝清汤"这个说法不仅指喝下像水一样清淡的汤，还意指在某些事情上浪费了金钱。这个词还用于那些没有卖出去的期刊或日报。报纸拖到11点就卖不出去了。

但在1860年，一个叫皮埃尔-路易·迪瓦尔的屠夫赋予了这个词一个全新的意义。他的汤实际上是一顿饭，是一种撒着面包屑和奶酪，里面有很多肉和蔬菜的浓汤，即使是没什么钱的穷人也能饱餐一顿。配料也是有秘方的。上班前或下班后，工人和雇员来到歌剧院街，迪瓦尔肉汤在那里等待他们，还有它那绝对实惠的价格。餐厅大获好评，昔日的屠夫看着自己的客人变得越来越高端，但并非每个人都喜欢高端的客人：1893年，一个叫勒欧提埃的无政府主义者刺伤了一位倒霉客人，仅仅因为他整齐的外套上有一枚勋章：这位客人是塞尔维亚大使。

1896年，迪瓦尔的竞争对手卡米耶和爱德华·沙尔捷兄弟在蒙马特镇街7号开了一家餐厅。他们的成功是基于一个简单的想法：用接待资产阶级的规格标准，让无产者们来品尝他们的肉汤。他们的餐厅里装饰着炫目的玻璃天花板，从上面垂下一只葡萄状的大吊灯，高档的图埃家具，墙上还镶嵌着黄铜的挂衣架。沙尔捷兄弟不仅请陶艺师路易·特雷泽尔用他的作品装饰这家店的墙面，还装饰了另外两家在闹市区的店：卡米耶·沙尔捷大肉汤（今天的拉辛肉汤）和爱德华·沙尔捷大肉汤（今天的蒙帕纳斯1900）。1901年，爱德华把店开到了蒙帕纳斯大道59号，无论是巴黎本地人还是外国人，都能在这里享受到永久的欢乐气氛。

1905年，卡米耶·沙尔捷在拉辛街3号开了新艺术风格的大肉汤店，由建筑师让-米歇尔·布维耶设计，用了很多镜面装饰无限地映出木制陈设中特雷泽尔画的蜀葵和鸢尾，让客人们感到无比的愉悦。由于之前的生意大好，沙尔捷兄弟还把圣日耳曼大道142号的一家糕点店改造成肉汤店，以扩大自己的肉汤帝国。瓷器餐具、木制陈设、大理石桌子、钢琴和带号角的留声机不一而足，这家名叫瓦热南德的店一直开到1923年，直到沙尔捷兄弟开始走下坡路。多亏一位鲁若先生从沙尔捷兄弟手里买下了这家店，瓦热南德才得以延续。

1860年，皮埃尔-路易·迪瓦尔还迸发出新的思路，他们在马萨林街66号一个原来卖奶油的店铺旧址上，开了一家小奶牛咖啡。在他低矮、狭窄，亮着煤油灯的店里，客人们只需花22个苏就可以大快朵颐。客人当中也不乏探险、地理、新闻和艺术界的著名人物。1874 年，皮埃尔 · 萨沃尼昂 · 德 · 布拉扎[1]接手了这家店，他也认识了一批探险家：34 岁就已经在撒哈拉沙漠度过了五年并穿越了亚马逊河的克勒沃；正在筹备安哥拉到莫桑比克穿越非洲旅程的亨利 · 迪韦里耶、亚历山大 · 阿尔贝 · 拉罗什 · 塞尔帕 · 平托，还有总是笑眯眯的地理协会秘书长德 · 莫努瓦先生。到了夏天，他们会趁车夫们进去吃饭的时候坐到停在门口的“维多利亚”敞篷马车上乘凉。他们抽着烟，喝着咖啡，在路人们讶异的目光中聊着天，毫不吝惜用他们那些天马行空的经历来颠覆人们原有的知识。迪特勒伊、邦瓦洛、克朗佩尔、马尔什、孔皮埃涅、巴莱这些名字也经常出现在这里。

让我们离开小奶牛去到“奶牛巷”，离开圣日耳曼大街到蒙帕纳斯。从 1849 年以来，加利福尼亚咖啡就开在靠近奶牛巷，也就是今天的潘索街的路口，是一家极好的大众咖啡馆，老板是卡代老爹。这个地方吸引了巴黎最底层的团伙。一群又一群拾荒者、流浪汉和无家可归的人挤在木桌木凳上大口喝酒。出于防盗的考虑，锡制的餐具、盘子和杯子都用铁链固定在桌上。卡代夫人走路一瘸一拐，她帮着丈夫照看店里。在这里只要花 8 个苏就可以吃到丰盛的肉，喝到足够的酸酒。加利福尼亚咖啡每年要消耗掉 3000 桶酒。受人爱戴的卡代老爹生前被选举作为法国第十四区的区长。

为什么不在 11 点到正午之间坐上马车去蒙帕纳斯火车站附近

① 皮埃尔 · 萨沃尼昂 · 德 · 布拉扎：著名非洲探险家。——译者注

的拉文努咖啡馆坐坐呢？就位于出发街的街角处。这是一间很好的老房子，吧台是半圆形的，有青铜的女神像柱，用餐区在左边的厅里，中厅里精心摆放着开着花朵的花盆，使屋内充满了乡间气息。这个地方是参议员苏比古的辖区，他从穿着到样貌都是典型的布列塔尼人。通常他会和一群牧师一起吃早餐。人们很容易从他的帽子和布列塔尼式的外套中辨认出来。他穿着黑色的裤子，腰间缠着一条紫色腰带。饭后，他从外套左边的口袋里掏出一只瘪瘪的掉出烟草屑的烟袋，然后就着一个大烟缸抽起烟斗来。其他桌上还坐着爱吃龙虾的让维耶·德拉莫特，“双关语大王”德·提兰古尔面前摆着松露牛排和一瓶拉菲葡萄酒，语言学家菲拉雷特·沙勒，还有为人古怪的圣伯甫和他的秘书兼遗嘱执行人、手稿和小房子的继承者——更加奇怪的特鲁巴。

有钱的年轻人更愿意去沃吉拉尔街和伏尔泰街的拐角处。在当时叫作“拉丁区”的闹市区中心，有一家高乃依咖啡。这里是有钱学生最常去的约会地点。要想成为那里的常客，最好是穿着杜索杜瓦裁缝店的成衣，穿着漆皮鞋，始终戴着手套，并在马甲上挂上表链。他们通常嘴里叼着雪茄，吹嘘着自己的本事，否认女性的美德，谈论政治。在高乃依咖啡馆喝过开胃酒后，他们会到伏尔泰码头和渡船街的拐角处的拉弗雷加特咖啡馆去吃饭。路上可以看到潮水一般的人流，人们有的戴着塌顶的帽子，有的穿着黄铜色的大衣。

这里有很多性情中人或有想法的人，只可惜他们往往过度沉溺于醉酒而迷失了自我。比如这个穿着外套戴着帽子游荡在人行道上的家伙。他脸色红润，鼻子有微红的小点，他似乎已经到上帝的葡萄园走了一遭了。他从口袋里拿出一个劣质的犀牛角鼻烟盒吸了一口鼻烟，冲驾驶着公共马车的车夫得意地微笑。

从他面前走过的学生根本没有看到他。他们等不及要坐在拉弗雷加特咖啡馆的露台上。客人们尽情地享受着这一刻。不久之后，尽管这家咖啡馆名声在外，还是无奈地变成了一间澡堂。客人之间不乏聊天的话题。他们批评拿破仑三世让议会成了摆设，同时赞扬右派的工人联盟。但是人们对拿破仑三世的不信任占据了主导，尽管他一直在皇权支持者和社会改革派之间充当调停人。因为皇帝终究是要享乐的，看看皇后为出游比亚里茨和莫尔尼而建的多维尔城就知道了。

圣米歇尔大道和学院街街角的舒芙蕾咖啡馆保留了一家酒馆的名字，在奥斯曼时代之前，这家酒馆的大部分客人都是学生。也是在这里打响了 1848 年 6 月革命的第一枪。此后，这里恢复了平静。来这里喝咖啡的学生都很平和，和那些《两个世界》杂志的读者们也都相安无事。最热闹的地方是在夹层，热衷于打台球的理工科学生为打出一记好球而激动不已。土耳其社群也是舒芙蕾咖啡馆的常客。1869 年，记者兼作家凯末尔 · 贝，土耳其知名报纸《于里耶特报》（《自由报》）和《伊蒂哈德报》（《平等报》）的主编，经常到这里撰写文章。他有时会遇见穆罕默德 · 贝，他逃出了判他死刑的祖国，流亡巴黎。尽管他是穆斯林，但是一瓶白兰地使他很容易就忘记了《古兰经》的教诲。在 1871 年年底，他获得特赦，但由于过分接近反对党，他最终被流放到博斯普鲁斯海峡的海岸边。

所有这些土耳其人都参与了威胁拿破仑三世帝国的社会运动。

弗卢朗暴乱令他们兴奋不已。他们通常住在靠近圣塞夫韩街和圣米歇尔大道的出租房里。宣布阿卜杜勒·阿齐兹政权在君士坦丁堡倒台的第一封快报就是在舒芙蕾咖啡馆宣读的，也正是在这里酝酿了推翻该政权的革命思想。

画家和作家们喜欢去弗勒吕斯咖啡馆，它坐落于同名街道拐角处，它和卢森堡花园的大门成直角形。弗勒吕斯的创始人有图尔穆什，阿蒙，杰罗姆，阿沙尔，纳宗。到1857年时，博德里、皮库、建筑师加尼耶和雕塑家法尔居埃也加入了进来。在“画家厅”里，挂着一幅柯罗的风景画，周围还有布雷东的一幅躺在草地上的牧羊女和纳宗的一幅台球桌旁的裸女画。每周五晚上，这里会举行“丑角晚会”，由柯罗主持。彩票也是甜点的一部分。雕塑家普雷奥经常在这里吃午饭。他是出了名的喜怒无常。这位才华横溢的雕塑家一旦发现他要的小羊排煎得太生或是过熟，就会迅速变成一个脾气暴躁的家伙，张口便指责惹他生气的人“脑子是不是进水了”。

弗勒吕斯咖啡馆的露台能看到许多名人，如女演员若尔热特·奥利维耶，她的笑声从这一桌传到另一桌；埃德蒙·阿布，记者兼讽刺和异想天开的小说作者；还有一群“阴谋家”，比如佩勒坦、皮卡德、马格宁、埃农，做梦都想使法兰西摆脱帝国的统治。上了年岁的米尔热，每天下午坐在一张桌子前，逢人便讲他多么希望重新回到阿尔及尔，把他的《放荡生活场景》搬上舞台。

到了晚上，米尔热来到海豚街的比利时咖啡馆。他们在这儿一起荒腔走板地唱一曲《风笛舞曲》，或是朗诵一首波德莱尔的《腐肉》。在凌晨1点的钟声敲响时，桌上出现了洋葱汤和热腾腾的奶酪，上面浮着一层泡沫，来款待饥肠辘辘的肚子。这里是玩世不恭的普里瓦·当格勒蒙的地盘，他就住在隔壁的圣安德烈艺术街上。他能很容易地识别出囊中羞涩的年轻学生，他们会满足于闻一闻他的浓汤散发出的香气，于是他会乘机占他们的便宜，正如他所说："只要手杖上插着美味的沙丁鱼，到处都是移动的后宫。"[22]

老主顾们挤满这家开到深夜的酒馆，对于那些喝多了啤酒或苦艾酒的人来说，有一张板凳当床已经满足了。但是有时候乐极生悲，一天晚上，两个客人之间的几句争执不断升级，最后双方持刀相向：比利时咖啡馆此后被警察命令禁止夜晚营业。

在医学院街上，开着一家欧罗巴咖啡馆。邦维尔，纳达尔，维图，尚夫勒尔经常在那儿把酒言欢。米尔热的《放荡生活场景》，部分是在这里的一张夹层桌子上写成的。新一代文学作家正在占据这里：阿尔西德·杜索里耶，阿方斯·都德，保罗·阿蕾纳……不幸的是，这里很快就关张了，取而代之的是一家卖绒布和棉帽的商店。几步之遥，正对着奥德翁剧场的，就是莫里哀咖啡馆。这里是从法学院逃课出来的纨绔子弟的聚会场所，他们其中一些人此后在政治领域崭露头角，比如克列孟梭和后来成为萨洛尼卡领事的于勒·穆兰。不久后，莫里哀咖啡馆被一家生产手术器械的工厂代替。

奥德翁街尽头的伏尔泰咖啡馆还一息尚存。它的沙龙一直影响到卡齐米尔-德拉维涅街，被认为是索邦大学和巴黎高等师范学院学生的课后活动场所。巴黎高等师范学院的主任德西雷·尼萨尔先生，鼻子上夹着单片眼镜，身着黑色上衣，珍珠灰色长裤，穿着精致而有光泽的靴子，是一位热情而勤奋的学者。他经常在这里和哲学教授赛塞以及作家卡罗一起午餐，后者满心期待着有朝一日能够进入法兰西学院。在这些戴着黑色或白色领带的精英之中，有人眼尖地认出了出版商沙尔庞捷，他引以为豪地用诗歌获得了财富，并准备推出《书店》期刊，希望能与《两个世界》杂志抗衡。他在向他的记者朋友特里翁描述大好的前景。特里翁是拉丁区典型的代表人物，外衣领口和帽檐之间露出已经花白但依然浓密的头发，鼻梁上架着眼镜，小胡子下的厚嘴唇在不停地讲着话，脑袋木讷，双腿不知疲倦，经常和他的朋友于勒·瓦莱斯混迹在一起。

在伏尔泰咖啡馆的二层，人们在一堆空杯子前疯狂地玩着波利尼亚克牌。这是一种以查理十世的一位大臣的名字命名的牌。一个年轻的南方人贝佛精通于此，他注定要成为未来的共和国管理者之一。

“这个可恶的贝佛总是赢！”有一天晚上，一个输了牌的家伙愤怒地喊道。

“确实是，”另一个回答道，“但是就像甘必大离开普罗科普去伏尔泰咖啡馆挑刺，他必输无疑！”[23]

有时还能看见阿尔贝·梅卡坐在长凳上，他削尖铅笔，准备在去奥德翁看戏前喝一大瓶的葡萄酒。梅拉几乎很少离开他在卢森堡公园的办公室。他和诗人瓦拉德开着玩笑，瓦拉德留着乌黑茂密的长发，狂热的眼睛里闪着光芒，照亮苍白瘦削的脸。

一位律师加入他们的谈话：埃尔泽阿·博尼耶，他是奥尔托兰家的外孙，但他的作品都以皮埃尔·埃尔泽阿署名。他的额头上都是笑纹，湛蓝眼睛，茂密的头发下一张马脸。他的朋友，评论家埃米尔·布勒蒙认为这是伏尔泰咖啡馆的诗歌小团体短暂的辉煌时期。

不久后的20世纪初，伏尔泰咖啡馆成了奥德翁剧院的附属。剧院的负责人经常会在剧目上演前，在伏尔泰的楼上做一次“意大利式”的角色讲解，这对演出至关重要：演员们这时聚在一起轮流对台词。他们核对台词、查错、标出删减和增加的部分。古斯塔夫·若弗鲁瓦的剧目《学徒》上演时就是这样的，该剧由著名的安东尼导演，即使在1870年巴黎被围困时期，这部戏也在剧院制造了许多美好的夜晚。

从天文台的十字路口到塞纳河，喝酒的地方是数不胜数。但是，如果我们选择无视那些简陋的小馆子，而只看那些吸引着文学、艺术、政治界精英的店铺，那么值得关注的就屈指可数了。

19世纪下半叶，除了德·美第奇啤酒馆，在卢森堡公园附近的开阔地带矿业学院和卡尔波低地之间的夏来咖啡馆还算是可以常去的。咖啡馆漆成绿色，由两个小厅组成，带一个下沉式花园，离天文台仅几步之遥。夏天，人们在这里高大的树木下玩着地滚球，树荫遮挡着太阳光的直射。

老板凯斯勒借奥斯曼男爵的地产项目流产之机，用很便宜的租金租下了一块地，在这块地上竞拍了一间小木屋，并从樊尚搬到了圣米歇尔大道。原来的老建筑拆掉准备建新。凯斯勒在这块新地的树下重新开辟了地滚球的场地，还增加了秋千、滑梯等娱乐设施。到了晚上，资历尚浅的年轻音乐家在画家和雕塑家周围，拉着并不悦耳的小提琴。这倒是给店老板提了醒，很快雇了一个小乐队，拿几块木板架起一个舞台，支起一顶帐篷，放上几把椅子，音乐会一切准备就绪。

与此同时，在咖啡馆里面，常客们正沉浸在多米诺骨牌中。人群中很容易能认出风景画家弗朗索瓦-路易·法兰西，他满面红光，黑色毡帽下有一双清澈的眸子，外套是褐色天鹅绒材质的，粉红色的毛呢宽松衬衫外面套着敞开的马甲，衬衫的袖口卷在外面，嘴唇上叼着樱桃木的库默尔大烟枪。弗朗索瓦-路易坐在画家朗维埃对面，朗维埃穿了一件灰色的羊毛外套，胡子蓬乱，目光如炬。桌上第三个牌友不是别人，正是年轻的画家雅姆·贝特朗，他的黑头发一绺一绺贴在额头上。

旁边的加泰罗尼亚雕塑家奥利瓦刚刚吃完晚饭，等不及要加入牌局。他经常在牌桌上和擅长塑造异国风情雕像的雕塑家科尔迪耶一较高下。如果比起多米诺，你更喜欢打台球，那就沿着圣米歇尔大道往前走，跨过克吕尼博物馆咖啡的大门，它那装饰线脚和浮华的镀金让人不由得想起林荫大道上的那些啤酒馆。客人们在其中一个大厅喝酒，在另一个大厅吃饭。夹层留给了打台球的客人和一些熟客，其中有医学和政治学博士迪普雷，他是最新的巴黎市议员候选人，他歪戴着帽子，一脸孩子气，嘴里一直哼着小曲儿。

在卢浮宫码头，学校的广场一角，马努里咖啡馆完好地保留了原先的格拉多咖啡的严肃气息。这里有着黑色厚重的大理石桌子，是激烈的多米诺战役的理想战场。它的大厅里装满镜子，还有红木的吧台、黄铜柱头的小柱子，再现了 18 世纪的辉煌。

中午前后，玻璃杯在绣着锦缎的餐巾上闪耀着令人眼花缭乱的白光。马努里等待着迎接律师和诉讼代理人——他们店里的常客来用餐。他们喝着白葡萄酒，品尝厨师的特色菜。刚刚当选议员的老板加蒂诺没有让喜欢苹果里脊肉的人们失望。在夏季，这个街区的老买卖人都会在固定的时间过来喝一杯茶或咖啡。他们和法院的人一样，都是这家咖啡馆得以延续的基石。

那些衣着华丽、装腔作势的人把自己排除在这类咖啡馆之外。这样的客人是肯定不会越过新桥去丁香园咖啡馆，或去莫罗妈妈家品尝好吃的李子的。

在巴黎充满了红色地狱之火，可以让人们忘却痛苦的去处无疑是殉道者咖啡馆。在那里，米尔热，度过了一个个美妙的夜晚。橡木桌上摆满了啤酒杯，服务生巴蒂斯特一路小跑穿过大厅，为客人奉上丰盛的腌酸菜，香气扑鼻而来。午餐或晚餐之前，这里的蒙马特镇的挂钟准时敲响“苦艾酒时辰”。文人学会的创始人德努瓦耶坐在他在二楼的固定座位上，同桌的还有词曲作者兼诗人皮埃尔·杜邦，他有着宽阔的前额和长及衣领的头发，以及古斯塔夫·马蒂厄。德努瓦耶是《罗伯特-罗伯特历险记》的作者，他的声音认真而坚定地从一个相当脆弱的身体里传出，在他的肩膀上奇迹般顶着一个有点秃头和发红的脑袋。他远远地和阿尔弗雷德·德尔沃、阿梅代·罗兰、夏尔·巴塔伊、杜·博伊打招呼，这些都是原来拉辛咖啡馆的老客人。

年轻人喜欢去殉道者咖啡馆，就好像一迈进门，他们就将被加冕为诗人、画家、剧作家、评论家、小说家。这里像是一个作品实验室，这些作品或许明天就会横空出世，抑或永远不会出现在人们视野中。优雅的女子戴着黑色天鹅绒帽子，披上披肩，戴着手套，陪伴着这些未来的作家，一点儿也不担心来这里会把她们的塔夫绸裙溅上泥点。二层的大窗户永远紧闭，乌木楼梯栏杆锃光瓦亮，饰有金色的小柱子。在二层的露台上，可以带着一种由衷的欢乐来欣赏最美好的巴黎生活样本，比如古怪的作家兼记者吉沙尔代，他独自一人创办了一本与其密不可分的《美术》杂志。他声称和所有名人都私交甚密。他会在和别人谈话中突然说道：“这让我想起了，就在几年前，我遇见了阿方斯……”

“阿方斯！哪个阿方斯？”其中一个客人问道。

吉沙尔代带着明显的轻蔑口吻回答道：“难道还有两个吗？当然是拉马丁啦，我的天！”[24]

他每次说到缪塞都叫他“可怜的阿尔弗雷德”。但最终“绿眼仙女”把他带去了一个更好的世界。他在临终前的病榻上，艰难地讲了几句话，在最终的呻吟中，他发出了一阵含糊的嘶嘶声：“阿不斯……阿不斯……”医生以为他想得到宽恕（absolution）。他呻吟道，他想要最后一杯苦艾酒（absinthe）。

离殉道者咖啡馆不远处，皮嘉尔广场的漂亮姑娘咖啡馆在晚饭时间坐得满满当当。一层大厅里充斥着多么疯狂的对话和天马行空的讨论！泰奥多尔·德·邦维尔在这里请波德莱尔和卡蒂勒·孟戴斯吃饭。老板亚历山大的眼睛闪着亮光，这个金发的年轻小伙子，很乐于围绕在这些名人中间。在香槟瓶塞爆开的噼啪声和阵阵笑声中，一位女歌手在咖啡馆的小舞台上，唱起农妇们唱的天真又好听的小曲儿，为这热火朝天的气氛中突然注入了一股意想不到的清新。之后幽默哑剧演员波特雷尔和他的搭档德图什为在座的客人们献上他们的保留节目。波特雷尔单单外表就已经很有看头了：厚实的肩膀，又大又圆的头，扁额头，向溺水身亡的人一般的灰色眼睛，猎狐梗犬一样的鼻子，他随便做个动作就能引起阵阵笑声。他们的“经纪人”，骗子马兰古尔，在大厅的尽头观察着他们的表演。他看起来像一个业余画家，梳着爱情剧中男主角那样的发型，脸刮得干干净净，留着工兵一样的胡须，穿着华丽丽的长大衣、黑色长裤和上了光的靴子。尽管有着各式各样的客人，漂亮姑娘咖啡馆最后还是因破产而倒闭了。诗人比洛是它的最后一位客人，他和老板亚历山大在最后一张被拍卖出去的大理石桌子上喝完了最后一杯啤酒。

1860 年，蒙马特大道上的瓦利亚提咖啡馆已经换了整整一代人。它有着疯狂而又动人的故事，就像是一出滑稽戏或一场狂欢节游行，夹杂着另一个时代的奇遇和形形色色、光怪陆离的人物。

傍晚 5 点至 7 点，熟客们陆续到来。大部分人坐在楼下的大厅里。朗贝尔·第布斯特在和库特利纳的父亲，同时也是《两个盲人》的作者于勒·莫尼奥聊天。演员巴什在一旁模仿他们。这个家伙有着刀背一样的身材，面露凶相，系着白色领带，穿黑色西装，扣眼上别了一枝小树叶。他刚一坐下就被一圈观众围住，坐在他身边傻笑，听他讲着他在安瑟罗剧场捉弄剧场经理的各种故事。

歌曲作者罗歇·德·博瓦尔在一段段地讲述他最近一场官司的精彩片断，牵扯到了法律界的所有大人物。他和第布斯特一起在瓦利亚提咖啡馆即兴唱了几段戏弄滑稽剧导演米隆·蒂博多的段子：

他穿着漆皮鞋

还有紧身裤……

《第欧根尼》的创作者们也聚集在瓦利亚提咖啡馆里。卡加用他那富有感染力的幽默，领导着这支愉快的团队。有天晚上，一个客人听到对面的饭店里响起了晚餐的铃声，于是不解地问卡加这是什么声音，他认真地回答说："我的朋友，这是蒸汽轮船要起航啦！"

别忘了这群怪人里还有形影不离的里奥奈兄弟；讽刺剧作家罗什福尔也是其中一员，他脸色苍白，头发卷曲，麻面高颧骨，长着一层短短的小胡茬儿，眼神明亮，他也是一位受沙里瓦里影响颇深的记者；此外，还有夏尔·阿瑟利诺、伊波利特·巴布、蒙瑟莱、维利耶·德·利斯勒亚当、克拉岱尔……柜台后面的老板也换了几轮：创始人阿尔布伊，之后是拉勒芒，再是银行家阿默兰，他买下了这家店，希望在这里为他的文学家客人们建立一个埃尔多拉多[①]。他把二楼改造成了可以写作和写信的房间，带有配备羽毛笔和纸张的写字台，但是这个梦想永远不会成真，不过这并不重要。这位蹩脚诗人兄弟发起了一次名为"诗坛"的文学运动，集结了卡蒂勒·孟戴斯、邦维尔、波德莱尔……但是后来阿默兰的身体每况愈下，最终黯然地在旺夫的一家养老院结束了自己的生命。之后这些人树倒猢狲散：瓦利亚提咖啡馆很快就变成了一个给过路人解渴歇脚的地方。

谁又知道，在斯克里布街和林荫大道拐角的美国酒馆，它的险恶名声远远超过了歌剧院？这家酒馆的店主是盎格鲁-撒克逊

① 埃尔多拉多：理想中的黄金国。——译者注

人，那里吸引了一群搞走私生意的人。酒馆有两个入口：一个入口是靠近林荫大道一侧供打牌的人出入的；另一个入口朝向小街，供“希腊人”进出。要知道在巴黎当时的俚语中，这个词是指那些出老千的。这里的桌子全部被各种赌博占满，每天从凌晨 1 点到 3 点从不间断。一堆堆的金子摆在赌桌上。有时会有警报，一声铃响提醒赌徒们在警察到来之前赶快消失。美国酒馆是离经叛道者的世界。

人们在店主狡猾的目光下玩着埃卡泰牌，店主是一位自称“人民”的先生，他仗着自己是一个外国人，假装对法律一无所知地经营着这家店。然而在背地里，他和欧洲所有从事赌博和拉皮条的流氓团伙都有关系。他的合伙人，布里涅尔男爵则是个夜猫子赌徒，很是爱好赛马。他的卷发经过精心打理，戴着领带，喷上麝香香水，穿着紧身衣，周身闪着钻石的光芒，手指上圈着闪闪发光的戒指，嘴上一直带着微笑，对那些被他抢劫的客人们说话也是客客气气。

在第二帝国存在的最后几年里，出现了一种新的运输方式，并且很快就被人们运用起来，方便去喜爱的咖啡馆。1873 年，出现了一个新名词“利特雷”，被描述为“类似于一种木马，在两个轮子之间找到一个平衡点，并用双脚一并向前发力”[25]。这便是早期的两轮自行车，被叫作“大二”。考虑到它巨大的前轮直径可能造成的危险，它很快便被更加稳定的自行车取代了，从而克服了这一缺点。自行车则以更低的价格迅速赢得了广泛的欢迎，甚至有爱好者们聚在一起组成协会。1876 年 12 月 30 日，在雷恩街的韦辛格托里克斯咖啡馆，一位名叫亨利·帕吉的先生创建了巴黎自行车联盟。

1881年2月6日，随着这个超过25公斤的笨重机器取得了空前成功，在靠近卢浮宫附近的商场，坐落在同名街道上的马伦戈咖啡馆加入了法国自行车联盟，也就是今天法国自行车联合会的前身。

有两个人让"小皇后"映入了公众的眼帘：萨冈王子和记者皮埃尔·吉法尔。萨冈王子是优雅的代名词，时尚之王，他能够感动那些最执拗的人，并告诉盲从的人们应该喜欢什么，并且在1890年骑自行车环行布洛涅森林。而皮埃尔·吉法尔则在《小日报》上发表了热情洋溢的文章，为"小铁马"主持正义。多亏了泽斯公爵主持的自行车多项赛会，一个圈子就这样渐渐形成，很多知名人士都选择了入会。布洛涅森林很快成为自行车迷们的圣地：特里斯坦·贝尔纳、亨利·巴塔伊、于勒·勒纳尔、奥克塔夫·米尔博、保罗·亚当、于勒·勒梅特在大街小巷穿梭，骑着他们的自行车环绕湖泊。

从历史进程来看，巴黎的贫困地区从中世纪以来就没有改变。他们只是不断地扩张和壮大了。在巴黎公社时期，像费耶-迪约这样的街道仍然存在，由于这些街道位于弗朗索瓦一世和路易十三所筑的墙壁之间，只得任其自生自灭。普拉特街、莫碧埃街、威尼斯街、烤炉街上妓院林立。几个世纪以来，这里都是藏污纳垢、强盗匪徒聚集之所。卢浮宫附近的城墙街是著名的淫窝，同样的还有蚕豆街、博尔德街和蒂尔夏普街，后来分别改名为圣朱利安穷人街、弗艾尔街和英格兰街。时髦的新咖啡馆掩盖了旧的街头小酒馆，有时让相邻的房子看起来更赏心悦目一些。这些咖啡馆被装着磨砂玻璃、绿色百叶窗的妓院包围着，漂亮的路易十五方砖与肮脏的小屋形成一种古怪的对比，墙上镶着金色的大门牌号。这些妓院如雨后春笋般，从蒙索到拉维莱特，从梅尼蒙唐城门到王座后巷……一直延伸到军事学校，有时这里会窝藏跨国的盗贼和杀人犯，巡回法院已经容纳不下这些犯罪分子。这些罪犯还会培养孩子，教监狱的少年犯如何成为一个盗贼，然后到各个舞厅去散布恐慌，或是在街区耀武扬威。

在拉罗盖特街和沙朗东街形成的岛状地带，特别是圣玛格丽特街和凯勒街上的每家出租酒馆，都可以听着风笛小曲，喝到葡萄酒。圣玛格丽特街一半的房子都是晚上可以住宿，白天可以喝酒的酒馆。白马酒馆、红杆酒馆、狮冠酒馆、圣女酒馆、圣日内维夫酒馆、钟铃酒馆门口都挂着灯笼，还有写着“夜间住宿”的招牌。比如在费耶 - 迪约街，每到一处，每个窗口，都有性感的姑娘潜伏在那里，招呼着路人进店。在那些工人、拾荒者、妓女云集的街上，一群奥弗涅人控制着出租屋、酒馆和妓院。从拉普街到拉罗盖特街，从瑞典国王舞厅到白宫舞厅，奥弗涅人统治和管理着这里的风笛舞曲、苦艾酒和醉鬼。

拉罗盖特街区的舞厅是这个样子的：人们从街道下面进入一个大厅，柜台占据了过道的一半，对面是一些固定在墙上的笨重桌椅，避免醉鬼们砸坏东西。一个奥弗涅人目光炯炯地盯着这帮客人。和一切犯罪盛行的地方一样，这里的客人大部分都是刚出道的小流氓，正学着偷窃和拉皮条。

坎布罗纳广场附近有一家著名的青石板舞厅。它的外观让人想起原来费耶-迪约街的小狗舞厅。交上4个苏就可以进到大厅：头2个苏是进门前存放东西的费用，另外2个苏是跳舞的钱。之所以叫青石板，是因为这家奇怪的舞厅会让客人们在一块青石板上报名跳双人舞。老板想出了一个过分的办法来对付那些不愿意付钱的客人：他用绳子把舞池围起来，当舞伴们单独一人时，他就拿着一个碗到舞池中向每个人要2个苏。一曲终了，只有交过钱的才能继续跳四对舞。

格勒奈尔的妓女和皮条客们经常光顾这家舞厅，工人们都壮着胆子小心翼翼地进去。在这里你能见到人世间所有的苦难。那些看上去也就13岁到15岁的小姑娘，声音嘶哑，面色暗沉，睡眼惺忪，言语下流，已显老态。她们穿着满是油污的裙子，衣领开得很低。4个苏在青石板可以跳场舞，而同样的价钱在红城堡格朗德街的眼镜老爹开的酒馆，可以敞开喝烧酒和苦艾酒。1840年前后，一个名叫勒费夫尔的人在眼镜老爹酒馆聚集了一帮乌合之众。酒馆老板戴着一副巨大的双片眼镜，酒馆也因此而得名，以至于他的继任者马丁老爹也把眼镜镶上链子挂在胸前。烂醉如泥的顾客有时会到对面的房子里去过夜，那里曾是教会医院。那时，一些死人的尸体会被医院的员工抬回来，如果没有家属来认领，就送去给医学院的学生用于解剖。

传说中的“圣迹区”[①]也是存在的。维克多·雨果描写的乞丐王圣迹区就在开罗广场的后面。这个地方呈漏斗形，被澡堂和基督教学校兄弟会包围着。1830年，这里曾是自“美男子”腓力一世以来成立的圣殿骑士领地，后来克洛德·亨利·德·圣西蒙伯爵的圣西蒙主义信徒也曾一度占据过这里。圣西蒙在那个时代的杰出编年史家队伍中，与巴扎尔、勒鲁、布朗基比肩。

小狗舞厅位于圣福伊街和费耶-迪约街的十字路口，一群衣衫不整的女孩成日游荡在那里，还有那些面色蜡黄的小混混，他们有着各种诨名：铁腕、比比、弹弓、波里诺、阿马兰特、萨利果……在小狗舞厅所在的广场周围，房屋的墙壁让人联想到山沟，窗户周围都是裂缝。如果想到小狗舞厅去，就得穿过一片像下水道一样的小巷：那里到处臭气熏天，到处都能呼吸到犯罪的气息。通向舞厅二层的楼梯没有扶手，台阶老旧而又湿滑。二楼是“女士单间”，一串阴暗的小房间，或是活板门隔出的小隔间。人们只能在低矮得让人难受的房梁间跑上跑下，俯身前行。

离费耶-迪约街和圣迹区仅几步之遥，靠近蒙托格耶街，有几间大库房，里面存放着盗贼们从各省偷来的车，再由“路贩子”运到这里。这些库房曾经也是附近旅馆的一部分。就是在这里，在小方块酒馆边上，最初由一位韦迪耶先生开了第一家茶点室和第一家乳品店，之后它们全部都被啤酒馆取代了。

---

① 圣迹区：旧时巴黎乞丐集中于此，装成各种残疾外出乞讨，回区后即恢复正常，仿佛突然因“圣迹”而治愈一般，因此得名。——译者注

自中世纪以来，拾荒者们就选择在穆夫塔尔区聚集，他们的老巢位于圣日内维夫山顶，靠近城墙的外护墙。其次吸引他们的地方有：圣-克洛德山、双磨坊城门、图耶巷、猴子岛……在兔子窝大小的木屋里居住着一大群无家可归的人，各种年龄、国籍、性别的人混住在一起。屋内被隔出一个个像蜂巢一样的单间，没有木地板，东拼西凑了几样家具。他们用各种破烂搭出类似于床、桌子、椅子和柜子的东西，用几块砖和废铁搭出一个炉灶。这附近白天有上百个“挑拣员”从垃圾里挑出些稍微有点儿用的东西。

拾荒者尊重权威和行规是众所周知的。他们会把在垃圾中发现的贵重物品交给警察，比如：手表、皮包、餐具等。他们一不高兴就喜欢吵架，兴致一来就花天酒地。他们算不上是圣人，但还算老实。他们喜欢热闹、人群、唱歌和争吵。他们会花时间在那些他们叫作“臭酒馆”的咖啡馆或酒馆里寻欢作乐。这些杂乱无章、狭窄又肮脏的小酒馆里经常会上演奇怪又滑稽的场面，这里充斥着嘈杂的闲聊和对话。“拾荒兄弟会”在这里纵情享乐，吃着老面包皮、白菜心、鸡内脏，兴奋地喝着掺了东西的假酒。在他们装满酒精的肚子面前，这些都算不上什么。

而饮料店老板在作假方面，更是有过之而无不及。为了帮他们开脱，我们必须说明责任不全在他们。因为有时他们的供应商在交货前，比如卖奶制品的，会在奶油里少放牛奶，加入大量的水。奶油不够就通过加稻米、大麦或糠麸的溶液来掩盖。他们用蛋清、明胶或鱼胶让奶制品显得有黏度和有营养。本来就是用来做假咖啡的菊苣被用更加拙劣的咖啡废渣、蒸馏废液、油墨、砖灰、动物胆汁、煤灰……甚至是染成黑色的土来代替。

做巧克力也不一定要用可可：造假的商贩很容易就能办到，只要他手头有豆粉、马铃薯淀粉、烤杏仁、小牛油或羊油、朱砂或赭石，最后再来点儿糖蜜把这些东西混在一起……再贴上诱人的标签，这就算大功告成了！

茶，这种来自中国既振奋精神又助消化的饮料，也不例外地可以造假。人们对茶的需求很大，中国很远，而拉博斯却很近：只要两个小时，就可以在那儿采到山楂、接骨木果、玫瑰果、白蜡果和野梅，用苏木或硫酸铜把“茶”染成黑色或绿色。

糖、盐、胡椒也同样可以造假。糖与淀粉、白垩、石膏和沙子掺在一起，盐则是要适当地混合硫酸石灰、明矾、硝石、石膏……以及砂岩。胡椒的性质就不太一样了：在鹦鹉的食盆里，有一种叫作大麻子的东西，很容易就能买到一大斗，把它磨成粉，用辣椒油浸一下，装到圆锥形的纸袋里，就成了从马拉巴尔或卡宴运来的胡椒。

至于葡萄酒，只能配得上那些不那么抠门儿的客人！在那些骗人的勃艮第、波尔多、博纳、梅肯和其他著名产地标签之下，其实只是各种化学成分把水变成了葡萄酒：苹果酒、梨酒、酒精、蜜糖、糖、苏木、甜菜汁、杜松浆果、香菜籽、石膏、白垩、明矾、氧化铅、碳酸钾、硫酸铁、氧化铅、单宁酸、酒石酸。这些食之无味却令人恶心的成分混合在一起，足以摧毁最强健的消化系统。

可悲的是，这样的行径在 19 世纪下半叶是十分普遍的。当时就有人记录在册，并强烈建议不要尝试某些菜品。例如，如果我们还把自己的健康当回事儿的话，就应该谨慎地避免在低档的小餐馆吃蜗牛。原因很简单：就像猪肘子上的骨头一样，蜗牛的壳是没法吃的。黑心店家根据需要往里面填入煮熟的小牛肺头和各种香草（百里香、月桂叶、大蒜），趁热切成薄片，弄成和软体动物几乎一模一样的形状。或者，他们到雨后的巴黎公墓捡回一大堆小蜗牛。原料取自当地，老板们卖出去的却是优质的勃艮第蜗牛。

有人专门每天早上在垃圾桶里把蜗牛壳拣出来，转手卖给小酒馆的老板仔细清洗一番。事实上，在清理蜗牛壳的时候，粘在内壁上特地做出香味的碎香芹和人造黄油就会被洗掉了，这也是不小的损失。所有物价低廉的小酒馆里都有这种蜗牛，简直是无性繁殖的奇迹！

在这些酒馆里，拾荒者花 3 个苏点一道“珍珠翡翠白玉汤”，其实就是一份剩菜拼成的杂烩，然后喝上一壶只要 1 个苏的啤酒。他们三四个人围成一桌，也经常吃汤泡面包。在那几年，一个挺能干的女人光靠卖“1 刻度 1 个苏”的肉汤就赚了不少钱。女贩子拖着个巨大的农用喷射器，里面装满了肉汤。她在活塞上有几个刻度。给 1 个苏，她就把活塞往下压一个刻度，流出肉汤。她到所有的酒馆里都吆喝一圈：“1 刻度 1 个苏！只要 1 个苏！”

另一个女老板在圣雅克街和努瓦耶街街角开了一家餐厅，这个位置过去是圣 - 伊夫小礼拜堂，钟楼的楼梯在 1870 年革命期间被夷平。客人们管这里叫“湿脚餐厅”，因为他们经常要在大街上等位子，还是在雨中等。这里也是 1 个苏一大勺。客人们交了钱，就可以用巨大的勺在一个大锅里捞上一下：最幸运的人能捞到一块肉，其他的也就捞到芜菁或胡萝卜……

从穆夫塔街到意大利门，最具人气的廉价小酒馆要数圣-尼古拉街的贵族院、拉旺蒂耶尔街的大啤酒和英格兰街的眼镜老爹。常去大啤酒的一个叫比阿尔的客人，帮了拾荒的那帮人不少的忙。这个 25 岁的学生忘记了他的阶层和出身，成了一个到处游荡捡破烂的“流浪者”。他用他的知识教会了拾荒者认字，他们给他起绰号叫“律师”。有一些廉价酒馆门面还算美观，因而从无数肮脏破旧的房子中脱颖而出，摆出一副高高在上的姿态。这些店通常取名为“兔子坟”“自由思想”“圣洁之血”，店面内外整洁干净，熠熠生辉。

要说 19 世纪 60 年代最有意思的拾荒者酒馆莫非白兔酒馆，它坐落在蚕豆街 6 号，两面墙之间有一道单独的门可供出入。这所房子在院子的最深处，周围是储藏食物的屋子，屋子的墙很矮，又不平，上面贴满了画报。门后面挂着几个满是泥点的画框，其间还挂着伏尔泰、莫里哀、让-雅克·卢梭的石膏像和纪念章。

玻璃门后面有一块小空间留给那些喜欢在柜台喝东西的人。柜台右边，在唯一的一扇窗户前放着好几排桌子，总有一群面色萎黄、头上歪戴着鸭舌帽、嘴上叼着烟斗、手里端着酒杯，兜里揣着刀的年轻人聚在桌前。离窗口最近的人在旧报纸上打牌，还有几个伙计在一张又脏又旧的黑板上给他们计分。固定在天花板上的几根铁线上悬挂着一排动物标本，就快要碰到客人们的鼻子。

店老板是一个大块头男人，他年事已高却依旧魁梧，穿着海狸呢大衣，扣子一直扣到下巴，头上戴着一顶黑色矮帽，宽帽檐下掩盖着一双锐利得似乎能看穿一切的眼睛。他的老伴儿是个身材矮小又体弱多病的小老太太，她穿着脏兮兮的衣服，帮着这个大块头打理店里的事物。她领着好奇的客人参观酒馆底下几条通向塞纳河的地道，老板则一边数着钱，一边给客人滔滔不绝地讲着欧仁·苏笔下的人物“铁腕”是如何在这里逃避追杀的。后来几个狡猾的生意人也由此受到启发，在伊夫堡开发了一个参观埃德蒙·当泰斯①牢房的项目。

人们在白兔酒馆喝到的几乎全是来路可疑的波尔多葡萄酒和4个苏一杯的啤酒。有时这里会摆上丰盛的宴席，每当补锅匠或是皮匠找到了一份工作，他们会慷慨地请熟客们喝上一瓶22苏的巴蒂尼奥尔香槟。纯正的甜菜烧酒是这个奇特王国里至高无上的国王，很难将它拉下神坛，熟客们都喜欢它。莫拉神父则是一位和大家欢乐与共、备受爱戴的长者。这位个性十足的老人，还是一位天赋异禀的诗人。“我会写些限韵诗，”他谦虚地说，“我会写字，但我不熟悉作诗的规则。”在发霉的墙壁上，我们能读到一两句他写的诗：

有福气的拾荒者，当你喝下这一杯
你说你是这世上最幸福的人
你的老阁楼可与豪宅媲美
你是醉酒的哲人，自己却全然不知……[26]

① 埃德蒙·当泰斯：基度山伯爵。——译者注

巴黎的拾荒者还可以去“大格勒奈尔城门”，或者是位于克利希的露天咖啡馆“平底锅”。在那里，酒鬼们甚至可以喝到用平底锅装着的高纯度烧酒，可以立即让他们烂醉如泥，陷入昏睡，有时甚至会要了他们的命。

要是喝完还有力气，客人们可以走到对面植物园的四季咖啡。这里曾经是一座旧宫殿，门面上雕刻着大理石和马赛克的花神星、谷神星、果神星、老冬神和他们的田园寓言。在相同的位置，一个世纪前，这里曾有家咖啡馆，门口挂着一个铁制招牌，上面是一个古老的画谜，画着四个相互交织的藤蔓和字迹模糊的字母。老主顾们花上 50 个生丁就能坐在裂开口子的旧沙发上，在过去那种优雅而精致的威尼斯镜子里照见自己。多么奇怪的时代啊，把咖啡馆变成宫殿，又把宫殿变成咖啡馆！

最后，湿脚酒馆（就是前面提到的那家餐厅）坐落在老菜市场的前面，附近有一片最古老的建筑。它有两个入口：一个朝着菜市场，另一个朝着一条死胡同。它的大厅狭长而又阴暗，充斥着一股臭气。整个大厅用一盏油灯照明，让人以为这是一条走廊。捡破烂的、小商贩、菜市场里卖力气的人们，在柜台喝点小酒等着开市干活。一道污水从柜台和对面的长板凳之间穿过，把大厅一分为二。在去市场里转上一圈占据有利位置之前，酒鬼们会在这里先睡上一小会儿。

一些咖啡馆在这个时候选择另辟蹊径。颇具灵感的饮品店商人想再加入一些赏心悦目的东西，让自己的店铺更加具有吸引力。或许在“聊天商店”里演出的这个想法并不新鲜，但是这个想法只有从帝国时代才开始取得成功。让我们回顾几年前那段历史：那些最初带表演的咖啡馆只是一些门面漂亮，但难以为继的小茶室。几个名不见经传的歌手在临时搭的舞台上，为图鲁鲁步兵和保姆表演。

最早的两家有歌舞表演的咖啡馆有圣殿街的阿波罗咖啡馆和伏尔泰码头的缪斯咖啡馆。在那里，人们还可以观看哑剧、口技和杂耍。在七月王朝和其后的第二帝国时期，几个带小型乐团的咖啡馆也开始声名鹊起。1852 年，巴黎有 20 几家带有歌舞表演的咖啡馆，还有一些演出不是很出名的低级咖啡馆。其中最有代表性的要数日晷咖啡馆、雷皮西咖啡馆、鲑鱼咖啡馆和若弗鲁瓦小巷的抒情酒馆，别忘了还有装饰得金碧辉煌的捷报宫法兰西咖啡馆。香榭丽舍大街上有流动歌手表演的羊肚菌咖啡馆，旁边是安娜 · 皮科洛开的大使咖啡馆，还有博马舍林荫大道 91 号的贝朗热音乐厅。著名的阿米娅提穿着木鞋和短裙，在这里唱着乡间小曲或爱国歌曲。

路易 · 弗约在《巴黎的气息》中很好地为我们渲染了这些地方的气氛：

> 这是何等的热闹！这是何等的气味！这里混合了烟草、烈酒、啤酒和热气的味道！这是我第一次看到女人出现在可以抽烟的咖啡馆。
>
> （……）一位男高音唱了一首我没听过的歌，一两位姑娘又唱了我没听过的歌。男中音唱完后大家鼓起掌来。他有一副好嗓子和全世界最阴郁的打扮……他唱道：

巢是一个温柔的谜
春天祝福着天空!
对着世间的人儿和鸟儿
神低声道：筑巢吧

这些此时远离安乐窝的人们，并没有急着回去，而是带着动情的眼神继续听歌：年轻的姑娘勉强忍住泪水，夫人们机械地和着曲子，用指尖打着节拍。这一切闻起来像是老烟斗、煤油、发酵饮料和内心深处忧伤的味道，我们把这种荒芜又平淡的伤感叫作无聊。所有观众的脸上都写着一种令人不安的麻木。[27]

资产阶级喜欢去贝朗热音乐厅，学生们则更喜欢去外城墙第九大街的演艺吧：

阿尔弗雷德·德尔沃在《巴黎的乐趣》中写道："在这里演出的艺术家和其他同类咖啡馆的艺术家类似，也就是说，都有一个男高音，一个个子不高的男中音，一个幽默剧男歌手，一个歌剧女主角，一个女低音，一个有点儿轻浮的女歌手和一个幽默剧女歌手。他们在这里和在其他地方一样，演出时下流行的全套曲目，甚至是那些已经过时的曲目：《湖》《落叶》《宪兵们》《嗨！小羊羔》《如果我是一只小鸟》等。"[28]

1850 年到 1856 年，还有一家很有人气的音乐咖啡馆，那就是毗邻拉布里奥什咖啡馆的摩卡咖啡馆。到了晚上，它亮着灯光的门面让阴暗狭窄的月亮街显得生机勃勃。它的魅力来自于店主人的妻子，美丽的马蒂厄夫人：她并不唱歌，而是在舞台上，在酒杯碰撞出的叮当声和烟草的迷雾中扮演女神的形象。另一家小酒馆也迅速变得极受欢迎，那是饮品商帕里斯先生开的艺术音乐厅，他雇了一个名叫让 - 约瑟夫 · 布里斯的巨人在桌子间走来走去，客人们都为他的巨型身材感到震惊。这样的卖点使其得名巨人咖啡，然而最终在 1863 年被一场大火烧毁。

1840 年前后，在香榭丽舍大街的地中海咖啡馆门前，一个街头歌手，重约 160 公斤的大胖子弗勒里，站在一个大酒桶上唱歌，吸引了许多围观者。他的绰号叫“泼妇男”，没精打采的吉他手拉格朗日给他伴奏。弗勒里来自里昂，唱着满是纺织工人粗话的下流歌曲，夹杂着从菜市场听来的粗言秽语；拉格朗日则用他谱的曲子和清晰的声音来诠释这些下流作品。

这倒是让附近的大使咖啡馆老板想到了招募街头艺人。1843 年，咖啡馆更名为大使音乐厅。1847 年，也正是在这里，维克多 · 帕里佐、埃内斯特 · 布尔热和保罗 · 昂里翁与店主发生争执。如果音乐厅不支付他们的著作权费用，他们就拒绝支付自己的酒水消费。这一事件影响甚广，甚至由此促使了法国音乐作曲人及编曲人协会的创立。

1858 年，在靠近香榭丽舍大街的丽多茵广场，安娜 · 皮科洛和埃德蒙 · 加尼耶 - 迪帕克开了一家时钟咖啡馆。他们重新改造了之前第一家同名的咖啡馆，但是没有之前那么华丽。自从开业以来，这家音乐咖啡馆呈现了最好的演出，这些歌手包括：克拉拉 · 拉米、克洛德 · 布吕内、沙耶、“小驼背”、苏珊 · 拉吉耶、迪昂和几年后的伊薇特 · 吉尔贝。

1861 年，莫雷尔廷苑被阿尔卡扎尔酒馆的经理买下，并建成了阿尔卡扎尔夏季酒馆，坐落于新法兰西道，也就是今天的鱼市镇。如此命名是因为这条路原来通向中央菜市场的鱼市，这个地方因为当时的人气偶像歌手泰雷扎在此演出而颇有名气。她在兴奋不已的观众面前塑造了一个“大胡子女人”的形象。她的真名叫埃玛 · 瓦拉东，出生于 1835 年，她一开始在外省唱些浪漫曲，并不出名。她的成名开始于 1865 年，在阿尔卡扎尔鼎盛时期之前，她在埃尔多拉多开始她的演艺生涯。她最初是在摩卡咖啡演出罗伊萨 · 普杰的浪漫曲时被发现。之后，她开创了一种轻浮又荒唐的风格，受到学生、推销员，还有那些成为帝国将领的非洲少尉的喜爱。她那扎实的唱功和扭胯的小动作，使她迅速成为大众崇拜的偶像，经常被邀请到军队或交易所的金主家里去演出。在她的回忆录中，她曾提到过阿尔卡扎尔的那间“地狱小屋”：

> 在这里，每天晚上都有五六个年轻人喝得醉醺醺的，抽很多烟，大声地聊着他们的琐事。一些外省人误以为他们是什么贵族。其实这些人只不过是一群小角色，他们老是谈论着拉帕蒂、布罗昂、拉丰这些时髦的女孩子，还有他们在俱乐部里花掉的，所谓的一大笔钱。[29]

* *

音乐咖啡馆成了花花公子们除了正式宴会之外最喜欢的去处，还可以跳四对舞《暴风雨中的郁金香》，让人想起去大茅屋舞厅跳舞的时光。

这些咖啡馆不断取得成功，词作者和音乐家也因此渐渐多了起来。各种歌曲风格都包括在内，从天真烂漫到插科打诨，再到写实的史诗和爱国歌曲。那个时候正流行大兵闹剧，像乌夫拉尔那样长着红鼻头，穿着红色裤子，戴着指挥官的军帽和白手套的，还有装腔作势的怪人利贝尔和阿尔芒·邦，眼神颓唐的情种若热尔，现实派的贝拉尔、勒雅尔和梅卡迪耶，他们用的叠句和陈词滥调能逗笑整个巴黎。

还有一种专门由身体畸形的人带来的表演，这种表演也颇受欢迎，比如像骨瘦如柴的布吕南、驼背古斯塔夫·沙耶，侏儒德尔芬。女人们也不示弱：胡安娜夫人唱着爱情的失落，安娜·蒂博歌唱在草地上的野餐，迪帕克夫人歌唱小龙虾。还有一些唱爱国歌曲或写实歌曲的歌手，比如欧仁妮·比费经常会朗诵一些优美而又悲伤的诗句，甚至还有像吉莱特小姐、艾普斯或维奥莱特这样疯疯癫癫的歌手，她们唱起歌来扭来扭去，转着圈上蹿下跳，手舞足蹈，吐着舌头扮鬼脸。

还有其他一些歌手，像美人阿妮塔、牙齿很漂亮的妮妮、卡拉比娜、波比奈特为抒情酒馆呈现了一个个美丽的夜晚。一个名叫达尔西埃的新晋艺术家在那里取得了巨大的成功。他从12岁开始在宗教唱诗班唱歌，直到成为流行和社会歌曲作者皮埃尔 · 杜邦的歌手。他后来在抒情酒馆驻唱，成了一块必不可少的金字招牌：人们蜂拥到儒福瓦巷的这家小酒馆听他唱歌。他的演出让所有观众为之陶醉，为之动容。泰奥菲尔·戈蒂耶称他是“歌曲界的弗雷德里克·勒梅特”。

柏辽兹在他的《费加罗报》专栏里写道：

若是您热爱音乐，又不怕酒精的刺激和烟草的气味，那就去儒福瓦巷吧。那里有一家很大的小酒馆，每天晚上都有两三百只烟斗在疯狂地吞云吐雾，而在大厅的另一端，隐藏在呛人的云雾之中，在单薄的钢琴声的伴奏下，六七个歌手站在一个小舞台上，声嘶力竭地唱着浪漫曲、小调、摇篮曲和特色民谣。他们唱的什么根本听不清：谈话声、杯盘声、靴子踩在地板上的声音掩盖了他们唱错的音。

但到了大约10点的时候，当人正挤、烟正浓的时候，如果您能够在舞台旁边找到一个空地儿，您会看到一个奇怪的男人出现在舞台上。他一出现，大厅里立刻安静了下来，抽得最欢的烟斗也停了下来，雪茄也熄了，服务员也停下手里的活儿，就好像西西弗斯忘记滚动他的大石；冥后普罗塞尔皮娜给那些走动的人腿上施了咒语，把他们的脚钉在地上一动不动。

达尔西埃上台了！他的脸已经进入了角色，他会为您唱出或阴郁或天真或伤感的故事。他在舞台上表演着肢体动作，之后唱了起来，带着如此充沛的热情，如此深的感情，如此真实和旺盛的激情，与他精湛的装饰音融合在一起，令人意想不到的变音、野性的叫声、突然的放声大笑和旋律结合在一起，低沉的、轻柔的、好听的声音，让人感觉被俘获，被感动，被震撼，以至于发自内心地哭或笑！达尔西埃是一位真正的艺术家。[30]

他每晚挣10个法郎：这在当时是一笔巨大的数目。他受到各处的邀请，其中包括大贵族的沙龙，他不加修饰的表演方式令他们颇为震撼。十几个酒馆纷纷效法抒情酒馆，喜欢浪漫曲的人们因此又有了不少选择。

巴黎是当时的国际文化中心，特别是在1867年，那段举办世界博览会时辉煌又不安的时期。拿破仑三世邀请了俄国沙皇、奥斯曼帝国苏丹、俾斯麦伯爵……杜勒里宫从未招待过如此亲切而又特殊的客人。外国君主一时间放下了他们的嚣张气焰，收起他们的野心，没有后顾之忧地尽情放松。这边拿破仑三世在接待这些政要显贵，那边巴黎人在音乐咖啡馆里腾跃，而最传统的咖啡馆已经日薄西山了。

或许是因为它们已经存在了太久，因此普罗科普咖啡馆才陷入了如此的沉寂？只有最后几个忠实的顾客仍然在打扰它临终前的安宁。记者科基耶先生在这里为《宇宙》杂志写文章，诗人卡齐米尔·德拉维涅，和书商勒纳尔在玩多米诺骨牌，他们的朋友——造币厂的雕刻师丹泽尔在一旁观看。

波德莱尔在普罗科普排遣他的情绪。法兰西研究院的几位成员穿着破旧大衣在这里奋笔疾书，读书看报。1872 年，普罗科普终于关门了。酒窖协会的主席欧仁 · 格朗热好心地写了一首挽歌《普罗科普咖啡馆》：

哦，虚无的，可怕的深渊！
围绕在我们四周——真的！让我迷惑
一切都消失了，完蛋了，崩溃了！
经历过那么多伟大的和痛苦的时刻！
无论是金子或是铅，宫殿或是摊店
在人间没有什么，没有什么能逃过火山的熔岩……
哭泣吧，朋友们！它即将要被卖掉
我们的老普罗科普咖啡馆关张了！[31]

* *

1870 年 11 月，第三共和国成立后便随即颁布法令取消审查。很快音乐咖啡馆的舞台上就开始上演最下流的表演，正如路易 · 施奈德在 1896 年 4 月 1 日的《画报》杂志中所说的“歌曲、小调、袒胸露肩、脱衣和裸体都有了政令的保护伞”。咖啡馆里黄段子和粗俗下流的表演兴盛一时，一语双关的歌曲在舞台上大行其道：

听着，首先我得告诉你

主治医生是个迷人的男子
他会先卷起衬衫袖子
让我想起了我的第一个情人
只是这位医生不同的是
他一下子就能找对位置
我发现，亲爱的，他真的很会用他的手指……[32]

还有一些不堪的歌曲，比如：《他吹箫吹得这么好》《要不要舔舔小猫咪？》《于勒，让我看你演奏乐器①》《小叔子的乐器》，或是一些女人心醉神迷时的话语，这样唱的：

其实我啊，红发的女人说
我总是不出声
因为我懂得要礼貌
要像孩子一样诚实
我用心记住那种感觉
屏住呼吸
当你的嘴都被填满
再说话是不礼貌的行为……[33]

① 乐器：有器具之意，暗指阳具，下同。——译者注

面对这些放荡的言行，朱尔·西蒙①在1874年2月2日颁布法令恢复了审查制度，由此从一个极端走向另一个极端。马克西姆·杜康指责当局："这一切都是拜政府所赐：允许侮辱上帝，破坏田野乡间的安宁。上级政府在对抗宗教、道德、政治、外国势力的潜在攻击等方面有着不可推卸的责任，但这都是徒劳无功的，甚至可以说非常棘手，会激发出许多敏感事件。"[34]

紧随风流歌曲之后，由战争、巴黎公社等历史事件引发的复仇主义和爱国主义歌曲风靡一时。英雄主义精神一时间深入人心。人们歌颂对国家的热爱。弗雷德里克·布瓦西埃演绎了一首《来自法兰西的鸟》（又名《去年春天的一个早晨》）：

哨兵别开枪！
它是一只来自法兰西的鸟[35]

1872年，埃尔多拉多的乐队指挥夏尔·马洛，给加斯东·维尔梅和吕西安·德洛梅尔的诗《麦田中的坟墓》谱曲，并写成了一首歌：

在这天翻地覆的日子里
死去的人是多么幸福
永远地躺在田野中睡着

① 朱尔·西蒙：（1814—1896），法国政治领袖、哲学家、法国激进党理论家。1871年被任命为教育、宗教和美术部部长。——译者注

当你绕着这座坟墓飞过

莺儿，为他唱一曲你最甜美的歌

人们去斯特拉斯堡林荫道的日本别墅给一群天才孩子们捧场。有个叫“小吕西安”的孩子，头戴蓝色帽子，双手插在口袋里，唱着现实主义的歌曲。他的手一直插在口袋里，甚至在谢幕的时候也不拿出来：据说因为他白天做洗染工学徒，颜料染得他满手都是。“小夏洛”最拿手的是布吕昂的歌，但他的母亲一点儿也不在乎他的天赋。有一天晚上，他正唱着《从蒙马特到冷饮店》，他的母亲跑到舞台拿着雨伞追打他。而“小莫里斯”则善于唱些色情歌曲点燃观众的情绪，赚取微薄的小费。他后来唱出了名头，改名叫莫里斯·舍瓦利耶……瓦利亚提剧院旁边的“小赌场”上演着当时最吸引人的演出。

小赌场里的扶手椅背后面挂着小桌板，人们可以坐在座位上一边品尝樱桃烧酒，一边看演出。平日，下午的时段是专门留给“首次登台”的年轻艺术家的。这些没有什么经验的歌手在一群退休老夫妇和各式各样的闲人面前模仿着他们的前辈。他们模仿马约尔、弗拉格森，或是大兵闹剧演员波林，演出他们的经典曲日，比如波林的这一首：

菲洛梅娜，她长了胡子

和我的队长简直一模一样

周六晚上则是雷打不动的喜剧时段，这里有笑星曼苏埃尔，他挺着凸起的肚子，说话样子很严肃，引得观众哄堂大笑。他的形象深入人心，经常会在杂志上出现他脱掉裤子、只穿一条圆点短裤、露着大肚皮、拿着一把小号、声嘶力竭地唱着歌的形象。他们是一群疯疯癫癫的家伙，雷瓦尔可以说是他们当中的一位先驱。从1869年起，他就在大使咖啡馆音乐伴奏下唱着让人浮想联翩的歌：《我女人的龙虾》《就像一头小牛》《你如此秀色可餐》等。

著名的德拉纳姆无疑是这一流派的“巨头”之一。他为埃尔多拉多奉献了许多美好的夜晚。他的光头上顶着一顶水手贝雷帽，鼻子和脸颊染成红色，嘴唇染成白色，上身挤进一件过瘦的外套，双腿在一条肥大的格子裤里晃荡，脚上穿着一双没有鞋带便鞋，阿尔芒·梅纳尔[①]凭借装疯卖傻和粗俗的表演一夜暴富。他演唱着《佩特罗妮拉，你闻起来像薄荷》《我是鞋匠的儿子》《啊，小豌豆，小豌豆，小豌豆》，还有不得不提到的《我码头上的缺口》，他唱出了作者于勒·孔布和保罗·布里奥莱原作中富有诗意的力量（德西雷·贝尔米约谱曲）：

我的街上有码头
码头上有个缺口
我倒不觉得有什么

① 阿尔芒·梅纳尔：德拉纳姆为其艺名。——译者注

我能从街上看到码头

能从码头上看到缺口

随后老乌夫拉尔开始统领“大兵闹剧”的风格，他身材干巴而瘦弱，胳膊生硬，脸上做着猴子一样的鬼脸。他穿着1870年的军装，通过出演《呆头呆脑的伤残军人》赢得了不少掌声。他的儿子接了他的班，唱着《我的脾胀起来了》之类的胡言乱语的歌，延续着家族的传统。在这个名人堂里占有一席之地的还有皮埃尔-保罗·马尔萨雷斯，他以波林这个艺名为全法国所熟知。他的经典装扮是黑色皮靴，过于瘦小的夹克，一顶法国军帽和拿在手里拧来拧去的手帕，他创作了《大兵朋友》和《东京[①]姑娘》。并在1906年，他在文森特·斯考托的音乐基础上，创作了《小东西》，每次演出都能引起全场合唱：

啊！玫瑰小姐

我有个小东西

有个小东西要送给您

啊，这个东西

您一定会欢喜

格里尔、兰博、布瓦西、克里斯蒂内、斯考托

① 东京：越南北部旧省。——译者注

维贝尔、迪弗勒夫、巴赫等许多艺术家开始尝试这种体裁，都取得了不同程度的成功。

1895年5月1日，一个来自土伦的23岁年轻人费利克斯·马约尔，在巴黎音乐厅试演。他在衣服扣孔上插一支铃兰，成了他整个职业生涯的标志。巴黎音乐厅的东家多尔弗伊最终和他签订了三年的合约，在此期间，他的演出取得了一个又一个满堂彩：《啊！你告诉我！》《女人的手》《小篮子》《她的小手段》《玛琪希舞》《小蛋糕》，尤其是《来吧，宝贝儿》：

周六晚上下工后
一个巴黎的工人对妻子说
今晚的甜点，我带你去咖啡馆（……）
来吧，宝贝儿；来吧，宝贝儿，来嘛！
我一听到歌声就想淘气了
啊！（……）

特雷比斯勒，克里斯蒂内词，阿多夫·斯巴勒姆曲

他一直唱到1938年，创作了近500首歌曲，他退休后于1942年去世。

1891年，蒙马特的四种艺术酒馆成了一位年轻的英国-比利时艺术家的成功跳板，他就是哈利·弗拉格森。这是观众第一次看到有歌手自己用钢琴伴奏。他先后在欧洲咖啡馆、巴塔克朗、巴黎音乐厅、时钟咖啡馆和巴黎西亚纳大获成功。他总是穿着一身英式礼

服，没有多余的装扮。他演唱的《地铁里的小妇人》《马提尼克岛》《她来自马赛》和《马路小夜曲》等令观众开怀不已。他的保留节目中还有几首感伤的歌曲，比如：《密苏里河畔》《我认识一个金发美人》《回到我身边好吗？》：

> 回到我身边，好不好？
> 你不在，我的生活支离破碎
> 要知道，没有一个女人
> 能替代你在我心中的位置，爱人
>
> 弗拉格森，克里斯蒂内

1913 年 12 月 13 日，弗拉格森和他的父亲发生争执，这个年迈的老头在弗拉格森的巴黎寓所里，用三发手枪子弹打死了他！杀害自己儿子的凶手被判处死刑，他没有等到上断头台就死在了监狱里。

很多其他音乐家紧随其后在音乐咖啡馆崭露头角：马克斯 · 迪尔利、多纳、贝拉尔、亨利 · 迪克森、马瓦尔、达尔布莱……他们是这些大众舞台的明星，人们不用付门票就可以到奢华浮夸的咖啡馆里喝着饮料，抽着烟，欣赏歌曲表演。

除了音乐咖啡馆之外，巴黎的啤酒馆也在蓬勃发展。最早的几家啤酒馆可以追溯到第二帝国早期。那里最初是德国人用来进行间谍和走私活动的幌子，后来慢慢越开越多。就在这时，咖啡馆的华丽场灯熄灭，舞台上漆黑一片：拿破仑三世和他的帝国崩塌了。

瓦番街的梅耶啤酒馆长期保持着英雄主义的传统，也保留了长椅和大理石桌。那些谨慎而殷勤的伙计已经习惯了和身无分文的、点一杯啤酒坐上整晚的客人闲聊。这里没有露台，没有二层。暗黄色的门面上溅得全是泥点，中间开着一扇绿色的小门，这样的简单反而使它惹人注目。到了晚上，一只椭圆形的灯笼照亮彩绘玻璃上画着的啤酒桶，周围写着“梅耶啤酒馆”。一进门，就能够在左边看到雕塑家罗拉尔的作品——“甘布赖纳斯”自豪地矗立在基座上，墙上挂着展示斯特拉斯堡古迹的版画。每个阿尔萨斯人来到这里都会有宾至如归的感觉，他们被各种当地特色的纪念品所包围，就像置身于一座神庙。晚上 10 点钟到午夜之间，这里吹起一场政治、哲学、文学、宗教和艺术思想的旋风。人们投入质疑和热烈的讨论中，直到要关门老板用他的阿尔萨斯口音不耐烦地反复叫唤：“好啦，先生们，这都夜里 12 点半啦！”

在这里还能遇到特里翁，永远叛逆的德·布罗伊先生表达着他的正统观点和天主教信仰。还有“起义者”于勒·瓦莱斯，蒲鲁东以前的合作伙伴乔治·迪谢纳；《科尔马日报》和《里昂日报》的主编基青格；雕塑家德拉普朗什和法尔居埃；歌手博内；还有布歇兹的徒弟奥特，特里翁给他起外号叫“啤酒馆的苏格拉底”。后来，没有人再去啤酒馆了……1870 年 9 月 2 日，法国向普鲁士人投降，国民议会仓皇离开巴黎，逃到凡尔赛宫，并取消了国民卫队的薪饷，引发了严重的骚乱。

9 月 4 日星期日上午，巴黎人民醒来后发现了这样一份公告，上面写着：“国难当头，巴黎现在处于防御状态。皇帝在战斗中被俘。政府将采取一切必要措施，以免事态恶化。”[36]就在同一天，经过与当局协商一致，甘必大作为当时巴黎和马赛的代表，在众议院宣告了第三共和国的成立。第二天，他号召："整个民族，而非单一政党，都得保卫他们共同的国家。因此，我们必须战斗，把侵略者赶出法国边界之外。我们将发起一次像1792年第一共和国时期那样的大规模公民起义。"[37]但战斗，用特罗许将军的话来说，是"英雄主义的愚蠢"。巴黎成为全国抗战的支点。在四个月的时间里，尽管有严寒、轰炸、左派布朗基主义者和雅各宾派之间的政治论战，巴黎还是抵御住了德国人的进攻压力。之后甘必大决定离开首都，他想组织外省的抵抗运动，并在卢瓦尔军的帮助下，尝试重新夺回巴黎。

10月7日早上11点左右，住在蒙马特的居民抬头看到山丘上面有两个奇怪的气球。甘必大和欧仁·斯普勒搭乘第一只"阿尔芒-巴尔贝斯号"热气球。登上热气球时，甘必大微笑着说："这也许是我进的倒数第二个筐子。"[38]第二只热气球"乔治·桑号"上坐了两个美国人和一个由政府任命的副省长。大约3点钟，这位出色而又果敢的政治家坐着热气球有惊无险地到达了瓦兹省和索姆省交界的埃皮讷斯镇上空。甘必大的一段航空冒险就此结束。

在巴黎，工人阶级正试图夺取政权，建立一个革命政府——巴黎公社。那些用于天主祭祀活动的建筑、牧师住所和大量私人住宅被抢占、亵渎和掠劫。在被征用的教堂里，每天晚上都有俱乐部的集会，人们为几个狂热分子煽动的血腥运动而鼓掌欢呼。

对付牧师的恐怖行动浮出水面。有人说在祭坛下面发现一个年轻女孩的头颅，说她曾经被这些教士迫害：但那其实不过是一个圣女的蜡像，祭坛里有她的舍利。在普鲁士人眼里，巴黎又重新找回了雅各宾的精神。叛乱分子恢复共和历，屠杀人质，推倒旺多姆柱，放火烧了杜勒里宫，还想要毁掉卢浮宫和圣礼拜堂，只有法国银行和它金库里的黄金幸免于难。他们模仿马拉和罗伯斯庇尔，赋予共和国一张大理石或石膏的女性面孔，戴着弗里吉亚帽，从砖石匠的守护者那里继承了玛丽安娜这个名字。

巴黎公社宣布将权力和财产公有化，而它手下的暴徒们也提前兑现了这些承诺。当梯也尔决定夺回贝尔维尔和蒙马特高地的炮台时，布朗基主义者费雷、里戈、迪瓦尔，德勒克吕兹的雅各宾派，以及瓦尔兰和马隆领导的国际阵线成员正聚集在拉丁区的啤酒馆。美丽优雅的女店主们极具天赋地打理着这些啤酒馆，它们集中在塞纳河右岸的鱼市大道和左岸的圣米歇尔大道，学生叫它们“圣-米什”，自由思想家叫它们“米什”。这些啤酒馆的女招待穿着来自各个国家的服饰，于是圣米歇尔大道有穿苏格兰服装的，亲王殿下街是穿意大利服装的，美第奇咖啡馆则是穿西班牙服装。

而这一时期，啤酒馆又发生了怎样的变化呢？帝国的终结催生出许多供娱乐和政治需要的集会场所。1870 年 9 月 1 日法军在色当战败后，最先抵达巴黎的普鲁士人把它们作为了临时集结的营地。

说到这里，第二帝国的警察局局长满足了我们想听八卦的愿望：“1871 年，圣德尼的一家啤酒馆里有一个舒适的地下室，喜欢女人和大杯苦艾酒的客人们经常聚在这里听音乐，喝酒。钢琴的旋律伴随着精彩的节目，女演员就像是一位从画里走出来的女神。在德国人占领时期，士兵们在这里排队一睹女神芳容。在这家侵略者开的啤酒馆里，挤满了戴尖刺头盔的普鲁士士兵。在花园里的台阶上，酒馆的姑娘们摆出奥林巴斯众女神的经典姿势。”[39]

邻居们都对这免费的裸体秀感到愤怒，为了不被这种淫乱场面玷污，他们不得不堵上窗户，至少他们是这样假惺惺地宣称的。士兵撤走后，圣德尼啤酒馆的老板被控色情犯罪和通敌叛国上了刑事法庭。值得注意的是，之后的听证会认定这位可怜的老板太过于认真履行自己皮条客的角色，所有被他拉入基西拉军团的女孩都尚未满 20 岁。除了在他的酒馆，他还领着这些年轻姑娘到老男人家里去满足他们老年的激情。这些不知自爱的女孩当中，有个叫奥朗婕的姑娘。她是老板的情妇，被称作花神，扮演着青春女神赫柏的角色。这些年轻的陪酒女郎周旋在德国军官之中，手里拿着香槟，演绎着博爱的精神。

另一家酒馆则是高朋满座：那就是皮嘉尔街的死老鼠啤酒馆。这家酒馆的老板是一位年轻的金发女郎，她的外貌可以与真实的裸体雕像相媲美。在她成为吧台女郎之前，曾是一位模特。1869 年，当死老鼠变成“政治”啤酒馆时，做吧台女郎也需要一些艺术了。她的名字叫菲洛梅拉。菲洛梅拉之前有位画家情人，这位画家向房东证明了一件事：世界上只有一种艺术可以媲美绘画——那就是不支付房租。这位画家和有点儿小钱的菲洛梅拉住在了一起，菲洛梅拉还给房东其中的一间小公寓配齐了家具。这位房东直到后来才知道他的这位租客根本没有能力偿还房租。房东下了驱逐令，并叫来了法院的传达员。但第二天，这位画家穿着睡衣，在一处他作为二房东的住所接待了房东。这位可怜的房东被他的租客搞得晕头转向，对他的同伙菲洛梅拉也心生厌恶。菲洛梅拉笑着让房东看看她最爱的画家情人所采取的报复方式：画家已经预见到暴躁的资本家房东绝对不会原谅自己和情妇这种该送上绞刑架的行为。于是，他把屋子的每个房间，乃至壁龛都画上了壁画——画了一个老唐璜装成丘比特的样子，把箭射入了他情妇的心脏，一颗钱袋子形状的心脏！这个拙劣的画家愤怒地喊道："这就是为什么我还没有付你房租，不识货的家伙，我的天才作品足够抵你那房租了！"[40]

这一时期，普鲁士人撤出了巴黎，巴黎恢复了她往日的面貌：街上又变得熙来攘往，船员们又重新出现了。咖啡馆依旧充斥着闲言碎语。人们在这里评论着这场刚刚结束的劫难：德国借机从法国手中夺走了阿尔萨斯和洛林。这两个地区都在愤怒地反抗被新的德意志帝国吞并。这场失利使法国人被逐出莱茵地区，也使他们失去了自 1815 年以来在欧洲赢得的地位。

这些年的历史进程中，继普鲁士占领之后，法兰西又遭遇了同室操戈，在此期间，杜伊勒里宫、司法宫、巴黎市政厅、审计法院和其他许多建筑相继被烧毁。渐渐地，这些噩梦般的废墟就消失得无影无踪。建筑师阿巴迪在蒙马特高地建造了白色的圣心教堂，而第三共和国继续推行奥斯曼的城市改造项目。市政厅、军营、学校、医院、邮局相继建成。巴黎扩建了火车站，规划各个部委，兴建体育场、自行车馆和电影院。酒馆高耸入云，剧院气势磅礴，还为 1878 年的巴黎世界博览会特别兴建了特罗卡特罗宫，酒馆此时继续遍地开花。

左岸此时最有名的酒馆有：苏格兰姑娘、苦酸盐、古嘉、病猪、拉伯雷、神圣酒杯、蜘蛛、源泉、岩石……苦酸盐酒馆的名字不仅是指这里的葡萄酒，它隔壁有过一家曾经发生爆炸的化工商店。神圣酒杯酒馆坐落在弗朗索瓦一世时期一个古老的宫殿庭院的底层，靠近圣米歇尔广场。巴黎公社期间，在神圣酒杯还有蝾螈酒馆里，各种革命团体聚集在一起，他们经常两三大杯啤酒下肚，在烟斗喷出的团团烟雾之间，商讨着如何更好地把巴黎炸飞上天。这些团体当时被称作“纵火的消防员”“火箭专家”……他们聚会的酒馆里每晚都有老鸨来陪他们喝上三四十杯。“公共安全委员会”的活动就是到神圣酒杯酒馆，围在几个两侧摆着酒桶的褐色木头桌子前喝个够，然后去祸害市政厅，再喝些苦艾酒，这简直就是火上浇油！

至于病猪酒馆的名字，来自于1860年前后一个口口相传的故事：这家酒馆有位吧台小姐，在她众多的爱慕者和崇拜者之中，有一位完全与众不同——它是一只猪，如果从解剖学来看它倒是挺像一个放倒的人。酒馆隔壁的屠夫没有把这只猪肢解了挂在店门前卖肉，而是拿它做了宠物。这只猪充分地享受自己的自由，经常到对面啤酒馆的玻璃窗前嗅来嗅去。它觉得自己和这里的其他双足动物一样，为吧台前这位美丽的姑娘而倾倒，而这个姑娘也很喜欢逗它，抽空喂它糖和肉。有一天，美丽的姑娘消失了，和一个英俊的小伙子走了。这只可怜的猪来到它经常嬉戏的吧台，却再也看不到美丽的姑娘了，它伤心欲绝，开始不吃不喝，最后生病死了。病猪酒馆后来也改名叫米尔热啤酒馆了。

圣米歇尔码头开了几家带地下室的酒馆，只要几个埃居就能享尽风流。人们在那里唱歌、喝酒，在烟雾缭绕中极尽快活之能事。

陪酒女们就算丑得吓人，在这儿也能被当成维纳斯。只要客人掏钱喝酒，她们可以随便亲，反正这些客人也不算太挑剔。

在同样模式的啤酒馆中（有橡木桌子、大酒桶、带把的大啤酒杯和头发上系着大蝴蝶结的女招待），有两家酒馆脱颖而出：一个是老式的音乐咖啡馆——克吕尼剧院，其吸引人之处是有个体型肥大的女人演奏响板；另一个是苏夫洛街上的“大酒馆”，那里演出《布里耶舞厅结束曲》。这些酒馆里的姑娘并不穿阿尔萨斯式的服装：她们穿着短裙和高跟鞋，好让她们能拿到挂在一棵巨大的圣诞树上的杯子。这些来自巴黎各种小作坊的女孩，往往在这些酒馆工作一段时间之后，会变成卖淫的行家里手。而有些人奇迹般地脱离了这种生活，比如这个叫“希望”的姑娘。

这个年轻的女招待超凡脱俗。她的小脸生得十分优雅，朱红色的嘴唇，一双蓝色的大眼睛似乎比嘴巴都大。她粉红色的脸颊清新柔和，像桃子一般水润。一头大波浪长发闪亮得像春天的甘露。她看起来甜美娇弱得像一朵蔷薇：没有人敢轻易触碰。一位明事理又正直的客人看到她成日里在这淫秽不堪、乌烟瘴气，在苦艾酒和烧酒里滋生出疾病的地狱里受苦，立即提出要带她摆脱这种磨难。这样的提议怎么可能拒绝，她立即请她的救命恩人为她置办了一套家具，然后第一时间不辞而别地搬了家。她把家具存放在一家信任的私人家具储藏库，再找到一家肯定不会再遇见前一个金主的酒馆，心满意足地重新回到女招待的行列。

她重操旧业，并且很快又钓到了另一个愿意保护她的人，像之前那个一样，给她买了一套新家具。正如我们所意料到的，他很快就和前一个落得一样的下场。如此循环往复，这个美人最后成了克雷里街家具店的女老板……其他女孩的结局就没这么走运了。她们中许多人都是从水沟里爬出来，又掉回去，呕出她们最后一杯苦艾酒，死在那里。就像著名的吉贝尔娜，她之前是米尔热的情妇。在一个早上，她被发现醉死在英格兰街的一条臭水沟里，那里年年都有这样的坏消息。

历史仍在继续。在咖啡馆的吧台前，人们仍旧在调侃甘必大政府和他的党羽。部长弗洛凯被称作“插着孔雀羽毛的火鸡”，亨利·布里松被称作“无脑的假领子”，洛克鲁瓦被称作“两口抽完的烟卷”，而德·布罗伊公爵被称作“走廊里的马基雅维利”……以前经常说自己“我是一把老伞，头顶上下了五十年的雨”的梯也尔把大权交给了马克-马翁元帅。这位元帅后来离开了爱丽舍宫，律师于勒·格雷维取代他成为总统。当德鲁莱德创立爱国者联盟时，爆发了一系列丑闻：股市暴跌，引发了金融恐慌。战争部一个名叫卡法雷尔的将军伙同格雷维的女婿一起倒卖荣誉军团勋章。格雷维总统于是不得不在责难中辞职。在克列孟梭的强烈要求下，一个意想不到的继任者：萨迪·卡诺，被选来出任总统。接下来的巴拿马事件和德雷福斯事件[1]被旧事重提，咖啡馆里充满了无尽的话题。

① 德雷福斯事件：1894年法国陆军参谋部犹太籍的上尉军官德雷福斯被诬陷犯有叛国罪，被革职并处终身流放，法国右翼势力乘机掀起反犹浪潮。此后不久即真相大白，但法国政府坚持不愿承认错误，直到1906年德雷福斯才被判无罪。——译者注

第五章

Chapter 5

蒙马特高地与巴黎的酒馆

Montmartre ou le cabaret de Paris

我们都曾经生活在高处，在蒙马特那片高地上，在她赋予生活千变万化的不稳定之中。事实上，若非有放弃一切和马上离开的勇气，就没有艺术家可言。他命中注定将遭受苦难：厄运反而使他喜悦。厄运激发了他的灵感，并最终让他感受到自己的存在。

——弗朗西斯·卡尔科

《往生回忆录》

摄影：索莱耶

狡兔咖啡馆

蒙马特的狡兔咖啡馆（LE LAPIN AGILE）是巴黎最古老的咖啡馆之一。1886年，大病后的凡·高搬到蒙马特，曾是狡兔咖啡馆的常客。那时，曾到狡兔咖啡馆兑现梦想的还有高更、德加、莫奈、劳特累克、夏伽尔、莫迪里阿尼和毕加索。毕加索第一次去那儿喝酒是在1900年，当时只有19岁。七年后他完成了划时代的《亚维农裸女》，狡兔咖啡馆成了立体派的诞生地和实验场。

就在一个世纪前，一座安详平静的小村庄成了一个特殊群体的庇护所。这些人虽未曾想声名远播，却已经名声在外。村庄周围那些上坡的街道，曾经是防御工事壕沟的外护墙，西面被一片墓地包围。它如同记忆般静止不动的池塘，以不变应万变，使得它可以经受战争、革命和潮流的洗礼。这个村庄就是蒙马特高地。

这个地方在历史上曾有过许多名字：火星之山、水星之山、殉道者之山。大革命时期，为纪念革命者马拉在这儿的高地采石场找到了避难的场所，这里甚至曾经改名为马拉之山。这个地方已然充满了神话的光环：据传，圣徒德尼曾在如今的煎饼磨坊附近的泉水边短暂停留；978 年，神圣罗马帝国皇帝奥托二世和他的 6 万勇士集结在山下，声势浩大地唱起《哈利路亚》颂歌，震慑退守都城的法国国王雨果·卡佩。编年史学家弗洛多德曾讲述过这样一个事件：944 年，一支传说中的魔鬼军团降临这座山头，葡萄枝蔓被刮起的陆地龙卷风吹断……很有可能这里最初的那些小酒馆的老板，就是那些远近闻名的魔鬼的化身。

直到17世纪，路易十三和路易十四统治时期，这些“魔鬼”用圣徒形象做的酒馆招牌俯拾皆是：新法兰西酒馆的圣安妮像，女修道院院长广场的圣马丁像，殉道者巷的圣路易像。让-弗朗索瓦·勒尼亚尔在蒙马特高地的一座房子里写下了他著名的《概括遗赠财产承受人》。他喜欢从那里的磨坊上面，欣赏那流过拉格朗日-巴特里尔的溪水和那一片片种着菜的洼地：

> （……）任目光远远地在广阔的菜田上散步，眼睛也会变得满足。
>
> 任目光游荡在千万个地方，我看到酸模和莴苣在愉快地生长。（……）[1]

到了18世纪，小酒馆老板的营生遍地开花，红马餐厅、大品脱、马尼酒馆、老鼠餐厅、爱情岛、任性女郎、优雅牧羊人……直至法国大革命前，58座建筑里有25家这样的小酒馆，还没算上那些自产自销葡萄酒和烧酒的水果铺。

1852年，蒙马特高地激发了热拉尔·德·内瓦尔的灵感，他在《散步与回忆》中写下了这样的句子：“新盖的房子像汹涌的波涛一般涌上了旧时的山坡。（……）不过还是有一些山丘被厚厚的绿色树篱环绕着，其间时不时地点缀着藕荷色小花，结着深紫色浆果的刺蘖。那里有磨坊，有小酒馆，有葡萄架，有乡间乐土，还有两边立着茅草屋、谷仓和茂盛花园的宁静小巷。（……）”[2]

1886年，当提奥和文森特·凡·高入驻这座小山丘时，这里的街道仍是林荫小道，夹在忧郁的花园和有缺口的围墙之间，“之”字形蜿蜒到山顶，少许又短又粗的草丛散布在裸露着黏土的地面上。这些空地上到处都是一团一团的荨麻，荆棘丛生，一簇簇的丁香从破旧的小屋探出头来。1890 年 10 月，文森特在台球花园里支起了他的画架，他的作品《夜间咖啡馆》现在陈列在卢浮宫博物馆。顺便说一下“夜间咖啡馆”（guinguette）这个名字来源于一种口感比较酸的葡萄酒（guinguet），过去在那些便宜的小酒馆里经常可以喝到。1896 年，苏珊 · 瓦拉东和她的儿子莫里斯 · 郁特里罗在柳树街和科尔托街的街角处，埃里克 · 萨蒂的房子附近租了一间屋子。他们的邻居正是阿里斯蒂德 · 布吕昂，他开的芦笛酒馆取得了巨大的成功。

蒙马特并不是很大，但是像所有迷宫一样，只要沿着一条街的反方向走就能发现它的新面貌，或是在漫步途中遇到各色人物：艺术评论家费利克斯·弗内翁、亨利·德·图卢兹·劳特累克、卡米耶·毕沙罗，石印画家查尔斯 · 毛林，印刷大师德拉特，还有奥古斯特 · 雷诺阿出没于他在雾堡的住所和在图尔拉克街的工作室，而他的儿子让[①]总是时不时停下来拣蜗牛……在一次和爱弥尔 · 左拉的出版商乔治 · 沙尔庞捷的会面后，雷诺阿决定定居在蒙马特。在拜访过这位向他订购肖像画的朋友之后，雷诺阿产生了画《煎饼磨坊的舞会》的愿望。于是，他搬到了离这家磨坊尽可能近的地方。这座磨坊建在一根难以撼动的橡木心做的桅杆上，风车像翅膀一样指向天空。

① 让：电影导演让 · 雷诺阿。——译者注

磨坊圆滚滚的身躯倒映在舞厅的玻璃门窗上，人们来这里跳波尔卡、华尔兹、放荡的舞蹈或四对舞。关于这里，人们还有个英雄主义的传说。这里原先有一个可以追溯到1621年的磨面粉世家，德布雷家族的磨坊。1814年，哥萨克人围困巴黎期间，四个兄弟当中最小的一个，在绝望中顽强抵抗，被敌人分尸并钉在风车的扇叶上。正是这位烈士的儿子在复辟时期把这座建筑改造成了一个舞厅。

雷诺阿被来这里跳舞的女人们所征服，她们通常里面什么都不穿，没有紧身胸衣，也没有衬衣。蒙托格耶在他的《舞蹈的巴黎》中描写道："要是穿了内裤，抬腿的时候是能看到的，但她们没有穿。而男人们的衬衫也很可疑，下面没有系好，就连裤子也找不到了。"[3]

雷诺阿住的屋子是这座小山上最古老的房子，建于1650年前后。演员拉兹·德·罗西蒙在1680年买下它。他写过不少剧本，并演出过莫里哀的剧目。出于某种鬼使神差的巧合，他和光辉剧院的创始人一样，在演完莫里哀的《无病呻吟》之后就去世了。一天下午，雷诺阿希望在露天工作，在他忠实的仆人里维埃的帮助下，他把画布抬到了磨坊边上。一天，他写道："当风吹起的时候，大画架差点儿要被吹上天，像风筝一样在小山顶上翱翔。"

在创作这幅光线闪烁跳跃的作品期间，雷诺阿还完成了《秋千》《阳光下的裸女》和一位女演员撒玛丽小姐的几幅肖像。雷诺阿画完这些肖像之后，就送给她的模特当作酬劳，然而有时她们宁愿要些鲜花或是一顶时髦的帽子，类似那种系着红丝带，被叫作"镲片"的帽子。雷诺阿喜欢蒙马特的乡村，它紧挨着大城市，有磨坊，有小巷，点缀着没人耕种也没养牲畜的农场、小果园和小小的葡萄园。

夜幕降临，他有时会凝视在山脚下延伸的巴黎，就像一团巨大的星云，笼罩在一片灯光映出的黄褐色雾霭中。

小山丘上住着诗人、雕塑家、画家，也有饮料商。这真是世界上最奇异的组合了。在巴蒂尼奥勒和克利希大道上，红磨坊旋转的灯光照亮了那些来寻欢作乐的、优雅从容的客人，还有妓女和拉皮条的。“音乐舞厅”之所以蓬勃发展还得益于这些歌曲作者的天赋。那些言语尖刻的歌毫不留情面地嘲弄着世间那些伟大人物，构成了这一天的节目单。一个政治家、部长的最新发言，或是他的穿着，航空的进步，教皇的最新教谕，开始流行的离婚，一切都能被这些语言大师写成歌词。蒙马特在19世纪末成了出类拔萃的“巴黎的小酒馆”。

在小山脚下的殉道者巷上，漂亮姑娘酒馆和殉道者酒馆面对面开着，龚古尔兄弟称之为“所有不知名伟人的酒馆和洞穴”。他们说得也不完全正确，因为已经有很多未来的名人在这些咖啡馆游荡了。

巴蒂尼奥勒街9号的盖尔布瓦咖啡馆和皮嘉尔广场的新雅典娜咖啡馆是势均力敌的竞争对手。雷诺阿、马奈、德加长期在这里饮酒聚会，讨论他们各自建立在自我感觉上的绘画艺术创作方法。他们提出的理论令《费加罗报》的秘书长阿方斯·迪歇纳、经常和他一起的记者韦龙（他那花白的中分头发可以指示出皮嘉尔广场的风向）、阿尔弗雷德·德尔沃和加斯塔纳里惊叹不已。常去新雅典娜咖啡馆的客人当中，有一位叫亚历克西·波岱的版画家，他很爱开玩笑，总是在不停地拿人开心。他是个高大魁梧的家伙，卷曲的头发，高耸的双肩，脖子有些峋嵝，鼻尖上架着眼镜。他在悲伤的境况中，却总能保持一种欢乐的状态。

随着一大群欢乐的人离开白皇后酒馆，在深夜 11 点之后，人们像受了某种神奇的召唤似的来到皮嘉尔街的让·古戎咖啡馆，也就是大家所说的喷泉啤酒馆。居斯塔夫·马蒂厄、蒙瑟莱、卡加、迪朗多、德努瓦耶和库尔贝从拉丁区赶来这里，毫不犹豫地顺着洛雷特圣母院街往山上走，加入他们的朋友当中。还有一个习惯于在午夜钟声敲响时抵达的歌剧院乐队指挥埃纳，他还没进门，就很容易能从玻璃窗上认出他的长胡子。他步伐缓慢地移动，喝下一大杯啤酒来缓解他在聚光灯下被烤了整个晚上的燥热。

1860 年，当人们由玛丽·安托瓦内特街和女修道院院长街穿过蒙马特高地的半山腰，总是不得不在中士咖啡馆停下，这里是个“不可多得”的好地方。在喝苦艾酒的时间，露台上桌子前总是坐着蚀刻师埃米尔·贝纳西。他身材矮小，敦实，胖乎乎的，有一双活泼的棕色眼睛，额头暴露了他暴躁的本性。他微笑起来透着狡黠，嘴唇间充满讽刺的神情。他坐在那里，身边围着朋友，其中有《玫瑰的华尔兹》的作者——奥利维耶·梅特拉。

中士咖啡馆的客人形形色色，除了有版画师，普通雇员，也有那些在修建圣心教堂的时候跑来瞻仰蒙马特的朝圣者，生怕它会因此而倒塌。不远处的克利希大道，一家咖啡馆的几张新沙发正等候着一位刚结束又一个不眠之夜的疲惫画家。柜台后面的老板科凯，激发了一位过路的诗人写下了如此感人的诗句：

科凯只是这家小咖啡馆的老板
一开始我们是这么认为的
他叫科凯真是名副其实
科凯只是个咖啡馆的小老板
虽然有时是个大草包
却要装出孔雀般高傲的样子
这位科凯缺点儿啥
才能让自己名垂青史?
他以为自己是佩罗桂特
这位科凯缺点儿啥?
从蒙索到黑球
所有对手都是哈巴狗
这位科凯缺点儿啥
才能让自己名垂青史? [4]

创作歌手达尔西埃把这里当成根据地。《我的金腰带》和《贝桑松的马车夫》使他一举成名。他创作的流行歌曲总是咖啡馆里最受欢迎的。他的朋友们总是很荣幸地邀请他坐在一起，比如风景画画家卡尔·多比尼，或是画静物画的铂蒂。人们对科凯咖啡馆唯一的抱怨就是它隔壁有伤风化的白皇后舞厅。但是在蒙马特，哪家咖啡馆不会受到这种潮流的影响，又怎能逃得过这样的鱼龙混杂呢？

1867 年，一家默默无闻的街区小店皮嘉尔广场咖啡馆，一时间变成了艺术家云集的地方，歌曲作者、音乐家、诗人在这里找到

红磨坊夜总会

创建于 1889 年的巴黎红磨坊夜总会（MOULIN ROUGE），因法式康康舞闻名于世，图卢兹·劳特累克的宣传海报更令红磨坊成为不朽传奇。红磨坊的演出总是呈现给观众豪华的场面，从四对舞、轻歌剧、作家科莱特的剧目到密斯丹格苔的盛大演出，红磨坊的场景、构思永远贴近现实：装饰着羽毛、水晶、闪光亮片的服装，独特的音乐和世界上最漂亮的姑娘！

摄影：索莱耶

CHANGE
Travelex

了新的港湾。在咖啡馆装修期间，工人在啤酒罐里发现了一只死老鼠。这倒是给了新店主一个主意：把这家店改名叫“死老鼠”咖啡，店里装饰着法弗罗的画，并且在天花板上绘有画家古皮的一幅老鼠肖像。死老鼠的一楼，是真正喝酒聊天的地方，而二层楼上就变成一家叫“葡萄叶”的餐馆。这是蒙马特第一家提供固定价晚餐的咖啡厅。渐渐地，这里变成了一家颇受欢迎的餐厅。

佩罗桂特经常会去死老鼠咖啡，他的出现对咖啡馆来说就是一块活招牌：他点上一杯纯苦艾酒，嘴里叼着烟斗说话，吐出来的烟都飘进了那个侧耳听他说话的人的杯子里。也是在这里，一天晚上，波特雷尔在被警告了两三次不听劝之后，吃了一记响亮的耳光。他揉着脸走开，站在门前的台阶上，十分好笑地威胁掌掴他的人：“记住了，先生，别到处去炫耀你扇过我嘴巴！”

埃德加·德加在这里也有他的小圈子。他身边总是围着一群年轻的意大利画家：威尼斯人赞多美内齐，佛罗伦萨人马尔泰利和他的朋友朱塞佩·德·尼蒂。死老鼠在1900年世界博览会期间迎来了它的巅峰。正对面的新雅典娜咖啡馆里则坐着马奈的小团体。在这里能遇到画家蒙特茹，他是过去歌剧院一个著名舞蹈家的儿子。他经常穿着裤腿上有流苏的裤子，趿拉着拖鞋在露台上走来走去，胳膊下夹着一个文件夹，露着一些写满诗句的纸张。在这里，人们还能遇见蒙瑟莱；“革命者”拉祖阿，他和一个性情淡漠的棕发姑娘陷入了一场柏拉图式的爱情；诗人曼努埃尔·比安巴尔，他那高大但平淡无奇的身材、金发和没有神采的蓝色眼睛为他赢得了一个“纽伦堡基督”的绰号；还有马兰古尔和年轻的音乐家奥利维耶·梅特拉，他有着卷曲的金发，叛逆的性格，蓝色的眼睛里总是闪着不安的神情。

* *

艺术家们在蒙马特虚度着无忧无虑的幸福时光，沉浸在利用自己独一无二的天赋和创作赢得名望的幻想之中。时光缓慢地流淌。鉴于他们的无欲无求，这里的生活也不是太昂贵。

他们生活在一种彼此信任的氛围中，享受着店家和老板们的好意。当他们经济窘迫、拿不出钱来付账的时候，老板们很少会急着催账，并且接受他们用自己的绘画或雕塑作品来偿还。艺术家这个小群体喜欢聚在这些大大小小的咖啡馆、舞厅和小酒馆里。特吕丹纳大街的大品脱敞开大门，成为艺术家们集结的胜地之一。歌手们开怀歌唱，拿时下的名人寻开心。他们最喜欢取笑的目标之一是卢浮宫百货公司老板肖沙尔先生。他住在布洛涅森林附近的一所房子里，花园里摆满了从商场里拿回来的青铜器艺术品。为了赶时髦，他还留起了浮夸的颊髯。大品脱的歌手讥讽地唱道："肖沙尔先生脸上留着颊髯，就像亨利三世的腿毛一样！"[5]

为了招徕顾客，咖啡馆竭尽想象力和创造力。"苦难所"小酒馆的老板利斯博纳，让他的伙计们穿上苦役犯的衣服：红色短上衣、黄裤子、绿帽子，脚上还拖着铁球。铃鼓酒馆的伙计穿着意大利传统服装。在蒂莱姆修道院酒馆，男伙计穿着棕色粗呢的修士服，而女招待则扮成戴着修女帽的修女。光顾这里的客人也是"往来无白丁”：阿方斯 · 阿莱、夏尔 · 克罗、保罗 · 德尔梅、克劳德 · 德彪西、泰奥菲尔 · 斯坦伦、马克 - 纳布……都是这里的座上宾。他们之间建立友谊，也引发过争吵。比如在1884年就发生过一次决斗，由萨利斯与“圣玫瑰十字会”的炼金术士佩拉当对决。

萨蒂在钉子客栈和黑猫酒馆这两处完成了《尖顶舞曲》《萨拉班德三首》和《玄秘曲三首》。在瑞士人保罗 · 托马谢开的钉子客栈，库特利纳架设了一台可以测量客人愚蠢度的奇怪装置：傻瓜仪。这台机器放在柜台上，用一个橡胶软管连到酒窖里，需要有人用尽全力往管子里吹气，把一种红色液体吹到机器上面形成一个泡泡。无论是谁，站在机器前就会成为大家嘲笑的对象，被叫作“傻得冒泡的白痴”。

客栈环境布置得十分质朴：小格子的窗帘，有横梁的天花板，乡间风格的家具，搪瓷的餐具，裱着木画框的素描和油画，服务生都是农民的打扮。1888年，让 · 萨拉兹在殉道者街75号开了一家名叫“日本长沙发”的咖啡馆，这是家有歌曲表演的咖啡馆。伊薇特 · 吉尔贝在这里演唱了于勒 · 茹伊写的《出租马车》《小娼妇》《女酒鬼》，黎施潘的《胶水》《圣女歌》等。吉尔贝是当时最耀眼的人物之一。乔治 · 蒙托格耶评价她时写道：“伊薇特 · 吉尔贝神话般的成功完全仰仗两个方面。一方面是她自己无与伦比的天赋，她那富有穿透力的声音，她的服装搭配，她那悲中带喜的神情总是能让观众会心一笑。而另一方面是她特别的曲目。她用不同的方式来演绎不同的内容。她是可以不苟言笑地逗笑全场的女神，她的黑色幽默是如此独特。”[6]第二帝国垮台后，她成了夏尔 · 克罗和“无谓诗社”运动的灵感女神。这个诗社正是由查尔斯那些蒙马特的朋友们所创办的。

伊薇特·吉尔贝也为其他女歌手带来了灵感：埃丝特·列肯第一个演唱了《东京姑娘》；安娜·蒂博在爱情歌曲中巧妙地融入了一些挑逗意味；埃玛·利埃贝尔，埃尔多拉多的女王；她们是这世纪之交如假包换的“浮夸女” 。但第一个被叫作“浮夸女”的是在冬堡演出的亨丽埃特·贝普瓦。她戴着一顶巨大而又华丽的帽子，穿着一套古怪衣服：极端前卫的贝普瓦的礼服上绣着亮片，有刺绣和双面刺绣；衣领开得很低，大胆地露出胸口；裙摆上有镂空花纹，搭配在一起显得十分奇怪。自她之后还有安娜·海尔德，玛丽·艾普斯和迪克莱尔。蒙托格耶戏称：“要是给她们这种品位档次打分，得分最高的恐怕是洗衣妇了！”[7]

还有一些稍微“高级”一点的歌手：欧仁妮·富热尔、娜雅、简·达尔玛、比安卡、爱丽丝·德·丹黛尔、伊尔玛·拉贝尔……这些离经叛道的歌手很快让喜剧作家迪弗勒夫的妹妹开创了一种“疯癫”的风格表演，随随便便就能让时钟咖啡馆的大厅里挤满观众。她名叫埃米莉·布绍，科莱特的朋友威利给她取了个绰号叫“北极星”。她以这个艺名开始在欧洲咖啡馆演出，之后在埃尔多拉多，紧接着在斯卡拉咖啡馆以一曲《塔马拉布迪嘿！》大获成功。这首歌由亨利·塞耶斯和法布里斯·勒蒙创作于1893年，歌词低俗而又充满挑逗性：

我是好人家的小姑娘
脸蛋可亲又漂亮
从小去圣母修道院
学得一身好教养
他们说我大不敬
因我不好好听教诲
因我不认真做听写
我对学监放肆讲
塔－马－拉－布－迪－嘿！（重复一遍）
我对学校嗤之以鼻
说起语法我汗流浃背
塔－马－拉－布－迪－嘿！（重复一遍）
唱起来吧，跳起来吧
只有这样才算快活
（……）

在她的崇拜者当中，《女幻想家》的作者让·洛兰，给我们留下了一些文字，可以深入了解一下：

啊，北极星！摇曳舞动，令人心旌荡漾的北极星。您知道她是个个子小小的女人，又身材瘦削，瘦到腰身好像要被紧身衣勒断，却是最漂亮的纤细身材！她带着浮夸的橙色帽子，上面插着鸢尾花的叶子，一张极具破坏力的大嘴，巨大的眼睛放出幽幽的蓝光，目光专注而具有杀伤力，瞳仁里闪着艳火，蓬乱的如夜一般漆黑的秀发。磷火、硫黄和红辣椒，令她展露出如食尸鬼，如莎乐美的一面，这就是摇曳舞动令人心旌荡漾的北极星！

什么该死的滑稽模仿，什么咖啡研磨机，什么肚皮舞，都比不上北极星！她穿着高脚的黄色灯笼裤，戴着手套，舞动双腿，扭动腰肢，弯曲摇摆……翻个白眼，学个猫叫，昏昏沉沉……然后昏倒在舞台上……而她的音乐，她的歌词也令人叹为观止！[8]

“北极星”此后放弃了音乐会，转战戏剧界，扮演科莱特小说中的克罗蒂娜。她和这位女小说家之间的暧昧友谊让人们议论纷纷，最终引发了丑闻。一个年轻的女演员，让娜·布德瓦，在成为音乐厅的台柱之前，受到这段轶事的启发，在 1897 年到 1907 年，把它搬上了埃尔多拉多的舞台。人们来看她在舞台上的卖力演出，听她声嘶力竭地嘲讽。她在回忆录中写道：对“北极星”这样的模仿“是我梦寐以求的”。她后来以米斯坦盖这个名字成为巴黎的宠儿。

图卢兹·劳特累克在 1893 年为“日本长沙发”设计了招贴画。画的前景中有红磨坊的舞女雅内·阿夫里尔坐在《瓦格纳》杂志的创办人爱德华·迪雅尔丹旁边。伊薇特·吉尔贝在远景中戴着她那标志性的黑手套。时光飞逝，一批批咖啡馆、酒馆不断地开业，消失，或是死灰复燃。蒙马特依旧人来人往，声色犬马。熙来攘往的街道成为艺术家们绝佳的模特。普乐波在画纸上用羽毛笔寥寥数笔，包裹上大块的水彩，用完整的线条勾勒出蒙马特的顽童：乱发在风中飞扬，鼻头上翘，膝盖磕破了皮，这幅画之后传遍了全世界！

如果说红磨坊的海报师亨利·德·图卢兹·劳特累克是咖啡馆最钟爱的艺术家，弗朗西斯克·普乐波是蒙马特流浪儿画师，那么还不能忘了于勒·谢雷和巴黎满大街墙上的“谢雷女郎”招贴画，还包括时钟咖啡馆、阿尔卡扎尔、大使咖啡馆，泰尔图利亚的音乐会海报。其中还要数谢雷为巴黎花园和女神游乐厅画的哑剧演员保罗·勒格朗最为出名，让人不由得想起于斯曼曾经说过：“谢雷蒸馏出巴黎的精华之后，他还舍其糟粕，甚至舍弃了辛辣腐蚀的酏剂，只收集闪耀在表面的那些汩汩气泡。”[9]

另一位伟大的艺术家也让这座小山丘的名字永垂不朽。他最初的绘画作品发表在《吉尔·布拉斯》和《黄油盘》杂志上，他就是斯坦伦。他那刀削斧砍般的线条，伴随着黎施潘的《穷人歌》和里克蒂斯的《穷人独白》。他也是最伟大的歌曲插画师之一：他设计了《名曲》的封面，布吕昂的《在冷饮店》《黑姑娘》和《美丽城》，还有《出租马车》《小姐》和《听我说》。他从一个观察生活的画家，成长为一位“街头大师”——阿纳托尔·法朗士如此称呼他。

蒙马特最后的文学咖啡馆要算是黑猫咖啡馆了。在这个充满辛辣讽刺和猛烈攻击的神殿里，人们嘲笑政府，嘲笑贵族，嘲笑人民。服务生们在他们精明的老板鲁道夫·萨利斯愉快的目光中，穿着棕榈色的工作服，拿法兰西学院开起了玩笑。当亨利·里维埃把中国的皮影戏投射到临时搭建的舞台的墙壁上，演绎成“法国皮影”时，这里的夜晚也变得神秘了。于勒·勒梅特写道：“这只猫令人激动不已，这是一只社会主义的猫，拿破仑主义的猫，是神秘的猫和俏皮的猫。它时而阴森，时而近乎浪漫，是一只非常有巴黎风格的猫，甚至可以代表整个法兰西。它以它的方式呈现了我们思想中可爱的混乱。”[10]1884 年，布吕昂为这家咖啡馆创作了一首热情洋溢的歌，这首歌很快便传遍了巴黎：

我来黑猫
碰碰运气
月光皎皎
蒙马特夜

泰奥菲尔·斯坦伦画了一只大黑猫，趴在一个暗米色的背景之上。萨利斯决定让黑猫出现在海报上。一天晚上，几个不受欢迎的大汉来找这位正直的老板的麻烦。他们戴着三角帽，留着络腮胡。萨利斯受了伤，其中一个想要帮他的伙计也受伤了。此外，也时常发生客人被当地的流氓团伙抢劫，但事后跑到红堡或爱丽舍蒙马特宫喝上一碗热酒压惊。萨利斯决定搬到拉瓦尔街，也就是今天的维克多 - 玛赛街的一间更大的店铺，那里有单独的小厅和一个“总统单间”，连通着一条贵宾楼梯。

1885 年 5 月 9 日，《黑猫日报》向这家咖啡馆的忠实顾客们发布了一份公告，头版头条通知如下：“1885 年 5 月 15 日至 20 日，蒙马特高地，将会为了一件可能改变世界面貌的事件而震撼。黑猫咖啡馆将离开与之长久以来相映生辉的罗什舒阿尔林荫大道，到拉瓦尔街另立门户。在麦格里乌宫殿里，猫中之王将继续她美妙的歌声。此前默默无闻的拉瓦尔街将被载入历史，在老磨坊风车的高处将能够感受到青春的缪斯吹起的一股新风。”

正式的开业典礼在 6 月 21 日举行：黑猫搬进画家史蒂文斯原先的居所兼画室，由建筑师伊萨贝重新设计装修。乐手们组成游行乐队，后面跟着旗手举着黑猫图案的金色旗帜，上面画着一只沙猫，举着武器，舌头上镶有珐琅，周围饰有铭文“蒙特茹 - 蒙马特”。萨利斯走在一个瑞士人旁边，肩膀上扛着戟，穿着一等长官的制服，佩着剑。咖啡馆的常客们在看热闹的人群和嘉宾的欢呼声中走在队尾。

一些有“黑猫范儿”的客人是蒙马特精神的杰出体现，这些自称为“恐水人” 的年轻艺术家追随了萨利斯很长一段时间。从 1878 年起，这群文化人就聚在左岸拉辛街的一家咖啡馆里，一杯接一杯地喝着啤酒，评论最新出版的文学作品。这些年轻人有埃米尔 · 古多、乔治 · 洛林、里夫、阿布拉姆、莫里斯 · 罗利纳。在圣米歇尔大道的啤酒馆里，他们在嘈杂的音乐声中朗诵古多《沥青花》诗集中的诗句，还有罗利纳写的那些阴森森的诗：《奶酪西施》《活埋》和《断头台回旋曲》等。

恐水人俱乐部的第一次集会在古嘉街的左岸咖啡馆举行，被称作“皮皮”的阿尔弗雷德 · 德 · 普伊弗拉伯爵、词曲作者加斯东 · 哥特洛贡、保罗 · 穆奈和夏尔 · 克罗都悉数到场。此后，阿方斯 · 阿莱、弗朗索瓦 · 科佩、莫泊桑、让 · 莫雷亚斯、安德烈 · 吉尔、马克 - 纳布、保罗 · 布尔热、莫里斯 · 曼德龙、魏尔伦、蓬雄、黎施潘、亨利 · 德 · 雷尼耶、斯坦伦、维莱特等人也加入了他们的行列。“恐水人”甚至有一首夏尔 · 克罗作曲的会歌：

怕水的人啊，一起唱吧
这是一首酒的赞歌
葡萄酒是种红色的液体
除了早晨它是白色的

他们的标志是一只北极熊，爪子擎着一只高脚香槟酒杯。他们每周晚上的聚会总是会换地方，从古嘉街挪到了朱西厄街的一家没什么人光顾的音乐厅——隐修所咖啡馆。之后又改在圣-米歇尔广场的未来咖啡馆，这里后来改名叫金色太阳，晚间演出《斯卡潘[①]和羽毛笔》。大学生的幽默在那里与音乐和诗歌水乳交融。他们之间的对话也是怪诞的、与现实脱节的疯言疯语，比如有个人走到传说中故弄玄虚的沙佩克桌前，隆重地和他打招呼。

这个奇怪的人穿着系按扣的鞋，双腿紧紧裹在一条过瘦的裤子里，短外衣也紧紧绷在身上，假领子的领口太高，领带从过于花哨的马甲下面露了出来。面对这么一个人，沙佩克也很难保持严肃：

“沙佩克先生？”
“正是鄙人。”
“您是《反看门人》报纸的主编？”
“没错，先生。”

① 斯卡潘：意大利喜剧中狡猾诡诈的仆人。——译者注

"我订阅了你们的报纸，但我从来没有收到过……"

"这倒也不稀奇。"

"此话怎讲？"

"我们从来不管那些订报的。"

"可是……"

"没什么可是，我们发现这样做的话，报纸很不好卖！"[11]

沙佩克出生于1864年，他的真名叫欧仁·巴塔伊。他最初因为画讽刺漫画的天赋而得到人们的关注。这位安德烈·吉尔的学生多才多艺，身兼数职：他是音乐家，会腹语，还是省议员。他大部分时间都出没于圣米歇尔大道的雪利·卡柏咖啡馆。这家咖啡馆尽管取了个英国名字，却是地道的法国咖啡馆。马拉梅、维立业·德·利斯勒亚当、卡蒂勒·孟戴斯、弗朗索瓦·科佩和保罗·布尔热等人也经常光顾这里。沙佩克的装腔作势，他的笑话、俏皮话让他很受同时代人们的喜爱。他的独角戏《死去的男子》，之后被法兰西喜剧院的小科克兰引用。

1881年，"恐水人"结识了鲁道夫·萨利斯，他当时还是特吕丹纳大道上的大品脱老板。他邀请他们到自己的店里，并真诚建议他们不要把聚会只局限在左岸。但并不是每个人都买他的账，特别是阿方斯·阿莱，他领着一帮爱闹事的人点烟花放鞭炮表示不赞成。这样一来，一部分"恐水人"转移到了萨利斯的店里。其他人留在圣-米歇尔广场的金色太阳咖啡馆，干脆改名叫"毛人"，即后来"无谓诗社"的前身。

大品脱可以说是黑猫的第一个版本，这里活跃着许多艺术家：歌曲作者兼诗人于勒·茹伊每天都会在《人民呼声》《工人党》或《巴黎》上发表一首新歌。此外，还有害了肺痨的莫里斯·马克-纳布，克山罗夫，维克多·门西，雅克·费尔尼，多米尼克·博诺和当时的专栏作家、歌手兼探险家文森特·伊普萨……晚上演出9点半前后开始。首先，萨利斯会把二楼礼堂的大门打开，观众们满心欢喜地在门德尔松的《婚礼进行曲》音乐声中进场，由阿尔贝·坦尚负责指挥，他的马甲和鼻头都是一样的淡粉色。接下来艺术家们一一登台：克山罗夫表演《四个大学生的抱怨》和《拥挤》；阿尔芒·马森接着登场；然后是为菜市场唱颂歌的维克多·门西、乔治·弗拉热罗、保罗·德尔梅；唱《吊死鬼》的马克-纳布；巴斯克诗人让·拉莫；喜剧演员特里穆亚男爵，凭借《卡玛与》和《格勒奈尔大恐慌》大获成功的于勒·茹伊和文森特·伊普萨……

在这些节目之间，萨利斯精力充沛地吹嘘起由著名的卡朗·达什编排的简短而有趣的影子戏。当他觉得有必要去呼吸点儿新鲜空气时，这位店老板就会决定去外省巡演。有一次，在火车站台上，他异想天开地对他的团队说："先生们，我们是去给人们送温暖，而不是去毒害他们的思想的。唉，咖啡馆里那些下流段子是由来已久的。大家相信你们能够让演出变得文雅些，别辜负了你们的重任。同时，为了让你们在这些'议员殿下'和挂满荣誉勋章的鳏夫们面前不给我们黑猫丢脸，我带来了很多勋章，由我萨利斯——蒙马特的皇帝，亲自给你们带上。"[12] 后面的事情也不难想象。在候车旅客的众目睽睽之下，萨利斯给他旗下的艺人分发农业奖章、柬埔寨勋章、抗击疫病的勋章、安南的龙章……他也没忘了给自己带上了一个荣誉军团玫瑰勋章！有好事者跑到警察局局长那里去告密，但是感谢上帝，警察局局长也是黑猫的常客，他对这一违法行为视而不见。罚款成了一纸空文，萨利斯却成了挂名的骑士！

萨利斯忠实的员工多米尼克·博诺在他的回忆录[13]中记录了好友文森特·伊普萨的一些轶事：

一天晚上，在黑猫咖啡馆，伊普萨认出了一个阴险狡诈的有钱人，他是交易所里十足的恶棍。伊普萨问萨利斯："坐在这个混蛋旁边的男孩是谁？"

"是他的儿子。"鲁道夫说。

"已经长成一个小伙子了。"

"是的，"黑猫的老板回答道，"他马上就12岁了。"

伊普萨静静地看着他们，说道："那他很快就能出去骗人了！"

又有一天，有人看到伊普萨在皮嘉尔广场，手里拿着伞，站着一动不动。这个招人烦的家伙一点儿也不见外地打断他。

"嘿，文森特，"他说，"你在等什么吗？"

伊普萨看也不看他，指着乌云密布的天回答："我在等下雨！"

一个不知名的同行评价道："文森特·伊普萨的才华在蒙马特并算不上什么，他并不会作词作曲，只是简单地演绎一下别人的作品，他有时还会去做牙医。"这个人还说他只是一个要提前准备才会唱歌的歌手！最后再来看看这样一件事：黑猫给一位颇有才华的歌手Z举办葬礼，他生前以孜孜不倦地向同行们借钱出名。吊唁的队伍出发时，组织者告诉死者的朋友们，马让塔大道正在修路，队伍只能借斯特拉斯堡林荫道前往墓地。"见鬼，"伊普萨故作幽默地说，"要是Z借了斯特拉斯堡林荫道，那他就永远不会还了。"[14]

黑猫咖啡馆的一砖一石都见证了这里的演员们的才华。除此之外，人们在这里还能够欣赏到弗朗西斯·雅姆的诗和莫雷亚斯早期的抒情诗片段。没有什么可以阻挡萨利斯前进的步伐。有些晚上，他甚至同意接待通灵者阿兰·卡尔戴克的信徒们。作家和政治家们都在这里寻求灵感。

黑猫咖啡馆于1897年不复存在，同年萨利斯去世，享年45岁。正如他生前所说，他很自豪能与"文学上的颓废主义和肮脏的小人"做斗争。黑猫咖啡馆关张后，泰奥多尔·博特雷尔在这里又开了一家黑帕查咖啡馆，再后来菲尔西把这里改成了"塔巴兰大舞台"。

芦笛咖啡馆和热闹的黑猫咖啡馆一样，也是蒙马特这座小丘的一道亮丽风景。阿里斯蒂德·布吕昂的这家咖啡馆在1895年非常流行，那时蒙马特大街小巷的墙壁上都贴着这位身着华服的歌手肖像：他戴着一顶毡帽，穿着红色衬衫、黑色天鹅绒外套，天鹅绒的马裤像俄罗斯人那样塞进高筒靴中……他17岁便被酒鬼父亲赶出家门，布吕昂先被北方铁路聘用，做了一名发货员。很快，他就写出了他最初的几首歌曲，一开始只是借着酒兴唱着自娱自乐，后来他开始到类似时代、罗宾逊音乐厅、阿芒迪埃、开在诺让的多埃尔或者斯卡拉这样的咖啡馆演唱。1922年，洛朗·塔亚德在《石膏与大理石》中描述道：“身材高大、柔软，头部轮廓好像罗马硬币上的头像。他穿着猩红色的衬衫，脸上胡子刮得干干净净，长着茂密的棕色头发。他那富有穿透力的男高音，一字一句都唱得十分有力，这就是阿里斯蒂德·布吕昂。用不了多久，他就成为巴黎所期待的艺术家和奇人，赢得了人们的欢呼和喜爱。”[15]

忠实的听众们都被这位粗犷歌手歌曲中亵渎辱骂的内容所吸引。这个嘴上不留情面的吟游诗人自然少不了玩世不恭，他道貌岸然地把富人钉上耻辱柱，却一点点地积攒起一大笔钱，使他后来得以到加蒂奈过着渔樵耕读的生活，了此余生。布吕昂搅得思想正统的媒体不得安生。人们把他当作舞台上的无政府主义者，叫花子的保护神，蛊惑人心的甘果瓦①。要是没有了布吕昂，蒙马特肯定会怀念他的真知灼见。1893年，他的朋友库特利纳在介绍他时如此写道：“一只狗，两只狗，三只狗，靴子！有棱纹的灯芯绒裤子，加上一个带夹里的马甲和金属纽扣的外套。五月份的时节戴一条红色羊毛围巾，永远穿着红衬衫。一顶宽大的‘拒人千里之外’的帽子下，是一个坚定的朱安党人美丽而温柔的面庞。一个路人不安地停下来问道：‘上帝啊！这还是那个人吗？’这就是蒙马特，整个蒙马特，在门口买票看他演出的那个人！这是阿里斯蒂德·布吕昂。”[16]

① 甘果瓦：雨果《巴黎圣母院》中的游吟诗人。——译者注

蒙马特的夜晚总是和布吕昂以及后来化名为让·里克蒂斯的加布里埃尔·朗东的名字联系在一起。里克蒂斯黑胡子，长脸，声音空洞，总是穿着礼服，戴着丝质礼帽出现在咖啡馆的舞台上。他用粗俗莽撞又桀骜不驯的语言来体现这世上所有的苦难。说起他，莱昂·都德简直赞不绝口："若说蒙马特的杰出诗人，维荣派也好，隆萨尔派也好，波德莱尔派也好，有一个人并不在这些派别里面，但如果评论能走出泥潭，跳出常规，他就会得到应有的地位。我想说的是让·里克蒂斯和他的两部杰作：《穷人独白》和《平民的心》。只有莫拉斯在《百科全书》杂志以往的一篇评论文章中，公正地评价了这位令人感到遗憾而又崇高的诗人：'在蒙马特成千上万的呻吟和无声的控诉中，在看不见的痛苦和不为人所知的自杀之中，在舞厅和藏污纳垢之处的喧闹声中，他就像巴黎的一条小巷在日落中歌唱。'"[17]

蒙马特吸引着越来越多的人慕名前来。咖啡馆的柜台上面，细木镶嵌的镜面映出一群奇特的生物，寻找着有趣的节目。这里的选择简直太多了。

在靠近大品脱的钉子客栈，演员穆索在等待着演出开场，这里还坐着乔治·达克瓦，保罗·德尔梅，米兰瓦，莱昂·迪埃尔克斯，乔治·库特利纳和著名的幽默作家兼记者、《单片镜》和《黄矮人》的主编阿方斯·阿莱。还有人更喜欢去三角洲咖啡馆，比如夏尔·克罗、埃米尔·古多和荣军院的管风琴手莫里斯·珀蒂，他后半夜会到一个垫着白色软垫的棺材里睡觉，或是去勒皮克街上的电话咖啡馆，保罗·福尔和福兰很喜欢那里。福兰是卡尔波和安德烈·吉尔的学生，此前是戈雅和杜米埃的弟子。

在蒙塞尼街和圣文森特街之间的狡兔咖啡馆是最受欢迎的演出场所之一。这家咖啡馆的招牌上，画着一只兔子从锅里逃出来，是漫画家安德烈·吉尔的作品。安德烈·吉尔画完了这幅招牌后，在这家店的门上留了一张告示，相当于一张名片，上面写着："哦！看那个！吉尔画。"吉尔的本名叫戈塞·德·吉讷。一次，他对卡姆·德·诺埃伯爵说："我和你一样，姓氏前面也有个'德'！"

狡兔咖啡馆的前身是刺客酒馆，在1886年被一个前康康舞女演员阿代勒买下，改名为"我的乡村"，从此成了一家有演出的小酒馆。魏尔伦、罗利纳、雷诺阿、莱昂·布卢瓦、乔治·奥里奥尔……经常去那里纵情狂欢。当布吕昂在1903年买下这家店后，他把这里委托给一个叫弗雷德里克·热拉尔的人经营。他最开始是一个牵着一头驴卖鱼的小贩，靠吹笛子来吸引顾客。弗雷德里克总是穿着靴子，脖子后面系着一条红丝巾，他的女婿皮埃尔-马克·奥尔朗说他"就像南方的渔民一样"。弗雷德里克经常拿着吉他唱着水手的老歌，为狡兔咖啡馆的演出助兴。

在老平台的丁香花下，像弗朗西斯·卡尔科一样的诗人来这里寻找灵感，因而诞生了许多闻名世界的诗句：

隐匿枝叶下
美妙咖啡馆
每到星期日
贵客满为患[18]

1910年，费雷德里克养着一头小毛驴，在花园里过着平静的生活。他的一个老主顾，罗兰·多热莱斯突然产生了一个有趣的想法，想让这头小驴来画一幅画，这个想法得到了他的朋友毕加索、马克斯·雅各布和阿波利奈尔的支持。他们在驴的尾巴上栓了一只画笔，在胡萝卜的诱惑下，这头名叫“罗罗”的驴不停地叫着，甩着尾巴在它屁股后面固定的一张画布上乱拍一气。这几个寻开心的人还特地找到了一个在法院做办事员的邻居为这一事件作证：“这件作品确实是由罗罗的尾部蘸上颜料创作的。”办事员认真地做了记录。多热莱斯趁机写下了一份颇具未来派口吻的宣言：“过度的艺术是一种力量……一种令人头晕目眩的天赋！”[19]

这幅大作十分应景地被命名为“亚得里亚海日落”，作者署名为“波罗纳里”（Boronali），是拉封丹寓言中的那头驴“阿里波隆”（Aliboron）名字的变体。闹剧到这里并没有结束。多热莱斯和他的小团体决定拿这幅画到独立绘画沙龙去参展。那些大名鼎鼎的评论家们在罗罗的作品中发现了一种气魄不凡的大胆创作，认为该作品构图鲜明，并且一致称赞这位画家的色彩天赋。多热莱斯觉得骗局已经持续了足够长的时间，决定将真相大白于天下。随后这头驴的照片还上了新闻头条：巴黎人都赶去沙龙欣赏一头驴的大作。

参与这场骗局的马克斯·雅各布，也将体验到他人生中最不寻常的时刻。拉维尼昂街13号的“洗衣船”画室，住着许多画家和诗人：胡安·格里斯、安德烈·萨尔蒙、凡·东根、毕加索、费尔南德·奥利维尔、皮埃尔-马克·奥尔朗……一天晚上，马克斯·雅各布在他的卧室里看到基督在天花板上向他显灵了。没过几天，基督再次显灵，不过这次是在高蒙电影院的屏幕上。心烦意乱的马克斯·雅各布决定把这件事告诉蒙马特的一个痛恨电影院的牧师。

“我的孩子，那你是去了那个放电影的地方了？”牧师愤慨地问道。

“诶！神父，”诗人回答说，“主他老人家不是也去了吗？”[20]有了这次意料之外的经历，马克斯·雅各布决定改信天主教了。

弗朗西斯·卡尔科是狡兔咖啡馆的忠实顾客。他的小说里充满了有关这家咖啡馆的轶事，其中讲道：“有些晚上，我们会在这里等那些在著名画家或雕塑家的画室里摆了几个小时姿势而晚到的年轻姑娘们。我记得她们当中的一个叫加比的姑娘，她是蒙马特一个不起眼的小画家的模特兼情人。”

“怎么？”画家嚷道，“你怎么现在才回来？那你应该拿到两倍的价钱了？”

“哎呀！”女孩回答说，“这个罗丹，应该叫他小气鬼还差不多！你想想，他要求我保持那个姿势一直到现在才回来，就因为他觉得那个姿势很美。他答应送我一个漂亮的礼物。”

“礼物……”她的包里有张照片：是这位大师的肖像照。她把照片扔在桌上，画家还有点儿搞不清楚状况。

“看，这就是礼物！”加比气得发狂，“你明白了吗？我能不生气么！他的照片！还有题词！他本应该多付我一个银币的！”[21]

不幸的是，来蒙马特的不仅是寻求新鲜感的游客，也不仅是爱看低俗表演的巴黎人，这里也汇集了一群穷凶极恶的犯罪团伙。卡尔科的朋友，作家皮埃尔 - 马克 · 奥尔朗，在一本回忆录中列出了一张在蒙马特被犯罪分子杀害的狡兔咖啡馆的常客名单[22]：

> 小企鹅是被勒死的，跪在地上，脖子被绑在蒙塞尼街路边的栏杆上。希特朗被刀捅成了筛子，当时他正要搬家到圣旺那边去。维克多被手枪打中脖子死在了柜台上，当时他正俯身在抽屉里找零钱。维耶格，这个年轻的德国画家，在位于拉维尼昂广场的画室里被勒死。还有一晚，一个小男孩在和我们绝望地纠缠了一阵之后自杀了……这个金发的小男孩叫皮埃罗，是个聪明的捣蛋鬼，很喜欢他那只白色的小母狗，他在波多街附近捅了自己几刀。在临死前不久，他把自己的名字刻在了圣文森特墓地的老墙上。

1910 年，弗雷德里克把狡兔咖啡馆交给了人称“罗洛特”的玛丽 · 尚多纳和她的儿子维克多。但是，维克多 1911 年在柜台上被杀死了……多么肮脏的了结！据传说称，在他被杀后的几天，他的狗就开始对着一个刚进来坐在桌子前的皮条客狂叫。客人们意识到这条狗可能认出了杀害主人的凶手。一阵冰冷的安静席卷了整个咖啡馆。为了打破这尴尬的气氛，所谓的暴徒眼中含着泪对弗雷德里克说：“好了，弗雷德里克，弹个吉他吧！”

周日下午的蒙马特，有一个舞厅令人们心驰神往。从 17 世纪起就有散步的人来到这里，在半山腰的磨坊树下喝杯饮料或是吃块煎饼，这里之前被叫作“布吕特凡”。德布雷家族成功地把一家乡下的小酒馆变成了一家大众舞厅：这就是煎饼磨坊舞厅。

鲁道夫 · 达尔藏在他的《夜巴黎》中，这本书描写道：

“宽敞明亮的房间四周摆放着长椅。舞池由红色栏杆围成一个圈。最里面的小舞台上，站着伴奏的小乐队。来煎饼磨坊舞厅的大多是蒙马特的女工，有洗衣女工、做假叶子的女工、做马甲的女工、染色女工和穿珍珠项链的女工。”[23]

为了补贴花销，她们当中有一些人会去给画家当模特。图卢兹 · 劳特累克在跳华尔兹、波尔卡、马祖卡、四对舞的同时，也在寻找他未来的缪斯。如同在爱丽舍蒙马特宫的长廊，母亲坐在这里看紧自己的女儿，皮条客在那儿盯着他们的摇钱树。周围还有一个花园，里面有桌子、保龄球和射箭场。

如果煎饼磨坊象征着蒙马特的活力，那么罗什舒阿尔大道上的爱丽舍蒙马特宫则要感谢歌手泰雷扎表演的“四对舞”让它名噪一时。古吕、“飞腿”妮妮、格里尔 · 黛古、梅里妮特、“金色光环”和“无骨的瓦伦丁”这些著名舞女也都曾在这里跳舞，之后才去了红磨坊。

布朗什广场的红磨坊吸引了大批观众。最当红的明星在那里演出。那些用煤油灯照明的化装舞会大受欢迎。1887 年 5 月 27 日的一次舞会上，阿道夫 · 维莱特装扮成皮埃罗[①]，图卢兹 · 劳特累克扮成唱诗班的男孩，拉乌尔 · 蓬雄扮成和尚，让 · 洛兰扮成小丑，奥利维耶 · 梅特拉扮成阿拉伯王子，卡蒂勒 · 孟戴斯扮成步枪手，

---

① 皮埃罗：哑剧中的白脸宽衣丑角。——译者注

维利扮成美国船员，而在舞台上，舞女克里克里和拉格吕，裙摆飞扬，跳着康康舞。

康康舞诞生于蒙帕纳斯，然而并不是今天巴黎的蒙帕纳斯。在18世纪末时，那里还只是一个人烟稀少的小村庄。在大革命前几年，一个叫提克森的英国人，在一个半木结构的农舍里开了一家茅屋酒馆。他与他的邻居费拉尔一起把这里建成了一个像维也纳的普拉特那样有咖啡馆、游乐设施、餐馆和舞厅的娱乐场所。1837年，费拉尔的女婿伯努瓦继承了这里，后来把它卖给了前国民卫队的手榴弹兵拉伊尔老爹。

在1845年前后，那里诞生出几种舞蹈，包括罗贝尔·马凯尔舞、沙与舞和康康舞。弗雷德里克·苏里耶如此唱道：

> 先生们，学生们
> 快去茅屋看看
> 去跳康康舞
> 还有罗贝尔·马凯尔……[24]

拉伊尔老爹的舞厅仿佛有神奇的魅力。学生、女工、资产阶级都到那里纵情狂欢，其中有著名的萝拉·蒙泰斯，还有巴尔贝斯，他对舞蹈和政治都抱有极大的热情。而康康舞，就其本身而言，是在红磨坊时期才进入全盛。查尔斯·齐德勒和约瑟夫·奥雷在白皇后舞厅的废墟上建起了红磨坊。它的巨大成功也得益于一位艺术家：图卢兹·劳特累克。他为红磨坊绘制的海报得到了大众的广泛赞赏。

每天晚上，他都坐在为他保留的桌子前涂涂画画，勾勒出他在这里遇到的模特们：雅内·阿夫里尔、夏玉高、伊薇特·吉尔贝、路易丝·韦伯（古吕）、“草蜢”、“彩虹”、“小鸽子”、马卡罗娜、“小奶酪”……在娱乐项目众多的花园里，有一条小道专门用来骑坐毛驴。只需要50个生丁，就会有一个阿拉伯牵驴人带着客人绕着美丽的亚马逊花园转上两圈。

1892年，在花园旁边的小舞台上，观众们可以欣赏到著名的贝托曼，即约瑟夫·皮苦尔的奇怪表演，这也许是有史以来在音乐厅的舞台上最不寻常的节目。来自马赛的贝托曼从很小的时候就可以吸入周围的空气，并随意地用很长时间把气呼出来。他穿着红色的衣服，在舞台上演唱最流行的歌曲或模仿最细微的和声，没有任何弄虚作假或任何秘密的手段。这个曾经的面包店小学徒取得了巨大的成功，词曲作家争相与他合作，巴黎的记者对他大肆报道。后来，他创建了一个小型流动剧场——蓬巴杜剧场，到各省巡回演出，也同样轻而易举地大获成功。

伊薇特·吉尔贝在她的回忆录里写道：“在红磨坊，我听到过持续良久的笑声，简直要笑背过气，还有突然爆发的最歇斯底里的大笑。”[25]

红磨坊的附近一时间神奇地出现了许多歌舞场所：艺术酒吧、音乐盒、喷泉街的堕落者咖啡……此时出现了另一种歌曲，不同于弗拉格森或波林的表演形式，不再基于粗俗的笑话和荒谬的蠢话：诗人、歌手们开始从生活的苦难中汲取灵感。这类表演在特吕丹纳街28号的红驴酒馆取得了热烈的反响。这家酒馆是原来的大品脱，由鲁道夫的弟弟加布里埃尔·萨利斯，在他的朋友维莱特、马塞尔·勒盖、保罗·德尔梅、维克多·门西、皮埃尔·特里穆亚的帮助下，于1890年开始营业，画家乔治·德·芳斯为这里绘制了大幅的装饰作品。

1896年，四种艺术酒馆取代了原来的铃鼓酒馆，罗戴尔组织的第一个“奶牛游行”的车队就是从这里出发的。打头的是一个庞大的乐团，随后是合唱团，这场游行先抵达科兰古尔桥，然后前往克利希大道、罗什舒阿尔大道和巴蒂尼奥尔街。在这个世纪之末，对于鲁道夫·萨利斯和他的朋友们来说，蒙马特是巴黎的首都。如果黑猫是蒙马特的大脑，那么煎饼磨坊就是它的灵魂！

第六章

Chapter 6

黄金年代：从“欢乐巴黎”到“枪口下的花”

L'âge d'or :
de la « Gaîté parisienne » à la « Fleur au fusil »

如果巴黎没有了林荫大道，就如同被砍了头，如同骄阳下那一片荒芜的沙漠。

林荫大道不仅仅是巴黎的头脑和心脏，它们也是这个世界的灵魂。

没有了林荫大道的巴黎，如同正在服丧。

——阿尔弗雷德·德尔沃

《巴黎的乐趣》

马克西姆餐厅

马克西姆餐厅（MAXIM'S）建于1893年，最初是服务员马克西姆·加亚尔开的一家小酒馆，后来被第二任店主欧仁·科尔尼什改造成巴黎著名的时尚餐馆。马克西姆餐厅是法国巴黎著名的西餐厅，也是世界品牌，位于皇家路3号，因其新艺术运动的内部装修闻名。

摄影：王欣

MAXIM'S
MAXIM'S

一个熟悉巴黎林荫大道的人曾说过：“全人类都拥挤在这条从蒙马特大道延伸到歌剧院的沥青路上。”[1] 没有比晚上坐在繁华的咖啡馆前，看着街上熙熙攘攘的人群，抽着雪茄，喝着苦艾酒更愉快的消遣了。人群形成一个翻滚涌动的浪潮。正是从卡普西奈大道酝酿出的大革命，推翻了最后一个封建王朝的宝座，而帝国的诞生与崩塌都与蒙马特大道息息相关。路易·弗约在《巴黎的气息》中提出了“林荫大道精神”，它随着浪漫主义的兴起降临在这些林荫大道上，在19世纪的最后几年，仍然在咖啡馆和小酒馆里继续绽放。

这些咖啡馆和小酒馆各自适应当前形势存在或消失。意大利大道的大阳台咖啡馆关门了：曾在这里喝啤酒、打台球的那些讲究客人随即转移到了其他地方。这条林荫大道和歌剧院巷夹角的勒布隆咖啡，原来经常有巴黎歌剧院的经纪人和记者在那里吃午饭，现在也关门大吉了，同样的还有格雷特里咖啡馆。但这些并不重要！林荫大道精神仍在。

巴黎的文人生活从下午 2 点持续到凌晨 2 点，罗米厄、韦龙、纳达尔、马尔菲尔和其他人组成了一个小圈子。纳达尔总是穿着土耳其的服装大步走在意大利大道上，人们还会注意到一个歌唱大师，他头戴一顶插花的帽子，穿着有些旧的衣服和一个穿绿色外套戴着阔边高帽的波兰人聊着天。想象力和离经叛道总是形影不离：它们追随着文人墨客、花花公子和时髦的交际花们的步伐。每个人都随着自己的独特个性和口味，就像歌手古斯塔夫 · 马蒂厄总是嘴上叼着牙签，扣眼上别着一束紫罗兰。从勒佩勒蒂埃到歌剧院的沙发上，从黄金屋咖啡馆到红衣主教咖啡馆，这一切的场景在林荫大道上都是司空见惯的。

为了一窥林荫大道上那些著名咖啡馆的灵魂，要先回溯一段时间。1861 年 1 月，蒙马特大道的瑞典咖啡馆失去了一位传奇的客人：亨利 · 米尔热去了一个更好的世界。在瑞典咖啡馆可以遇到很多经常出现在林荫大道上的面孔。俏皮话大王昂堡戈，布隆德莱和博曼，两人必须要坐在一起，好创作他们在咖啡馆演出的滑稽戏。魔术师阿尔弗雷德 · 德 · 卡斯顿，他长得像一只斗牛犬，很容易被认出来。他是个吹牛大王，总能用他的扑克牌把戏逗观众开心。除此之外这里还聚集了很多写悲剧和滑稽戏的剧作家及演员。下午五六点钟，被瑞典咖啡馆的老板叫作“大鼻子三重奏”的三个人聚在一张桌前：演员格勒尼耶扮演过《盖罗尔施泰因大公夫人》中的保罗王子，并出演过萨尔杜的《拉巴加》，他在其中的鹦鹉嘴造型令人过目不忘；皇宫剧院的亚森特，他即使戴着宽沿的羽毛帽子，也难以遮盖他那优美的面部轮廓；还有喜剧演员格朗热，他是朗贝尔·第布斯特的朋友。

在楼上的商人们更愿意用德语或意第绪语①来继续他们的钻石贸易。这一层的人们正在谈着近1亿金法郎的买卖。在二层，《私生子》的作者图鲁德斜着一只眼睛，面色萎黄，弯腰驼背，跟他的朋友于勒·莫尼奥和泰奥多尔·巴里埃聊着天。这两个人都因为不停的面部抽搐，控制不住地做着鬼脸。

好清静的客人更喜欢穿过蒙马特大道或儒福瓦巷去米卢斯咖啡馆，那里有一个夏季宜人的花园，也有地方可以避雨。人们在一种宗教式的安静中玩儿着多米诺骨牌。新闻界和证券交易所的人们都会来米卢斯用午餐，这里20多年来经久不衰。刚刚创立《费加罗报》的多兰热在这里和他的合作伙伴维尔梅桑碰面。身材高大修长的诗人埃米尔·埃默里，用牙齿咬着香烟，吟诵着他那著名的诗句：

高高在上的暴君
如果遭你屠戮的鲜血
可以逆流而上
你不用俯身亦可饮之！[2]

他正与他的朋友罗歇·德·博瓦尔交谈。在其他桌坐着《国家》专栏作家乔治·马亚尔、作家于勒·诺里亚克和以研究音乐和戏剧

① 意第绪语：属于日耳曼语族，主要是阿肯纳西犹太人使用此语。——译者注

史闻名的音乐家阿蒂尔·普然。

1798年，在意大利大道和泰普街拐角新开的托尔托尼咖啡馆，是以第一个来巴黎做生意的那不勒斯冷饮店老板的名字命名的。小仲马和他的朋友们曾在这里改造世界：史蒂文斯、查尔斯·纳里和古斯塔夫·克洛丹紧密关注着在历任总统卡诺、卡西米尔-佩里挨和费历克斯·古安治理下西非的最新战况。当时的老板佩舍龙是个粗人，却极力讨好年迈的奥雷利安·舍勒。他那满口的俏皮话被人们戏称为回声王子、琐事统领、八卦元帅、林荫道之王……

一天晚上，油头滑脑的舍勒在托尔托尼遇见了维克多·库赞，库赞不怎么待见他。

“很高兴见到您，先生，”这位哲学家对舍勒说，“但是……我不太喜欢您的想法。”

“这我知道，大师，”舍勒回答道，“我看过您的书！”[3]

奥雷利安·舍勒可以说是林荫大道派的典范，他经常用巴尔塔扎尔这个笔名在《黄矮人》和《单片镜》等各种报刊发表文章，并且为《费加罗内幕》写专栏文章。他的思想、个性和他的趣事总是咖啡馆桌上的热门话题。

“您说，”狄更斯在某一次巴黎之行中，在一家林荫大道的咖啡馆问他，“为什么有这么多人盯着我们的大衣领子看呢？”

“他们不是在看您的衣领，亲爱的先生，是这个时代的虚荣心在作祟。要知道，法国人看您的扣眼儿，就好像狗和狗相互闻一样，那是在辨别您的地位。”事实上，比起舍勒，这个社会更加尊重的是金钱和地位，这使他感到孤独而又悲伤。

佩舍龙感到他的这位客人恐怕时日无多，出于同情，他专门为舍勒安排了一张他喜欢的独脚小圆桌。奥雷利安·舍勒坐在那里写完了他最后的遗嘱，喝完了最后一杯苦艾酒。他的朋友米德兰——他管家的丈夫，将一个十字架放在他的胸前，希望可以引领他去另一个世界。

托尔托尼咖啡馆也难逃战争的噩运：1893 年 6 月 30 日，托尔托尼咖啡馆关上了大门，把店铺留给了一个卖鞋的商人。全巴黎人都曾经光顾过托尔托尼咖啡馆，塔列朗也是其中之一，他喜欢在这里看高手打台球。路易十八曾差点儿买下这座房子，打算赏给一个协助抓获刺杀贝里公爵凶手的饮品店老板波尔米耶先生。但托尔托尼狮子大开口，开出了一个天价，最后国王不得不放弃了这次交易。

路易·韦迪埃的黄金屋咖啡馆开在意大利大道 20 号，紧邻 22 号的托尔托尼咖啡馆。这里也成为 19 世纪末最负盛名的古怪富豪和文人墨客的聚集地之一。《法国信使报》曾这样描述："这家咖啡馆的画、镜子、金饰和豪华的家具引人注目，让人看得眼花缭乱。这里到处都是纪念章、挂件、吊灯、木雕和精雕细刻的天花板。黄金屋的老板很有头脑，思维敏捷。"

"您的蒙特勒伊桃子可真够贵的，韦迪埃老爹！"一天，弗拉基米尔大公发现这水果花了他 70 个法郎。

"哪里，我的老爷，"店主回答道，"那是因为高贵的大公并不多见……"

林荫大道在一个世纪里见证了大革命、第一帝国、王朝复辟、第二共和国、发动政变、第二帝国和第三共和国。无论谁来执掌政权，巴黎人都一如既往地在那里庆祝、寻欢作乐、喝酒、嬉笑、跳舞，哪怕只为了忘却当下片刻的悲伤。咖啡馆、酒馆、餐厅，从未有一刻失去它们的吸引力。艺术家、作家、诗人仍旧像过去那样不停地到咖啡馆去，有时用一篮子牡蛎和白葡萄酒，或者是简单的一杯苦艾酒，试图激起他们的创作欲。有多少人“坐”在林荫大道的咖啡馆里，就像1862年阿尔弗雷德·德尔沃在他的《咖啡馆历史》中描述的那样：“坐在半杯由热变凉的咖啡前。”

还有一家当时极负盛名的咖啡馆，那就是位于马里沃街拐角的英格兰咖啡馆。从午夜到凌晨3点，龚古尔兄弟、埃德蒙·阿布、保罗·德·圣-维克多、卢多维克·哈勒维、埃克托尔·克雷米厄和巴里埃经常聚在这里。

光听这家咖啡馆的名字就能联想到它的起源。它曾在复辟时期迎来最初的辉煌，就如贝朗热歌中唱的，那时“我们的敌人朋友们”十分讨路易十八和宫廷的欢心。这家店有海峡对岸的英国招人喜欢的一面：没有过于花哨的门面，也没有给过路人坐的桌椅和露台，低调审慎让它显得高贵优雅。然而，格拉蒙-卡德鲁斯公爵、威尔士王子、阿尔弗雷德·德·缪塞、德·圣-克里克和许多其他公爵暗中来这里浪荡一番也是众所周知的。这里也因其著名的“大十六”晚餐而闻名，甚至名扬至美洲。“大十六”象征着第二帝国时期最为大胆放肆的寻欢作乐。有一位常客，弗朗西斯·舍瓦叙，就此谈道：

英格兰咖啡馆有着非常特别的古朴精美的外观，并非用浮夸的外表招徕顾客，而是保持好房子庄严和简单的氛围。店里有路易－腓力时期的红木家具和持重的管家，古旧的酒瓶放在柳条筐中，给人一种大病初愈时的谨慎感。英格兰咖啡馆一直以不靠叫卖吸引顾客为荣，他们也没有必要如此费力。布置得像一个小资产阶级沙龙的大十六本身已经为它赚足了传奇般的声誉。这种近乎淳朴的简单使英格兰咖啡馆与新式风格的“宫殿”相比，散发出奇异的魅力。那些装修得金碧辉煌的咖啡馆虽然极尽奢华，供富人消遣，但永远不会有——如果可以这么说的话——独特的灵魂。英格兰咖啡馆的个性是如此的鲜明，并且伴随着强大的影响力，以至于远在俄罗斯的伟大的陀思妥耶夫斯基，把它当作一个地狱般的神庙，并且斩钉截铁地说，上帝若有天发怒，第一个想要用雷电劈掉的地方就是这里。这种神秘主义的比喻让这家咖啡馆受宠若惊，也不得不承认这样的比喻有点儿言过其实了。[4]

年轻时的花花公子巴尔贝·多尔维利坐在他常坐的桌子前，面对着阿蒂尔·梅耶尔和他那只形影不离的狮子狗。这两位惺惺相惜。巴尔贝属于目光长远，不会人云亦云的巨人之流。至于梅耶尔，他既不缺少才华，也不乏能力，在执掌《高卢人》之前，他起步相当艰难。这个年轻人每天正午时分才出现在英格兰咖啡馆，还穿着晚礼服，衬衣也已经皱巴巴的，好像他在人群中度过了一整夜。他吃着可怜巴巴的午饭，100个苏喝半瓶维希水，吃两个煮鸡蛋，这是他和法国所有权贵握手攀谈的时间。

但他的胆识不止于此，这里有一个关于他的故事。当梅耶尔的父亲，一个正直而又普通的裁缝去世时，作为孝顺儿子，梅耶尔把葬礼办得风风光光，让所有人以为他继承了一笔可观的遗产，但其实这些都是他找有钱人借的。他给巴黎许多头面人物发了讣告，并且在富人区租了一间大公寓，只租了三天，一位古董商帮他用自己祖先的画像和从画廊借来的漂亮家具，把整个房间都精心布置了一番。遗体告别仪式办得相当有排场，在灵柩台下，梅耶尔沉痛地对来宾们说："我可怜的父亲！他再也看不到他珍贵的古董和那些他收集的挚爱的油画了！"

一天晚上，巴尔贝·多尔维利在达什伯爵夫人的陪伴下，应邀来英格兰咖啡馆见他的朋友罗歇·德·波瓦尔。三个人坐在一个单间里，德·波瓦尔点了很多大菜，松露配鳌虾，洒上香槟。快要吃完时，德·波瓦尔请巴尔贝到走廊借一步说话。

"啊！"他说道，"我刚刚听到了X先生的声音，我找了他好几天都没找到，这回他可跑不了了。抱歉我先离开一会儿，正经事，去去就回。"他拿起帽子一阵狂风似的跑了出去。

时间一点一点地过去，巴尔贝和伯爵夫人聊得兴起。一个小时过去了，德·波瓦尔还是没有回来。巴尔贝响铃叫来服务生想问问出了什么事情。"德·波瓦尔先生？"服务生回答，"他早就和隔壁包间的一群人离开了！"伯爵夫人和巴尔贝面面相觑，十分生气，他们还得为这顿价格不菲的晚餐埋单。第二天，巴尔贝就在林荫道上碰见了这位德·波瓦尔迎面向他走来。“亲爱的朋友！”他用他一贯神气活现的语气喊道，“我知道您要生我的气了，但是我已经有好多难缠的债主了，我希望能在死之前遇到一个和气一点儿的。”

这一时期，奥斯曼决定要在夏特莱广场上建两家剧院。他任命建筑师加布里埃拉·达维乌来负责这个项目，要求他在这两幢建筑中都配备商业设施和店铺。后来，这里出现卖鸟的、卖种子的、卖渔具等等的商人。达维乌还在这里设计了一家归剧院所有的咖啡馆。这家咖啡馆的经营权属于普洛斯贝尔·鲁索公司，业主是拥有几家齐默酒馆的菲利普·齐默。他来自斯特拉斯堡附近的布吕马特，是巴黎几家酒馆的创始人。这些酒馆有的在巴黎东站附近的圣洛朗街，有的在布隆德尔街。由于巴黎人对啤酒和腌酸菜的喜爱，他的生意十分兴隆。他也毫不吝惜地把酒馆装饰得豪华一些：设计师把大厅的壁柱上都装饰了花环，天花板上也有花朵的图样。柜台有各种棋类游戏，有跳棋和十五子棋可供客人选择。这里的生意越做越好，很快戏剧界的知名人士就在此聚集了。1900 年前后，这里吸引了舞蹈演员尼金斯基、编舞迪亚日列夫、理查尔·施特劳斯、古斯塔夫·马雷尔、德彪西、加布里埃尔·达努齐奥……

另一个让咖啡馆生意兴隆的演出场所是 1861 年建于歌剧院广场的巴黎歌剧院加尼埃宫。在它旁边就是和平酒吧，后来更名为和平咖啡馆。在晚餐开始之前，穿着制服的领班在最后嘱咐服务生们。这里的彩绘天花板下闪烁着上千盏灯，那些能够踏进这家酒吧的人，又怎么能不令人心生嫉妒。

事实上，和平酒吧的诞生要追溯到1860年，当时拿破仑三世下令，由佩雷尔兄弟资助建造大酒店，斥资2100万金法郎，相当于5500万欧元。这座酒店占地8000平方米，由建筑师阿尔芒设计。工程开始于1861年4月5日，持续了15个月。拿破仑三世野心勃勃地想在巴黎建造一家世上独一无二的酒店，展示他执政的光彩与辉煌。一开始，酒店的名称定为“和平大酒店”，但时间一长，最后名字就简化成了“大酒店”。但是酒店的酒吧保留住了这个名字，成为“和平酒吧”。来过这里的名人如云：莫泊桑、福楼拜、左拉……左拉甚至把他小说里的女主人公娜娜死亡的地点，安排在酒店的401房间。“没有比和平咖啡馆更理想的聚会场所了。它坐落在歌剧院广场边，在拿破仑三世时代的宏伟建筑之中。这家咖啡馆的装修也极其奢华：彩绘的天花板、装饰线脚、高雅的立柱、金碧辉煌的吊灯、巨大的镜子铺满整块墙壁。”[5]

大酒店的第一位首席厨师叫……巴尔扎克！与《人间喜剧》的作者同名。1862年5月5日，酒店的开业典礼于欧仁妮皇后的主持下举行。在这个值得纪念的夜晚，雅克·奥芬巴赫本人亲自指挥乐团演出。这里的一切都是如此宏大，比如酒窖中藏有超过100万瓶酒。似乎没有什么可以阻止这家酒店的规模、设施和服务迅速在全世界享有盛誉。

它在努力顺应着历史的飞速发展。正如1870年的圣诞节前夜，这座被围困的城市里食物短缺，除了酒，大酒店用它可以找到的食材为客人们献上了这个难以置信的平安夜菜单：

前菜：清炖马肉配小米

主菜：主厨狗肝

蛋黄酱猫里脊片

红酒炖猫肉配蘑菇

罗贝尔酱鼠肉串

狗后腿配干酪馅饼

蔬菜：浇汁秋海棠

甜点：马骨髓浇汁梅子布丁

这些都不重要！随着时间的推移，事情总是会慢慢好起来。多年来，在和平咖啡馆的桌前，坐过出巡的国王、王公贵族和那些浸淫在博尔迪的茨冈音乐中的贵宾们，这一切简直是难以忘怀的巴黎生活的完美画面。煤气灯照明、精美的装潢、上乘的服务和靠近歌剧院的绝佳位置，使得和平咖啡馆总是高朋满座。音乐家、评论家、抒情歌手、专栏作家和舞蹈演员竞相媲美他们的智慧和魅力。

1894年，几位颇有前途的诗人在这里写下了一首奇特的四行诗：

坚硬的胡子在夜色中失去了光彩

死气沉沉的毛发在张开的双臂中显得如此慌乱

大地上挤满了跖骨冲撞的身体

从蔓延的沙洲中蒸发出黄金

安德烈·纪德写了这首诗的第一句和最后一句，皮埃尔·路易写了第二句，保罗·瓦莱里写了第三句。这三位作家聚在由和平咖啡馆的管理层最先开设的“美国酒吧”。保罗-让·图莱经常懒洋洋地坐在壁炉前的宽大沙发上，他称之为他的“皮革浴浴缸”。而最具象征性的标志是客人们在其中一个大厅观看电影。电影散场后，戏剧界、文学界和艺术界的名人都争先恐后地到蒙马特镇街和夏豆丹街的普赛小酒馆去。这时人行道上充满了令人迷惑的喧闹，汽车和马车，自行车和有钱人的小轿车组成的车流，构成了名副其实的国际城市乱象。在剧院里面，宽阔的大厅里悬挂的镜子反射出马赛克、黄铜装饰、陶瓷和大理石的影像，显得富丽堂皇。上方有一块彩绘玻璃，画着“一只五彩孔雀正在骄傲地开屏，美丽的尾巴在黄色背景上显得格外突出，并在大厅的每一个角落投下一片金色的光泽，即使在阴沉多雾的冬日午后，也能给人一种永恒的夏天的错觉”，F. 茹尔丹在《装饰艺术》杂志的一篇文章中如此写道。

被客人们叫作“瓶子底”的普赛酒馆吸引着文人墨客，比如诗人卡蒂勒·孟戴斯，比起纯诗歌，他渐渐更加热爱音乐和戏剧。维利耶·德·利斯勒亚当有时会来和他共进晚餐。孟戴斯坐在自己习惯的位置上，被漂亮女人包围着。在这里还能遇到克劳德·德彪西、古斯塔夫·沙尔庞捷和安托万，以及他们在自由剧院的那些熟人：乔治·安塞、波尔托-里什、皮埃尔·沃尔夫、保罗·亚历克西。人们还能遇见乔治·库特利纳，他一直以来都带着他那精致的幽默，下面的故事就是一个证明。1875 年，在莫城学院，一位几何老师在黑板上画了两个等腰三角形，然后说道：“这里有两个三角形，分别是 ABC 和 A’B’C’。我现在把第一个放到第二个上。”

“不行，您不能这样做！”一个声音惊慌地喊道。

“你怎么啦？”老师很不高兴地问道。

“您没有权利牺牲掉无辜的几何图形，它们什么都没做。懦夫！我拒绝参与这种迫害。”

“穆瓦诺，你给我出去！”老师气愤地大声吼道。

学生穆瓦诺，未来的库特利纳，立刻走出了教室。日后，在他作品中的人物，无不显示出机智、充满闪光的想法，就像《力诺特》中的主人公弗雷德里克·阿密耶特。他想在公共汽车的站台上做火柴和香烟生意，或者在报纸和《拉鲁斯大词典》中发表连载，为了保证……接下来110年连续的日常销量。

一天晚上在普赛酒馆，阿尔贝·迪伯把魏尔伦介绍给库特利纳认识。这位大诗人已经有些喝多了。库特利纳为他叫了一辆出租马车。魏尔伦试图站起来，但他醉得腿已经不听使唤了。库特利纳担心他路上不安全，向魏尔伦提议送他回家。两人随后穿过门扇。库特利纳搀扶着魏尔伦，他已经醉得不省人事，但还是下意识地要回自己熟悉的地方。库特利纳反复对魏尔伦说：“现在已经很晚了，我亲爱的先生。要是我的话，我就叫辆出租马车。”好几辆马车过去了，里面都坐满了乘客，马车夫对他们根本视而不见。等了几分钟后，终于等到一辆马车驶过来。马车夫上下打量着这位勉强在人行道上站稳的乘客。魏尔伦上了车，这位本来就一脸不乐意拉个醉鬼的马车夫很快就后悔了，因为《忧郁诗篇》的作者怎么也想不起来自己在圣安东尼镇街上住处的门牌号码。

库特利纳不停地问：“亲爱的先生，您再加把劲儿努力想想。”

“我想不出来。”

“好，那我们试试别的法子……我们来排除一下。您是住在1号吗？”

“不是。”

“2号？”

“不是。”

“3号？”

“别再问了……”

其实，魏尔伦住在195号！库特利纳决定把他送到家门口，交给门房，再重新上车。

“不行！我可不陪你们找了，”马车夫嚷着，“付给我车钱！我还有其他事情要做，没空拉叫花子到处转悠！”

让·黎施潘曾对卡尔科说：“所有诗人的噩运都来自苦艾酒。它扩大了他们的疾苦，以及表白和公开忏悔的需求，否则每个人都将得过且过，永远不会觉得有必要承认自己的恶习、弱点和遗憾……诗人最纯粹的表达来源于他们对自己被糟蹋的人生的感伤。”[6]

人们坐着出租马车（fiacre）到自己喜欢的咖啡馆，这种马车1640年出现在巴黎，得名于第一家租赁马车的办公室：圣-菲雅克酒馆。到1860年前后，出租马车有两种：临时出租和包租。临时出租的马车，标有黄色的编号，在主要的大道、码头边上和许多街道上，包括在交易所广场、巴士底狱广场、皇家宫殿广场、圣叙尔庇斯广场……都有固定的停放位置，价格可以按照路程或时间计算。当时人们倾向于用帝国马车公司的车，因为其服务相当规范。一看到车夫制服就能认出这家公司的车：他们穿着配有一排黄色按钮的蓝色礼服，戴着打蜡的帽子，系着白色领带，身着红色马甲、黄色长裤和蓝色的大衣。

包租车是红色的编号，比临时出租车条件更好也更贵，但不能停放在公共道路上。它们只能停在能通过马车的门口，或街道边开放的车库里，或在林荫大道上慢慢转悠，寻找客人。游客如果想要快速并且舒服地游览巴黎，可以包一星期的车。人们想去咖啡馆也可以坐公共马车：这是一辆两匹马拉的巨大四轮车，漆成绿色、黄色或褐色，可以坐 26 到 28 个人，底层可以坐 14 到 16 个人，顶层可以坐 12 个人。坐在前面的车夫身着绿色或棕色的短外套，头上戴一顶宽檐防雨的帽子。马车上还有一位戴着小帽、穿条纹上衣和难看裤子的售票员，协助引导乘客和收票钱。马车底层固定着两列平行长凳，包着粗糙的棕色呢子。底座的 14 个位子有 8 个席位中间分别由木条隔开，其他 6 个座位是连在一起的。车上禁止带过大的行李，但是对于过于肥胖的男士和女士们的裙撑也没有什么限制的办法。

库特利纳经常在普赛酒馆和卡蒂勒·孟戴斯夫妇一起吃饭，孟戴斯的妻子让娜，美若天仙，肤白如皎洁的月光。她脸上化了厚厚一层妆，让她看起来像个戴着面具的木偶，卡蒂勒因此也得了一个“灯塔守卫员”的绰号……

一天，一个熟人问让娜：“亲爱的朋友，您为什么要化这样的妆呢？”

“因为卡蒂勒看惯了女演员脸上的妆，不会觉得不舒服，而且这样我变老了，他也看不出来。”

卡蒂勒十分敬佩库特利纳。他总是喜欢说："他是我们的莫里哀！"有时晚饭后，卡蒂勒会陪库特利纳去蒙马特的"老窝"。库特利纳的妻子让娜-玛丽在家中等候，这位《骑兵的快乐》的作者总是称他妻子为"人民女性让娜-玛丽"！尽管他的作品让他出了名，但他没有什么钱，他圆胖的体型也掩盖了他身体不好的事实。

午夜前后，幽灵般的乔治·费多经常会出现在普赛酒馆，一家咖啡馆接一家咖啡馆地一直逛到天亮。他家中有位迷人、善良的妻子，是画家卡罗勒斯·杜兰的女儿。但比起自家的床，他似乎更喜欢睡在咖啡馆的长凳上。他花天酒地，债务缠身，尽管他那些成功的滑稽戏作品为他带来了可观的版权收入。为了放松，他喜欢观察咖啡馆里形形色色的人，倾听这个人或那个人的想法，这些都有可能被他搬上舞台。这家咖啡馆的吧台女郎和服务生在人群中显得与众不同，他们也常给画家们做模特。吧台女郎在塔维埃斯那里装得坦诚，在多米埃那里要显得高傲，在斯坦伦面前装成乡下姑娘。而那个服务生几乎总是一副高高在上又傲慢无礼的表情，一心想赶紧发财。

坐在旁边一桌的，是舰队前中尉朱利安·维奥，他后来成为法兰西学院院士。他的存在十分引人注目：他身材矮小，像爱美的老太太一样脸上搽着粉，眼睛画着眼线，穿着高跟鞋，他更为人熟知的是皮埃尔·洛蒂这个名字，只要他一说话就令人肃然起敬。他并不反感《时下名人们的夜与烦恼》的作者欧内斯特·拉热内斯坐在他边上。拉热内斯嗓音尖锐，不修边幅，胡子拉碴，头发蓬乱，手指上带着彩色的大戒指，这副怪相让人不禁觉得他生活凄惨。但是他死后人们惊讶地发现事实并非如此：在他的床垫下竟掏出 10 万法郎钞票！他在费耶 - 杜 - 卡勒维尔大道一家酒馆的房间里堆了许多乱七八糟的东西，就像捡破烂的旧货商仓库。拉热内斯收集了许多制服、头盔、剑、军刀、手枪、手杖、鼻烟盒、圣餐杯、圣物盒……他留下了几行字作为遗言："渐渐地，我懂得遗忘掉冷漠和仇恨。我心中充满对所有大自然，对所有的日落和生灵的爱。一个臃肿的小丑，一轮残月，一条衬裙或一间酒馆，它们之间可能美丽又无关联，但它们并不使人愉快。只要它们能继续存在，就继续存在。"[7]

著名的诗人勒孔特 · 德 · 利勒此时正在他的人生巅峰。一天晚上，他在这里遇见了一位年轻的女子，瓦卡雷斯科夫人。他此前已经听说过这位夫人的美名，于是他对夫人说："我听说您朗诵诗歌非常美妙，求您为我朗诵几句吧！"瓦卡雷斯科夫人受宠若惊，并没多想，就开始朗诵《春宫》，而她不知道这首诗歌的作者正是面前这位先生：

在久未解开的丝带下
黎明晨光中的雨水打湿玫瑰
天色闪亮而清朗……

"真是太美了！"勒孔特 · 德 · 利勒感叹道，"这些诗句真是优美。不得不说，这是大诗人写的诗呀！"

坊间传言普赛酒馆的老板很乐意为那些有名的客人赊账，尤其是卡蒂勒 · 孟戴斯，他甚至出现在了老板的遗嘱里，指明他欠下的债务高达3万法郎。但是老板打错了如意算盘：卡蒂勒·孟戴斯死在了他前面。1909年2月的一个早晨，人们在巴黎圣日耳曼的一条铁道旁发现了他的尸体。他夜里坐火车回家，因为喝醉酒睡着了。火车过圣日耳曼隧道的声音吵醒了他，他以为已经到站了，就打开了车门……一头栽了下去。他的死讯令人震惊，让人想起了十几年前他在美国咖啡馆向一群朋友描述的一场梦。一天夜里，他做了个噩梦，梦见自己从火车上仰面摔下来，在一个被月光照亮的荒凉平原上，他躺在床上的一片血泊之中，呻吟着，感受着缓慢而无休止的痛苦，没有任何人能来救他。随着他的离世，存在了半个世纪的巴黎文学评审会也消失了，他曾是委员会的重要评审。孟戴斯从18岁便离开了家乡波尔多，成为巴那斯诗派的领袖，并在25岁娶了泰奥菲尔·戈蒂耶的女儿。

对于那些享乐主义者，普赛的美食倒是和意大利大道的帕亚尔有得一拼。帕亚尔以优雅的环境、上漆的墙面、洁白的桌布、桌上的花朵、优质的服务和精致的菜肴吸引着巴黎的上流社会，以及威尔士王子、亚历克西、弗拉基米尔大公和外国的富豪们。加布里埃尔·阿斯特吕克在他的《幽灵阁》一书中描述道：

“阿斯特吕克抱怨刚刚上的一道菜做得不好，就看到帕亚尔向他走来，附耳过来说：‘我觉得您需要换个口味了。在同一家餐馆吃一年，肯定会腻的。您要是能离开一两个星期！等您再回来时，就会觉得我们的菜更好吃了……’”[8]

帕亚尔的总管埃米尔·卡尔姆也同样不吃这套。一天晚上一个找碴儿的客人因为他是总管把他叫来，他回答说：“这里没有总管，先生，只有愚蠢的人。”

1889年，帕亚尔用在餐饮业积累下的财富，在香榭丽舍大道的花园里，建起了路易十六风格的爱丽舍阁，引得上流社会客人争先前往。意大利大道的帕亚尔仍吸引着许多文人。例如，莫里斯·梅特林克旁边，经常有一位能够唤醒文艺青年热情的比利时诗人：他就是弗拉芒人埃米尔·维尔哈伦。他看起来体弱多病，还发着烧，由于近视略深，凸出的大眼睛上歪歪扭扭地戴着一副双片眼镜，留着浅色的长胡子。他那种内敛的能量通过他头脑中每时每刻迸发出的抒情词汇，喷射出火花，令人叹为观止。梅特林克的女友若尔热特·勒布朗，也来这里参加聚会。她就是创作了著名的亚森·罗平①的莫里斯·勒布朗的姐姐。他们都很赞赏维利耶·德·利斯勒亚当的作品，对此梅特林克写道：“在我遇到的所有人当中，只有他让我觉得是一个纯粹的天才。大约9点钟，他和鲁道夫·达尔藏、皮埃尔·基亚尔、埃弗拉伊姆·米埃尔等人来到帕亚尔咖啡馆。我们围坐在他周围聊天讨论，直到咖啡馆的关门。他声音不大，几乎是低沉、无味、绵软的，但我从来没从另一个入口里听到过这样的声音。”[9]

帕亚尔咖啡馆并非男人们的专属，优雅的女士们同样也喜欢这里。她们坐在长椅上的样子，让人联想到冈达拉或博尔迪尼画的巴黎女郎。曼妙的蜂腰，小脑袋上盘着大发髻，戴着珍珠项圈，精心染成藏红花色的头发上装饰着华美的鸵鸟羽毛帽，她们的裙子就像

① 亚森·罗平：莫里斯·勒布朗笔下的侠盗。——译者注

一朵巨大倒挂的花朵，镶着花边的裙摆下露出漆皮尖头小鞋。

这里的露台上聚集了来自世界上各个国家和民族的人，从他们各具特色的服饰就可见一斑。人们在吧台边玩日本纸牌：这是一种要用权谋来取胜的史诗游戏，科学知识也能让玩家有意外的收获。坐在高凳上的年轻人畅饮各种饮料，打着扑克，他们不管如何发牌，只是一心想赢一把大牌。而对于那些游手好闲的人，只有一种生活令人心生羡慕，那就是含着金钥匙出生，衣食无忧，这样就死而无憾了。服务生们习惯了天南地北的各种口音，他们能够感受到这些旅人无论是在巴黎的中心停留一天、一周或是一个月，都表现出一种发自内心的快乐。门口临时停放着的敞篷马车、轻便马车、豪华马车跟林荫大道上的文人墨客、记者和才华横溢的剧作家往来如织，这就是法兰西精神的典型形象。

有些夜晚，人们也会去靠近玛德莱娜广场的瓦赞咖啡馆。这里像是一座精致的港湾，它那高雅、尊贵、华丽的大厅里从来没有冷清过。二楼有一个阴暗肮脏的阁楼，那是卡斯蒂利奥内伯爵夫人的住所。这位第二帝国时期优雅的贵妇让人把饭菜送到她的房间，而一个煮鸡蛋就要 3 块 5 金法郎！她于 1899 年在这里去世。

这一带不乏其他高级的咖啡馆和酒馆，比如《蓝色绣球花》高贵的作者罗伯特 · 德 · 孟德斯鸠，就经常光顾威特泽尔酒馆。这里也是欧内斯特 · 拉热内斯和与之形影不离的南美武侠小说作家戈麦斯 · 卡里约在乐波尔和卡里萨亚之间的常规夜生活的其中一站。拉热内斯顺路在这里和他在《白色》杂志的朋友们打个招呼。他们享受着这种无忧无虑的时光，因为卡里约生命的最后时光将毁在一名神秘的舞女间谍玛塔·阿里手中。有传言说他与这个舞女保持着暧昧的关系是为了把她交给法国当局。

在玛德莱娜广场的另一边，戏剧界的精英们沉醉在杜朗咖啡馆的灯红酒绿之中。这里有著名的“百里挑一晚宴”。那些不同寻常的著名客人也使这家咖啡馆熠熠生辉。法兰西学院院士梅亚克每天都会在利亚纳·德·布吉的陪伴下光临。利亚纳出身于女神游乐厅，算是半个上流社会的风尘女子，她显示出在文学方面的抱负，并最终嫁给了货真价实的罗马尼亚王子兼阿尔巴尼亚的王位继承者吉卡。过去的屠夫学徒亚历山大·迪瓦尔，如今成了优雅的花花公子。他经常来这里与一位金发美女科拉·佩尔勒共进晚餐，这位英国女演员美得像一尊雕塑，充满异国的魅力，神情自然，她的口音让她更加迷人。这位交际花过去曾是拿破仑三世的情妇。她那漆皮鞋上白色的绑腿，镶着灰色珍珠的小帽，轻拍在脸颊上的小粉扑……迪瓦尔似乎被她迷得神魂颠倒。人们指责这位过于无拘无束的女演员穿衣薄透，出了名的“眼睛和全身都不怕冷”，甚至还有这样一件事：在她的私人宅邸举办的晚宴上，她全身赤裸地躺在一只巨大的银盘中，由四位仆人扛在肩上端上桌来。老实而又天真的迪瓦尔深爱着她，甚至为此决定自杀。但是感谢上帝，他并没有成功。

有些晚上，杜朗咖啡馆会迎来胸前饰有黑珍珠的奥尔洛夫王子前来与阿尔贝·梅尼耶会面。奥尔洛夫在一次“斗酒”事件之后移居巴黎。当时圣彼得堡的骑士卫队营和柏林的白骑兵营都吹嘘他们的军团有全欧洲最强悍的能喝酒的人，为此他们决定要一决雌雄。德国人派出了他们的冠军，而俄国人也派出了他们最强的、爱喝君度酒的奥尔洛夫王子。奥尔洛夫最终喝下了120杯酒……第二天，他仍醉得很厉害，甚至长时间无法骑马。他于是离开军队，来到巴黎养老，加入了这里被称作“大公之旅”的疯狂夜生活，同样毫无节制可言。

杜朗咖啡馆的主桌上，各色艺术家蜂拥在特里斯坦·贝尔纳旁边，津津有味地听他讲笑话，其中有吕西安·穆勒菲尔德、保罗·亚当、费尔南·旺德海姆和设计师卡皮耶洛……幽默是对抗命运，逃离痛苦和灾难的最好方法。他们当中经常会有人迸发出充满智慧的话语：

> 一天晚上，保罗·亚当对特里斯坦·贝尔纳说：“我希望能够看到您的最后一部剧作。”
>
> “那拿起武器来决斗吧，”贝尔纳说，“地方已经腾开了。”

贝尔纳还有个怪癖，就是会在他的朋友们说出一句亚历山大体[①]的句子之后，情不自禁地亲吻他们的额头。有一晚在杜朗咖啡馆，弗朗索瓦·科佩大喊：“服务生，再来一杯，然后咱们聊点儿别的事儿！”[②]之后，特里斯坦·贝尔纳亲吻了这位诗人的额头。

另一家特里斯坦·贝尔纳钟情的咖啡馆是开在尼尔大街30号的贝特利桑，他的剧作《小咖啡》的灵感就来源于此。一天晚上，

---

① 亚历山大体：法国诗歌的一种常用体裁，主要特点为诗句每行有12个音节。——译者注
② 法语中这句话有12个音节。——译者注

贝尔纳从贝特利桑出来，认出了一个他经常施舍的乞丐。贝尔纳走过去，从口袋里拿出一些零钱给了这个不幸的人，对他说：“我要去多维尔了。您继续忙您的，希望这并不让您觉得难过……您同样有权利享受假期。这里是两个月的施舍。”

在皇家街上，有一家咖啡馆有着水晶吊灯、红木家具和黄铜装饰，巴黎的上流社会都来马克西姆跳舞吃晚餐。马克西姆里没有任何显得老气的东西，到处体现着优雅，标志着时尚的顶点。这里的私人沙龙里装饰着镜子，铺满了红色的棱纹布，加之无可挑剔的服务，演奏室内乐的乐队，精致的美食，收藏着价值连城的葡萄酒的酒窖，无处不极尽奢华。

时下流行的服装设计师的时装秀已经成为这里最不可抗拒的吸引力之一。马克西姆在许许多多的历史作品、传记、歌曲、滑稽戏中被提及，它的历史已然成为传奇。从1899年到1914年，掌管马克西姆的人叫作雨果，在他的回忆录《马克西姆总管20年》[10]中，他记录了到访过这个世俗圣地的许多名人：加利齐纳亲王、让·洛兰、菲茨-詹姆斯、迪博内、绰号“小糖豆”的马克斯·勒博迪、希腊康斯坦丁亲王，以及西里尔、鲍里斯、米歇尔、尼古拉、迪米特里和弗拉基米尔大公，他们米和雷雅纳、利亚纳·德·布吉、美人奥泰罗、克雷奥·德·梅罗德、莱奥·德·格莱伊洛……这些“马克西姆女郎”们跳着华尔兹。雨果认识所有这些姑娘：金发的玛农·洛蒂，罗特席尔德男爵的情妇、女演员吉尔达·达尔蒂，她的姐妹埃娃·莫雷纳，美丽的科罗拉多-曼斯费尔德公主摩尔泰莉和她的朋友贝尔特·丰塔纳，身材丰满的犹太女孩苏珊·德·贝贝，

摄影：王欣

里奇咖啡馆

里奇咖啡馆（RICHER）在巴黎颇有威名，这里是咖啡馆，还是酒馆、饭店，提供早餐与晚餐。这里环境优雅，服务热情，菜单新颖多样，菜品新鲜可口。该咖啡馆从早上8点开到凌晨1点，菜品价格大约在40到50欧。许多人都慕名而来品尝美食。

维罗纳，格里翁娜，死在她的男友肖尔纳公爵尸体旁的简·多利安跟职业滑冰选手情人吵架后开枪自杀未遂的苏苏，还有“巴黎美腿”若尔热特。

一个名叫马克西姆·加亚尔的人是这家餐厅的创始人。1893年，他以低价租下了皇家街3号的一家店铺，开了一家咖啡餐厅，用安德烈·德·富基埃的话来说，加亚尔想把这里打造成一家高贵的典范、吸引高端客人的餐厅。他别出心裁地在“马克西姆”（Maxime）的后面加了一个“s”，体现了那个时代“亲英”的时尚。

加亚尔还在餐厅门口安排了一个穿着著名英国卫兵红色制服的15岁男孩。

通常在马克西姆度过了一个美妙的夜晚之后，夜生活会在歌剧院一带继续。人们缓缓地在街上行走，沉浸在路边房屋里透出的灯光之中。这些灯火让巴黎显得如此流光溢彩。他们在一家时装店门口停下片刻，看着橱窗里的木头模特，双眼一动不动，好像刚从坟墓里爬出来一样。这些大众商店为吸引主顾的精心布置也成了人们谈不完的话题。

之后，人们再去寻找下一家咖啡馆或酒馆，直到东方泛起鱼肚白。在卡普西奈大道和斯克里布街拐角的大咖啡馆是一个颇具代表性的选择。在这家咖啡馆装饰成印度风格的地下室沙龙里，人们有幸在1895年12月28日见证了最初的公开电影放映。咖啡馆的门口在向路人分发宣传册，上面写着：“奥古斯特·吕米埃和路易·吕米埃两位先生发明的电影放映机，可以捕捉到一系列瞬间的画面，暨在一定时间内在这部机器前发生的所有动作，并随即在观众面前将这些动作以生动的画面投射到荧幕上。”这里放映的节目有10张17米长的胶片，每段长约一到两分钟，分别是：《里昂吕米埃工厂下工》《特技飞行》《钓金鱼》《里昂摄影大会》《铁匠》《花匠》《一餐饭》《戏弄营房》《里昂科尔德利广场》和《大海》……首映时，在30多名观众中，有一个小伙子被他所看到的东西深深折服了。

“电影快结束时，”他后来叙述道，“我赶紧跑到奥古斯特·吕米埃那里，想要买他伟大的发明。我出价1万、2万、5万法郎，让我倾家荡产都可以。但是吕米埃不为所动，他向我表示感谢，并对我说：‘年轻人，这个发明不是用来卖的，对您来说，它是一堆废品。它日后可能会为科学研究做些贡献，但除此之外它没有任何商业前景！’[11]”然而这个年轻人并未因此而气馁，反而有了进一步的想法。他跑到伦敦，从光学仪器商威廉·保罗那里搞到一台放映机，并找到了镜头和照相机的各个部件。后来，他又花大价钱买到了一箱空白胶片，在他工作的罗培·乌坦剧场的工作室里自己组装出了一台机器。这位充满热情、富有想象力的年轻人，又是一位能工巧匠，名叫乔治·梅里爱。电影放映艺术的发展很大程度上要归功于他的技术。他运用了特殊的技法来制造“神奇的”效果，创造出替代、淡入淡出、叠印、停机再拍、跟踪摄影、遮挡盖片等技法，成立了第一间电影工作室，并且在那里想到使用录音技术为电影同期配音，乔治·梅里爱实现了由罗培·乌坦发明的“白魔法”到电影这一杰出的光影魔术的伟大转变。

吕米埃兄弟不是大咖啡馆唯一的贵宾，许多蒙马特的名人也都出于不同的原因出现在这里，比如库特列纳，他和那不勒斯人咖啡馆的老板闹翻了，因为他认定他们偷了他的大衣！他总是喜欢说："大咖啡馆，我从来不会踏进去半步。我去那里是为了和朋友们一起抽马尼拉烟，但是这个不算！"

每天晚上，这些咖啡馆里都会迎来一批刚看完演出的观众，他们也许刚离开歌剧院，也许刚从埃尔多拉多或巴塔克朗看完泰雷扎的演出。维农咖啡馆、普罗旺斯兄弟咖啡馆标志着小酒馆的黄金时代，这里的服务生每天都累得四脚朝天。巴黎成了狂欢的中心，快乐才是王道。第二帝国下的宫廷和社会为巴黎注入了快节奏，巴黎不再属于那些早起的鸟儿，而是属于那些晚睡的夜猫子。第三共和国时期的狂欢也不例外。

林荫大道之王仍然是内斯托尔·洛克普兰。他原本是一名记者，后来慢慢变成了歌剧院、新剧院、圣马丁门和瓦利亚提的经理。他的生活离不开林荫大道，每天早晨，他坐在小酒馆的露台上，看着来来往往的去上班的人；刚刚睡醒的情侣；姑娘和女伴们一边叽叽喳喳地说着话，一边左顾右盼；后面跟着雇员、工人，这一切都淹没在车水马龙的嘈杂声中。洛克普兰陶醉其中。

据说，有一天晚上，他独自一人待到午夜，之后叫了一辆出租马车。他并没有回家，而是让马车载着他从勒佩勒蒂埃街到泰普街，再由泰普街回到勒佩勒蒂埃街，如此往复直到凌晨 5 点，并且跟车夫争吵说，他早上 5 点之前不能离开林荫大道！此前提到过的黄金屋咖啡馆，他有一个固定位置正对着大门，他说这是因为"作为办报纸的，我们肯定会有许多仇人，不能让他们有机会搞突然袭击"。

他躲着那些要给他看自己作品的作者们。但是有一次，在他蒙福尔-拉莫里的住处，他从睡梦中被两个名叫迪马努瓦尔和斯罗丹的作家惊醒，他们把他绑在椅子上，给他读了他们写的三幕剧。在听到第三段对白的时候，他就接下了这部剧。

这一带有些咖啡馆代表了优雅与精致，比如格拉蒙街拐角的英格兰咖啡馆；也有一些咖啡馆因为一群打扮得十分艳丽的妓女在那里等着金主而出名，比如美国咖啡馆。这些高级妓女当中有一位名妓“小虾米”，出身上流社会，名叫玛丽·阿葛唐。她身上层层叠叠的珠宝和华丽的服饰十分引人注目，她靠着圈中一位有名的金主过活，还有其他客人会给她零用钱。1886 年 1 月 14 日，她的命运被改写。晚上 10 点左右，她把一个绰号“美国人”的男人带回了她在科马尔丹街的住所，这个人的底细并不清楚，可能是一半美国人，一半墨西哥人。第二天，有人发现这个可怜的女人半敞着衣服，死在血泊之中，凶手抢走了她的首饰。几个月后，这个名叫兰斯卡的男子被捉拿归案，被判死刑，于 1886 年 12 月 28 日在罗盖特监狱被处死。

意大利大道上还有一幢雄伟的建筑：里昂信贷银行，这是当时世界上最大的金融机构。它的外墙面挂着明亮的广告，屋顶好像要刺破天际。人们路过这里到赫尔德咖啡馆，总有一些军官到那里向一个名叫菲利克斯的服务生打听晋升情况，这位服务生领班对部队的年鉴了如指掌，并会不断更新他从战争部熟人那里得来的消息。

从晚上 8 点开始，赫尔德咖啡馆又变成了老百姓的天下。二层可以用餐，客人们在豪华和舒适的环境中享受独具一格的服务。这里充满了快乐的氛围和有趣的场面。例如，有天晚上演出结束后，吕西安 · 吉特里正在吃饭时，一名男子走近他，向他打招呼，低声说了几句话，和他握了握手之后就走了。坐在邻桌的文艺复兴剧场的董事埃尔兹看到了这一幕。埃尔兹和吕西安 · 吉特里互相看不顺眼。曾经有一次，吉特里对埃尔兹说："埃尔兹，我决不会参加你的葬礼……"但是这天晚上，埃尔兹走到他桌前说："我没有看错的话，刚才跟您说话的是德布雷？"

巴黎人德布雷通常被大家称为刽子手，他刚刚看过吕西安 · 吉特里表演的一部戏，特来向他表示祝贺。

"是的"吕西安 · 吉特里回答道，"刚才是德布雷，而且他跟我提到您了。"

"是吗？他说什么了？"

"他对我说：'那个埃尔兹看着还挺顺眼的！'"[12]

随着最新的摄影术、电影放映术和汽车的发明，巴黎的魅力辐射到全法国，而法国的魅力则辐射到全世界。对于咖啡馆而言，它们一如既往地迎来又送走那些性格鲜明的，在政治、文化、艺术界呼风唤雨的人物。马勒维尔伯爵、让维尔 · 德拉莫特、德卡兹公爵、康布里耶尔将军经常光顾弗瓦咖啡馆。大胡子法师约瑟芬 · 佩拉当向西班牙作家卡洛斯 · 巴特列透露了玫瑰十字会的秘密。巴特列长得很像阿方斯十三世。热衷收集色情邮票的皮埃尔 · 路易正在向大家炫耀他从法兰西学院的朋友克莱蒙 · 加诺那里的新近所得。其他桌上在说着这个的好，那个的坏：真是八卦的天下。

里奇咖啡馆在这个世纪末，生意好得令人艳羡。它在意大利大道上占据了一个很大的店面，重新回到勒佩勒蒂埃街也让它回到了流行的行列。这里是巴黎人的露天咖啡座，是投身于巴黎热情狂欢的外省人的“观象台”。从下午4点钟，里奇咖啡馆就已经满座，连角落里的座位都不剩。在喝苦艾酒的时间，经理经常会坐在一张桌子前监督店里的服务。他外套紧绷，穿着浅色裤子，踩着漆皮靴子，手上戴着珍珠灰色的手套，透过金边的单片眼镜，观察着员工的一举一动。他的绰号叫“勾勾老爷”，人们对他赞赏有加。曾经有一次他说：“你必须要非常有钱[①]才能在阿尔迪用餐，要非常大胆[②]才能在里奇吃饭！”他指的是他的竞争对手及邻居，意大利大道20号的阿尔迪咖啡馆，也就是原来的黄金屋咖啡馆。他专门放置了一张圆桌供雅克·奥芬巴赫使用，这位令人难忘的作曲家写下了《巴黎人的生活》《游唱艺人》和《美丽的海伦》等著名的歌剧，并创立了巴黎香小剧院。当奥芬巴赫走进咖啡馆，一落座，人们很快就在他身边围成了一个圈。他大声招呼服务生，点了一杯茴香苦艾酒，开始谈论戏剧、报纸、内幕消息和节庆。他陶醉在自己的话语中，带着优雅和智慧，滔滔不绝，好像一场真正的讲座，听众们都如痴如醉，甚至有记者兴奋地记起了笔记。这是属于晚间的隆重仪式，奥芬巴赫仿佛带着天使般的光辉。著名的女演员奥尔唐斯·施奈德有时也会出现在这里。1855年8月31日，施奈德首次登台，后来她与皇宫剧场闹不和。一次争执后，她回到家收拾好行李，准备回

① 有钱：与里奇发音相同。——译者注
② 大胆：与阿尔迪发音相同。——译者注

波尔多她母亲家里。9 点钟左右，有人敲门说要见她：

“谁呀？”

“奥芬巴赫。”

“我不在家。”

“开门吧。我有一个能让您大红大紫的角色。”

“我不想演……”

这位倔强的女演员回到了波尔多。奥芬巴赫给她写了一封简短的电报：“多少钱？”奥尔唐斯·施奈德回了：“每月 2000 法郎。”本以为奥芬巴赫肯定不会接受。但结果收到的回复是“成交”。于是她回到巴黎，成功出演了《美丽的海伦》。她热情、美妙的声音和和蔼的性格为她赢得了观众的赞誉。她让那些贵族们亲身感受到巴黎的生活，并为之发笑。据说葡萄牙国王、威尔士王子、瑞典国王、康斯坦丁大公，埃及帕夏[①]伊斯梅尔，比利时国王利奥波德都来为她的演出捧场。他们仰慕她耀眼的才华，肆无忌惮又不失优雅，还有她那上天入地的幽默。

继奥芬巴赫之后，蓬雄·杜特雷尔和维尔莫、韦龙一起，被称作连载小说家。杜特雷尔创造了一种短篇体裁：到 1858 年，他已经写出了 73 卷作品。冬天，他活跃在林荫大道上。他的妻子在奥尔良有一幢漂亮的房子。到了夏天，他会去那里创作。他不仅极具人气，还名利双收。他的作品可以使一份报纸的销量翻三倍。

在一幅杂志的漫画上，一位漫画作者画了一个小人物很晚回家，

① 帕夏：对高级官员的称呼。——译者注

和他的妻子道歉说：“原谅我，老婆，我在咖啡馆读特雄·杜蓬雷尔[1]的连载，所以回来晚了。”杜特雷尔威胁要把写错自己名字的证据发给漫画作者。第二天，这个作者更正成了：“我在咖啡馆读蓬蓬·瑟哈雷尔的连载，所以回来晚了……”

蓬雄之后冷静下来便不再追究了，但是这位漫画作者却红得一发不可收拾。在几幅漫画作品里，蓬雄的名字被篡改成“羊圈里的羊”和“大门上的门钉”等等。由于写作很快，蓬雄的作品里也尽是笔误。有些笔误也在林荫大道的咖啡馆里传开了：

> 将军抱着双臂，读着报纸……
>
> 她坐在一张地毯上，腿围成一个圆圈……
>
> 或者，那天晚上我们老时间见，就在天亮前那会儿……
>
> 侯爵夫人刚要辩解，此时门开了，把她的嘴合上了……
>
> 行刑人在火刑架下点火，火苗很快吞噬了这个可怜的女人；一个小时后，这个犯人只剩下了一堆冒着烟的灰烬，然而，她还没有死……

久负盛名的里奇咖啡馆在1894年，由建筑师阿尔贝·巴吕改造成了一间咖啡酒馆。这是一次华丽的转型。面朝大街上的门面添加了大胆的装饰：墙壁上挂满了白色珐琅砖、珐琅陶器、玻璃和搪瓷的凸面宝石、古旧色调的锻造铁器、装饰木板和木框。墙上的马

---

① 特雄·杜蓬雷尔：写错了蓬雄·杜特雷尔的名字。——译者注

赛克画讲述着当时的风土人情，颇有让 - 路易 · 福兰的才情，用 17 幅场景生动的作品再现了世俗生活、演出、比赛和娱乐等。这些作品的标题令人兴味盎然：《自行车手》《报童》《卖紫罗兰花的姑娘》《花花公子》《城门过磅》《华尔兹》《雨》和《赛马》等。

遗憾的是，1898 年，为了开凿这条林荫大道，这家咖啡馆所在的地方要被拆除，这些马赛克画也被拆下来拍卖了。这样一来，里奇咖啡馆和托尔托尼咖啡馆，以及英格兰咖啡馆一样全部被拆掉了，只剩下了那不勒斯人咖啡馆，俗称“那波”，这里由此成为巴黎时尚的真正中心。

卡普西奈大街 1 号的那不勒斯人咖啡馆，每晚都迎来作家、记者、剧作家在这里交换他们的机智幽默和妙语连珠。这里的常客绝对不愿意错过“那波开胃酒”。从傍晚开始，咖啡馆里就已经座无虚席。人们在这里谈天说地，就像在自己家里一样自在。这里是哲学、政治、文学、艺术和宗教思想的海洋，人们在无休止的嘈杂声中投入热烈的讨论。

莫泊桑面前摆着一杯苦艾酒，在这令人分心的吵闹声中，他尽力集中精神讲完他的故事。旁边一张桌上，欧内斯特 · 拉热内斯十分引人注目，他穿着裹身的外衣，扣子一直系到脖子领口，莱昂 · 都德说他是“肩膀像个衣架，打扮得像个卖兔毛的商人”[13]。拉热内斯是“卡蒂勒桌”上的活跃分子，此外还有于勒 · 勒纳尔，乔治 · 费多，乔治 · 库特利纳也让这张桌子增色不少。让 · 莫雷亚从象征主义出发，长篇大论地讲着他为什么摒弃颓废派，随后坚决地成立了浪漫派。

在这个令人兴奋的时代，那不勒斯人咖啡馆里蜂拥着江湖骗子、魔术师和自由思想家。每到冬天，人们就围在大火炉旁一直聊到深夜，他们中的大多数人无非是在等一份简单的晚餐，加上一杯从吧台上镍制的大咖啡壶里倒出来的热腾腾的咖啡。

这个世纪末在欧洲掀起了一股激烈的无政府主义运动，攻击不同当权者所代表的“权威”。在法国，这一运动在民众和知识分子阶层反响强烈。埃利泽·勒克吕和让·格拉夫揭示了“积极的”无政府主义的信条，就是使个人从一切束缚中解脱出来（宗教、财产、政府），建立一个由自由结盟组成联盟的新社会。但是，部分无政府主义者摒弃了无政府联盟社会这个设想，而是试图通过暴力进行革命。

因此，一些咖啡馆开始遭殃了。1892 年 4 月 2 日，在马让塔大道 22 号韦里咖啡馆内，哈瓦绍尔正在吃一块粗盐红酒牛肉时，被一个服务生认出，随即被逮捕。报纸细致入微地报道了咖啡馆老板韦里如何悄悄从店里溜出来，跑到最近的警察局去揭发这个无政府主义者。韦里像做广告一样逢人便讲：“您看着，我会找个工匠来把哈瓦绍尔的名字和被捕日期刻在他坐的那张桌子上。”

但是哈瓦绍尔的同伙没有给他留太多时间。4 月 25 日，一颗定时炸弹把韦里咖啡馆炸飞了，韦里也被炸死在废墟之中。泰奥迪勒·默尼耶被逮捕归案。经过审判，他被判处终身苦役，最后死在了卡宴。在著名的无政府主义报纸《佩纳尔年鉴》上，清楚地记载了这一事件的始末：

“由于哈瓦绍尔将在 5 月 1 日进行审判，警察在全法范围内对无政府主义者进行大搜捕。”

“1892 年 4 月 25 日，蠢驴部长埃米尔·卢贝向愚民们保证：

‘请大家安心睡觉，无政府主义者都被抓起来了。’”

“1892 年 4 月 26 日，为了验证部长的话，昨天晚上，韦里咖啡馆被炸飞，同时创造了一个新词汇‘韦里效应’①。”[14]

两年后，1894 年 2 月 12 日晚上 9 点钟，圣拉扎尔街的终点站咖啡馆发生了一件惨案：当时人们正在大厅里喝着咖啡，消化晚餐，听着巴黎正流行的茨冈人乐队演奏。客人们也是形形色色：有小资产阶级、商人、雇员和交际花，一颗炸弹在这个人群密集的时刻爆炸了。

这场爆炸案的始作俑者是个 21 岁的男孩，埃米尔 · 亨利。他在 8 点半的时候坐在靠近门口的一张小凳上，抽着雪茄喝着啤酒。到了 9 点钟，他用雪茄点燃了引信，然后起身走向门口，并转身把炸弹扔向了乐队的方向。炸弹发出震耳欲聋的巨响，把地板炸出了一个大窟窿，炸伤了 17 个人。凶手试图逃脱，但是在罗马街和伊斯黎街的拐角处被抓住。他被判处死刑，于 1894 年 5 月 21 日被送上了断头台。

1862 年前后，蒙马特大道上的布维咖啡馆，或者叫马德里咖啡馆，起初这家咖啡馆并不出名，因紧邻着金条咖啡馆而出名。因为几年后，风水轮流转，原先瓦利亚提咖啡馆的客人们决定转移到这家咖啡馆。这里于是成为文人、艺术家、记者聚会的首选。大厅里一条弯曲狭窄的过道转向一条通向地下室的楼梯，地下室里有几张台球桌，波德莱尔、邦维尔、卡蒂勒 · 孟戴斯、维利耶 · 德 · 利斯勒亚当和几个新手经常会在拥挤的空间和浑浊的空气中切磋技

---

① 韦里效应：véryfication，音同验证 verification 一词。——译者注

艺。之后政治家们占据了这里，他们戴着宽边卷檐的帽子，大多留着花白的胡子，在人群中很好辨认。他们之中有被称为"G老头"的甘必大，总是时刻准备着迸发出热情洋溢的发言，和对手唇枪舌剑，但他也是一个很好的聆听者。坐在他身边的是面庞坚定又有棱角的德莱克吕兹，还有圆眼睛、说话拉长音的泰奥菲勒·西尔韦斯特和脾气暴躁的查尔斯·昆汀。

下午五六点钟，欢乐的时光才刚开始。《费加罗报》的秘书长阿方斯·迪歇纳，《黄矮人》的主编加斯塔纳里和记者加内斯科、朗克，还有斯普勒，他们经常因为玩十五子棋而吵得不可开交。亨利·罗什福尔在一旁兴致勃勃地观战。他不断写出抨击旧制度的文章，经常在咖啡馆里引起人们的热烈讨论。比如他在1871年2月如此写道："他们（普鲁士人）掠劫我们的农场，烧毁我们的房屋，他们强取豪夺，践踏我们的土地。然而！这些杀人凶手和土匪强盗的所作所为还不及法国军队所犯下罪行的一半！我们的军队对待那些被征服的人要比我们的征服者对待我们更加残忍。"[15]罗什福尔以不遗余力地抨击拿破仑三世和他的家族闻名，他曾在报纸上讲述了一件关于皇太子的趣事：

皇帝向这位少不更事的皇太子说起汉堡银行在哄抬①分销价格。

"他们动武了吗？"

"没有，我的孩子。"皇帝回答道。

"哦！那这和我没有什么关系！"皇太子说。

---

① 哄抬：也有爆炸之意。——译者注

罗什福尔最后总结道："看！这就是将来要统治这个世界上最美丽国家的继承人，他唯一关心的事情是火药！啊！等到他登基的那天，也会同样屠戮我们的！这位尊贵的小天使果然是他父亲的亲儿子！"[16]

罗什福尔坐在马德里的桌前，就像一只老公鸡。他面容消瘦，脸上皱巴巴的。他脾气火爆，留着像击剑老师一样的白胡子。他的侄女，也就是他后来的妻子，经常陪在他身边，远远地就能看到她那栗金色的发髻。他们身边经常坐着一对风烛残年的老夫妻，于勒·勒梅特和露瓦那伯爵夫人，她来到巴黎的时候是一位上流社会的贵妇，后来在第二帝国时期落魄成了一位洗衣女工。

马德里咖啡馆上演了无数的历史事件：比如 1903 年，在亨利·德格朗热和《汽车报》专栏作者们的推动下，这里诞生了第一次环法自行车骑行。同样，奥克塔夫·米尔博和阿尔弗雷德·卡皮在这里一边享用晚餐开胃酒，一边撰写他们的《鬼脸》周刊。

有一天，一支丧葬队伍从咖啡馆的露台前路过，爱说俏皮话的卡皮对他的朋友奥克塔夫说："希望这不是订咱们报纸的人！"卡皮的机智和慷慨热情都是出了名的。只要有一个人有些不开心，向他倾诉自己的烦恼，即使这个人穿着晚礼服，他也会立即慷慨解囊。有天晚上，他的朋友莱昂·都德看到这一幕，不禁对他说："您可能哪天一个不留神，也给某个罗特席尔德家族的人 1000 法郎。"

天真的卡皮回答道："您知道，他们家可是巨富，兜里有的是钱！"[17]

喧闹而又多姿多彩的鱼市大道上车水马龙，拥挤交织的人群像一股洪流。这条大道上有不少书店，有巴尔贝·多尔维利、马克西姆·杜康、波德莱尔、塞莱斯特·莫加多尔等人经常光顾的雷伊书店和福禄里书店。同时，这里的人行道也是女神游乐厅和奥林匹亚那些单纯活泼的舞女们散步的游廊。

坐落在 32 号的布雷邦咖啡馆是又一个吸引顾客的胜地。福楼拜、左拉、都德、科佩、布尔热在一次晚餐聚会时，诞生了在福楼拜的现实主义和丹纳的实证主义影响下的自由主义文学流派。这是一种新类型小说，它基于对现实的审慎观察和使个人屈从于出身决定论的实验。龚古尔兄弟在布雷邦创立了他们的"斯巴达晚餐"，作为学者们聚会享乐的开始。圣伯甫发起了"比克肖晚餐"，最初参与这个聚会的有埃米尔·奥吉耶、大仲马、梅索尼埃、德拉克鲁瓦、萨尔杜和梅里美。1898 年，参与者换成了雷蒙·普安卡雷、加利费、德塔耶、于勒·克拉勒蒂、马斯内、索雷尔和沃格。有时候，爱德华·德塔耶和阿方斯·德·纳维尔在这里组织"里格贝尔晚餐"，大家最后会在餐巾上潦草地写着自己的账单。

如果说巴黎的地理中心是皇家宫殿，那么它的神经中枢则位于 1830 年被称为"巴黎的心脏"的林荫大道一带。这些林荫大道之所以如此独特、举世瞩目，取决于三个重要的历史阶段：路易 - 腓力执政时期，第二帝国时期和第三共和国统治下的 1900 年前后。19 世纪末，歌剧院和昂坦路一带改头换面。那些小酒馆和妓女出入的小舞厅取代了原先的露天咖啡馆，而它们再次让位于一些更加豪华的建筑——那些穿着鸡爪纹裤子、按扣皮靴、戴着软毛大礼帽的商人、银行家和金融家出入的场所。这些咖啡馆和酒馆希望自己的装潢也能跟上这些客人的品位。

若说装修的华丽，全巴黎的酒馆也比不上莫拉尔夫妇开的这一家。这家酒馆的故事要慢慢道来。1867 年，莫拉尔夫妇带着微薄的积蓄从萨瓦省老家来到巴黎，决定买下圣拉扎尔街的布尼亚咖啡馆，当时对面正在建设火车站。这项工作十分艰巨：头几年，莫拉尔先生每天要去拉煤以供应店里，莫拉尔夫人则站在柜台里给越来越多来这里借酒浇愁的客人递上葡萄酒、啤酒和苦艾酒。那时这个街区已经开始慢慢繁荣起来，双层公共马车的线路经过火车站和一些刚刚开起来的商店。每天都有 5000 匹马行进在圣拉扎尔街和周围的区域。

1895 年，莫拉尔夫妇扩大了自己的咖啡馆。由爱德华 · 尼尔曼设计，布尼亚咖啡馆变成了莫拉尔酒馆，获得了巨大的成功。酒馆的装潢美轮美奂：墙上装饰着马赛克和金色的叶子，衬托出亚述巴比伦风格的凸面宝石和绘有精美花朵纹饰的彩绘玻璃，还有埃及风格的铸铁凹槽小柱以及出自西玛和穆夏之手的纯粹新艺术风格的釉面彩画。这两位天才的室内装饰画家还参与了最初地铁站入口的装饰设计。莫拉尔的彩画中有一幅是为特鲁维尔而创作的，另一幅是阿弗雷城，第三幅由两幅寓言画组成，最后一幅是象征着 1870 年法国战败的普法战争的《阿尔萨斯和洛林》。1895 年 9 月 14 日，酒馆正式开业，全巴黎人都朝圣般地来这里欣赏新艺术风格以及萨尔格米纳彩釉闪耀动人的光彩。

一年后，1896 年，在拉法耶特街 52 号开了一家吸引了许多生意人的啤酒馆。这家名叫拉法耶特将军的酒馆刚一开业，就凭借店内的木雕、金饰、墙裙吊顶、软皮家具和巴洛克式的大咖啡壶而颇受欢迎。到了晚上，商人就把地方让给了附近剧院的演员们和法国共济会总会的成员们。法国共济会总会成立于 1773 年，在共济会的活动仪式后，他们会到世俗之地，也就是卡代街 16 号的真理酒馆，混进那些夜不归宿的、喝着苦艾酒独自一人徘徊在吧台前寻欢猎艳的花花公子当中。二战后，也是在这里，人们发现了吉尼斯世界纪录中最大的两个酒桶之一。

有些巴黎人相信他们能通过秘术掌握人生的真谛，19 世纪下半叶法术开始流行。那时的巴黎痴迷于一种诡异的爱好：唯灵论。这是一种来自美国的教派，在美国有着数不清的信徒。一个来自里昂的 35 岁会计师成了巴黎成千上万追随者崇敬的灵性导师。此人名叫德尼萨尔 · 莱昂 · 伊波利特 · 里瓦伊，他曾经见过敲打家具、墙壁显灵的幽灵，见识过磁疗术士福捷和他的朋友卡尔洛蒂的法术。他用“阿兰 · 卡尔戴克”——据说那是他的前世，一个大胡子布列塔尼人——这个名字创办了《通灵》杂志。杂志相当成功，其他杂志也应运而生，比如说《莲花》杂志。在维富尔咖啡馆，在复辟时期装饰的漂亮天花板下和寓言画之间，一位年轻的见习医生热拉尔 · 昂科斯负责组织神秘主义的集会。他对炼金术的神秘学说尤其感兴趣，后人称他“帕普斯”。他那些经常出没于皇家宫殿回廊下的朋友斯坦尼斯拉 · 瓜伊塔、萨尔 · 佩拉当、维利耶 · 德 · 利斯勒亚当和卡蒂勒 · 孟戴斯等，都被帕普斯聚集到维富尔咖啡，策划他的《奥义》杂志，以及研究神秘学的《伊希斯的面纱》周刊。《奥义》杂志一直办到 1914 年。

巴黎有过一个疯狂的、神经质的、不理智的时代。一切都在以前所未有的速度向前推进。1886 年，巴黎到布鲁塞尔的电话线路正式投入使用。1889 年，第一个用汽油的内燃机面世。1895 年，第一台电力驱动的有轨电车问世。1900 年，巴黎出现了第一条地铁。与此同时，已经有 1800 辆汽车在法国的道路上行驶。1903 年，莱特兄弟乘坐着自己制造的“怪鸟”飞上天空。1909 年，布莱里奥特首度穿越拉芒什海峡。1913 年，从贝利埃、德迪翁、雷诺、标致和潘哈德的工厂出产了 45000 辆汽车……我们谈论起居里夫妇和布朗利的惊人发现，感叹那是运用了托马斯技术[18]的冶金行业的革新！人们不禁要问，究竟是什么成就了意大利人马可尼在 1901 年成功地跨越大西洋，发送了第一条无线电报。

此时的作家们长吁短叹；诗人们在苦艾酒中自怨自艾；年轻人们走在了时代的前沿，表现出了与其心智相反的冲劲儿。如果说年轻人把一切都看得很大，那么在资产阶级眼中一切都是“小”的：小经济体、小退休金、小房子。百货商店取名为小圣托马斯、真便宜、低价优、小穷鬼……报纸也遵循同样的方式叫作：《小巴黎人》《小日报》《小吉伦特》《小马赛人》……

佩吉言之有理：“我们不再相信上帝，也不再相信共和国，不再相信孔德的实证主义鼓吹的万能科学。我们要自由：我们准备战争。”

1914 年 6 月 28 日，奥匈帝国继承人费迪南大公和他的妻子在萨拉热窝被暗杀，实际上这只是一个点燃导火索的借口。在纸面上，一切都显得很简单。法国自 1891 年以来就是俄罗斯的盟友，长期以来一直试图控制黑海和亚得里亚海之间的巴尔干地区和奥地利，以实现在这一地区的霸权。但是，保加利亚和俄罗斯与奥地利相交甚密。俄罗斯又是罗马尼亚、希腊和塞尔维亚的盟友……而杀害弗朗索瓦·费迪南大公的刺客是塞尔维亚人：没法再复杂了！事实上，1914 年 6 月到 7 月的危机是十多年国际紧张局势的高潮。整个欧洲都在为战争做准备——在边境上，在陆地上，在海上，在殖民地，在法国与德国、德国与英国、俄罗斯与奥地利、奥地利与意大利之间发生过的无数次的冲突中。

在巴黎，有一个人反对这种马基雅维利式的脚本：他就是社会党人让·饶勒斯。1914 年 7 月 31 日的晚上，他像往常一样到了羊角面包咖啡馆，这家咖啡馆在蒙马特街位于报社聚集区的核心地带。记者们聚在桌前，评论着欧洲此时此刻陷入的悲惨情况。下午，人们得知威廉二世宣布德国进入战争威胁状态。40 年来，战争一触即发的威胁从来没有如此强烈。晚上 8 点左右，一个送信的送来几份哈瓦斯社的电报。饶勒斯坐在长椅上，在兰德鲁和雷诺德尔之间，伸手接过电报，问道：“这是阿斯奎斯[①]的电报？”他赶快读起了这位自由党领袖的发言：“我们刚刚不是从圣彼得堡，而是从德国了解到，俄罗斯宣布全面动员军队和舰队，因此德国宣布戒严。据我们了解，这意味着如果俄罗斯实施军事总动员，那么德国也将全军动员起来。”

让·饶勒斯一脸沮丧，冷静地告诉公文拟稿员他的观点。迪布勒伊在他对面记下了一些要点。晚餐快要结束时，坐在邻桌的《红

① 阿斯奎斯：英国首相。——译者注

帽报》记者勒内·多利耶起身给兰德鲁看一张彩色照片："这是我的小女儿！"

"我能看看吗？"饶勒斯面带微笑地问道。

他看着照片，问了问小女孩的年龄。

由于天气炎热，咖啡馆的窗户都开着，与外面只隔着一道布幔。

莫里斯·贝尔特和普瓦松原本围在饶勒斯边上看照片，此时有外面的路人撩开窗上的帘子想往里看，吸引了他们的注意力。

"这些人在干什么？"普瓦松下意识地问道。

就在这一刻，帘子突然被扯去。窗外出现了一只拿着左轮手枪的手。只见一道火光，一秒钟内接连两声枪响，接着是盘子碎裂的声音和女人的尖叫。

"饶勒斯死了！他们杀了饶勒斯！"

这位社会党领导人身子从左侧倒地。整个房间里的人手忙脚乱，呼天抢地，乱作一团。有人跑去找医生，一个刚好在咖啡馆里的药剂师设法抢救饶勒斯。他找了找脉搏，解开衬衫，让人把两张大理石桌子拼在一起，把饶勒斯抬上去躺平。门外，警方在咖啡馆周围拉起了警戒线。最后，一个医生穿过拥挤的人群，挤到饶勒斯身边。几分钟后，他只能宣布："先生们，饶勒斯先生死了！"当天上午，饶勒斯还曾对他在《人道报》的同事说："先生们，如果战争爆发，它会唤醒人性中所有兽性的激情。我们必须做好在某个街角被暗杀的准备……"这样阴暗的预感变成了现实。在他最后的一篇文章中，他仍以乐观的态度写道："和平解决的机会尚未丧失。"

刺杀饶勒斯的拉乌尔·维兰被捕，他在刺杀前三天才从兰斯抵达巴黎。然而，他被捕入狱反而使他避开了所有战争的危险，并且在1919年被释放，躲过了刑罚。但是1936年，西班牙无政府主义者发现他用假身份生活在加那利群岛。于是他们手持武器，伸张了正义——一种饶勒斯肯定不会认同的正义。

此时，让·饶勒斯之死象征着主战派的胜利，少部分政客和投机者正打着发国难财的如意算盘，在他们眼中开战是解决紧张局势的唯一途径。还记得保罗·瓦莱里在1913年的名言：“战争是留给那些互不相识却要互相杀戮的勇敢之人的，而巨大的利益却落在那些相互认识又不会互动干戈的人手中。”

就在几年前，在咖啡馆里的人们还远远不能想象这种疯狂是如此迫在眉睫。在左岸，自相残杀还仅限于唇枪舌剑。在雷恩街靠近凡尔赛咖啡馆的木屋咖啡馆里，夏尔·克罗穿着拖鞋，主持最后一批无谓诗社成员的会议。过去塞弗林和于勒·瓦莱斯经常出没的沃吉拉尔街和美第奇街拐角处的金色海岸咖啡馆，如今吸引着各式各样的顾客：让·莫雷亚斯在那里吃饭，查尔斯·莫里斯预言未来，爱德华·迪比研究悖论，朱利安·勒克莱尔用星象占卜，被称作“印第安人”的高更在向数学家科尔比耶和哲学家梅耶松讲述那个纯净而又遥远的岛屿[1]。查尔斯·莫拉斯，在莫里斯·杜普莱西和里尔作家，歌谣《小囡囡》作者的儿子，古希腊学者德鲁索的陪同下，和莫里斯·曼德龙一起讨论语言学的问题。有时候，科莱特和威利会在这里和保罗-让·图莱、勒贝、让·德·蒂南一起聊天，好避

① 岛屿：指南太平洋的塔希提岛，高更曾到该岛生活、作画。——译者注

开总爱找碴儿吵架、讨人嫌的阿道夫·何泰。

在巴黎，总有魔术师般的手指创造出富有魅力的作品，而克劳德·德彪西得到的都是批评的声音。当某个乐队指挥演奏了他的作品，台下总是一片嘘声、口哨声和喝倒彩。乐评人也用最尖刻、最无情的话来抨击他。其中一个乐评人随心所欲地评论德彪西的音乐空洞，轻飘飘的，没有色彩也没有轮廓，没有动作也没有生命，充满了腐朽和死亡的种子。此时德彪西和他的朋友保罗-让·图莱坐在金色海岸咖啡馆里。他长了个怪模样，额头凸出，黑色的头发微微打卷，胡子经过精心修剪，脸颊有些厚实，双眼凹陷，闪烁着温柔和狡黠，他说话声音很轻，一点儿也不造作。他会慢慢地想出一个有画面感的词。他赞扬马拉美、于勒·拉福格、魏尔伦……他并不担心听众的嘘声，面对对手的谩骂，德彪西也只是耸一耸肩。他坦言他只想做他认为最好的音乐，没有其他的顾虑。和他的朋友们一样，他也喜欢幽默，喜欢开玩笑和讲风趣的俏皮话。他嘲笑上流社会和势利小人，无论是在生活中，还是在艺术中，他都表现出极大的真诚。

在金色海岸咖啡馆的阁楼上，经常会举行浪漫主义流派的聚会。奥斯卡·王尔德一到巴黎，就被让·莫雷亚斯邀请参加这一聚会。这个小圈子里还有欧内斯特·雷诺、杜普莱西和拉泰莱德。雷诺在他的《象征性的混乱》里写下了他对王尔德的印象："他人胖胖的，整个人无精打采，下嘴唇很厚，牙齿也坏掉了。王尔德长得并不怎么英俊，但这样的第一印象很快就会被他充满智慧的目光、热情的动作和言谈话语中的魅力改变了。"[19]

王尔德爱上了巴黎，但在1900年11月30日1点45分，他最后死在了美术街的一个小旅馆中。他用了一个化名登记，身边没有任何亲人，在孤独中死去。在他最后的时刻，只有他的朋友罗伯特·罗特在他身旁，作为那个时代最才华横溢的人物之一，一位富有争议而又十分难得的艺术家，最后不堪屈辱地离开了这个世界。这家小旅馆的小厅里，长期以来保存了刻着这位诗人房间号码的蜡烛台，此外还有一个黑色青铜狮子挂钟在这间屋子里，王尔德度过了生命中最后几个小时。

浪漫派在成立之初，经常在但丁街和圣雅克街街角的格鲁伯啤酒馆举行集会。莫雷亚斯在这里玩波利尼亚克牌和扑克牌，总是输很多钱，数学家科尔比耶也时常来为他的朋友打气。但是科尔比耶感情比较脆弱：他患有裂唇，很难忍受别人对他身体缺陷的侮辱。1893 到 1894 年冬天的一个晚上，他感到无比抑郁，绝望地跳进塞纳河之中。从那天起，莫雷亚斯拒绝再去格鲁伯啤酒馆，而把聚会搬到了索邦广场和维克多 - 顾赞街拐角的莱茵咖啡馆，之后他又去了小奶牛咖啡馆。在那里，他的肆无忌惮、妙语连珠和蛮横武断经常会逗笑他身边当时最为杰出的一批文人：勒内·布瓦莱夫、亨利·阿尔贝、王尔德的"经理"斯图尔特·梅里尔、让·德·米蒂、雅克·德·加雄、德奥达 · 德 · 塞韦拉克……

让 · 莫雷亚斯是出了名的毫无节制的酒鬼，至于开胃酒，他也不仅仅是用来开胃的。有天晚上，他对他的朋友们说："这现在是我的第五杯开胃酒，我也不想喝这么多。你们评评理：我走进第一家咖啡馆要了一杯尚贝里，那杯尚贝里特别难喝。于是我又要了一杯苦库拉索来换换口味，结果这杯比前一杯更难喝。喝完这杯之后，我又到第三家咖啡馆要了一杯橘子柠檬，想赶快忘记那些难喝的味道。但那杯橘子柠檬简直难喝得该死，我又不得不去要了杯苦艾酒。但是那杯苦艾酒不干净，这就是为什么现在人家又给我上了一杯杜松子酒。”

“要是一分钱不用花呢？”他的一个好朋友问道。

“那我就不知道怎么回家了！”

一天晚上，他和他的朋友莱奥·拉尔吉耶去咖啡馆，他好好戏弄了一番服务生伊西多尔。

“咖啡吗，先生？”服务生问道。

“你们的咖啡味道不好！给我一杯苹果白兰地……不，来杯葡萄渣酒。”

伊西多尔面带微笑地答应着，知道将要发生什么事情。他拿了一瓶酒回来。

“这就是你们的渣酒？都是臭的！”

“但是，先生……”

“没有什么‘但是’……让我看看瓶塞。”

“您看，先生。”

“啊！你说这是个瓶塞吗？这也太短了，根本没法塞住酒瓶。你们的渣酒都变质了……我再也不来了……真是家破咖啡馆！我以后还是去阿尔古尔或者巴尔扎克咖啡馆吧。”

接着他开始向莱奥·拉尔吉耶抱怨简直活不下去了。

邻桌坐着安托万·阿尔巴拉，他出版了一部《写作二十讲》，遭到了不少讥讽；音乐家迪布勒伊；阿方斯·都德的小说人物努

马 · 卢梅斯当的原型、部长的儿子努马 · 巴拉尼翁；从来没见过太阳从金字塔上升起的埃及学家布萨克；年轻的诗人查尔斯 · 德兰纳，雷蒙 · 德拉 · 泰埃德；还有1914年被杀害的埃米尔 · 德帕。在另一张桌前，埃米尔 · 法盖抽着雪茄，看着报，无论莫雷亚斯和他的小团体如何大声说笑都打扰不到他。

直到有一天，这个欢乐的小团体对莱茵咖啡馆和小奶牛咖啡馆都失去了兴趣，于是他们决定此后都去金色海岸咖啡馆。时至今日，《圣灰》的作者莫里斯 · 曼德什似乎已经被人们忘却了，他更喜欢去施泰因巴赫，那家地道的德国啤酒馆。他每星期三和星期六在那里组织聚会，参与者有哲学家梅耶松、路易 · 杜穆尔，音乐家迪布勒伊，建筑师泰利耶……施泰因巴赫啤酒馆的熟客中也不乏名人，比如喜欢喝啤酒吃腌酸菜的作家穆奈 - 叙利、保罗 · 苏代、马尔韦，还有巴黎文献学院的教授欧仁 · 勒隆，他拒绝了荣誉军团勋章，声明：“我不喜欢把这种纹章挂在身上。”

夜不能寐的人们即使在夜间也有一些去处，比如中央菜市场附近的双槌咖啡馆或者是拉丁区的万神殿酒馆。在万神殿酒馆的地下室，让 · 德 · 蒂南和他的朋友安德烈 · 勒贝刚刚喝下一杯威士忌。《法兰西水星报》时不时会在这里举办聚餐，保罗 · 莱奥托、安德烈 · 纪德、加斯东 · 多维尔、比谢博士、路易 · 杜穆尔、阿尔弗雷德 · 雅里围坐桌前。无政府主义者则对这里嗤之以鼻，他们更喜欢去圣雅克街的酒桶学院酒馆。在那里，人们几乎每天都能见到保罗 · 魏尔伦穿着他标志性的大斗篷，戴着羊毛围巾，手里拿着拐棍。

这位令人肃然起敬的大诗人先是在弗朗索瓦一世、源泉和普罗科普喝上几杯之后，再来到这里或是卡扎尔、古斯塔夫·勒鲁日酒馆喝上最后几杯苦艾酒。独自一人的时候，他会从一个旧书包里拿出几张纸、羽毛笔、墨台，开始写东西。一边放着墨水，一边放着苦艾酒，他一边写，嘴里一边不知所云地嘀嘀咕咕。

他拿羽毛笔在酒杯里蘸了蘸，一下子把笔扔在桌上，搓着双手，又用力甩了几下，痛苦的脸上浮现了一丝淡淡的笑，让脸上的皱纹更加明显了，他猛地喝下一口酒，然后继续埋头创作。他好像看不到周遭的一切，永远那么急切，那么紧张，脸上好像发着烧，也说不好是因为疯狂的创作，还是因为喝了太多的酒。当他清醒的时候，他慨叹他的境遇，自怨自艾，能骂出最难听的话，但这并不妨碍他继续创作。他极大地满足于规律的生活节奏和他的天分。他第一个极其理智地声讨“绿色仙女”，认为它是疯狂、愚蠢、羞耻和犯罪的源泉，政府即使不取缔，至少也应该加收重税。[20]

但是到了“抒情时刻”——下午5点这个可怕的时间，人们纷纷开始喝“绿色时间”开胃酒，他也无法抗拒这邪恶的喜好。

一天晚上，他的朋友夏尔·克罗坐在里沃利街的卡兹咖啡馆等他，写下了这首名为《绿色时间》[21]的诗：

如同躺在一张吊床上
思绪随之摆动飘荡
此时所有人的胃里
都被苦艾酒的洪流淹没

然后苦艾浸入空气
时间也变成了翠绿色
除了细嗅蔷薇的鼻子
敏锐的胃口也嗅到了它
（……）

克罗、魏尔伦和许多其他“苦艾酒诗人”都被“残暴的绿巫婆”打上了诅咒的封印。但正是由于这些放荡不羁的诗人们对苦艾酒的热爱，才让他们大放异彩的同时，也为文学界创作出了辉煌的作品。

魏尔伦所沉浸的苦难在理想主义的年轻人眼中是一种强大的悲怆。这位诗人陷入了不公的贫困之中。他如同被酒神下咒一般酗酒成性，腐败、淫欲披上了令人心生爱慕的神圣光环。这位受人崇拜的艺术家一直在和自己斗争，痛苦地被自己的内心所折磨，也因此被看作是诗坛颓废派的代表人物。身染重病的魏尔伦辗转在出租公寓和医院之间，写下了他最后两部诗集，1892 年的《隐秘的礼拜》和 1896 年的《死后书》。他的身边时常会有个奇怪的人，打扮得很古怪，像个流浪汉，他就是被称作“穷光蛋比比”的安德烈 - 约瑟夫 · 萨利斯。雅克 · 维庸和斯坦伦曾为他画过肖像，让 · 里克蒂斯和拉乌尔 · 蓬雄唱过关于他的歌：

您一定见过这个穷酸的人
面黄肌瘦，衣衫褴褛
刀削斧砍，面如鬼畜

这个要饭的人大部分时间自称是魏尔伦的“秘书”，而且对他保持着忠诚的友情。魏尔伦在他的《祝圣集》里还为他写下了几句诗歌：

穷光蛋比比了不起
这人多有趣！

哪个上帝创造了你
让人心欢喜

魏尔伦死后，萨利斯用几个铜板的价钱，把这位写下《智慧集》的诗人的许多遗物卖给了他的崇拜者们，光是那著名的拐杖就卖了好几把。1893 年，一位贝里书商的儿子提奥 · 贝勒丰想要重开废弃已久的普罗科普咖啡馆。房东用很低的价格把店铺租给了他，条件是他要恢复这间咖啡馆的原貌。贝勒丰是个有学问又和蔼可亲的人，他请了保罗 · 托马斯来落实装修。他们在二层搭了一个小舞台，在大厅中间重新装上了火炉的管道，并且重新布置了一个类似于佐皮时代那样的旧书架，希望能让文艺圈重归普罗科普咖啡馆。

1893 年 10 月，由词曲作者弗里穆亚主持的艺术家和文学家社团“甘果瓦”，开始在这里集会，“藤社”紧随其后。装饰艺术画派在二层的大厅里举办了第一次舞会，给人留下了难忘的回忆。墙上挂着许多接待过的最为杰出的顾客画像，重新翻修过的普罗科普咖啡馆焕发了生机。诗人和艺术家们重新涌向这里：让 · 黎施潘、保罗·阿雷纳、阿纳托尔·法朗士、亨利·皮勒、夏尔·克罗、加布里埃尔·维凯尔、皮埃尔·路易……于斯曼写信给提奥·贝勒丰说："如今想要与大众口味相逆是需要一定胆识的，今天的咖啡馆里都是用奶油刷的墙，可以滑动的沙发，画着广告的火柴盒和浮夸的彩绘玻璃。但至少您可以自豪的是，您重建的普罗科普咖啡馆没有去迎合那样的嘴脸。"

但是新的普罗科普咖啡馆，尽管得到了多方的支持和鼓励，却没有挺过1900年世界博览会。命运似乎确实要和这家巴黎的第一间咖啡馆做对。几家欢喜几家愁：就在普罗科普行将就木之时，在塞纳街和布奇街拐角处的三道门咖啡馆正顾客盈门。阿波利奈尔、阿尔弗雷德·雅里经常来这里用餐，有时还有和他们一起创办《伊索盛宴》杂志的尼古拉·德尼凯、安德烈·萨尔蒙和马克斯·雅各布。人们也像在别处一样谈论着费利克斯·富尔1899年2月16日的离奇死亡，也有一些不怀好意的猜测。比如，斯坦海尔夫人为什么会在现场；共和国总统死在了这位棕发美女的怀抱里或膝盖上，或是以其他引人遐想的暧昧姿势；一只手用尽全力紧紧抓住了她浓密的头发，以至于听到呼救声赶来的警官必须剪断头发，才把这位女子从那僵硬了的手中解救出来。

这个荡妇不得不从总统办公室的暗门仓皇逃走。虔诚的富尔夫人派人去找牧师。一个卫兵在总统府的大门口刚好遇到一位路过的神甫，就把他叫住了。

"神甫先生，快过来！共和国总统快不行了！快来给他做个临终圣事！"

“啊！上帝啊！”牧师喃喃着赶快跑过去，“他还有意识[①]吗？”

“没有，”卫兵回答道，“她已经从后面的楼梯走了！”

路易·杜穆尔偏爱塞纳街上的那家让老爹咖啡馆的清静。而其他人，诸如莫里斯·鲍彻、黎施潘和欧仁·蒙福尔则喜欢去蒙帕纳斯火车站前雷恩广场上的凡尔赛咖啡馆。这家咖啡馆于1869年由吉莱创立，一开始只是间小咖啡座，1890年它的新主人拉瓦涅和卡萨贝尔把它改造成了一家咖啡台球厅。从1901年起，保罗·福尔和他的朋友斯图尔特·梅里尔、画家迪里克斯、克罗格等人经常出入于此。1908年至1914年，这里迎来了一群斯堪的纳维亚艺术家。一战结束后，这里成了一家非常受欢迎的餐吧。在不远处蒙帕纳斯大道上的孚日咖啡馆，年轻的诗歌爱好者等待着弗朗索瓦·科佩的现身，并希望能随后坐到他身边聊上几句。

巴黎的时间以与众不同的速度继续运转着：直到1914年，巴黎人还没有意识到已经进入了一个新世纪，仍旧生活在过去时光的暮色当中。人们继续忙于寻欢作乐，忙于工作，好像除了马车夫之间的争吵，并没有什么重要的事情发生。有时不可开交的争执仍在用昔日的办法来解决，也就是决斗。如同尤苏波夫亲王的戏剧性遭遇，他是后来杀害拉斯普金凶手的长兄。

1910年，在默里斯酒馆的酒吧，长兄尤苏波夫在他的弟弟以及一个年轻女子的陪同下，刚刚抵达巴黎。这位年轻女子刚刚同他们的军团战友曼陀菲尔男爵订婚。殊不知被戴了绿帽子的未婚夫紧

① 意识：此处也有情妇之意。——译者注

紧跟随了他们一路。男爵突然出现在他们三人所在的酒吧，把他的手套扔在了奸夫的脸上，要求尤苏波夫返回俄罗斯决一死战，以捍卫他的荣誉和骑士卫队营的荣誉——尤苏波夫也是这个军团中的一名军官。结果，曼陀菲尔一枪击中了尤苏波夫的头部，把他打死了。年轻亲王的母亲已经要发疯了：她把儿子的尸体放在水晶棺材中，把自己锁在宫中守着尸体待了三个月。而尤苏波夫的弟弟继承了家族长子的权利，得到了 500 万卢布的继承权。

在最后的这几年太平日子里，决斗只是为了出口气。但对于一些怀旧的人来说，决斗在时下还是很有品位的：双方互相扇两个巴掌，演变成一场两个穿着衬衫、戴着皮护手的男人相互残杀的场面。两个人在穿着长外套的证明人和一群精英的见证下，捍卫自己的荣誉，最后往往是留下一个手掌被刺穿的伤疤。那时的人们可以通过这种方式赢回自己的名声。

所幸的是，决斗要流的血还不如流的墨水多，如阿莱尔 · 梅耶尔和爱德华 · 德吕蒙的决斗。《我的老巴黎》的作者爱德华 · 德吕蒙称《高卢人》的主编阿蒂尔 · 梅耶尔是“突厥人和摩尔人的杂种”，梅耶尔决定一血耻辱。但这场决斗很快变成了一场闹剧：在决斗场上，从来没有拿过剑的梅耶尔拿着剑笨拙地一通乱挥，而德吕蒙则是经验丰富的击剑手，把他的对手逼得无力招架，最后一剑刺向梅耶尔。梅耶尔吓得魂飞魄散，用手一把抓住了德吕蒙的剑，并用自己的剑刺向德吕蒙的肋部！这已经不是击剑决斗，而是要杀人了。一旁观战的证人们十分厌恶地写下了严厉证词来取消梅耶尔的决斗资格。这段有点滑稽的历史，自然也成了林荫大道上的那些咖啡馆里人们茶余饭后的谈资。

阿蒂尔·梅耶尔的《高卢人报》和阿德里安·埃布拉尔的《时间报》都办得勉勉强强，而加斯东·卡尔梅特却把《费加罗报》办得有声有色，《费加罗报》的一些观点甚至要了卡尔梅特的命。卡约，时任财政部部长和激进党领袖，他的夫人被卡尔梅特的新闻攻击激怒，闯入报社的办公室，冲卡尔梅特开了一枪。此后部长辞职，并站出来为他的妻子辩护。最终，卡约夫人在1914年7月无罪释放。但此后长时间有传言说卡约夫人的行径不仅只是为了保护名声：卡约夫妇担心《费加罗报》发表的一起陈年旧案，一桩由法布尔总检察长报告的罗谢特诈骗案，牵涉到卡约部长，部长恐怕难逃干系。

想要享受些异国情调，并不需要去多远，只要走到圣伯纳码头，那里有旧时国王的药用植物园，就像一座早已废弃的伊甸园，里面混杂种植着悬铃木、红榉、枫木和中国桃木。

在博物馆的玻璃窗里沉睡着史前怪物的骨架，比如布封厅里巨大的梁龙化石。为了从震撼的情绪中恢复过来，人们可以到济贫院大道2号的彩虹咖啡馆坐下喝上一杯咖啡，甚至坐在阿方斯·德·夏多布里昂或莱昂·布卢瓦的邻桌吃午饭。那些爱幻想的人们可以坐在椅子或长凳上，半闭着眼睛，想象着自己在大街小巷中穿行，任想象驰骋，甚至可以遇见德·朱西厄在和居维叶或布封伯爵聊天，居维叶身穿绣着绿色棕榈叶的燕尾服，布封鞋上有银色搭扣。

1900年至1905年，去皇家街的韦伯酒馆成为一种时尚。这里以豪华的装饰和舒适的氛围，迎接着八方来客。在这里能见到福拉尼，裹得严严实实的马塞尔·普鲁斯特，穿着浅色外套、目光敏锐的卡朗·达什和诗人保罗-让·图莱——莱昂·都德形容他“身材消瘦，喜欢嘲弄别人”。他歪在一杯“威士忌苏打”前，摆弄着他的胡子，目光闪烁地观察着周遭的一切，或是握紧纤细的双手，好像马上要伸个懒腰。

而几十年后，确切地说是1934年2月6日，在协和广场的那场火灾之中，韦伯成了临时收治伤者的中心，桌布被拿来当作了绷带。不远处的歌剧院附近，在1903年前一年刚刚正式成立的龚古尔学院颁发了第一个奖项。这个想法在爱德蒙·德·龚古尔的头脑中酝酿已久，他甚至将其写入了他1884年立的遗嘱之中。

龚古尔学院由十位文学家院士组成，他们必须在每年12月初评定一部作品，并为之授奖。这些评奖会议都在加永广场上充满了光荣与回忆的德鲁昂咖啡馆举行。像皮埃尔·马克·奥尔朗这样的巴黎最有名的美食家，经常会光临这家咖啡馆里的花厅。花厅因其装饰有花卉图案而得名，这是“咆哮的20年代”最具代表性的传统装饰。

“殿堂级”的作家和林荫大道派的作家相互妒忌：自命不凡的作家们虽然对那些销量惊人的作品表现得不屑一顾，但其实还是嫉妒得要命。因此，1924年，在文学界的咖啡馆里爆发了一场被后世称作“讨伐长句”的运动。亨利·贝罗因为在《今日手册》杂志上发表的一篇文章，身不由己地成为该运动的导火索。这本杂志只有当时的先锋知识分子才会订阅。这篇题为“出口作家”的文章，揭露了一些法国作家对欧洲文学作品独家经销权的控制。而他指出的这些作家都恰巧属于同一家出版社。实际上，贝罗知道外交部有一个直属的“法国文学作品海外办公室”，并且这个办公室归一个多少有些偏心、以权谋私的作家兼外交官管辖。

这场在新闻报纸上的作家间的口诛笔伐，很快升级为贝罗和纪德之间的私人恩怨。

过去的一份爱泼人脏水的政治小报《闪电报》成了《金束》作者贝罗的演讲台。在夏豆丹路口的一家小酒馆里，贝罗和《闪电报》的经理埃米尔·比尔特见面。

“您想要多少钱的稿酬？”贝罗问道。

“我一个子儿都不要。”

“我真想拥抱您！”

“《闪电报》就是您的家了！”

“没有什么约束吗？”

“就像空气一样自由。”

“能上头版？”

“这有什么问题，您只要和我们的主编特雷施达成一致就行。”

贝罗和纪德的这场骂战最后以相互妥协收场，并没有造成什么危害。

而对“善良的人”而言，他们仍在找寻吸引他们的乐趣。离巴士底狱不远的一条小街，那里因咖啡馆和舞厅林立而出名，这就是著名的拉普街。1903 年，奥弗涅人安东尼·布斯卡泰尔买下了拉普街 13 号一个名叫木屋舞厅的咖啡馆，他决定扩建这里，把它变成一个真正的歌舞厅。这个想法并不新鲜，1879 年 6 月 24 日的一份警方报告中显示，当时的巴黎有 130 多家歌舞厅，其中大部分集中在巴士底狱一带，从 17 世纪以来就有大批的奥弗涅人聚集在这一区域。

“歌舞厅”（bal musette）这个说法来源于牧羊人的风笛乐器(musette)，以前的农民经常伴着风笛略带呜咽的乐音跳舞。这种风笛又被叫作“卡布雷特”，在奥弗涅语中叫作“卡布雷塔”，指用来做风笛气囊的小羊皮。这种风笛广泛地出现在人们的生活中，比如圣诞颂歌的开头就这样唱道：

圣子降临
吹起双簧管
奏响风笛……

布斯卡泰尔请来了意大利的佩居里兄弟在他的舞厅演奏手风琴，这在巴黎的舞厅中可谓先驱，他们的那不勒斯圆舞曲成功地吸引了爱跳舞的人们。1910 年，布斯卡泰尔把舞厅卖给了科尔尼奥。老顾客们仍然继续说着去“布斯卡”那里跳舞，科尔尼奥对此并没感到不快，相反，他把店名改成了“布斯卡舞厅”。在拉普街上这样的舞厅有十几家，比如绿栏杆舞厅和红球舞厅，吸引了一些不受欢迎的人，比如像电影《金盔》里那群被称为“阿帕奇”的年轻小流氓。年轻妓女阿梅莉·埃利因为一头光泽亮丽的金发得到了“金盔”的绰号。1952 年，导演雅克·贝克尔启用了美艳无比的西蒙娜·西涅莱，让“金盔”的形象在大荧幕上成为永恒的经典。在两次世界大战期间，这条小街上的舞厅里挤满了这样的乌合之众。20 世纪 20 年代，爪哇舞成了舞蹈中的皇后。

在风笛、诺伊格、真之真理、1935 年改名叫巴拉约的韦尔内，还有三根柱这些舞厅里挤满了妓女和拉皮条的。守护天使酒馆也同样是“金盔”和“阿帕奇”的世界。中央菜市场一带靠近圣厄斯塔什教堂的皮鲁埃特街上挂着它的招牌，这里是属于抢劫犯的“马克西姆”。他们有时做完一笔“大买卖”就会到那里吃蜗牛，喝香槟酒。这些危险的客人，顶着油乎乎的头发，无比吵闹喧哗。他们在这里花的都是盗窃和勒索来的赃款。在这一带，这样的事情虽然见不得光，但也不是什么新鲜事。过去在这条街上曾立起一根示刑柱，皮鲁埃特街也因此得名。那是一座八角形的高塔，每一面的高处都开有尖形的窗户，窗户中间有一架铁轮子，上面有许多孔可以固定那些杀人放火、亵渎神明的犯人的头和手。他们要连续三天，每天两个小时遭受这种处罚。行刑者每半个小时就把他们转向不同的方向。实际上就是把他们当成了一个陀螺，这也就是“皮鲁埃特”的含义。

在“金盔”的那个时代，水果买卖和皮肉生意在皮鲁埃特街各占半壁江山。油炸摊前散发出令人作呕的味道，货架上摆着外卖的食物。小旅馆的门口飘满了食物的香气，螺旋的楼梯从下到上贯穿了这些老房子。

有一个名字对那些上了年纪的人来说仍然如雷贯耳：那就是里亚博夫。人们仍在谈论他，谈论他残暴的杀人行径，长满刺的手臂和戏剧性的被捕。里亚博夫曾经给“金盔”拉过皮条，他在某天走出酒馆后，冲向了三名无辜的人，并用刀捅死了他们。后来，他总被自己的一个无赖同伙指证。这样的悲剧依然在上演，在这里仍然经常可以看到一个流浪汉趴在人行道上，在一个小酒馆的阴暗处抚摸着一个空酒瓶。

第七章

Chapter 7

从蒙帕纳斯开始，改造世界

A Montparnasse, on refait le monde

所有人都在拼搏……在一群能说会道的人的喧闹声中，美术学校的学生们指责波拿巴街快要变成“外邦人的地盘”。这些艺术家中的大部分画家都在蒙帕纳斯的咖啡馆中展览过他们的作品。

——安德烈·瓦尔诺

摄影：索莱耶

丁香园咖啡馆

开业于1847年的丁香园咖啡馆（LA CLOSERIE DES LILAS）位于巴黎蒙帕纳斯大道上，这里曾经是巴黎新思潮青年扎堆的地方，各种思想，文学和艺术的碰撞吸引了一批批诸如左拉、塞尚等名家参与其中。在咖啡馆长长的大师名单中，年轻、贫困却又踌躇满志的海明威曾是这里著名的客人。

如果我们深究一下街道的命名，就会发现蒙帕纳斯地区位于一条与蒙帕纳斯同名的街道和林荫大道的交汇之处，并由此画出了一个完美的十字。其中作为中轴线的蒙帕纳斯林荫大道，从莱昂 - 保罗 · 法尔格去世的那幢房子起，延伸至丁香园咖啡馆；而另一条蒙帕纳斯街则起自欢乐街，终至旧时的玛丽 · 德 · 美第奇庄园边缘。

撒拉逊巨人伊索雷和纪尧姆 · 德 · 奥朗日曾在这里对阵。同样在这里的沃韦尔庄园——罗贝尔国王废弃的城堡废墟中，经常有毛贼装成厉鬼偷袭夜里晚归的路人。人们不是也常说不要“在沃韦尔鬼屋迷路”吗？然而，直到复辟时期和路易 - 腓力时代，出现了开发地皮的商人，这块区域才初具雏形。在大革命开始的前几年，蒙帕纳斯街还只是一条被风车包围的田间小道。

1783 年，大茅屋舞厅的出现让这里也成了人们欢聚的地点。如雨后春笋般出现的小酒馆让旁边那条街被称为“欢乐街”。1800 年，在“瑞士山花园”附近，树起了一个高达 65 米的真正过山车。周围是一片覆盖着茅草的小木屋，隐修所、彩虹、爱丽舍 - 蒙帕纳斯等一些舞厅相继出现。欢乐舞厅也开在了同名的街上。街区逐渐形成，比如首战街，一开始只是一条泥泞的小道。1797 年，塔波尼埃将军买下这里，庆祝他在维桑堡首战告捷。后来，荣金德、惠斯勒、高更和马奈这些画家们的名字相继和茅屋舞厅联系在一起，也就是前文中曾经提到的，英国人提克森买下的那间废弃的小木屋。

20 世纪初，蒙帕纳斯很少会被提及，只是在查尔斯 - 路易 · 菲利普的小说《蒙帕纳斯的布布》和布吕昂的歌中有所描述。在布吕昂的一首歌中，他唱了蒙帕纳斯的一群坏小子在火车站附近，沿着墓地的围墙游荡。一些画家在这里住了下来：惠斯勒住在阿萨斯街，荣金德住在了蒙帕纳斯林荫大道。首战街 9 号有一座奇怪的建筑，是由 1889 年世界博览会展厅拆除的部分材料建成的。一些在独立沙龙展出的艺术家在此居住：奥东 · 弗里斯、于勒 · 弗朗德兰、查尔斯 · 盖兰、马瓦尔、吕克 - 阿尔贝 · 莫罗……园亭咖啡馆当时只是一个大众舞厅，因为吧台旁边有几台老虎机而颇受欢迎。没过不久，这家咖啡馆就成了大都市放荡不羁的人们的心仪之处，而且周围的所有咖啡馆也都渐渐成为文学团体集会的场所：象征主义诗人在丁香园咖啡馆；《蒙帕纳斯》杂志[1]的小团体聚集在帕尔纳斯咖啡馆；还有一些外国人的社群，比如德国人会去穹顶咖啡馆。巴黎的资产阶级穿梭往来于其间，寻找着激情。许多咖啡馆都被载入了这史诗般的时代。

蒙帕纳斯大道 171 号的丁香园咖啡馆始于 1847 年：大茅屋咖啡馆的老掌灯人弗朗索瓦 · 布里耶决定，把原来卡尔特勒修道院旧址上的露天草料场改造成一间夜间开放的舞厅，这家名声并不太好的“卡尔特勒舞厅”有一个开放的舞池，装饰成东方风格，周围是一座花园。西班牙-摩尔风格的门面让人联想到宏伟壮观的阿罕布拉宫，那座摩尔国王在格拉纳达著名的宫殿。布里耶作为走在那个时代前沿的“环保人士”，在花园里种植了蔚为壮观的丁香树。他的舞厅就被称为“布里耶丁香园”。舞女克拉拉·方丹、西加勒、疯狂波琳、奥兰普、莫加多尔、罗拉·蓬蓬……在这里登台表演，这些打扮得十分艳丽的舞女曾是四种艺术和《法国信使报》的舞会伴舞。

在这里诞生了马祖卡舞和苏格兰舞。1863年，几个师从于查尔斯·格莱尔的美术生每天都来品尝卡贝伊老板的原产地葡萄酒。这些环境学院派的反对者正是巴齐耶、西斯莱、雷诺阿和莫奈。几年后，卡贝伊先生的接班人孔布勒，为这里加盖了一个厨房和一个台球室。

20世纪初，一直以来以欢乐的田园风格受到顾客喜爱的丁香园咖啡馆开始转向另一种风格，艺术家们开始在这里集会，原来的歌舞厅变成一个政治和文学的咖啡馆。在德雷福斯事件期间，亨利·德·格鲁和莱昂·布卢瓦在这里针锋相对。保罗·福尔禁不住诱惑，离开了凡尔赛咖啡馆。从1903年起，福尔在丁香园咖啡馆另起炉灶，每星期二组织一次诗歌朗诵会。在某次他组织的“鹅毛笔之夜”的聚会上，他被选为“诗人王子”。莫雷亚斯、莱昂-保罗·法尔格、查尔斯·莫里斯、保罗·莱奥托经常参加这些集会……保罗·福尔对象征运动抱有极大的热忱，并通过他的杂志《诗句和文风》来扩大该运动的影响力，这也使得丁香园咖啡馆有幸接待了全世界知名

多姆咖啡馆

多姆咖啡馆（CAFÉ LE DOME）在20世纪初期，是当时各国的冒险家和流亡者聚会、交流的场所。当列宁流亡巴黎时，也常常在这里与托洛茨基讨论俄国的革命。除此之外，艺术的气氛也浓浓地围绕在身旁，那是因为在第二次世界大战前，毕加索和他的朋友经常在这里流连，讨论着艺术的问题，久而久之，越来越多的艺术家和诗人都来到这里进行创作。

摄影：王欣

的客人。莱昂·都德经常和一些朋友去那里。他在《经历过的巴黎》中写道："有时候我们就在那里喝一杯啤酒或柠檬水。客人当中有学生，有住在附近的中产阶级，也有来自俄国的革命者：他们说话声音很低，坐在一张远离人群的桌上，像是在密谋着什么。他们当中有一个秃头，长着一张卡尔梅克人的面孔，阴沉的眼神中闪着光，让人感到一惊。这个人就是列宁。我们根据他的肖像认出了他。这个被放逐的弃儿的命运不得不令人惊叹，这个像小虫一样矮小又其貌不扬的男人，却在革命的大浪中推翻了沙皇的宝座，并在叶卡捷琳堡下达了屠杀沙皇尼古拉二世全家的命令。"[2]

1922 年 11 月，一个是诗人，另一个是音乐家的博耶兄弟二人重新翻修了丁香园咖啡馆，仍旧保留了它迄今为止受人喜爱的舞会，并把这里作为从巴黎到奥尔良路上的一个驿站。他们给丁香园咖啡馆冠以"艺术家和知识分子的小酒馆"的美名。

1925 年 7 月 2 日，在"盛大的圣 - 波尔·鲁宴会"上，拉希尔德夫人在谈到安德烈·拉芒代刚刚在格拉塞出版社发表的小说《你的国就是我的国》时声称："一个法国男人不应该娶一个德国女人。"在场的人立刻一片哗然，超现实主义的作家们在嘘声中一起大喊："德国万岁！"而另一部分人在热切地高喊："法兰西万岁！"外面被煽动的人群闯进了丁香园咖啡馆，德斯诺受伤，本杰明·佩雷被扔出窗外，店内的损坏相当严重。

另一家闻名遐迩的园亭咖啡馆，1903 年在蒙帕纳斯大道 103 号开业。1911 年维克多·利比翁买下了 103 号和毗邻的肉铺，把两家店合二为一，并于次年在整个店铺门口搭起了一个露台。随着时间的推移，这里成为艺术家之间盛行的聚会场所。画家、雕塑家、作家、音乐家、记者、政客约在这里见面，列宁和托洛茨基坐在一起喝拿铁也并非罕见。桑德拉尔、马克斯·雅各布、奥斯卡·王尔德、莱热、毕加索、里维拉、安德烈·萨尔蒙、吉斯林曾在吧台前擦肩而过，而战争年代又使他们各奔东西。

1921 年，利比翁决定在他的咖啡馆里举办长期展览。一群自称为“部落”的年轻画家把这里当成他们的总部，并以“首长委员会的最高元首”的费尔南·迪布瓦为首。如今“资产阶级化”了的园亭咖啡馆再也想不起自己十年前，在立体主义兴盛时期的样子，那时的利比翁一瘸一拐，亲力亲为地为那些作家、画家和街区的恶霸服务。

1923 年 12 月的一天下午，园亭咖啡馆扩建，并隆重举行了一个难忘的庆典。诗人和艺术评论家古斯塔夫·卡恩发表了讲话。店家欢迎来宾们品尝特色美酒和美食。人们不仅是为园亭咖啡馆庆祝，也是在为新的蒙帕纳斯庆祝。园亭咖啡馆焕然一新：每一个楼层，甚至在楼梯上都摆放了精美的艺术品，就像一个巨大的美术馆。二层有一个餐厅，一个爵士乐队和一个烧烤屋：男男女女穿着燕尾服和漂亮的裙子在这里翩翩起舞。

蒙帕纳斯即将把蒙马特拉下神坛。艺术家成为这里的主人。财富流向了雕塑家和画家们的工作室，他们花钱也大手大脚起来。他们醉生梦死，纵情欢乐，大声喧闹、歌唱、狂笑，搞一些重口味或天真的恶作剧。人们寻找着自己的同类，例如插画画家加斯东·巴雷，他的样子看起来更像个老实的公务员，而不是一个画家。他擅长跳肚皮舞，每天晚上只要他一跳起来，就会赢得同样热烈的喝彩。最惊艳的是他在圆滚滚的肚皮上，用黑瓶塞画了一张漫画脸。他一扭动身躯，这张脸上就会显现出奇怪好笑的表情，而他那张满面通红、油光水滑的脸，即使胡子进到了嘴里，依然保持着面无表情。巴雷最辉煌的时刻之一，就是在四种艺术舞厅化装成埃及舞女跳肚皮舞。他和伴舞的舞女们一起和着乐队即兴演奏的歌曲，放浪地扭动身躯。在他身旁的是红磨坊两颗最为耀眼的明星——古吕和格里耶·德·黛古。

在20世纪20年代初，在园亭咖啡馆的露台上有一次有趣的聚会。让·科克托很久以后在一档电视节目中特地提到，当时乔治·奥里克、雷蒙·拉迪盖和他本人都坐在露台上聊着天，这时一个俄罗斯老画家拿着他平淡无奇的画作从他们面前经过。他认出了科克托，并对他说："亲爱的先生！真高兴能碰见您！您能否赏光到我的画室看看？我很乐意向您展示我最近的作品……我住得就离这里两步远。"

面对这个老实人的善良和好意，让·科克托不好意思地想要拒绝他的邀请，但是他的朋友似乎对此很感兴趣。

"为什么不去看看呢？"乔治·奥里克伏在他的耳边说。

"咱们去吧！"年轻的拉迪盖随声附和。

"好吧，咱们走吧！"《可怕的父母》的作者让·科克托同意了。

几分钟后，几个人来到了这位潦倒画家杂乱无章的公寓。为了展示他的所有作品，画家开始了滔滔不绝的独白："我有这幅，还有那幅。"

一幅又一幅，科克托和他的朋友们像在宗教仪式上一样瞻仰着这些作品。他们的目光终于停在了一幅难以言喻的“东西”上。

“啊！我觉得这是我画得最好的一幅，”俄罗斯画家用手指着他们正盯着的一幅画说，“很遗憾我还没有画完。”

雷蒙·拉迪盖走到这幅画前，语气狡黠地对科克托说：“但他总有几幅是已经画好了的吧！”

咖啡馆里有些人在取乐，有些人在算计：以前不值钱的每平方米，现在都是令人觊觎的寸土寸金。一些小咖啡馆面临着近邻扩张的需要，可能会就此消失。帕尔纳斯咖啡馆就遭遇了这种情况。克拉马吉朗在巴黎发大水的1910年开了这家咖啡馆，和园亭咖啡馆共用一处房子。这个奥弗涅人喜欢画家，让他们在这里感受到了宾至如归的热情。1921年，他冒险首次在咖啡馆里举办了展览。《蒙帕纳斯》杂志的团队决定定期在他的咖啡馆里开会。但他没能抵抗住园亭咖啡馆的扩张，1924年，他的咖啡馆被利比翁吞并。

1925年，安德烈·瓦尔诺在他的《年轻画家的摇篮》一书中为我们描述了那个时代的氛围：“所有人都在拼搏……在一群能说会道的人的喧闹声中，美术学校的学生们指责波拿巴街快要变成‘外邦人的地盘’。这些艺术家中的大部分画家都在蒙帕纳斯的咖啡馆中展览过他们的作品。”[3]

在蒙帕纳斯大道102号，正对园亭咖啡馆的人行道上，两个奥弗涅人——欧内斯特·弗罗和勒内·拉丰，在1927年一同开了一家圆顶咖啡馆，希望将其打造成巴黎最大的啤酒馆。他们的想法是把这个原来的煤场改造成光鲜亮丽的酒馆舞厅。他们请来了两位建

摄影：王欣

圆顶咖啡馆

圆顶咖啡馆（LA COUPOLE），可以说是巴黎最负盛名的咖啡馆之一，至今仍保留着20世纪20年代的装潢。海明威、菲茨杰拉德、萨特、波伏娃都曾是这里的常客。咖啡馆现在仍然高朋满座。推门而入，首先会发现咖啡馆四周墙壁上挂满了大幅的油画，这其中包括夏卡尔和布朗库西的作品。

筑师——巴里耶和勒布克。这两位建筑师全面展现了他们卓越的技术，在这一街区脆弱的地表上建起了一座四层建筑，地下室是舞厅，一层是酒馆，二层是佩尔格拉餐厅，顶层的露台上有一块草地保龄球场。这座如同教堂一般宏伟的建筑由24根方形的基柱深深埋在地下，支撑着这座1000平方米的房子。他们请来了装饰艺术专家索尔韦兄弟来负责室内装饰，还有33位艺术家，包括藤田嗣治、艾萨克·格鲁内瓦尔德、玛丽·瓦西列夫、德兰、弗拉曼克，都参与了这个无与伦比的咖啡馆的绘画装饰，主要有三个主题：节日、女人、大自然。

圆顶咖啡馆迅速成为才华和智慧的聚集地。画家、诗人、政治人物、模特、文人和奇人在这里来来往往，比如著名的模特吉吉。她的本命叫爱丽丝·埃内斯汀·普兰。她出生于1901年，实际上，直到苏蒂纳1916年发现她，并启用她做模特，她才算真正的横空出世。藤田嗣治于1920年让她名声大噪，在她身上体现了时下最标准的身材比例美，她的头发剪成男孩子般，画着浓艳的妆，不受世俗礼教的约束。一天晚上，她赤身裸体地在圆顶咖啡馆屋子中央的浅口盆里沐浴……对于这个意想不到的广告，圆顶也并不否认！

圆顶咖啡馆对于那些夜游神、饥肠辘辘的游客和追求感官享乐的女人们来说，都是一个很好的去处。已经没人可以阻止它的成功。

皮埃尔·拉布拉舍里写道："这里的灯光如同淋浴般从天花板上泻下，消息不够灵通的政治家就像蝴蝶被光吸引一样来到这里。吃着冷肉和俄式鸡蛋晚餐的记者，在第二天的主要日报发表前，给人们带来广阔世界的最新消息。"[4]

随着时间的推移，圆顶咖啡馆接待着来自世界各地的知识分子和艺术家，他们来到这里都会仪式般地先到吧台坐上一会儿，然后穿过一个朝向林荫大道的旋转门，正对着鲍勃工作的吧台。安德烈·萨尔蒙在《蒙帕纳斯》中写道："人们对这位调酒师王子无与伦比的服务交口称赞，他还经常讲到他在大洋彼岸的俱乐部里工作的事情。"画家们的棕发宠儿吉吉和藤田嗣治的金发缪斯夕子，在那里絮絮不休地聊天，有时会吵得天翻地覆，她们的朋友吉斯林、佩尔·克罗格、玛丽埃特·里迪斯、卡洛斯·加德尔、拉乌尔·杜飞也时常加入她们的对话。在吧台，亨利·米勒放下几张钞票，想在酒醉中找寻灵感。他正在努力完成他最新的一部小说《北回归线》。约瑟夫·凯塞尔则更具表演性：他吞下了一块玻璃！那天晚上，当着目瞪口呆的吉斯林，他吞下了半品脱啤酒，包括半只玻璃杯。吉斯林逗他，把剩下的玻璃杯脚递给他，开玩笑地说："你落下了最好的部分！"凯塞尔疼得要命，发誓再也不会有第二回了。

布尔什维克革命造成大量的流亡人士涌入巴黎，圆顶咖啡馆也未能幸免。俄罗斯人聚在一起，说着符合他们戏谑口味的俏皮话。伊利亚·爱伦堡，也是《消息报》[①]在巴黎的通讯员，在这里和导演爱森斯坦见面。爱森斯坦是来为他被查禁的电影《战舰波将金号》做宣传的。他周围坐着安德烈·马尔罗、鲍里斯·帕斯捷尔纳克和贝尔托特·布莱希特。他的作品《三分钱歌剧》五年间在蒙帕纳斯剧院奉献了无数个美好的夜晚。扎德金，穿着他优雅的斜纹软呢西

① 《消息报》：苏联最高苏维埃机关报。——译者注

装，嘴里叼着烟斗，用审慎的目光盯着爱伦堡，总怀疑他是一名苏维埃间谍。

圆顶咖啡馆伴随着巴黎，穿越了这个狂热的年代。一场战争刚刚结束，而人们仿佛已经看到了另一个磨刀霍霍的场面。通常人们会来这里过上几个小时放纵的时光以发泄绝望。人们及时行乐，有时也会擦枪走火。感谢上帝，欧内斯特·弗罗知道如何平息这些紧张的情绪，即使是国民议会的议员在一场乱哄哄的会议结束后，继续到他的餐厅里来相互辱骂，他也能够应对。他自有他的道理，他不希望自己的美食圣殿变成政治舞台。那时候人们都说：“在利普咖啡馆刚成立的政府，到圆顶咖啡馆就垮台了。”

议员们不是唯一公开表现出不满的群体。演员们也在这场游戏中尽情发挥，比如费尔南代尔一天晚上在吧台前，差点儿要与卡尔洛·利姆展开一场斗殴。起因是卡尔洛·利姆直言不讳地批评他说，他的成功主要是因为他那两颗虎牙……又比如演员于勒·贝里，曾扮演电影《夜间来客》中令人难忘的魔鬼。他欠了人家一大笔钱，被债主找上门来责问。但是这位演员仍然毫无节制，铺张浪费，他用嘲弄的口吻对对方说：“亲爱的先生，我有个秘密要告诉您。”

对方带着防备，上下打量他。

于勒·贝里继续说：“每周六，我都会在几张小纸片上写上我债主们的名字。我把它们叠好，放在帽子里晃一晃，然后随机从中间抽出一个来还他的钱。”

“那又怎么样？”对方生气地反问道。

“那么，您看，我还有一个秘密要告诉您：下周六，您的名字不会出现在我的帽子里！”

可想而知，要想平息这场争执，在场的观众们要做出不小的努力。

作家皮埃尔·伯努瓦从一个圆顶[①]徘徊到另一个圆顶——从他被选为院士的法兰西学院离开，到圆顶咖啡馆吃饭，而且经常有一个美丽女人作陪。他的这种到处留情有时也会给他带来麻烦：一天晚上，他正式的情妇——唱《我的军团士兵》的歌手玛丽·迪巴，撞见他和同样是歌手的安德丽·斯皮内里在一起。玛丽·迪巴一时气愤涌上心头，控制不住自己的嫉妒。她的反应相当激烈，抓起一瓶塞尔兹水浇到了她的对手头上。这种情况下需要有人出面调解，勒内·拉丰此时出现，成功地平定了局面。这样的紧张气氛丝毫没有影响到邻桌的政治幻想家费迪南·罗普，他脑中正想着把圣米歇尔大道一直延伸到海边，并试图区分出亲罗普派和反罗普派。在这里还能遇见科克托，他总是店一开门就到。贾科梅蒂总是忍不住在餐巾上画满笔记和草图。还有《秃头歌女》的作者尤内斯库和让-保罗·萨特。路易·阿拉贡在这里遇见了埃尔莎·特里奥莱。她那双火焰一般灼人的眼睛使他于1942年创作了《埃尔莎的眼睛》。

圆顶咖啡馆作为装饰艺术的杰出代表而变得举世闻名。一切都是那么别出心裁，从光线到瓷砖，从家具到碗碟。一切都在蠢蠢欲动，勺子和茶杯底发出的撞击声，玻璃酒杯碰在桌子上，客人高声呼叫服务生的声音和嗡嗡的交谈声交织在一起。人们在这里陷入了一种真正奇妙的气氛之中。有剃光头的，有留着杂乱长发的，有穿

① 圆顶：这里是法兰西学院的别称。——译者注

着皱巴巴的彩色衬衫的，也有穿着旧皮袄的；有的脸上涂脂抹粉，闪着鲜亮的颜色；有人瘦得像竹竿，也有人大腹便便戴着眼镜；这样一群多样又奇特的人聚集在了一起。

在20世纪30年代初，一个出生在纳博讷富有音乐和诗歌才华的年轻人，经常在咖啡馆里和让·科克托、马克斯·雅各布坐在一起。白天，他在茹万维尔工作室做道具管理员挣钱为生。到了晚上，他和一位叫约翰尼·赫斯的歌手一起在公共马车酒馆演唱他写的作品。同时，他们还一起写了一些广告，很受“无线电城”和“巴黎哨所”听众的喜爱。他很快就创作出了数百首歌曲，被四处传唱。此人名叫查尔斯·特雷内。

圆顶咖啡馆吸引着一批想来挣几个铜板过活的艺术家，比如拿着炭条的速写画家，头戴“萨利斯式”的黑色大礼帽，打着领结，穿着马裤，靠自己的才华替人画肖像，挣些微薄小钱。他们在咖啡馆里转悠，盯着那些男女成对的游客，假装突然来了灵感，一边眯着眼睛看，一边赞美太太的轮廓……最后，女士们常常为自己能够被艺术家发现感到受宠若惊，这位“受害者”到光线最好的位置摆好姿势，微笑着，直到她们那始终没能打发走这讨厌画家的可怜男伴——苦笑着打开他的钱包，准备付钱。

每天下午，在圆顶的舞厅里，那些没有多少钱，但花销不少的年轻人沉迷在追求那些庸俗不堪又很可笑的姑娘中。这些“败家子”打扮得都差不多，穿戴整齐甚至无可挑剔，浅色马甲展现出曲线，留着一头乌黑的头发，眼神顾盼多情。他们追求的是那些来自上流社会或资产阶级，没什么内涵的姑娘。另一些人则选择追求他们的艺术理想：他们通过艺术来表达自己的诉求。他们的生活在画室和咖啡馆之间放松、切换，他们相信自己的作品将彻底改变世界。

蒙帕纳斯大道108号的穹顶咖啡馆在1897年还是一个木板搭成的小屋，人们在那里一边嚼着炸薯条，一边喝着葡萄酒。这里还可以出租手推车。画家和走街串巷的小商贩在这里打牌，争着谁赢谁输。一年后，保罗·尚邦改建了这里。起初，后厅的台球室里烟雾缭绕的氛围确实吸引了不少无所事事的顾客。随着时间的推移，多亏了保罗·尚邦经营有道，艺术家、手艺人、音乐家、探险家渐渐在这里组成了一个奇特的群体：他们有的阔气，有的穷酸。咖啡馆的装潢也变得越来越华丽。1903年，布拉格画家瓦尔特·邦迪和来自慕尼黑的艺术家鲁道夫·莱维在穹顶咖啡馆建立了深厚的友谊，并由此诞生了一个被称作“穹顶人”的团体。这个团体由一群画家和画廊老板，以及来自世界各地的客户组成。他们经常在穹顶咖啡馆的露台上举行集会。

列宁和托洛茨基也光顾过这里。列宁参加过由玛丽·瓦西列夫主办的艺术家聚餐，但他有个令人恼火的习惯，就是喜欢跳到桌上发表热情洋溢、带有颠覆性的演讲。由于列宁参与的活动会受到警察从旁监视，这使得女主人不得不下达逐客令。1905年12月24日，一个代表团从穹顶咖啡馆出发，到巴黎东站去接来自保加利亚的漫画家帕斯金。他从慕尼黑出发，坐着东方快车，带着或多或少的名气来巴黎定居。作为那个时代的肖像画家和插画家，他的画作充满了表现力，其精致的色彩往往带有一些情色的意味。

由于连年战争，许多有名的人物都从这里消失了。1921 年，穹顶咖啡馆迎来了一些斯堪的纳维亚人和盎格鲁 - 美国人。随后，1924 年，捷克人、俄罗斯人和波兰人也聚集于此。这里的一些员工十分叛逆：一个叫恺撒的光头服务生，出了名的只为他看得上眼的人服务，其中包括藤田嗣治、德斯皮奥、吉斯林、扎德金、女舞蹈演员纳皮埃尔科斯卡、《法律之法》的作者哲学家居伊 - 费利克斯 · 丰特纳耶和曾用穹顶咖啡馆的信纸给教皇写信的玛丽 · 瓦西列夫！

但圆顶咖啡馆的艺术气息依旧难以粉饰这一困难时期的混乱。1929 年的经济危机引发了一些类似于摄政时期、大革命时期或第二帝国结束时发生的社会动荡，出现了许多奸商。在咖啡馆里，人们仍过着醉生梦死的日子，而这样的欢乐往往会变成枷锁：那些沉迷于寻欢作乐的人抱怨自己成了欢乐的奴隶，这是常有的事。他们一天之内要花上好几个小时从夜间的疲劳中恢复过来，剩下的时间则用来回忆前一晚的纸醉金迷，以及准备明天继续。艺术家之间撕破脸争吵，相互辱骂，针锋相对。也正是在这一时期，园亭、圆顶、穹顶和丁香园咖啡馆里诞生了各种不同的运动，活跃的思想迸发出最意想不到的理论。人们热情洋溢地发表演说，每个人都捍卫自己的理想，抨击那些“庸人”、老画家、学院派、因循守旧的作家和画室的头头儿。人们讲了太多观点，都没有时间消化。人们的灵魂中充满了崇高的理想和热情，却囊中羞涩，正如诗人让 · 佩尔兰[5]在这几句诗中描述的，他从一战的战场上回来后不久就病逝了：

什么也无法抹去那寒冷的恐惧
大地将她无情的长发
从面孔上扯下
我们的旧世界一如既往
12 个苏只买一小杯酒！
买一大杯又要酒钱几何？

穹顶咖啡馆举办了越来越多的文学晚餐，比如让·加尔捷-布瓦西埃组织的《小臼炮》杂志晚宴。本着歌舞厅的精神，每个参与者都趁机唱出他的小曲儿。克洛德·布朗夏尔唱了一首《英勇的机械师》，后来他在一次飞机事故中丧命。设计师塞尔日是马戏团专家，他为大家唱了《朝鲜蓟心》和《圣阿芒的蔷薇》。亨利·让松以一曲《爱的回声诗句》“技惊四座”，简直是一场可怕的闹剧。迪努瓦耶·德·塞贡札克擅长乡间风格的《玛丽·罗比盖特》或《如果您知道她有多美，法官大人》。让·加尔捷-布瓦西埃声音洪亮地唱起“朱洛是偷走妓女们芳心的刽子手”。皮埃尔·马克·奥尔朗唱着军团的军歌和“巴塔夫”[①]的副歌部分。迪尼蒙以一曲《欧内斯特，离我的妻子和烟斗远些》技压群雄……莱昂-保罗·法尔格、勒内·福舒瓦、安德烈·瓦尔诺、让·奥伯尔雷、保罗·普瓦雷接连唱个不停。他们唱的曲目从水手歌到现实主义歌曲，从爱国歌曲到德尔梅的浪漫曲、弗拉格森的小调、贝内什和迪蒙的音乐剧，无所不有。

① 巴塔夫：非洲轻步兵团的简称。——译者注

也是在这时，阿尔契蓬科在穹顶咖啡馆结束了在他工作室发起的喧闹招待会，卡努多的纽扣上别着常春藤叶子，在招待会上格外显眼。凡·东根刚刚结束他的第一次埃及之行，赤裸着上身，胡子上绑着蓝色和粉色的小蝴蝶结。亨利·卢梭住在附近的佩雷尔街，他经常在这里度过漫长的夜晚。布莱斯·桑德拉尔——当时他还没有因为打仗获得军事勋章和“独臂人”的绰号——专门来这里构思他的小说。

莫迪利亚尼在这里见到从蒙马特来的郁特里罗，高兴地叫了起来。随之而来的是喧闹的聚会和危险的豪饮，聚会往往乐极生悲，直到闹到警察局才算结束。

穹顶咖啡馆逐渐变得国际化。1924 年，这里成了第一个爵士乐爱好者聚集的“美国酒吧”。画家的圈子也总是无所不在。路易·乌里（未来的演员兼导演杰拉尔·乌里之父），领导着一个叫作“颜料盒”的艺术家团体，在这里举办了展览并大获成功。诗人们也喜欢这里：一个叫“这些人和那些人”的诗歌协会把这里当作了停靠的港湾。

对于意大利人来说，他们喜欢去蒙帕纳斯大道 95 号，一家自 1914 年以来由蒂万夫妇经营的小那不勒斯人咖啡馆。莫迪利亚尼、契里柯在这里和买他们作品的崇拜者讨价还价。1908 年至 1925，罗莎莉·托比亚在首战街 3 号开了一家老式乳品店，取名叫“罗莎莉家”。1885 年，这位美丽的意大利姑娘在法国定居，并开始了她的模特生涯，为卡罗勒斯 - 杜兰、埃米尔·巴亚尔、布热罗、达尼昂 - 布弗雷做模特。她经常给画家朋友们非常实惠的价格，于是这里成为莫迪利亚尼、苏蒂纳、毕加索、郁特里罗最喜爱的餐厅……直到 1930 年，罗莎莉听了美国画家巴特勒妻子的话后，也感叹自己的价格实在是业界良心！

遍地开花的咖啡馆在“咆哮的 20 年代”取代了传统的商业。罗莎莉的乳品店吸引了众多的艺术家，隆迪什夫妇也同样把一间葡萄酒商人的店铺改造成了文学咖啡馆和小酒馆。1921 年，他们在蒙帕纳斯大道 146 号开了家变色龙咖啡馆。这里是诗人达尼埃尔·塔利、雕塑家勒韦、亚历山大·梅尔瑟罗的巢穴，他们把这里称作“蒙帕纳斯的索邦”——他们的自由大学。1923 年，变色龙咖啡馆离开蒙帕纳斯，搬到了拉斯拜尔大道 241 号，一直开到 1927 年。

空着的店铺立即被同时是记者、画家、装饰家、美国爵士乐音乐家的希莱尔买下，在他的前骑师米勒的帮助下，赛马咖啡馆正式营业。这家咖啡馆很快就变成夜总会，吸引了许多美国黑人音乐的爱好者。希莱尔请他的同胞阿奇博德·莫特利负责外部墙壁的彩绘。1927 年，弗朗西斯·卡尔科在他的《巴黎夜色》书中写道：“赛马完全懂得如何令好奇的人们过目不忘。在右侧的一台钢琴上，一个黑人一边用他纤长的手指灵活地敲打着琴键，一边打鼓，释放出巨大的声响。舞台上的爵士乐表演简直让人应接不暇。”

在巴黎的斯堪的纳维亚人频繁光顾两家咖啡馆。一家是由挪威人卡尔·F. 莱姆 1926 年在瓦番街 31 号开的维京人咖啡馆，人们总能在这里见到尼尔斯·达尔德尔、佩尔·克罗格、曼·雷和米希亚·塞尔特的身影。还有一家是 1921 年开在惠更斯街 4 号的林鸮咖啡馆，这家咖啡馆取自漫画家弗雷德里克森的同名讽刺杂志。

继赛马咖啡馆之后，美国人路易斯·威尔逊于1924年在德朗布尔街10号开了一家狂人咖啡馆。此后雅尔贝的天选咖啡馆于1925年在蒙帕纳斯大道99号开业，成为附近最受欢迎的美式酒吧。这里从白天营业到深夜，吸引了亨利·米勒和海明威这样的名人前往。

《老人与海》的作者海明威继续着他传奇的人生。1918年，他成为战地医护人员，负责开救护车运送伤员。1919年1月21日，美国方面第一个受伤遣返、载誉而归的人就是他！带着去看一看欧洲的渴望，他的朝圣之旅结束于护墙广场和穆夫塔尔街。他当时作为《多伦多星报》的海外特派员，让他有机会在这片饱受战争苦难的土地上东奔西走。他带着对命运的不满，在蒙帕纳斯的咖啡馆间徘徊。他写道："这该死的报纸正在一点点地摧毁我。我贡献出我的一部分存在，但只在那几页报纸上昙花一现。我必须把那些痛苦的经历，像用海绵擦石板一样，从我的记忆中擦掉。"[6]

巴黎的咖啡馆里时而静默，时而有打碎杯盘的声音。海明威在咖啡馆和詹姆斯·乔伊斯见面，他的巨著《尤利西斯》正影响着英美文学，还有美国文学"泰斗级"人物——格特鲁德·斯泰因，马蒂斯、布拉克和毕加索都曾为她画过像。以海明威、弗朗西斯·斯科特·基·菲茨杰拉德和威廉·福克纳为代表的美国文学很快席卷了全世界。1937年，海明威作为战地记者前往马德里，这段经历使他在1939年写下了《丧钟为谁而鸣》。1961年4月17日，他看着电视上演员詹姆斯·斯图尔特眼含热泪地把奥斯卡奖颁给了他的朋友加里·库珀，这是他第三次捧获该奖，海明威在病榻上激动地打电话给加里，对他说："我现在身体状况比你还要糟糕！"

"别担心，我敢打赌，我会死在你前头。"加里·库珀回答。

不久后的7月2日，这位深感孤独的老人，用一把猎枪结束了自己的生命。

欢乐街无疑是蒙帕纳斯大道附近最繁华的街道之一，这里咖啡馆、小酒馆、歌舞厅林立。一切都开始于1819年，塞韦斯特决定在蒙帕纳斯建一家剧院。那时的欢乐街还是大象舞厅、小牛舞厅和千柱舞厅的天下……马路两旁种着金合欢树，充满了乡间气息。价格便宜的阿让特伊葡萄酒，每周日引来不少工人。塞韦斯特的剧院为这里增添了额外的吸引力。最初，去那里看戏的大多是附近的居民。每天晚上可以演出两场情节剧和一场滑稽戏。晚上6点大幕拉开，直至午夜。观众们可以在大厅中间的火炉上加热他们的晚餐，一家人在中场休息时，品尝传统的白菜汤。1886年，蒙帕纳斯剧院建成。塞韦斯特当时万万没有想到一个世纪之后，剧作家加斯东·巴蒂将把这里变成世界知名的艺术家和诗人汇集的舞台……

欢乐蒙帕纳斯剧场也开在这条街上，该剧场的前身是弗勒吕斯街的卢森堡剧场，由集杂技演员、小丑、口技演员和歌手于一身的波比诺一手创办。波比诺的真名叫萨克斯，他在一块空地上搭起了木棚，开始了他的演艺生涯，那块空地上后来建成了迈内大街。

第八章

Chapter 8

虚张声势

On « bluffe sur le moi »

我们期待着一个既私密又体面的夜晚。毫无疑问，这个夜晚是私密的，而且是过于私密了……但是非常体面！就像床前的小地毯！我们有幸见到了人称“小婊子”的玛尔特·舍纳尔小姐。让·科克托站到桌子上，碰碎了杯盘，发表了一番下流的演说，以示“欢庆”的喜悦。

——《大木偶剧场》

富凯餐厅

创建于1899年的富凯餐厅（FOUQUET'S）位于香榭丽舍大街和乔治五世大街相交的拐角处，是巴黎各界名流不可绕开的逗留之地。在它那著名的红色背景装饰下，餐厅每年都会迎来恺撒奖的颁奖典礼。餐馆的大厨让-伊夫·勒朗盖(Jean-Yves Leuranguer)烹制的全球美味以及传统特色美食……所有菜肴均具有电影的气质！

摄影：王欣

让我们离开蒙帕纳斯，从阿尔玛桥跨越塞纳河。1910 年，塞纳河曾经泛滥过一次，河水一直漫到安德烈 - 路易 · 戈迪的胡子：实际上就是桥下那尊著名的佐阿夫兵[①]雕像。这个来自格拉沃利讷的北方人，在一次阅兵中因其英武相貌被拿破仑三世选中，让他给雕塑家蒂耶波尔做模特。戈迪喜出望外，就这样永远被摆在阿尔玛桥下测量塞纳河的水位。

此时举世闻名的香榭丽舍大街上，马车才刚刚消失，只剩下旋转木马在老式浪漫曲的音乐声中旋转。成群的孩子爬上这些建于 1881 年的木偶驴子，这是塞居尔伯爵夫人经常描述的场面。孩子们憧憬着装满糖果的圆筒袋子，手里拿着彩色球、铁环或纸风车，梦想有一天会飞到天上去，飞到一个由数百个气球带上天的飞屋里。

① 佐阿夫兵：创建于 1830 年的法国轻步兵团，原由阿尔及利亚人组成，1841 年起全部由法国人组成。——译者注

莱昂-保罗·法尔格曾说过，除了富凯咖啡馆“还有点儿热情可言”，香榭丽舍大街上的大部分咖啡馆都好像临时靠岸的邮轮，酒吧像小船一样停靠在大道两旁的街巷里。香榭丽舍大街上总有好戏上演，一切都在露天进行。路人们在街上可以意外地观赏到一台高级时装秀，一场流浪歌手私下举办的独唱音乐会，一个单人乐队表演的小节目，或是走钢索之类的杂耍。

这样的场景并不稀奇：1845年，那些最早在香榭丽舍开音乐咖啡馆的老板们都会充分地利用门前的空间，搭起一个类似戏剧舞台的平台，让歌手们演绎那些铿锵有力的进行曲、军队歌曲，或者是逗乐的小曲儿……并且尽量变换不同的曲风，好留住那些老顾客，讨他们的欢心。

那时的蒙田大街还叫“寡妇巷”，两边是种着燕麦和白菜的田地。欧仁·苏在他的小说《巴黎的秘密》中就把阴森可怖的“红臂酒馆”写在了这条街上。那时的富兰克林·罗斯福大街还叫昂坦巷，街上开满了各种小舞厅，比如：伊希斯、拉多诺和小红磨坊。

圆形广场咖啡馆原本只是一间普通的葡萄酒小卖部，一家人在去看演出之前或之后，或是参加一些时髦的活动时——比如每年春天小皇宫的“童年展览”——都会来这里吃冰淇淋或喝果汁。人们在圆形广场咖啡馆桌前热烈地讨论展览，毫不掩饰对那些洋娃娃、铁皮士兵和小脸粉嘟嘟婴儿画像的喜爱。而另一些人则感慨自己已经不再是小孩子了，不能再穿苏格兰白线袜、黑白格苏格兰衬衫、亚麻布小褂和黄铜扣的巴斯克外套，再也不能留着一头像乖娃娃一样的漂亮金色卷发了。

夜幕降临后，香榭丽舍大街上出现了一群威胁路人和游客的暴徒。在黑暗中巡逻的警察们，手里提着风灯，也生怕被歹徒攻击。早在 1789 年 10 月，这里刚刚摆脱掉菜地、泥地和散发着恶臭的昂坦堤道，巴黎市政厅就向警察委员会发出请求，要求"考虑香榭丽舍大街和夏约街的照明问题，应及时安装路灯，以便巡逻更加安全有效"。1817 年，一位专门在香榭丽舍大街出租椅子的穆雷先生提议"恢复在占领时期被破坏的照明"，让街上亮了起来。颇有意思的是，煤气灯的发明者勒邦就是在香榭丽舍大街上被杀的！ 1839 年，香榭丽舍大街上架设了 1200 盏路灯，到 1851 年又增加了 130 个。从那时起，人们到露天咖啡馆享受娱乐就更方便了：荡秋千、打羽毛球、跳舞、听音乐会……19 世纪末期，公共马车在这条街上行驶得十分顺畅，不疾不徐。车夫们常去香榭丽舍大街 99 号的克里岱里翁小酒馆。1899 年，路易 · 富凯决定买下这里。

香榭丽舍大街很适合步行。人们穿过斗兽场，那里聚集着许多咖啡馆、餐厅、舞厅，经过环岛时，能闻到从地下室的印刷厂窗口飘出的油墨味儿，听到咔嗒咔嗒的排字声混杂着鹅卵石撞击大理石的声响，还可以听到街头卖艺的音乐家在旁边咖啡馆的露台上演奏。

更有甚者可以继续漫步到玛德莱娜广场，直到那不勒斯街，那里是右岸文学界的核心地带，艺术家、记者和政界人士钟爱的地方。年轻的莱昂 · 布卢姆戴着黑色宽翼毡帽和戴着大礼帽的阿蒂尔 · 梅耶尔交谈。莱昂 · 都德时不时地会为了《吉尔 · 布拉斯》和皮埃尔 · 莫尔捷唇枪舌剑一番。卡蒂勒 · 孟戴斯和欧内斯特·拉热内斯也经常会出现在露台的椅子上。

随之而来的新世纪将被愚蠢的战争碾压。自古以来都是如此，人们被经济竞争所驱使，只需要一个火花，就能点燃互相残杀的地狱之火。1914年6月28日，奥匈帝国大公在萨拉热窝遇刺，就是开始血腥杀戮的绝佳借口。

但几年后，这里的一些咖啡馆又找回了重生的喜悦，比如布瓦西-当格拉街上，路易·穆瓦兹开的“屋顶上的牛”。他之所以取这样一个店名是参考了让·科克托为香榭丽舍剧院设计的一场演出。这场演出的音乐由达律斯·米约创作，拉乌尔·杜飞则负责舞台装饰。1922年1月10日，咖啡馆正式开业，自那以后，这里就成为音乐家们聚会的场所：萨蒂、六人组（米约、普朗、奥里克、奥内热、迪雷、塔耶费尔），还有一些作家也来光临，比如保罗·莫朗、安德烈·纪德、保罗·布尔热、布莱兹·桑德拉尔、科克托……各界的名人在这里偶遇：塞尔日·利法尔和伊冯娜·普兰当坐在一起聊着天；而在吧台那边，阿图尔·鲁宾斯坦在和加斯东·伽利玛打招呼；钢琴家让·维纳和克莱蒙·杜塞轮流为这些对话配上背景音乐；有时吉吉会来这里演出几首轻佻的小曲儿。杂志《大木偶剧场》以独立的视角反映了当时社会的风土人情，并以它奇特的方式讲述了这家咖啡馆的落成：

在落成仪式上，来的全都是巴黎的名流和艺术界人士。让·科克托是这里的常客，他的朋友们改称这里为“虚张声势”[①]。我们期待着一个既私密又体面的夜晚。毫无疑问，这个夜晚是私密的，而且是过于私密了……但是非常体面！就像床前的小地毯！我们有幸见到了人称“小婊子”的玛尔特·舍纳尔小姐。让·科克托站到桌子上，碰碎了杯盘，发表了一番下流的演说，以示“欢庆”的喜悦。人群中有穆拉公主、弗拉基米尔大公、苏特扎公主、艾蒂安·德·博蒙伯爵、香奈儿小姐、格鲁、波雷尔、德吕克、哈利·鲍尔、安德烈·德·富基埃、艾米里安纳·达朗松、费尔南德·卡巴内尔、毕加索、皮卡比亚、阿贝尔·埃尔芒等。从凌晨4点开始，大家都无所顾忌了。有些人开始公开吸食可卡因。诗人们最后都像《尤利西斯》中被喀耳刻施了魔咒一样醉得不省人事。其他人当中，有位金融大王的儿子，年轻的马塞尔和舍纳尔在水池中一番热舞之后，又开始不知羞耻地和一位著名的女钢琴家亲热。而她的丈夫，一个左岸的演员，正在别处寻欢作乐。早上7点多钟，一对对男女烂醉如泥，跌跌撞撞地走出咖啡馆，留下一片狼藉。地毯上沾满了污渍，椅子也坏了，散发着一股狂欢过后的臭气。

这篇文章中提到了一种前所未有的祸害开始大行其道：那就是

① 虚张声势：“Le Bluff sur le Moi”近似店名屋顶上的牛“Le Boeuf sur le Toit”。——译者注

毒品。继鸦片之后，人们又相继发现了吗啡和可卡因带来的激情。在毒品的作用下，咖啡馆、音乐厅、沙龙都幻化成令人神魂颠倒的人造天堂。这些白色粉末所引起的冰冷迷醉，迎合了战后人们所追求的放纵。他们已经无法摆脱这些毒药所带来的快感。

从明亮的咖啡馆到烟雾缭绕的酒吧，从热闹的歌舞厅到隐蔽的小旅馆，从夜总会到非法的烟馆，艺术家和强盗来往，文人和皮条客做交易，“命运”不断地变换着道德标准，毒品的破坏力能够让出身贵族的姑娘变成轻佻、下贱的女子。在这个充满了迷乱和幻觉的世界里，少不了各种发不义之财的人：赌场妓院的老板、跑腿的跟班、伙计、盥洗室的看门人、刁滑的医生和贪婪的药剂师。尽管法庭判决了越来越多的毒品买卖案件：1917 年有过 52 起逮捕，1918 年 82 起，1920 年 157 起，而 1921 年则有 300 多起，但他们还是小心翼翼地让自己逃过了法律的惩处。

1914 年到 1918 年的血腥战争，在年轻人心中留下了一个巨大的缺口，同时也促进了种族、语言、文化和习俗上的融合。1914 年去参军的农民带着欲望和城里人的生活习惯返回故土。农村妇女们也开始懂得掌握自己的命运了：现在她们也要和男人们分权了。城市的节奏变得匆忙，没有人愿意浪费时间。汽车正在取代马车，马车夫和公共马车都成了老古董。人们开始习惯聚在一起，为一场体育比赛呐喊，或是参加一场政治集会。农村人口开始涌入繁荣的城市，上百万的农民渐渐离开他们耕种的土地来到巴黎。传统的家庭结构即将土崩瓦解。美国已经渗透了它决定性的影响力。从那时起，社会繁荣从购买的欲望上表现出来——钱，必须要花出去。银行必须承担生产力的风险。那些技术落后、思想守旧、不接受投资的家族企业很快被淘汰。成千上万的企业申请破产，或被其他企业吞并。一种类型的企业趋于消亡，而另一种金钱至上的企业正初具规模，而且比以往任何时候都更强大。在崇尚娱乐的文化背景下，一种新的经济体开始生根发芽。如果说无论是在办公室还是在酒馆里，歌剧院一带的金融机构都是股票交易的中心，那么香榭丽舍大街的咖啡馆则成功地融入了电影市场。伴着上午的拿铁咖啡和晚上的烈酒，制片人、导演和演员用来自世界各地口音的法语或英语探讨电影艺术，谈论上百万的票房、工作室、胶片、角色、利润、剧情和发行。

富凯咖啡馆成为电影界聚会的先锋阵地，新产业的总部。“世界上最伟大的演员”——奥森·威尔斯口中的“莱姆”，带着他的南方口音、机智风趣和他的戏剧成就，在这里度过了无数个夜晚。几年后的1939年9月1日晚，在喝开胃酒的时间，他在富凯的吧台重新见到了他的老朋友“帕尼斯”[①]，令人难忘的沙尔潘，一如既往地戴着他那波尔卡圆点的领结和圆形礼帽，敞着外套。莱姆不无戏谑地喊着他的老伙计：

“在这儿呢你！”

“你没看错……”

“我想说的是，你还没上战场？”

沙尔潘反诘道：“于勒，咱俩可是同一个班的！”

---

① 帕尼斯：法国南部的特色美食，一种油炸或烘烤的鹰嘴豆面小点心。——译者注

莱姆斜眼打量着他，指着他开玩笑地说："对，但你是班长！"[1]

在国际舞台上，从1920年起，政治领袖们的立场并不能重新鼓舞士气：第一次世界大战的战胜国兄弟阋墙，之前的盟友转眼间变成了对手。《凡尔赛条约》墨迹未干，就已经在各种会议和越来越深的误解面前失去了效力。意大利的议会政体在墨索里尼的黑衫军进军罗马后土崩瓦解。阿道夫·希特勒借着德意志惨烈的通货膨胀煽动民众的情绪：1914年，1美元相当于4马克，而到了1924年12月则相当于42000亿马克……

在法国，法郎的不断下跌激起了民众极大的不满：无力改变局面的政府走马上任，倒台。直到1926年7月底，普安卡雷组织起一个统一团结的政府，并联合了反对派的社会党人，如埃里奥兄弟、塔迪厄、白里安……而此时的德国正陷入绝望的深渊，滑向道德的边缘，在空前的政治混乱中挣扎。此时的远东拉开了血雨腥风的序幕：日本开始侵略中国。

有些人天真地以为经历过恐怖的第一次世界大战后，民智会得到重启，但他们幼稚的幻想很快就破灭了。剧作家和小说家在这种礼乐崩坏之中寻找创作的灵感，创作出今时今日早已被遗忘，而当时却畅销几十万本的作品，如克洛德·勒梅特的《老练的天真少女》，费利西安·尚索尔的《乌哈》，安德烈·巴拉波的《灯红酒绿》，奥黛特·迪拉克的《无性人》，以及查尔斯－艾蒂安的《欲望的恶魔》《快感的奴役》和《罪恶的面孔》等。

战后几年的巴黎，“女士”酒馆开始蓬勃发展，特别是在蒙马特高地一带，所有的客人都聚集在同一间大厅里，看哪些尤物最能喝，而且能让别人喝得更多。

有时，旅馆的房间和卖酒的吧台只用很薄的板壁隔开，完全没有一点私密性。陪酒女们进进出出，十分招摇，拉着那些还没有放开的酒客们喝上一杯。有些老板娘甚至会怂恿这些女孩去喝客人杯里的酒，这样他们就不得不再要一杯。

这时美国的爵士乐、查尔斯顿舞[①]开始在法国流行，还有美国的黑人杂志。约瑟芬·巴克只在腰间缠了一圈香蕉，全裸登上封面。相较之下，美国电影则相对保守了一些，比如梅·威斯特就在电影中犹抱琵琶半遮面地展现着她的魅力。从那时起，电影成为大众艺术。观众们为1926年鲁道夫·瓦伦蒂诺[②]之死而哭得歇斯底里；1927年在纽约上映的由阿尔·乔尔森出演的第一部有声电影《爵士歌手》令人欣喜若狂。在法国，迦本蓝色的双眸，阿尔莱蒂的声音，普莱维尔的诗歌掀起了一阵热潮。走出剧院后，人们可以在凉棚下喝上一杯白葡萄酒，这在当时的大洋彼岸却是可望而不可即的：美国人由于处于全面禁酒的淫威之下，正饥渴难耐。这种流行文化也展开了一种更大规模的行为——大众消费。

同样地，电影也传达着创新的理念。无独有偶：女性杂志展现着现代女性的新形象，紧身胸衣换成了胸罩，高高的发髻也变成了

① 查尔斯顿舞：美国20世纪20至30年代流行的一种摇摆舞。——译者注
② 鲁道夫·瓦伦蒂诺：美国著名男演员。——译者注

男孩子一样的齐耳短发，浑圆的臀部线条替代了修长的身姿，狐步舞取代了华尔兹。1927 年的家居艺术沙龙上展出的新设备，使女性终于从繁杂琐碎的家务劳动中解脱出来，可以多花时间关心自己了。

有这样一个地方，以其独有的特点标志着大量外国人涌入巴黎的那个年代。它位于多努街 5 号，由骑师托德 · 斯隆和一个叫克兰西的纽约人合伙创立，并由哈利 · 马克 · 埃罗纳承担出色的管理工作。克兰西用船从美国运来了一堵红色的外墙，装饰有凹槽的柱子和琉璃窗格。内饰方面，墙上挂满了暗色红木装饰，画着各种英国著名学院的盾形纹章、美国各所大学的旗帜以及已经不再发行的各种纸币。这就是哈利酒吧。

起初，只有一些喜欢赛马的客人聚在那里。战争爆发后，哈利酒吧成为拉法耶特空军队的美国飞行员们的聚会场所，像吉内梅那样的战斗英雄经常会来这里。

二战后，飞行员把哈利酒吧让给了作家和音乐家。菲茨杰拉德在这里喝马天尼喝得酩酊大醉，同他一起的还有海明威和威尔士亲王。格什温琢磨着他的《美国人在巴黎》的副歌旋律。一个“秘密”组织，“国际酒吧常客”协会，就在这里诞生，艾森豪威尔也是这个组织的成员。成员们会在扣眼上别一个画着一张嘴和一块方糖图样的领章。在哈利酒吧，人们斜倚在上了蜡的吧台前，来来往往的人中有带着羊驼毛帽子的老贵族，穿着高领薄纱裙、勒着裙撑的淑女，还有戴着猎鹿帽的英国绅士。体育界人士在这里很受欢迎：拳击手乔治 · 卡尔庞捷、杰克 · 登普西、普里莫 · 卡尔内拉，网球冠军苏珊 · 朗格朗，当他们在巴黎停留时经常光顾这里。

哈利酒吧提供的42种威士忌吸引着巴黎的盎格鲁-撒克逊人。和在其他酒吧一样，三杯两盏下肚后，人们就开始对1920年2月18日上任的共和国总统保罗·德沙内尔评头论足，拿他最新的事儿开玩笑。说起他，事实往往比虚构的更离奇。他向来以铺张的做派闻名，挥霍无度，特别是对负责其安保的特勤队。故事最后的高潮十分意外，有趣且耐人寻味。

5月23日星期六21点20分，总统的火车从巴黎的里昂火车站出发，德沙内尔第二天要到蒙布里松，为纪念在战斗中牺牲的飞行员、参议员雷蒙的纪念碑揭幕。23点45分，不知什么原因，保罗·德沙内尔在蒙达尔纪附近从火车上跌了下来。所幸的是，他掉下来时火车正在减速通过一片施工地区，总统只是受到了惊吓。与此同时，一个普通的铁路员工，安德烈·拉多，正在黑暗中提着前照灯沿着道床往前走。突然，在黑暗中，他看到了一个白色的身影：一个男人穿着睡衣，眼神恍惚，光脚踩在石子地上，正盯着他看。

“我的朋友，我可能会让您大吃一惊，说出来您可能也不会相信……我是共和国总统……”

拉多没有答话，继续走向他的小房子，以为自己遇上了一个疯子。

“请您听我说，我向您保证，我是共和国总统……”

“行啦！”这位铁道看守不耐烦地打断了他。

回到家，拉多叫醒了妻子，在屋子里唯一的小灯发出的昏暗微光中，她给这个怪人简单处理了一下伤势。

“我看得出来这是位高贵的先生，”第二天，拉多夫人向前来接这位宪法捍卫者的特勤队解释道，“他的脚是那么干净！”

总统的这次奇妙旅程就此结束，也成了坊间歌手们传唱的笑柄。

与此同时，一场官司引起了人们的兴趣，并且在咖啡馆里引起了热议。这场诉讼于1922年11月6日在凡尔赛宫大会堂开审，并吸引了许多文学界和戏剧界人士的关注。[2]德西雷·朗德吕是这个事件的主角。巴黎咖啡馆里流传着他在法庭上机智的对答。他被指控使20多名女子下落不明。面对总检察长吉尔贝的问题，他这样回答道："你们从1914年就开始找我调查，也许有一天，你们也能找到那些女人……"

他一直带着幽默坚称自己是清白的。

总检察长向他宣布他将人头不保，而他却笑着答道："您总是在说我的脑袋，检察长先生，很遗憾我没多长几个脑袋给您！"

大街上的报童卖的报纸上刊登了朗德吕的"遗书"：

"我的秘密留给那些患有足疾的人，他们也可以像我一样选择挖掉那些鸡眼。"

尽管他面临着多项严重的指控，他在公众眼中还是一个快活的家伙。

他的那些恋人都随着厨房里冒出的袅袅炊烟不知所踪。从他在冈贝的家中只搜出了一个黑色小笔记本，上面记着他所有猎物的名字和她们失踪后他攫取的财物金额。

1923年2月25日黎明，尽管几位陪审员都为他写了求情书，代理检察长贝甘还是走进了他的牢房："打起精神上路吧！"

朗德吕穿好衣服，把他写好的文章按顺序放好，最后还不忘跟卢瓦泽尔神父开个玩笑："实在抱歉，这几位先生可能已经等不及了！"

朗德吕最终被正法，而法国边界以外的世界再次陷入动荡。1919 年到 1920 年签署的条约对战败国的惩治过于严厉。奥匈帝国和土耳其帝国解体，德国的殖民地被瓜分，被判归还阿尔萨斯-洛林，并支付巨额的战争赔款。一时间，战败的屈辱激起了前所未有的民族主义浪潮。1929 到 1933 年，由于自由主义经济造成生产过剩而导致的经济危机加剧了这种不平衡，使得军国主义势力在日本夺取了政权，阿道夫 · 希特勒从 1933 年起成为德国的领袖，而意大利的墨索里尼也加入他们用暴力摧毁条约的行列。

日本入侵中国（1931 年），意大利入侵埃塞俄比亚（1935 年）和阿尔巴尼亚（1939 年），德国入侵莱茵非军事区（1936 年）、奥地利（1938 年）和捷克斯洛伐克（1938 年至 1939 年）……西方民主国家们在这些侵略面前仍然表现得无动于衷，国际联盟对此也感到无能为力，而美国则完全采取了一副事不关己的孤立主义态度。

1937 年，日本全面侵略中国，第二次世界大战正式打响。在欧洲，德国人在 1939 年 3 月 15 日入侵波西米亚和摩拉维亚，这终于使张伯伦开始认识到英国参战的迫切性。英国和法国先后与波兰签署缔结同盟的条约。当 1939 年 9 月 1 日德国发动对波兰的进攻之时，英法这两个强大的盟友对德宣战。1940 年 5 月 13 日至 16 日，古德里安将军的装甲师刺穿了法军在阿尔登的前线，向阿布维尔进军，并切断了英法联军前往救援比利时的交通要道。6 月 5 日至 15 日，德军粉碎了魏刚驻扎在索姆河和埃纳脆弱的防线。巴黎陷落！法军全军覆没！

在巴黎被占领的四年间，咖啡馆里阴云密布。定额票、分门别类的定价和对娱乐场所越来越严密的监控使得咖啡馆元气大伤，只有那些占领者可以来这里大吃大喝。例如，1941 年，在著名的马克西姆吃一份香醋韭菜、烤花椰菜和鲜草莓要 50 法郎，还不含酒水。为了能弄到面条、芜菁和甘蓝，人们相互间暗中传递着一些黑市的地点，不要任何的定额票，而且在小酒馆的里屋，还可以找到一片完整的白菜叶、冻鹅肉，或是一块不错的牛排，额外还能听到 BBC 的广播……

1956 年，克洛德 · 乌当 - 拉哈拍摄了由马塞尔 · 艾梅编剧的电影《穿越巴黎》，其中让 · 迦本和布尔维尔谈论米歇尔 · 奥迪亚尔的电影对白场景令人难忘，完美地向我们展示了那个黑色年代咖啡馆里的气氛。

第九章

Chapter 9

圣日耳曼德佩横空出世

L'explosion de Saint-Germain-des-Prés

老巴黎已不复存在

城市的样子

比凡人的心变得还要迅疾

我只有在想象中才能看见那片木棚

那一堆初具形状的柱头，支架，野草

池水的巨石绿意盈盈

旧货杂陈，在橱窗内放出光华

——波德莱尔

《恶之花·天鹅》

摄影：索莱耶

双叟咖啡馆

双叟咖啡馆（LES DEUX MAGOTS）又译为双偶咖啡馆，是巴黎的一个著名咖啡馆。它位于巴黎左岸的圣日耳曼德佩区，其名字来自于咖啡馆内柱子上的两个中国买办的木制雕像。萨特和他的女友波伏娃经常光顾这里，毕加索在此与朵拉·琦尔小姐一见钟情，他们既被“双偶”吸引，也为它名扬四海增添了佳话。

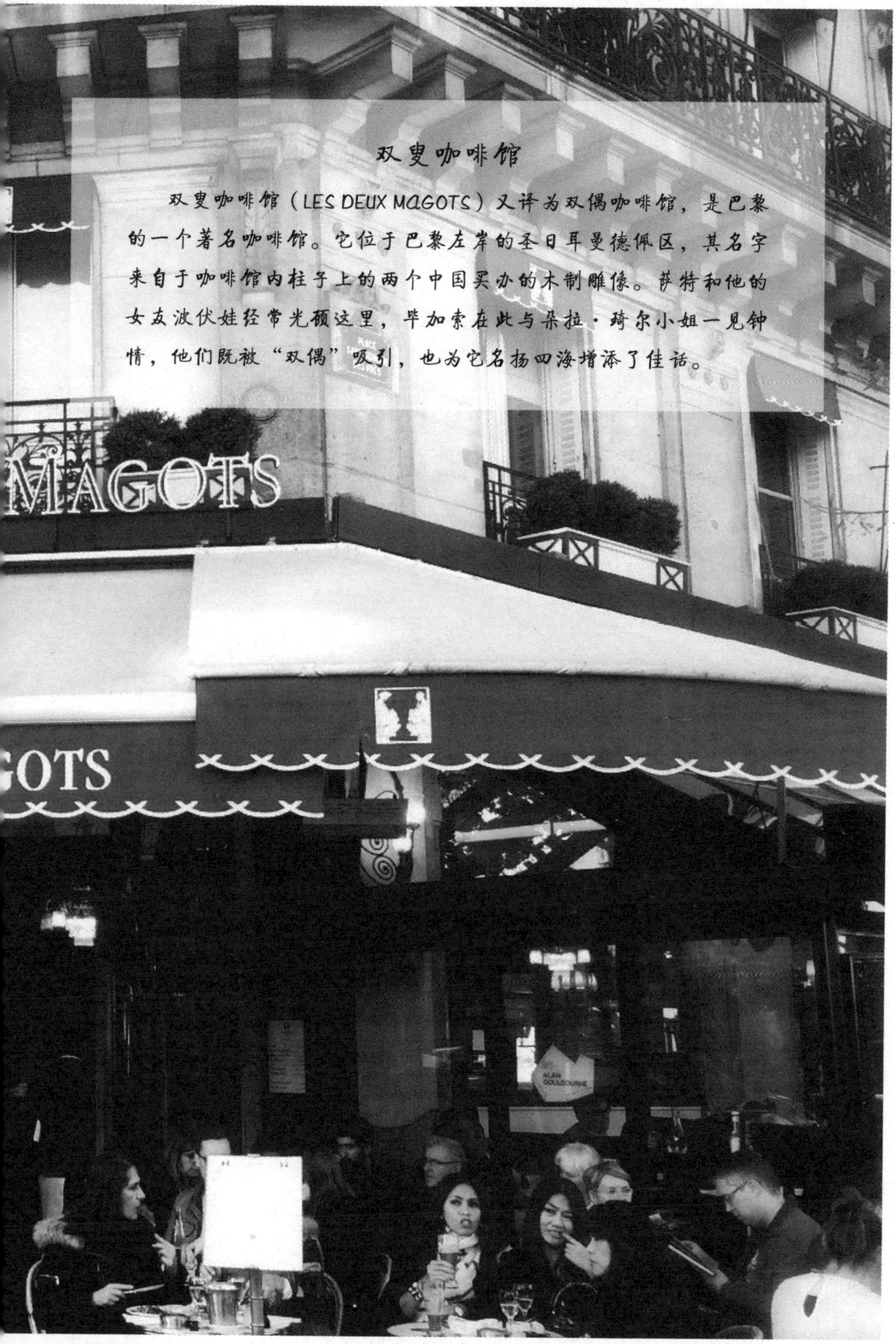

一直以来，圣日耳曼德佩区都像是圣日耳曼镇的一个前厅，受到圣叙尔庇斯教堂和卢森堡花园的荫护。过去依靠广袤农田过着富裕日子的寺院，如今成了淹没在巴黎时髦街区中的一座小村庄。而圣日耳曼街区和林荫大道仍然是吸引着青春、放荡不羁和幻想的地方。修道院早已消失，只有通过埃硕德 - 日耳曼街和圣伯努瓦街上才能看到的院墙，依稀辨别出曾经护墙上某个塔楼的样子。圣日耳曼德佩教堂的圣母堂是皮埃尔 · 德 · 蒙特勒伊的杰作，如今只剩下了广场上的几片废墟。至于地名中提到的“决斗场”[①]，古时从波拿巴街延伸到渡船街，从码头到圣日耳曼林荫大道，几百年来，这片“决斗场”已经是断壁残垣。

如今的“教士决斗场”只是一条安静迷人的街道，早已与仗剑杀死对手来捍卫荣誉的决斗者无关。古老的教堂钟楼掩映着与今日

① 决斗场：圣日耳曼德佩（Saint-Germain-de-pré）中“佩”（pré）有决斗场之意。——译者注

的圣日耳曼相映成辉的高等美术学院、法兰西学院、天主教学院和巴黎铸币厂。这也许正是这个地方真正迷人的所在，这里虽然位于巴黎市中心，却不遗余力地守住了一份宁静。这正是知识分子们求之不得的一个令人心平气和、气定神闲的地方：圣日耳曼大道上那些著名的，或不太为人所知的咖啡馆，正散落在工艺品店和书店之间。

在总统萨迪·卡诺入住爱丽舍宫的那个时代，在大学街和圣父街的拐角处，有一个很小但倍受艺术家和政治家推崇的安静的地方：卡龙咖啡馆。若里斯-卡尔·于斯曼，作为这里最忠实的顾客，含情脉脉地回忆道：

> （……）经历了一个世纪的喧嚣，这些年迈又一动不动的咖啡馆，仍存在于巴黎塞纳河左岸那些散发出教权与隐秘、古老与温和气息的街区。在神父和装订工人、宗教图片商和书商云集的第六区附近，住在这里的人们共同塑造了这些安详的、静谧的咖啡馆，看起来就像是一群过时的老鳏夫在沙龙聚会。[1]

雷米·德·古尔蒙，卡龙咖啡馆最后的几位客人之一，把这里当作避难所和绿洲，也为它献上了溢美之词：

> 这里完全是按旧时的样式布置的，比起咖啡馆，更像是一个沙龙。这里禁止抽烟斗，人们对高声喧哗也难以忍受。（……）这家曾经历过光辉岁月的咖啡馆，如今也没

什么顾客坐在那红色天鹅绒的沙发上了：《宇宙报》一个名叫科基耶的老编辑，坐在角落里愁眉苦脸；一个波兰犹太人，拉比诺维茨正埋头于他的希伯来语语法书，桌上摊满了沾着油渍的纸；一位意大利伯爵，现在是报社的特派记者，每天都是中午来午夜走，不停地到处乱转和嘀嘀咕咕；狄多出版万能的主编路易西，一个聪明警惕的小老头，面黄肌瘦，喝着苦艾酒，眼睛一刻不离他手里那份《时间报》；除此之外还有一些神职人员，从慈爱医院跑出来的医学学生，难得见到几个军人和附近的一些商人；还有保罗·阿雷纳，他在某一时期可以与阿尔斯·都德匹敌；诗人乔治·拉弗内特，抽着他的大雪茄；欧仁·弗约，看起来目光敏锐。这个安静的小世界里只有一个腿脚有些不灵便的服务生，他时而殷勤至极，时而成熟庄重。在这里能喝到正宗的甜酒，特别是真正的荷兰苦酒，于斯曼很喜欢，但对我的胃来说就是一种蹂躏。过去常来卡龙的人都成了回忆。有一天，我们突然发现这里关门了：原来它已经破产了。[2]

离这个不起眼的咖啡馆不远处，坐落着最负盛名的双叟咖啡馆。自 1919 年以来，来自奥弗涅的马蒂瓦家族就在这里经营。值得一提的是，这里过去有很多卖新奇玩意儿的商店，这家咖啡馆的名字就来源于过去的一家针织品店，阿纳托尔·法朗士曾在他的回忆录中讲述过这个故事。

这里有两个标志性的东方模样的人偶蹲像，一直留在这里，高居在咖啡馆屋内一根支柱的两侧。雷米·德·古尔蒙和保罗·莱奥托一直猜想其中一个穿着中国清朝官员服饰的人偶就是店主，这两个《法兰西水星报》的编辑总拿它怪诞的轮廓说笑。经常光顾的客人们总是妙语连珠，比如阿尔弗雷德·雅里和阿方斯·阿莱。阿莱的名句“伙计，来半品脱酒，再来点儿穿堂风！”仍然回荡在红木桌子之间。当时醉心于神秘学的古斯塔夫·考奇，经常约于斯曼和斯塔尼斯拉斯·沃多瓦在那里吃饭。

说起这家咖啡馆的辉煌时刻，不得不提到阿尔弗雷德·雅里对着窗户玻璃放空枪。他开了一枪后，转向他的邻桌，说道：“好了，夫人，冰[①]破了，我们来聊聊吧。”双叟咖啡馆的另一个笑话，看似天真无邪，同时又流传甚广，就是去问老板的合伙人[②]消息。

在两次世界大战期间，自由诗理论家、诗人古斯塔夫·卡恩经常会在这里和哲学家朱利安·邦达喝上一杯。周围的红鼹鼠皮座椅上还坐着安德烈·尚松、埃马努埃尔·贝尔，以及整个超现实主义的团体：安德烈·布勒东、本杰明·佩雷、罗伯特·德斯诺、罗歇·维特拉克、雷蒙·凯诺、乔治·巴塔伊、安东尼·阿尔托……为了对抗资产阶级世界，超现实主义者们摒弃了上一代大师们的理念。在双叟咖啡馆，人们能够听到他们发表针对皮埃尔·洛蒂、莫里斯·巴雷斯和阿纳托尔·法朗士的激烈言辞。一天晚上，布雷东宣布了他

① 冰：也有玻璃之意。——译者注
② 合伙人：指另一个人偶，前文中提到老板像其中一个人偶。——译者注

们的意愿："我们首先要在今年推倒这三个可恶的雪人：白痴、叛徒和警察。"[3] 这就是无事生非的超现实主义者，而其他客人则相对头脑冷静。伟大的苏珊·瓦拉东和她的丈夫安德烈·尤特尔前来和他们的朋友拉马斯勒博士见面。在夏天的露台上，常能看到安德烈·纪德、特里斯坦·德雷姆和弗朗索瓦·莫里亚克一起喝着诺瓦利干邑。最为忠实的客人要数安德烈·比伊、莱奥·拉尔吉耶，建筑帅勒·科尔比西耶，还有画家勒韦迪、雅克·沙尔多纳、皮埃尔·马克·奥尔朗、埃尔莎·特里奥莱、皮埃尔·雷韦尔迪、雅克·普莱维尔……

雷蒙·凯诺在他的《回忆录》中，讲述了双叟咖啡馆的一些历史片段，比如有个奇怪的C亲王，他是邻国某位国王的弟弟。他每天大约上午10点钟来到咖啡馆，坐下就开始喝酒，交替喝着贝尔诺和啤酒。就这样日复一日，他时而喝醉就倒在旁边顾客的肩膀上睡着了，醒过来之后，他喊服务生：

"现在几点了？"

"11点半，先生。"

"早上还是晚上？"

"早上。"

"那再来一杯贝尔诺。"[4]

有一天，他晕倒在厕所里，衣服全都弄脏了，服务生双手缠着抹布，把这个臭气熏天的客人抬上了一辆愿意搭他的出租车。这个丑可是出大了。

花神咖啡馆

从20世纪初开始，这座巴黎左岸的百年咖啡馆——花神咖啡馆（CAFÉ DE FLORE）就成为世界文学与艺术大拿们为之着迷的“秘密花园”。见证了存在主义与超现实主义的诞生后，精致的咖啡馆依旧为每一位巴黎人和游客呈上香浓的法式咖啡。走进咖啡馆，无论是坐在复古吊灯装饰的大厅，还是坐在可以直接观赏街景的露台，你都能品尝到最具巴黎风味的甜点。

摄影：王欣

1933 年，双叟咖啡馆的服务生们身着黑白相间的礼服，为客人们端上开胃酒。马尔蒂纳和罗歇 · 维特拉克突发奇想创立了一个“双叟文学奖”，评审团由 13 名成员组成，从他们的朋友当中选出。第一部获奖作品是雷蒙 · 凯诺的《狗牙》。次年，乔治 · 里布蒙 - 德赛涅的《让先生》又称《绝对的爱》赢得了大奖。双叟文学奖自此大受好评，以至于和 1903 年成立的龚古尔文学奖齐名。二战结束后，文学上的繁荣也令双叟咖啡馆名声大噪，让 - 保罗 · 萨特和被人们戏称为“圣母萨特”或“女萨特”的西蒙娜 · 德 · 波伏娃，因为总会被仰慕者打扰，而放弃了临近的花神咖啡馆来到这里，坐在相邻的两张桌旁，孜孜不倦地写着，一根接一根地抽着烟。

第二帝国末期，在圣父街 71 号，开了一家叫作“花神”的咖啡馆，门口有一尊幸运岛的仙女雕像，那是象征着青春和优雅的春之女神。这尊雕像大约在开凿圣日耳曼大道的那个时期，像被施了魔法一般神秘地消失了。这里最大的特色主要是文学沙龙。1898 年，当时住在龙街的查尔斯·莫拉斯，在那里和亨利·沃茹瓦、莫里斯·皮若、路易 · 迪米耶、雅克 · 班维尔和保罗 · 苏代见面。一年后，莫拉斯和沃茹瓦在二楼成立了《法国行动公报》，教皇庇护十世为此亲自赐福。此后在卡塞特街的勒韦印刷厂印发了创刊号。莫拉斯在自己的《花神圣迹》一书中将整个过程娓娓道来。雷米 · 德 · 古尔蒙在这里喝着他最爱的苦艾酒，写下了《尾声》和《致信亚马逊》。这位观察入微又持怀疑态度的学者，颇受象征主义作家的推崇，给花神咖啡馆留下了难以忘怀的回忆。1912 年，纪尧姆 · 阿波利奈尔、安德烈 · 萨尔蒙、安德烈 · 比伊、安德烈 · 图德斯克和勒内 · 达里兹，在莱昂 - 保罗 · 法尔格愉快的注视下，举着苦艾酒，庆祝他们的杂志《巴黎晚会》成功创办。

20世纪30年代初，花神咖啡馆经历了一次全面的转型。保罗·布巴尔请来了一个小乐队，莫拉斯和他的君主主义团体觉得这里地方太小，于是把地方留给了打桥牌的和新闻作家，如蒂埃里 · 莫尼耶和罗伯特 · 布拉西亚克。这里过去曾经坐着玩多米诺骨牌的玩家，以及那些《时间报》《政治文学评论报》或《文学报》的读者。

此后，战争席卷了这里的井然有序。各个思想流派都会在喝开胃酒的时间来这里各抒己见。解放后，“10 月 6 日”社团把这里当作了他们的大本营：雅克 · 普莱维尔、居伊 · 德孔布勒、马塞尔 · 迪阿梅尔、保罗 · 格里莫、雷蒙 · 布西耶尔在这里，你一言我一语地高声讨论着那些精彩的抨击文章。当时的花神咖啡馆可谓如日中天。

电影界也钟情于此地，当红的电影明星在这里聚集。电影艺术家马塞尔 · 卡尔内、伊夫 · 阿莱格雷、让 · 格雷米雍，在此交换着各自的想法，还有让 · 维拉尔、罗歇 · 布兰、奥黛特 · 茹瓦耶、雷蒙 · 鲁洛等人在旁认真倾听。尽管时事艰难，仍有一群面露微笑的年轻人打扮得花里胡哨地在这里约会：五颜六色的衬衫，凌乱的头发，黑色的套头衫，女孩穿着男性化的裤子，头发像刚从水里捞上来一样。知识分子们也经常在这里开会：普莱维尔兄弟、欧蒂贝尔第、加缪、维安，他们将改变法国重建时期的旧思想和偏见。萨特曾经断言：“自由之路经过花神咖啡馆。”[5]

赖在舒适的座椅里，坐在幽暗的灯光下，满足于这种离经叛道的生活：存在主义者和半个世纪前的颓废主义如出一辙！安德烈 · 萨尔蒙写道："这是一个衣冠不整、破衣烂衫在风中飘扬的时代。"[6]然而老派的异见人士布雷东和佩雷，看不惯这些新奇的发型，他们觉得穿着黑马甲，系着白围裙的服务生更加赏心悦目。于是，他们离开花神咖啡馆的桌子，穿过林荫大道，到了白皇后舞厅狭窄的吧台前。萨尔蒙曾说这里是"大隐隐于市，排队等着通过白皇后舞厅狭窄的玄关是件非常时髦的事情。要是你足够有勇气，可以在舞台上一直跳到天明，跳到那些纯洁的星星都闭上了蒙眬的眼睛"[7]。

这些咖啡馆激发了弗朗索瓦·福斯卡的一些思索："咖啡馆凸显了个人价值，而在沙龙里则有其他诸如社会价值、人际关系、财富这些元素使其弱化。在咖啡馆里，即使是有钱人，也会因为谈吐无趣或愚蠢很快遭到嫌弃；而在沙龙里，谁敢打断他？人们只是心里暗暗咒骂罢了。咖啡馆里的法律就是社会公平，它使个人的价值得到公认，并给了人们充分的自由。（……）要知道，这还不是它全部的益处。"[8]

在这样的精神感召下，一群客人聚在附近教堂钟楼下的波拿巴咖啡馆，这是魏尔伦很喜欢的一个小咖啡馆。附近的文学生、美术生，还有以《花神咖啡的苦恼人》的作者莉莉安·加斯舍为首的一群年轻诗人组成的"雷达"社团的成员经常聚在这里。"凯尔特党"的创始人，诗人弗朗索瓦·米勒皮埃尔，在这里主持"天窗兄弟会"的会议，他们甚至还有一本同名的杂志。

在圣日耳曼大道的另一边，利普酒馆从来都是座无虚席。回顾历史，一位叫利普曼先生的阿尔萨斯人，不愿意留在已经被德国吞并的阿尔萨斯，于1870年开了这家咖啡馆。这里最初名叫莱茵河畔啤酒屋，之后换了新的招牌，纪尧姆·阿诺托为此还写了几句："当我还是个孩子时，就与利普啤酒屋和同名的钟表发生了千丝万缕的联系。这一切都来源于那块像手表一样的圆形招牌，它深深扎根在我的记忆中。我总是把他们搞混。我父亲以前常带我来这儿喝半品脱啤酒，吃盐粒薄饼，实际上这家咖啡馆和钟表没有半点关系。"[9]

莱昂·法尔格正是这位诗人的父亲。这位著名的陶艺家，以他独特的风格，利用充满异域风气的奇花异草，首次装饰了利普的大厅。建筑师路易·马德林在1925年设计并翻修了利普，准备开始创造传奇……自此，来自世界各地的大人物都在这里保留了自己的嗜好。来自阿韦龙省的卡兹家族把利普变成了全巴黎瞩目的食堂。继任者马塞兰[①]曾经是个背着浴缸和蓄水池做上门澡堂的小商人，他在1920年接管了利普。1935年利普啤酒屋迎来了具有重大历史意义的时刻：这一年利普设立了卡兹文学奖。此后，每次颁奖日，老板都会从他的家乡鲁尔格精心挑选上好的食材，准备一场盛宴。咖啡馆的一层挤满了艺术、文学、政治、戏剧、广播等各个领域的名流。一些与众不同的人则被请上了二楼，或待在人行道边狭窄的露台上。莱昂-保罗·法尔格写道："这是唯一一个可以看到巴黎浮生一日全貌的地方，仅需要半品脱啤酒的价格就可以看到。"[10]

马塞兰·卡兹非常熟悉他的客人。他能一眼认出谁是真正的明星，并判断出对方是否值得作为最尊贵的客人，被邀请坐上这里珍贵的鼹鼠皮长椅。在两次世界大战期间，这张长椅上曾经坐过十

① 马塞兰：马塞兰·卡兹。——译者注

分爱喝啤酒的保罗·潘勒韦和保罗·瓦莱里，让·夏普，还有莱昂·布卢姆，他从众议院出来在回家的路上就会来这里吃腌酸菜。在卡兹长长的客人名单上还有这些人的名字：罗伯特·德斯诺、安东尼·德·圣埃克絮佩里、加斯东·巴蒂、让·吉罗杜、女演员玛格丽特·莫雷诺、阿尔贝·蒂博达、路易·拉扎吕斯、达拉第、拉马迪埃、爱德华·埃里奥……午夜时分，剧院散场后，这里坐满了名流：玛德莱娜·雷诺、让-路易·巴罗、贝尔特·博维、皮埃尔·迪克斯、路易·茹韦、路易·塞涅、让-皮埃尔·奥蒙、皮埃尔·布朗沙尔、维克多·弗朗森、皮埃尔·布拉瑟尔、安德烈·吕盖……战争破坏了这里的夜夜笙歌：由于晚上 10 点钟的宵禁，利普和其他地方一样，必须关门。

解放日在马塞兰·卡兹的脑海中留下了深深的印记：他看到从吉普车上下来一名非常眼熟的美军大兵。

“哈喽，卡兹先生，您认不出我了？我是欧内斯特·海明威。我要渴死了……”

卡兹接过这位大作家递给他的军用水壶。

“您想喝点儿红酒吗？海明威先生？”

“哦，别……不要红酒，要白兰地！”

卡兹把水壶还给海明威，回去取出了一大瓶上好的马爹利三星白兰地，海明威和他的战友们一口就喝光了。

二战后的几年里异常艰难，法国从光复的兴奋陷入最严重的危机之中。人口不足，经济基础全部毁于战争，这种打击沉重到令这个古老的国家一蹶不振，不得不向美国祈求援助，以恢复经济和保卫领土。法国沦落到被援助和被保护的国家行列，而且是向一个自己长久以来援助和保护的国家求助。机构混乱的背后，政治标签已经不再能说明什么了：红色的共产主义者高唱着《马赛曲》，挥舞着三色旗；社会主义者把卡尔·马克思抛在脑后；激进派自称是保守派；左派的共和党变成了右派的自由党。公众越来越不关注这些职业骗子们的谎言了。

1945 年到 1953 年，物价飞涨。时事艰难造成了舆论的不满以及左派在法国政坛的崛起。第四共和国政权羸弱，面对党派斗争也无所作为：1946 年 1 月 20 日到 1958 年 5 月 28 日，在樊尚·奥里奥尔和勒内·科蒂任总统期间，第四共和国走马似的换了 24 届政府。在来自美国、苏联和英国的压力之下，法国的殖民帝国也摇摇欲坠。在群情激奋下，印度支那于 1954 年独立，摩洛哥、突尼斯、马达加斯加和阿尔及利亚也相继独立。此外，第四共和国也无力阻止阿尔及利亚的冲突升级，最终导致了战争。

这时，圣日耳曼的露天咖啡座上肯定不会缺少聊天的话题，年轻人经常光顾如塔布这样的“地下酒窖”，他们在格林威治村的氛围里听着美国流行音乐。1947 年 4 月，一个年轻的服务生弗雷德·舍弗洛的脑袋里冒出了一个点子，他把第九大街上一个散发着下水道气味的潮湿地下室改成了一家俱乐部。他觉得这个地方将成为左岸知识分子理想的圣地。棋走险招，但是他赌赢了！

塔布酒窖成了伽利玛出版社的作者和出版人见面的地点：萨特、雅克·普莱维尔、雷蒙·凯诺、加缪、R.P. 布吕克贝热、罗贝尔·西皮翁、罗歇·瓦扬、亚历山大·阿斯特吕克、鲍里斯·维安、加斯东·伽利玛等。在这里，人们能喝到可口可乐，这在当时是稀有饮料，而且并不合法。戏剧界也到这里来叙旧：热拉尔·菲利普、卡门·阿马亚……一个年轻的棕发黑眼睛姑娘，身材曼妙，相当于这里的女祭司：她就是朱丽叶·格雷科。她很少一个人来，总有一个朋友陪着她，那是一个体弱多病的红发姑娘，年轻的女诗人安妮-玛丽·卡扎里。

到了晚上，鲍里斯·维安和他的爵士乐队让塔布酒窖充满欢笑，在欢乐的人群中有雅克兄弟、亨利·萨尔瓦多、伊夫·罗贝尔、达尼埃尔·热兰、莫洛吉……“塔布”这个店名并不是随意取的。这个词的灵感来自波利尼西亚语中的“tapu”，有“神圣”之意。而“塔布”则是“禁忌”的意思，并被认为有守护之意，上天会惩罚每一个对它不敬的人。这不是一家咖啡馆，而是某种俱乐部，人们去那里就像去参加某种邪教的禁忌仪式。酒窖对于很多没有真正了解它历史的人来说，被认为是新鲜事物，但在知识分子聚集的地区，这样的场所一直都存在。

那些开在圣日耳曼的俱乐部，有雷恩街的红玫瑰，圣伯努瓦街的圣日耳曼德佩俱乐部——取代了拉丁区的那些“恐水人”常去的小酒馆——萨利斯在那里构思着他的黑猫咖啡馆，还有《羽毛笔》杂志的创始人度过了无数个夜晚的金色太阳馆。别忘了1925年，皮埃尔·拉布拉舍里和勒内·若利韦成立的“红马甲”社团，就坐落在圣日耳曼大道一家咖啡馆的地窖里。这家名叫巨石酒窖的地方吸引了特里斯坦·德雷姆、安东尼·阿尔托和阿尔弗雷德·莫尔捷来这里朗读他们的作品。还有卡纳瓦莱博物馆的馆长，阿尔冈特尔 · 布拉姆，也是当时著名的诗人，他发明的“讽刺符”[①]在他的《入殓师进行曲》和《雇佣兵之歌》中得到了成功的表达。

1943 年，让 · 普拉斯多从皮埃尔 · 拉布拉舍里那里得到灵感，重新运用了这种形式，用一些出格的方式装修了一个地下室：还别出心裁地从地铁站里偷了标识牌。于是，喀尔卡慕斯酒窖应运而生。天花板上满是引自阿方斯·阿莱和让·普拉斯多的名言，以及乔治·阿拉里的画。在这里，人们第一次在巴黎的公开场所朗读雅克 · 普莱维尔的诗。1947 年，安妮 - 玛丽 · 卡里埃、贝尔纳 · 拉瓦莱特、凯瑟琳 · 索维奇、路易 · 贝尔利亚也加入了狂欢的夜晚，并转移到了洛里昂人酒窖。

圣伯努瓦街的圣日耳曼德佩俱乐部渐渐成为塔布最有力的竞争对手。这家组织了一个别出心裁的晚会，另一家就会如法炮制地予以回应。1949 年，一群文人墨客的对战扩大了两家酒馆的“厮杀”。圣日耳曼德佩俱乐部办了一个“纯洁之夜”，塔布就宣布举办“欲望之夜”。鲍里斯 · 维安是纯洁派的旗手，而他的弟弟阿兰 · 维安则是欲望派的领头羊。这场闹剧并没有到此为止。克洛德 · 莫里亚克被人戏称为“弗朗索瓦老爹的一击”，而他的父亲则被萨特描述为“喝完就放屁的圣水”，他决心捍卫家族的荣誉：于是提名西蒙娜 · 德 · 波伏娃参选圣日耳曼德佩俱乐部纯洁派的“天真少女”，相对应的是塔布欲望派的“罪恶小姐”选举。

① 讽刺符：一个运用于句末的标点符号，以表示反语。——译者注

塔布取得了超出所有人预期的胜利："罪恶小姐"长期占据着报纸的头条，尤其是这一选举卷入了一起敲诈案中。猎奇的人们很快占据了这些"地下酒馆"，希望能碰见一个存在主义或反存在主义的名人。在圣雅克街的洛里昂人酒馆里，年轻人在克洛德 · 吕特尔的乐队奏出的美妙音乐中，用狂野奔放的舞蹈，庆祝萨特的那句金科玉律："活着就是采取行动。"

50 年代末"存在主义"思潮在酒馆和咖啡馆里如日中天。这一哲学流派的威名早已远播到海外。人们从智利的圣地亚哥、纽约、旧金山到巴黎，只为见到让 - 保罗 · 萨特的身影。精明的经营者们嗅出一丝商机：他们开始举办大师模仿秀，招徕好奇的顾客，好从中捞一笔。这个主意很快就蔓延开来：那些扮演纪德和普莱瓦尔的演员甚至在黑市上标价不菲。一个假科克托的出场费用和一个真毕加索一样昂贵。圣日耳曼区的经济正在经历一场前所未有的激增。这里也是电影界的圣地：雅克 · 贝克尔在这里拍摄了《七月的约会》，用电影的形式把酒馆里的存在主义精神搬上了大荧幕。

这一切惹恼了纯粹主义者[①]。爵士乐爱好者看不惯那些蝇营狗苟的小人在自己周围，干脆转移到了老鸽笼俱乐部和在竖琴街上的另一家红玫瑰俱乐部。那里的美国黑人把这儿当成自己的家，尽情展示着爵士乐的魅力。雷恩街上的红玫瑰俱乐部成了格勒尼耶 - 于斯诺公司和雅克兄弟的圣殿，艺人们穿着彩色的条纹衫又唱又演。

---

① 纯粹主义者：指奉行原始的，不掺杂其他成分的，真正体现了事物本质的信仰、爱好或生活方式的人。——译者注

于谢特酒窖就在与其同名的一条小街上，还有一位热情的名叫弗朗西斯·克洛德的，他在位于教士决斗场街的圣托马斯·阿奎那酒馆的地下室开了一家戈利贝酒馆。他原是一位财政监察，曾考取过哲学学位，还是当时著名的词曲作者。人们经常穿梭在圣日耳曼大道的咖啡馆和这些地下酒馆之间，突然感觉饥肠辘辘，于是就坐在了青蛙餐馆的桌前。这里的老板罗歇为客人们准备好了普罗旺斯特色的田鸡腿，墙上挂着的一块巨大的青石板写着菜单上其他的菜品。坐在长方形大厅里面的客人们，只能一桌一桌地传递望远镜来看清菜单上的内容。青蛙餐厅总是生意红火，罗歇把这家餐厅打理成了巴黎最时尚、最有趣的地方。

罗歇是个异想天开又随性的人，别人都模仿不来，他吻过一个来他店里品尝阿马尼亚克烧酒炖鸡的美国老太太。他还喜欢讲他生活中的趣事，最有趣的要数他的领结。那时他在马克西姆当了三年的洗碗工，终于转为了服务生。第一天晚上上班，就是为在马克西姆设宴的比利时国王阿尔贝服务。传菜员递给罗歇第一道菜，是一份丰盛的龙虾浓汤。罗歇上了菜，并惊讶地发现桌上的人对这道人间美味表现出一脸厌恶的神情。他回到后厨，正觉得很沮丧，忽然听见传菜员在对他大喊：“罗歇，你的领结……你的领结没了！”他往自己的衣领上摸了摸，傻眼了。原来他的领结松了。他吓傻了，他的那条领结正如一只黑色的蝴蝶飘荡在那份美味的浓汤中……羞愧难当的罗歇离开了马克西姆，跨过塞纳河，到圣日耳曼德佩去展示自己的才华。

寻求刺激的人们可以到前往圣朱利安穷人街和格朗德街的拐

角，有一家挂着三木槌招牌的小酒馆通向一个特殊的地窖。花 20 法郎，就可以下到那个曾经是小夏特莱监狱的地下室，这里现在已经被改造成了一家酷刑博物馆。在那里能够看到可以把人“抻长”的床，镶满钉子的车轮，中间挖空、下面点火烤屁股的椅子，烧得要融化的铅靴子……

此外还有一些不乏诱惑力的酒馆，比如雅各的梯子，三刺客，位于雅各布街的第四共和国，或大奥古斯丁码头的露易丝·巴斯凯兹家。你只要挑一个时下最红火的酒吧，然后往那里走就是了。红十字广场的十字街头酒馆毗邻老鸽笼剧院，搞戏剧的人经常光顾。而文学杂志《反渗透》的作家们经常到圣日耳曼大道狄德罗雕像脚下的那家圣克洛德去。这里由一个地道的奥弗涅姑娘玛丽奈特经营，每天都开到凌晨 4 点。拖到最后关门的几个客人，再转去火炉街的高卢大酒杯咖啡馆，喝一碗奶酪浓汤或一杯拿铁。要想喝洋葱汤则要去火炉街的夏洛家，或去渡船街的巴尔巴克，两家的老板伊冯娜和布朗什正等着饥肠辘辘的夜猫子。巴尔巴克深得莱奥·费雷的喜爱，每次在皇宫的米洛尔·拉尔苏耶酒馆登台演唱之后，他都在这里和雅克兄弟喝酒过夜。

不要忘了电影明星最喜欢的白皇后舞厅，文学家们喜欢驻足的马比雍，以及对街的绿廊咖啡馆，在那里，面对着洋葱白酒汁贻贝和意大利面，听着黑人唱起灵歌，有一种身在非洲村庄的感觉。

如果没有提到巴黎最后几位地道的小旅店老板之一的吉耶老爹，那就不算了解到了 20 世纪 50 年代圣日耳曼德佩一带的咖啡馆和小酒馆的全貌。他的小楼矗立在波拿巴街和火炉街的拐角处，似乎永远关着门。知情的人知道只有从后门才能进去。这里不卖烧酒，也不卖开胃酒、茴香酒、果汁或矿泉水，只有两种安茹葡萄酒：赛维涅尔白比诺和赤霞珠，均来自昂热附近的拉罗什欧穆瓦纳镇。客人当中有莱昂-保罗·法尔格、拉乌尔·蓬雄、书商乔治·萨莱和版画家埃布泰尔纳。

吉耶生于1876年3月，这是一个彗星年，也是出产整个19世纪最好的葡萄酒的年份。这位老葡萄农充满智慧和对传统生活艺术的热爱，是个拉伯雷式诙谐、幽默的人。他把他那烟雾缭绕的老旧大厅，改造成了一个自由的圣殿，类似于泰勒玛[①]教派的修道院一样。人们可以随心所欲地对那些口若悬河、大谈空洞的存在主义的客人们发表完全不同的见解。

萨特和西蒙娜·德·波伏娃及他们各自的友人很难有意见统一的时候，这就使得圣日耳曼有多少个时髦的咖啡馆，就有多少种不同的文学运动。鹅毛酒窖里的客人，由穿格子衫的小年轻变成了大胡子，他们同时也是存在主义的强劲对手——由瓦拉尼亚克夫人领导的恒久派成员，他们主张为那些被萨特一派压制的艺术家们解禁。《女性作用力》的作者，23岁的伊西多尔·伊祖创立了字母派[②]，并和他的弟子加布里埃尔·波姆朗一起，希望能将存在主义击倒在地。

让·莱韦克和皮埃尔·奥特里、亨利·佩吕绍、埃尔韦·巴赞

① 泰勒玛：英国人亚历斯特·克劳利(Aleister Crowley)所提倡的一种赫尔墨斯主义(hermeticism)的密教组织。——译者注
② 字母派：法国现代诗歌流派，玩弄所谓字母的音乐性，反对诗歌有思想内容。——译者注

一起创立了“三王主义”[①]，来对抗普遍的悲观主义。他们著书立说，认为如果不自我厌弃，便会在死前得到拯救……伊万·奥杜阿尔和他的设计师朋友索罗搞了一个信号派，他们之间不用言语沟通，而是一个劲儿地比手画脚！还要提到一个半岛朋友俱乐部，从开业之初，来这里的女顾客就远多于男顾客，于是被戏称为“女儿岛”……这些运动反映了青年内心深处的恐慌，他们从荒诞不经中寻找逃避战后艰难生活的途径。酒窖、酒馆里唱的那些忧郁歌曲，比如普莱瓦尔和科斯玛的《落叶》，就是很好的证明。

不仅是歌曲表达悲伤，咖啡馆也是如此。其中的佼佼者如普罗科普咖啡馆，也不复存在了。

安德烈·萨尔蒙为此曾经写道：“我年轻时就知道旧戏院街普罗科普咖啡馆的大名。魏尔伦曾在这里品尝最精美的菜肴，它在巴黎这个文化之都的历史上留下了浓墨重彩的一笔。今时今日，这家咖啡馆已经消失，克吕尼出版社搬进了底楼大厅，二层也被改造成一所智障儿童学校，那些不识字的孩子的尖叫吵闹声，永远地取代了那些美妙聚会上轻柔的耳语……人生就是如此这般，我们也只能接受！”[11]

另一家普罗科普咖啡馆在几年后重生，虽然有不同之处，但同样豪华。在这家咖啡馆暂时消失的那段期间，一个怪人，带着荒唐而令人不安的想法，经常在马比雍、圣克洛德、塔布和麻雀这些酒吧转悠。他名叫亨利·加拉尔·德·贝亚恩，1950 年 5 月，他开

① 三王主义：源自《圣经》中的“三王来朝”。——译者注

始散布一个惊人的消息。据这个完全不正常的人称，他要搞到50公斤TNT炸药，把埃菲尔铁塔炸飞上天。消息很快传到了警察耳朵里，警方迅速展开了调查，这个菜鸟级无政府主义分子在约瑟夫-格拉尼埃街的出租屋里被逮捕。他试图在审讯中向克洛警长辩解，还援引了安德烈·纪德和自由法案。

圣日耳曼德佩在20世纪40年代后期，从早上10点开始新的一天。这个时间书商开始一点点布置门口的露天货摊：他们打开箱子，把明信片和邮票都摆出来，之后再放上折叠画片。有个人走出塔拉那酒馆的大门，在书店门口驻足，那是诗人雅克·欧蒂贝尔第。他在报亭买了一份报纸，然后走进双叟咖啡馆。和每天早上一样，他要了一杯咖啡和几块羊角面包，在科斯玛和雷蒙·凯诺的邻桌坐下。

一个中年男子穿过林荫大道，这是编辑让·波尔松，正要去他在雷恩街86号的书店。他满心欢喜：因为插画家亨利·勒马里耶同意为他一直梦想着出版的佩罗的《童话》装饰无数有趣的插图。将近11点左右，咖啡馆的露台上人渐渐多了起来，花神、双叟、克吕尼咖啡馆，吕泰斯、马提尼克朗姆酒馆都坐满了顾客。半个小时之后，开胃酒时间到，这是一个神圣的仪式。在雅各布街的绿屋酒吧，超现实主义戏剧家安东尼·阿尔托来这里见他的朋友演员罗歇·布兰、编剧阿达莫和他的一个弟子皮谢特。画家皮埃尔·戴桑在皇家圣日耳曼镶着紫铜马蹄的吧台前，跟同伴班德拉和沃尔斯喝上一杯茴香酒。圣日耳曼大道上的圣克洛德、红十字街的十字街头、火炉街的夏洛家、渡船街的巴尔巴克、圣伯努瓦街的蒙大拿，都上演着这样的场景。

正午时分，所有的咖啡馆里都坐满了客人。安东尼·布隆丹在朗姆酒馆喝下这一天的第一杯潘趣酒，这里还坐着出版商法斯凯勒、蒂斯内、德布雷斯以及书店老板尼凯斯和加当。到了午饭时间，人们根据自己的荷包选择不同的餐厅，咖啡馆渐渐空了。餐厅的选择着实不少：埃珀隆街的阿拉尔，奥德翁广场的地中海餐厅，大奥古斯丁码头的波尔克罗尔驿站、拉贝鲁兹，或者便宜一些的丹东街的丹东大酒杯，葛兹兰街的小母鸡，等等。到下午 2 点，人们重新回到咖啡馆。前一晚泡酒吧的人才刚刚醒来，到咖啡馆来吃“早餐”。他们从大名鼎鼎的让·蒂斯耶、弗朗索瓦·佩里耶、皮埃尔·布拉瑟尔、伊夫·阿莱格雷、皮埃尔·弗雷奈面前大摇大摆地走过去。

到了下午，人们到维尔嘉朗广场或卢森堡花园散步，去寻找一丝绿意。或者到波拿巴街、谢尔什 - 米迪街、美术街、圣父街的古董店转转，说不定能找到一本孤本的古籍书。

傍晚时分，大约五六点左右，路人们卸下疲惫的双腿，坐在圣叙尔庇斯广场的市政厅咖啡的露台上，或是在利普酒馆来一杯啤酒，还可以到吉耶老爹家、里弗尔，或是赛维农酒馆，那里有直接从木桶里倒出来的新鲜的桑塞尔白葡萄酒。喜欢喝卡奥尔葡萄酒的可以去塞纳街的康斯坦老爹酒馆。而亲王殿下街的保罗王子酒馆里，设计师贝吕斯、索罗、佩内、埃费尔和电影人雅克·塔蒂正在那里聚会。柜台后面有一架老式的小号留声机，老板在柜台前直直地把一瓶盖亚克酸酒倒到酒杯里。年轻人喜欢喝有巴黎特色的果汁汽水，他们喜欢看薄荷、石榴、红醋栗糖浆在融进汽水后像云朵一样散开。对于走得鞋底发烫、头脑发热的人来说，这正是解乏的上好饮料。已经晚上8点了，肚子已经开始咕咕叫，于是餐馆又一次被占据了。没什么钱的可以去小圣伯努瓦。人们急忙赶去美术街的雷米餐馆，去波拿巴街的老头盔，去格雷瓜尔德图尔街的希腊餐厅填饱肚子。

接下来是演出时间，戏剧爱好者们可以选择去老鸽笼剧院、卢森堡戏院和口袋剧院。如果喜欢舞蹈或音乐，圣伯努瓦街的圣日耳曼俱乐部是个不错的去处，那里有鲍里斯·维安的乐队演出。克洛德·吕特尔在老鸽笼演出，而在塔布和红玫瑰则能欣赏到格雷科和雅克兄弟的表演。那些熬夜不知疲倦的年轻人还可以再去高卢大酒杯喝上一杯，或者穿过艺术桥，到中央菜市场一带度过这个夜晚。

第十章

Chapter 10

从巴黎到天堂

D'un Paris à l'autre

巴黎虽离天堂最远
但这并不妨碍她成为一个
化腐朽为神奇的地方

——E.M. 齐奥朗《苦涩三段论》

摄影：王欣

齐默咖啡馆

因为地理位置在巴黎夏特莱剧院的旁边，齐默咖啡馆（LE ZIMMER）鼎盛时有4层店面，楼下的旁门直通剧院内部，所以很多文艺界人士都喜欢在看完演出之后到那里边聊观感边吃饭。常去那里的艺术家和作家中，为中国人所熟悉的有：意大利提琴大师阿尔图罗·托斯卡尼尼、作曲家德彪西、作曲家斯特拉文斯基、意识流文学大师布鲁斯特、科幻小说家于勒·凡尔纳、作家左拉、画家毕加索……

1945年，在一个令整个法兰西都欢呼雀跃的讲话声中，巴黎迎来了崭新的黎明。然而法兰西帝国却开始瓦解：殖民者和殖民地不复存在。印度支那起义，老东印度公司关闭，马格里布[①]战声隆隆，非洲也要求独立。1940年，法国在二战中的失利已经注定了她的颓势：殖民地要求自治的呼声四起。在这些严重的解体和崩溃面前，法国人并没有惊慌。他们思想中的反驳精神，令他们每次面对政权更迭都对政府倍加诟病，他们冷眼看着秩序和混乱的力量相互更迭，久久不能稳定。在巴黎，人们懂得了要和事件保持距离。要这么做的关键在于，要懂得在林荫大道上享受一次缓慢而细致的散步；要懂得随心所欲地驻足在一家咖啡馆前，坐在露天的咖啡座的藤椅上，铁艺桌子旁，面对着一排排吸管和各式开胃酒，以大街为舞台，慢慢地欣赏着这出比政治更抓人的好戏。

坐在林荫大道的咖啡馆里，喝着冒出金色泡泡的冷饮，巴黎人

① 马格里布：北非摩洛哥、阿尔及利亚和突尼斯三国的代称。——译者注

宁愿听走街串巷和油嘴滑舌的人耍贫嘴，也不愿听国民议会的那些商人许下的美好愿景。街上一成不变的安静而祥和，正是这种一成不变使得巴黎挺过了战争、革命，乃至时尚潮流的考验。它看起来如此的微不足道，但它却是永恒。

第四共和国行将就木，第五共和国万岁！回顾古往今来的那些故人，政治家们给人的感觉像是活在墓地里一般毫无生机。然而这一次他们似乎抓到了宝，第五共和国成立之初，就有一位强有力的国家元首，他极好地确保了国家政府各部门职能的稳定性，简直就是挽救民族的希望！戴高乐将军、乔治·蓬皮杜、瓦莱里·吉斯卡尔·德斯坦、弗朗索瓦·密特朗、雅克·希拉克和尼古拉·萨科齐相继入主爱丽舍宫，带领法兰西度过最好和最坏的时代。

从 1958 年 9 月 28 日，第五共和国颁布宪法使法兰西帝国成为绝唱，人民通过全民选举出共和国总统，到 1968 年 5 月至 6 月的学潮转变成全面的社会运动，再到通过全民公决否定了参议院和区域化改革的法案，由此引发了戴高乐将军的辞职。能源危机，通货膨胀，失业问题，左派的回归，紧缩政策，民族阵线异军突起，绿党登上政治舞台，共产党垮台几乎消失殆尽，还诞生了一个叫作“欧盟”的组织，法郎被欧元取代。正如我们失去了铸币的权利，布列塔尼渔民在出海捕虾之前，必须要向布鲁塞尔征求出售权利。参选人开出空头支票，用流于表面的言辞取悦选民。

那些出没在林荫大道咖啡馆里或谈天说地，或批评时局的作家和诗人们都不见了。莱昂 - 保罗·法尔格最后在协和广场坐了一次出租马车，据他描述，车座的皮子已经发了霉，马屁股上出的汗把车套都浸湿了。蒙马特和林荫大道的咖啡馆仍存在于那些文学作品中——在小仲马描写的半上流社会中，在莫泊桑笔下的情人们和保罗·布尔热的女主人公当中。时过境迁，没有了国王出巡，没有了亲王贵族，酒馆的领班也不会在晚餐时间穿着制服在门口笑脸相迎了，大街上也看不到巴黎的老百姓或外省人优雅地闲庭信步了，这样的场景只停留在了人们对老巴黎的回忆当中，只有街上的那些砖石在向人们讲述着这些回忆，向他们展示着那些不断变化的现实。而你尽可以闭上眼睛，试着在头脑中重新构建起巴黎昔日的模样。混乱的影像在记忆的荧幕上渐渐清晰。街上昔日的声音、样貌、色彩、气味却永远地在虚无中被冲淡了。

让·科克托曾经写道："外国人比我们对巴黎还要熟悉。他们用一个全新的视角来看待这座城市，哪怕是最日常的习惯对他们来说也是新奇的，甚至还有外国人向我们打听身边的一些秘密。"[1] 二战后的那些年，外国人在巴黎各大酒吧中引领了一股风潮，引得整个巴黎都趋之若鹜。这些酒吧当中，歌剧院附近的和平咖啡馆可以称得上是佼佼者。

1948 年 6 月，美国制片人雷蒙·摩根在这里首次向全美直播了一档名为《这里是巴黎》①的广播节目。这档半个小时的节目用了九个半小时排练预演，通过纽约广播系统的天线将电波输送到全美各地的广播电台。一时间，卡普西奈大道上甚至要出动安保人员

① 《这里是巴黎》：原文是英文 *This is Paris*。——译者注

和平咖啡馆

和平咖啡馆（CAFÉ DE LA PAIX）于1862年6月30日开业，招待了1867年世界博览会的游客。由于靠近巴黎歌剧院，它吸引了许多著名的客人，其中包括儒勒·马斯内、爱弥尔·左拉和居伊·德·莫泊桑。1975年8月22日，和平咖啡馆被列为法国历史古迹。

摄影：索莱耶

来控制前来围观这间临时电台的人群。在大西洋的另一端，从得克萨斯到明尼苏达，700 万听众在收听这档巴黎的广播节目。

《这里是巴黎》的麦克风前聚集了法国香颂大使莫里斯·舍瓦利耶，演员克洛德·多芬、亨利·萨尔瓦多和伊夫·蒙当。这档节目还报道了伊迪丝·琵雅芙在美国的巡演。节目获得了巨大的成功。每个美国人都梦想着到和平咖啡馆喝上一杯咖啡，这里拥有全巴黎最长的 42 米露天咖啡座，而且永远都坐满了客人。

每天晚上，在卡斯蒂利奥内街 3 号的洲际酒店里，新大陆酒吧吸引着鸡尾酒爱好者和已经成为这里常客的各国名流，比如奥森·威尔斯就深深爱上了这座由巴黎歌剧院的建筑师卡尼埃设计的古老宫殿。还有萨沙·吉特里[①]最喜爱的女演员之一波琳·卡尔东，她常年住在隔壁的大酒店，晚上来这里见她的朋友玛格丽特·莫雷诺。

他们聚在一起聊着电影界和戏剧界的趣事，比如让·德比古说到“法国人”[②]时的一个口误：他在亨利·德·蒙泰朗的戏剧《波尔-洛亚尔》中饰演一位主教，原本的台词是“青蛙在波尔-洛亚尔的沼泽里呱呱乱叫”，而一次晚上演出时，波琳清楚地听到他把台词说成了“丑老太婆在波尔-洛亚尔的沼泽里呱呱乱叫”！德比古无意中说错了台词，但似乎说的也是实情。

康朋街 38 号的康朋咖啡馆旧貌换新颜，变成了丽思酒吧。装饰着穆拉诺的彩绘玻璃，上了漆的墙壁，水蓝色的桌子和天蓝色的

---

① 萨沙·吉特里：1885 年生于俄国，法国电影演员。——译者注
② 法国人：法国人被英国人贬称为青蛙。——译者注

天花板，这样散发着舒适魅力的装潢深受海明威的喜爱。弗朗索瓦一世街 37 号贝尔曼酒吧墙上包着苏格兰壁毯，挂着一系列描绘马术场景的版画，烘托出格外热情的气氛。这里往来的都是附近高级时装品牌的模特，或是隔壁两家著名广播电台——欧洲第一电台和卢森堡广播电台的主持人。时装设计师、演员、记者和做跨国贸易的商人则经常出入坐落在协和广场 10 号的克里翁大饭店酒吧，安静、私密的环境不但让人忘却了城市的喧嚣，这里也是一个充满了精彩创意和奇妙天赋的国度，让生活变得更加美好。演员们那些此处无声胜有声的表演，设计师们引领的不断变化的潮流，都诞生于此。

乔治五世大街 31 号的乔治五世酒吧也是构成巴黎奇幻魅力的一道亮丽风景。建筑的顶部是一个圆顶，米白色的墙壁被芥末色的流苏大窗帘所掩盖，墙上有几处凹进去的壁龛。其中一个壁龛中挂着以花卉图案见长的艺术家吕西安·库托的壁毯。在漆成黑色的吧台和玻璃柱子隔断四周，人们乐此不疲地谈论着那些让观众们赞叹不已的电影。制片商、发行商和演员像是在空中争抢数以百万计的钞票，并为此不惜相互辱骂。

中庭广场坐落在蒙田大街 21 号，毗邻雅典娜广场，以其跨大西洋风格的装潢、精致的古董家具、油画和装饰品吸引了精英阶层的客户群体。这些年来，洛克菲勒家族、亨利·福特、伊朗沙赫[1]

① 沙赫：即国王。——译者注

和约旦国王侯赛因都曾光临这里。而尼罗河街2号的尼罗河酒馆咖啡馆则是另外一番景象。这里是雷奥米尔区一带的新闻记者、巴黎报业发行公司的卡车司机和报业的印刷工人聚会聊天的地方，他们可以从晚上11点半一直待到早上8点。

上了年纪的人感怀那些有名的咖啡馆，眼里似乎都含着热泪。无论是康朋街和圣奥诺雷街拐角的邻居咖啡馆，还是奥斯曼大道和昂坦路拐角的帕亚尔咖啡馆，人们都带着同样的敬意。莫泊桑还曾提到过托尔托尼和英格兰咖啡馆。他们的感伤将淹没在那些走在巴黎林荫大道上的人群当中，从歌剧院到圣马丁门，他们徜徉在小乐队演奏着流行音乐的露天咖啡座前。所有热门的地方他们都已烂熟于心。比如说夏特莱广场的齐默咖啡馆，以其奢华的装饰和迷人的魅力吸引了德彪西、儒勒·凡尔纳、普鲁斯特、尼金斯基、斯特拉文斯基、塞利娜等名人到访……或者还有圣梅里教堂街的怪人咖啡馆，里面仍然保存了原店主阿尔西德·勒维尔经年累月收集的数量惊人的旧货古玩，这位店主曾做过驳船装卸工。弗朗索瓦·佩里耶、让-克洛德·布里亚利和新浪潮的弄潮儿在这里和手工艺人还有流浪汉混在一起。再到圣米歇尔大道65号的马约咖啡馆，在这里诞生了“民粹主义运动”。学生们喜欢去索邦广场乙3号的埃施高列、苏夫洛、拉丁精选，还有圣米歇尔大道的源泉咖啡馆。他们到穆夫塔尔街，靠近圣美达街一带的拉罗谢尔四兵士咖啡馆，这里的一面墙上有一块用沉船残骸的木头雕刻的古旧浮雕，表现了掌旗官的事迹。据说这件浮雕承载着一股邪恶的力量，古时候曾有歹徒聚在这块浮雕前做法来诅咒法官。有传言说这一习俗延续至今。学生们还会去拉格朗日街和弗阿尔街拐角的巴黎圣母院钟楼咖啡馆或吉涅阿尔咖啡馆。吉涅阿尔咖啡馆有一张14米长的柜台，莫拜耳广场——俗称“莫贝”——所有的流浪汉，都会来这里聚齐。

在伏尔泰码头酒吧有机会见到《过冬的猴子》的作者——安东尼·布隆丹，和他一起的还有阿方斯·布达尔、米歇尔·奥迪亚尔、让·布尔迪耶和让·布吕埃尔。1950年，让·布吕埃尔用著名的“苍蝇船”让塞纳河重新恢复了生机。他结合了圆帆船、小艇和马拉驳船的特点，制造出现代形制双层结构的船，船体外围以有弧度的叶板向上托起一个巨大的甲板，人们在上层甲板上可以看到四面八方的景色。前几年让·布吕埃尔刚刚辞世，而他的“无敌舰队”则留给了巴黎人和来自世界各地的游客无尽的欢乐。

这个富于信念和行动力的男人还勇于反抗政府部门。此前，一名公务人员很不满意这种游船取名叫“苍蝇船”，强迫他改名，光是针对逾期执行的罚款就达到了吓人的2万法郎。于是让·布吕埃尔灵机一动，把其中一艘漂亮的大船命名为“让-塞巴斯蒂安·穆什[①]号”，用来纪念这位伟大的奥斯曼男爵合伙人。巴黎的塞纳河观光线路也正是得益于这位大师，让·布吕埃尔也由此捍卫了自己的公司名称。对付这样一位聪明人物，随便一个市政府的小官员是无法强迫他给公司改名的。他还把“穆什”这个名字献给了一个兢兢业业的秘密侦查机构：穆沙尔……不得不说，只有布吕埃尔这样有丰富的想象力的人，才能想到“穆什”这个点子，这也是一种让

① 穆什：法语 mouche 一词的音译，有苍蝇和侦探的意思。——译者注

讨厌的人闭嘴的好法子。

伏尔泰码头酒吧的大门也向路易·马莱敞开，他在这里拍摄了电影《鬼火》中的部分场景。高涅克-杰伊街的拉冯咖啡馆就在法国国家广播公司旁边，已经成了广播公司的一部分。电视界人士在老客人羡慕的目光中在这里进进出出。人们都希望能被当时的名人相中。《巴黎竞赛报》的记者们会到皮埃尔-夏伦街 49 号的美国军团咖啡馆，在大洋彼岸游客好奇的目光下，写完他们的报道。这里最有名的就是一排靠墙摆着的纯属装饰的古董老虎机。

有时，这些记者也会到同一条街上 53 号的漂亮女铁匠咖啡馆。这家街角的咖啡馆每天傍晚都会迎来许多高级时装模特、美发师、美容师和香榭丽舍大街上的女店员。这些冒牌美女来这儿为自己寻找一位“金主”，或是一段短暂的关系。她们故作纯情，却十分善于表现自己，吸引猎物注意。

而老音乐家和音乐厅的过气明星们，选择聚在离这里不远的庞提埃夫街 29 号的合恩角咖啡馆。弗雷德·艾迪森是这里的老板。一位钢琴手在这里弹着一首轻柔的乐曲，账单也很轻柔。柜台旁边的石板上标着菜品的价钱：咖啡 1.25，罗锅 1.80。“罗锅”其实就是在咖啡里加上一小杯朗姆酒或酒糟。

蒙田大街 6 号的剧院酒吧是演员们约会的地方。在排练和演出的间隙，观众到这里来找演员要签名，对这些莫里哀和弗雷德里克·勒梅特的后生晚辈们说些鼓舞人心的话。另一个吸引这些“戏迷”的地方是阿尔玛广场 7 号的弗朗西斯咖啡馆的露台。第二次世界大战结束后，路易·茹韦和让·吉罗杜经常在这里见面。然而后来发生了一件不幸的事情。经营这家咖啡馆的一对夫妻，经过多年的辛勤耕耘，终于决定要一起去度假旅行。为了好好庆祝他们的生意兴隆，他们生平第一次坐了飞机，但不走运的是飞机最终坠毁了。

让我们换一个区，到欢乐街 21 号的波兰舞曲咖啡馆看一下。在那个年代，音乐爱好者们可以近距离地见到法国当红明星甚至国际巨星。香颂兄弟合唱团、达里奥·莫雷诺、伊迪丝·琵雅芙、马塞尔·阿蒙、费尔南·雷诺、鲍比·拉波因特、芭芭拉、乔治·布拉森和其他许多歌手都曾在这家音乐的殿堂演出过。波兰舞曲咖啡馆是欢乐街上少见的第二帝国新朴实主义装饰风格的典范，艺术家们和他们的崇拜者在这里流连忘返。

从欢乐街继续向前，一些声名显赫的文学家会来到德朗布尔街上的玫瑰花蕾咖啡馆，店名取自奥森·威尔斯的电影《公民凯恩》。这里灯光有些昏暗，装饰着木雕和老旧的皮革，玛格丽特·杜拉斯、尤内斯库、让 - 保罗·萨特在一起聊天。

乔治·布拉森的朋友在阿尔巴莱特街 10 号开了一家“逃学咖啡馆”，来这里的都是些不入流的艺术家，如保罗·普雷布瓦、让·埃罗尔德、苏珊·加布里埃洛和安妮·弗拉泰利尼。《红发朱莉》的作者勒内 - 路易·拉福格是这里的代表人物。他为这家小馆带来了辛辣的思想、刀削斧砍的文字和反对因循守旧的批判精神。然而他不幸英年早逝，也让这里痛失了一位代言人。

让我们最后来到圣旺大街 75 号著名的比利时酒吧，爱喝啤酒的酒客们都来这里和老板朱利安·福雷聊天。他是瓦隆[①]人，早先做过歌手和……菜市场的屠夫，据说他只要尝一口，就能分辨出每一种啤酒的产地。在比利时大使馆前管家的帮助下，除了啤酒，他的店里还供应布洛涅香肠块、阿登猪肉和来自荷兰的奶酪。快入夜时，他的很多艺术家朋友前来捧场，像罗歇·皮埃尔和让-马克·蒂博。所有人都任由这位品酒大师为他们推荐美味的“三重莱福修道院”啤酒、“特拉普特别智美”啤酒或“特别大公”啤酒。每一种啤酒都有其适当的温度，倒在不同形状的啤酒杯中。

阔别了林荫大道上咖啡馆兴盛的时刻，时光飞逝，塞纳河桥下流水淙淙，就像雅克·布雷尔曾经唱道：“曾经，我们尚年轻的祖父母，坐在双层马车的顶上，心儿已经飞到了天上。”那时的咖啡馆大多已经改了名字，或是完全消失得无影无踪了。幸运的是，一些啤酒馆从艰难的时光中顽强地存活了下来，为那些贪杯的酒客们保留住了它们昔日的样子：穆夏风格的美女花卉装饰画，南锡画派风格的日式家具，旧殖民地风格的窗户，镀铬镶边框架的阿尔萨斯细木装饰和镜子。

庞坦门附近的埃东餐厅，创建于1865年，1932年起更名为勒伯夫皇冠餐厅，总能让人想起斯坦伦画中和布吕昂歌中的场景——旧时穿着黑色丝绸裤、戴着桥帽、倒卖牲口的商人们在这里大摆宴席的场景。1889年，在蒙马特高地脚下，安德烈·格拉尔在女修

① 瓦隆：比利时的一个大区。——译者注

道院长街 52 号开了一家咖啡馆，不过很快就变成了一个小剧院，演出轻歌剧。到了 1934 年才开始重新经营咖啡。“吉祥物”成了这里的新名字，还有那舒适的鼹鼠皮座椅和光鲜夺目的镜子。

克利希广场的韦普勒啤酒屋由起初的阿尔萨斯风格变成了今天的阿韦龙风格，多亏了老板米歇尔·贝西埃经营有方，这里总能招徕一些文学和电影界的客人。在这家酒馆门前，人来人往的广场中心，矗立着蒙塞元帅[①]的雕像，这位曾在巴黎保卫战中力守克利希城门的元帅，如今镇守着这里的安宁。1885 年，这家酒馆的创始人韦普勒推出了著名的“若安娜杂碎配薯条”。到了星期六，这里的花园里经常会举办婚礼，宴请宾朋，常有附近画室的画家来蹭甜点，和客人聊天，看新娘牵起新郎的手，新郎亲吻新娘，然后大家开始跳四对舞，没有比这更温馨的画面了！

街对面是韦普勒的竞争对手——拉忒勒老爹酒馆，经常光顾这里的是一群放荡不羁的艺术家。在丁香花丛下，人们大快朵颐一番：吃着红烧兔肉和苹果酒炖鳗鱼，喝着甜酒，玩九柱戏。这个小酒馆的历史要追溯到 1765 年，并因 1814 年 3 月 30 日英勇的克利希城门保卫战而知名。部队指挥官蒙塞元帅把指挥司令部设在了这里，对方俄国军队的指挥官是来自法国的移民德·朗热隆伯爵将军。当时酒馆的主人喊着：“吃吧，喝吧，我的孩子们！一点儿也不要留给敌人！”1906 年，这家酒馆关张了。最后几位有名的客人中的

① 蒙塞元帅：(1754—1842)，拿破仑帝国时期元帅。——译者注

杜平老爹，还在讲着他在克利希广场不远处的田野里打到了第一只兔子，拉忒勒老爹酒馆就已经鞠躬离场了，曾经挂着招牌的小山墙也被一幢宏伟建筑的门面取代了。

二战结束后的几年间小酒馆又恢复了生机。让·梅让创立的“引领艺术”酒吧在歌剧院大街5号，是第一家重新恢复“晚餐-演出”模式的酒馆之一。人们为朱丽叶·格雷科、费尔南·雷诺、罗歇·皮埃尔和让-马克·蒂博的精彩表演鼓掌欢呼，还有当时还非常年轻的芭芭拉和娜娜·穆斯库莉。在市政厅码头80号，曼迪戈特酒馆的舞台上，有波琳·卡尔东、玛丽·马尔凯和伊迪丝·琵雅芙未来的最后一任丈夫泰奥·萨拉波的驻场表演。圣雅克街乙163号，永福港酒吧的老板让-皮埃尔·莫里把这里最为著名的顾客面孔做成了石膏像。才华出众的鲍比·拉波因特也是从这里出道的，他把菜名押韵地唱进了他的歌曲中。马萨林街62号，阿尔卡扎在让-马里·里维埃的安排下，乔装打扮成贵妇或小丑。卡萨诺瓦和波佐·迪博尔戈的不倒翁酒馆开在圣伯努瓦街13号，他们的秘密武器是让人忍俊不禁的穆斯塔什，引来不少在圣日耳曼大道游荡的夜猫子。还有一处夜生活的圣地，就是公主街15号的卡斯特俱乐部。据说有一次这里曾拒绝约旦国王侯赛因入内，因为他保镖的穿着“不太合乎要求”。

让-马里·普罗斯里埃的唐卡米约在圣父街10号，这里有巴黎最好的歌手，吸引着当时许多巨星来看他们的晚间演出，如碧姬·芭铎，以及住在旁边维尔纳叶街7号私人豪宅中的塞尔日·甘斯布。雅各布街10号的雅各的梯子见证了雅克·布雷尔、雷蒙·德沃、皮埃尔·多里斯等巨星的冉冉升起。大奥古斯丁码头15号的船闸酒馆也许算得上是最有年头的歌舞厅了，默剧演员马塞尔·马索、皮娅·科隆博、芭芭拉、皮埃尔·瓦内克曾在这里演出并相识。塞纳街55号的画廊歌舞厅有著名的滑稽表演，弗朗西斯·布朗什、让·普瓦雷和米歇尔·塞罗、让·亚纳、雅克·迪菲约、雅克·法布里，以及雅克兄弟的表演在这里大获成功。雅克·布雷尔的首次登台和亨利·加拉的告别演出都是在星形广场附近的埃斯特别墅，乔治·布拉森和雅克·布雷尔在这里交换着他们创办公司的理念。

蒙马特大道14号的马瑟韦尔可能是巴黎最后一家保持着原汁原味的咖啡馆-音乐会风格的啤酒屋。三位音乐家，在让·穆兰的指挥下，应客人们的要求演奏着利斯·戈蒂、琵雅芙和安德烈·克拉沃的热门歌曲。埃德加-基内大道60号有家“与众不同”的单片眼镜歌舞厅，来这里跳舞的都是穿着短西装的女士，跟着女子乐队的音乐节奏翩翩起舞。皮嘉尔广场的科什玛咖啡馆是间俄罗斯风格的小木屋，装饰着简单纯朴的石印画和油画，这里提供俄罗斯特色的红菜汤、肉串和著名的瓦图什卡芝士蛋糕，配以黄色、红色或白色的伏特加。雷吉娜把蒙帕纳斯大道124号的金星歌舞厅改建成了新吉米酒馆，然而来狂欢的人们一律把这里叫作“雷吉娜家”，他们在这里参加化装舞会，化装成俄罗斯人，流浪汉，或者夏娃的女儿……

地下室小酒馆的传统依然在延续。老板娘把这里打造成了一家酒吧，无论是商人还是朋友，都能在这里喝上几杯红酒，吃点儿简单的冷餐。前芭蕾舞演员马斯洛瓦在殉道者街乙75号，开了著名的阿蒂尔夫人歌舞厅。他每天晚上都上台表演，经常被人嘲笑他那插满羽毛的演出服，中间还穿插着脱衣舞和音乐会的表演。同一条街上的米舒咖啡馆，每天都有来自全巴黎的名人来这里忘却生活的沧桑。老板米舒穿着蓝色的礼服在酒馆的桌子间穿梭，开着玩笑。无论是大明星，还是居住在附近的普通人，他都会经常自掏腰包请客。他那镶满水钻的小舞台上演着逗人开心的节目，营造出一种可与红磨坊鼎盛时期相媲美的气氛。

咖啡馆酒馆遍地开花。圣殿镇街 32 号的好啤酒咖啡馆聚集了全巴黎在钢铁上雕刻的艺术家。附近的作曲家或梅格画室的石版画家选择到达格尔街 6 号的贝尔纳 · 佩莱酒馆，享用桑塞尔白葡萄酒和勃艮第红葡萄酒。蒙帕纳斯最近出名的画家会到德朗布尔街 29 号的波旁酒窖去品尝桑赛尔粉比诺和小灰勒伊葡萄酒。德夏尔日街 7 号的老友皮埃尔酒馆专门为里昂人准备了能勾起思乡之情的博若莱葡萄酒。第九大街广场 17 号雷蒙德 · 马丁经营的波蒂图，因其品种繁多的波尔多葡萄酒闻名，有摩尔贡、希鲁布勒和长相思[①]。圣奥诺雷集市街 10 号红宝石酒馆的老板古安先生，亲自到产区的产酒作坊去挑选布尔格伊红葡萄酒。

全巴黎小酒馆的酒窖都在向客人们敞开：伊诺桑街的 BOF 酒吧、皮埃尔 - 莱斯科街的大柜台、雷阿尔街的蒙泰耶、蒙托格耶街的栅栏酒吧、若奥弗瓦 - 圣伊莱尔街的好酒窖、里尔街的名酒汇、圣尼古拉街的马塞尔、尼埃尔大街的贝特里桑、梅尼蒙当林荫大道的小罐子、阿姆斯特丹街的米兰酒吧等等。勒皮克街走到头的吧台

① 摩尔贡、希鲁布勒、长相思：葡萄酒品种。——译者注

酒吧里坐着最后一群蒙马特人：画家让-保罗和纳利，作家瓦尔诺和马塞尔·艾梅。

历经磨难，巴黎正在继续着她永恒的蜕变。所有的街区都在经历着变化，咖啡馆也顺势拥抱着这些不断涌来的新习俗。知识分子的世界受到强烈的冲击。

在结束这段巴黎咖啡馆的历史之前，让我们最后一次沿着今天巴黎的轨迹，在她不断的变化之中行进。每一颗热爱咖啡馆的心都在那里跳动，在那里流连忘返，分享着情感，回忆着过去。比如让我们去首战街24号的“激动妈妈”咖啡馆看看，那里一直保持着充满魅力而又私密的装饰风格，散发着幽默的氛围，一切都从分量实惠的乡村风格美食开始，配上热情洋溢的红酒，晚餐还经常伴有来自蒙特茹的歌声，在地下室里唱着最美妙动听的法国歌曲，把我们带回不远的过去。在现在的蒙帕纳斯塔脚下，《沉着的父亲》①宁愿去另一个世界找他的朋友们，也永远不会低下高昂的头。再让我们回到塞纳河上的图尔奈码头，多米尼克兄弟和让-雅克·贝纳尔在55号开了一家“抱怨鬼”咖啡馆，精致的菜肴摆在铺着漂亮桌布的桌子上，等着人们品尝。这里自成一个小世界，处处散发着热情，让人为那些来不了的人惋惜。时不时地会有一张脸忧郁地望向街上，望向门口，希望那扇门能突然被推开，就像旧时那样，塞尔日或克里斯蒂安从门外走进来，他们的魅力足以使二战后最美丽的女星为之倾倒。

---

① 《沉着的父亲》：法国二战时期抵抗题材的电影。——译者注

让我们穿过塞纳河，到巴士底狱广场，见识一下巴黎最美丽的啤酒屋之一——巴士底街3号的博芬格。1870年，创始人弗雷德里克·博芬格第一个想到在他的小咖啡馆里卖生啤酒，后来又添加了他的家乡特色——阿尔萨斯冷盘，结果自然是大获成功。

20世纪20年代初，新店主阿尔贝·布吕诺买下了毗邻的店铺，并且大兴土木，请来室内设计师米尔让和建筑师勒盖，开始重新装修。玻璃工艺师鲁瓦耶和内雷设计了饰有花卉图案的椭圆形穹顶和带有甘布赖纳斯[①]头像的彩绘玻璃。巴士底阴森的堡垒已不复存在，只剩下两个隐约可见的半圆，在灰色的沥青道上用石板标记出来。巴士底狱已经被七月革命烈士碑所取代。时至今日，人们很乐意被"关进巴士底"，只要是在博芬格就行。从巴士底出发，沿拉罗盖特街上行，从拉雪兹神父公墓一角辐射出的甘必大大街通向丁香门，再通往曾经长时间遍布着各种小酒馆的美丽城街，有许多巴黎的手工艺人到绿栏杆舞厅那里去找姑娘做伴。

绿栏杆舞厅在18世纪位于古尔蒂耶，那里山清水秀，慢慢聚集了一些小酒馆。1750年，创造出"普瓦萨尔"风格的滑稽歌手让-约瑟夫·瓦德，曾对这里大加赞赏：

去巴黎一定要看古尔蒂耶
快乐的人群如蚂蚁
一定要看鲍尔舍隆

① 甘布赖纳斯：比利时弗拉芒神话中的国王，热爱啤酒。——译者注

那是快活人的约会地
就像去罗马要看教皇
还有从卢森堡花园出发
就一定什么也不会错过
说不定在哪个镇子
就遇上小酒馆里的歌舞
古尔蒂耶，鲍尔舍隆，维莱特……[2]

在一个半世纪的时间里，那里的餐厅、舞厅、烤肉店都是露天的，桌子摆在凉棚下。葡萄酒商让·朗波诺的小酒馆挂着皇家鼓的招牌，这里聚集了工人和来自各个阶层的人们。在摄政时期，皇家鼓当时还叫栗树酒馆的时候，就已经吸引了许多前来寻欢作乐的人，比如腓力二世的情妇们，德·普里夫人和德·巴拉贝尔夫人。巴黎人还很喜欢圣法尔若湖旅店，在今天的美丽城街和罗曼维尔街的拐角，靠近圣法尔若湖。这座湖占据了建造于路易十四时期的勒佩勒捷·德·圣法尔若伯爵庄园的一部分。

今天，这里的空气也许没有以前那么新鲜了，小街巷也变得热闹了，但这里的热情没有变。比如皮埃尔·艾拉尔的丁香地铁咖啡馆——自打一推开店门，这个爱享受的阿韦龙人就会向客人们推荐这里最精致的菜肴，并配上最好的葡萄酒。大厅里面角落的墙上装饰着中国的毛笔画，是出自他的父亲米歇尔·艾拉尔的作品，主题是埃斯帕里昂及周边的风景，让这个家族时常能怀念一下故乡。

罗热·沙尔诺，研究拉雪兹神父及其公墓的历史学家，常在桌前构思他下一本书的框架。医生让-保罗以无与伦比的气魄在他对面讲起最近发生的新闻和笑话。他同时也给福斯塔夫和肖龙教授（他在别处用好酒治好了他的病！）看诊。极富天才的画家迪米特里还把他画成了专辑《内脏暂停》中的一个人物——“布什突医生”。乔治·布拉森应该很享受在奥弗涅咖啡馆唱歌，而他幽灵般的影子总是出现在隔壁的丁香咖啡馆门前。

所以，当他想放下他的本子、烟斗和吉他出去透透气，他会毫不犹豫地在他位于第十五区的房子附近溜达，顺便去和他的好朋友，前拳击手亚内克·沃尔查克打个招呼，他现在在布朗雄街75号开了一间体育咖啡馆。他会听那个内心柔软的大块头，给他讲述与传奇的马塞尔·塞尔当比赛的细节，或是他如何在最后几秒钟把强大的雷·舒格·罗宾森打倒在地。布拉森那时肯定想不到，在沃吉拉尔屠宰场对面将有一座花园以他的名字命名，并且在每个周末吸引着一批古籍爱好者。至于我们的诗人老莱昂终于找到了他的那个“她”，亚内克和他的父亲让-路易·沃尔查克都十分为他开心，体育咖啡馆至今仍保持着这个家族热情和友好的传统。放荡不羁的文学家、艺术家，像雷诺那样热爱享受生活的人们来到这里，从一瓶醇香的好酒中寻找真实。

人们总能在圣厄斯塔什教堂附近遇见布拉森，他这是要去普威尔街的蒙莱里之塔酒馆，那里离里沃利街不远，长年来由杰克和德妮丝夫妇经营，和战后繁荣的30年代的巴黎生活密不可分。杰克的朋友们，凯塞尔、莫雷蒂、布达尔和其他人在这个难忘的地方度过了许多美好的日日夜夜。所有报刊、电视、文学、戏剧、政治和艺术圈重量级的人物都不止一次地坐过这里的长椅。

让我们再离开普威尔街到圣德尼门去，这里曾是法国军队凯旋返回巴黎的必经之路，也通向王室的陵墓，是为了纪念1672年法军大捷——路易十四跨过莱茵河而建。这道门庄严地面对着圣德尼市镇街，爱德华·弗尔米尔19世纪末在这条街的16号开了一家朱利安小酒馆，装潢是纯粹的新艺术风格，如同那个时代的宁静安详的港湾。墙上的镜框中挂着路易·特雷泽尔《女人与花》的粉彩画，色调是柔和的橙色和绿色。下面摆着真皮的椅子，营造出一种流动的气氛，产生一种令人模糊的空间感与距离效果。路易·马若雷勒，南锡画派著名的家具设计师，特地为这里设计了充满异国风情的木质吧台，笼罩在盖纳设计的彩釉玻璃的光影之中，如同教堂的彩绘玻璃窗一般。

那些装修豪华精美、饱经历史沧桑的咖啡馆已经成为巴黎历史遗迹的一部分。其中一些内部装修通常运用了19世纪末和20世纪初的陶瓷工艺，使得它们有幸被列入巴黎名胜古迹的补充目录。

其中有自1900年以来开在蒙马特街15号的单耳猪咖啡馆，坐落在一座18世纪建筑的一楼。菜市场酒吧和朝圣猴子咖啡馆也先后开张，里面珍藏着伊波利特·布朗热创作的彩陶作品。舒瓦西勒鲁瓦咖啡馆则让人想起美好年代[①]中央菜市场附近的生活景象。不远处，艾蒂安-马塞尔街3号的菜市场火锅酒馆保留着原汁原味的

① 美好年代：指第一次世界大战前，花都巴黎一片歌舞升平景象的时期。——译者注

陶瓷装饰。咖啡馆与啤酒馆的墙上贴着花砖，奥古斯特·桑迪耶的画作在镜子的折射下显得十分精美。雷诺酒吧的前身是双柳酒吧，开在圣德尼街89号，今天已经变成了一家文身店，但那1910年左右的装饰风格即便在当时也显得与众不同。它的店外有一些老式的玻璃布告牌，而店内的陶瓷装饰更是令人目不暇接。之所以选择陶瓷装饰，可以追溯到19世纪前——因其易于打理且不易褪色变形。圣殿街105号小蒙莫朗西咖啡馆里挂着四幅萨尔格米纳[1]掐丝珐琅陶瓷画，后来店铺被转让给了一家玩具店，货架掩盖住了这精美古旧的装饰，一如里沃利街146号的宫殿酒吧，那华美的四根立柱和两条楼梯最后淹没在一家成衣店铺天盖地的衣服中。

阿姆洛街114号的小丑酒吧得名于旁边的冬季马戏团。多亏了墙顶上那一条长长的陶瓷画，由让-巴蒂斯特·梅姆里于907年创作。拜他所赐，小丑大巡游的盛况才得以流传后世。这里的一切都能令人回想起那些魂牵梦萦而又一成不变的马戏表演。人们怎能忘记那些走钢索的杂技演员、微笑的骑师、驯兽师，还有穿着漂亮礼服的洛亚尔先生。他以高贵的姿态，用长鞭教训出洋相的小丑。节目从来没有变过，而观众一代一代在更迭，小丑的鬼脸却同样能让他们迸发出银铃般的笑声。

1910年，一个意大利人在圣德尼街143号开了一家潘扎罗纳酒吧，后来变成了皇家酒吧。店内的萨尔格米纳陶瓷画描绘的情景，

---

① 萨尔格米纳：法国东部莫泽尔省一城市。——译者注

让人想到创始人的故乡：四个年轻姑娘，身着传统服装，象征着皮埃蒙特、伦巴第、利古里亚和威尼托，出现在柠檬树和橘子树树枝掩映的壁柱之间。这样的寓言画在20世纪初期非常流行。比如赖德律-洛兰大街116号的画家酒馆，前身是十字街头咖啡馆。这里的寓言画主题是四季，可惜秋季和冬季的部分已经遗失。格勒奈尔林荫大道3号的地铁驿站咖啡馆，后来改名为四季咖啡馆。自1900年起，四面墙上就挂着梅鲁的四幅关于四季的油画。沃吉拉尔街乙345号的阿维亚蒂克酒吧，则请来了比利时人吉利奥，在1910年为这里创作了融合了树木、花草、村庄和城堡图案的陶瓷画。还有塞纳街43号的调色板咖啡馆，这里的陶瓷画表现了20世纪30年代的生活场景。梅尼尔街5号的马塞尔家酒吧，今天已经改名为小复古咖啡馆，远远望去，就能认出它那木质镶板的门面，店里保留着20世纪20年代的陶瓷花砖。还有不得不提到的拉斯普金歌舞厅，离香榭丽舍大街仅两步之遥，那里精致的挑棚、门面、楼梯、衣帽间和各种眼花缭乱的装饰，让它成为一个真正的巴黎博物馆。

说到巴黎的咖啡馆，巴黎的奥弗涅人取得的成功不得不令人称道。18世纪时，路易-塞巴斯蒂安·梅西耶写下的《巴黎画卷》中，就已经有了对他们的描述。那时的巴黎人说他们“胡言乱语”，因为他们的方言总是把“s”发成“ch”，很难听懂。辛苦的工作并没有吓倒他们，这些吃苦耐劳的人从事着艰苦的劳动：挑水、收废铁……

几十年后，那些被俗称为“酒卖”的酒馆老板也开始做起了煤炭生意。有人说，“酒卖”这个叫法来自于土话里的“炭卖”，据说是因为有人走街串巷叫卖，唱着“煤炭的卖”而得名。从19世纪后期，这些游走于街巷卖炭的小商贩渐渐地在小店铺里固定下来，和蔼可亲又热情好客的“卖炭翁”妻子平时闲暇的时候，也卖上一杯半盏葡萄酒给客人。

巴黎的人们开始发现这些奥弗涅人大多数来自于阿韦龙省，从德卡泽维尔到米洛，从圣阿弗里克到拉吉奥勒之间形成的一块区域。阿韦龙省位于中央高原南部，康塔尔山的分支，欧布拉克的火山高原上，毗邻旧时的鲁尔格。20世纪初，马塞兰·卡兹、布巴尔、塔法奈尔兄弟、理夏尔、贝特朗、拉杜离开米尔德巴雷镇，来到巴黎。卡兹和布巴尔经营着利普啤酒屋和花神咖啡馆，其他人则成为巴黎咖啡馆的供应商。

供应原料的批发商对这行买卖已经轻车熟路。他们介绍自己的朋友和正在找活计的年轻老乡入行。和自己人做买卖，一切都基于信任，说话算数，没有必要立字为据。握一下手就可以借到一笔钱开咖啡馆，条件是必须要从对方那里进货。这样一来，同乡的情谊成为成功的关键，极大化地发展了他们的帝国。他们把钱借给那些肯吃苦能干的，眼中闪着光并且小心谨慎的老乡。于勒·珀蒂-桑的那句名言描述道:“借钱给多嘴之人，到头来秘密难保，钱财皆空。”

19世纪末，在巴黎咖啡馆的历史洪流当中，理夏尔家族的历史是成功的典范。1875年，皮埃尔·法耶尔在巴黎的亚平宁街，距克利希广场不远处，开了一家既卖煤又卖咖啡的馆子。他来自阿韦龙省北部的内哈克。带着第一桶金，他买下了克利希卵石街的一间仓库，用来储存葡萄酒。他渐渐在那里做起用手推车批发葡萄酒的买卖。在世纪之交，他把这里留给了他的女儿和女婿弗朗索瓦·贝利埃。20年后，生意又转到了贝里耶尔的内弟奥古斯特·法耶尔手中。

由于工作繁重，奥古斯特·法耶尔找来他22岁的表外甥亨利·理夏尔给他帮忙：他们的生意需要四匹马、一只山羊、三副车套，运送着年均100万升的葡萄酒。感谢上帝，社会发展带来了好的一面：汽车的迅速普及方便了运输，营业额很快翻了一番。但在1938年，法耶尔家族遭受了丧亲之痛：奥古斯特的儿子意外死亡，亨利·理夏尔随后接管了公司。他四十多岁正当年，充满了智慧和勇气。从此，公司继续蓬勃发展。1945年，他接管了生产“法国之泉”的卡斯公司，开始进军矿泉水、果汁和苏打水的经销。1950年，亨利·理夏尔和他在阿尔及利亚的兄弟乔治一起，扩建了克利希的仓库，安装了装瓶生产线，并在贝西建了新的存储仓库：葡萄酒也开始用公升，而不再用桶来计量了。1955年，安德烈·理夏尔进入公司，在阿斯尼埃开设了咖啡烘焙工厂。从1960年开始，理夏尔家族买下了罗纳河谷的许多葡萄园，生产波尔多和博若莱葡萄酒。1990年，这个家族就拥有了600公顷的葡萄园。家族继续着新老交替的传统，正是诚实、勤劳和天赋造就了这个家族企业的成功！

就在几年前，还有很多咖啡馆的老板跑到巴黎东边，亲自挑选未来酒单上的葡萄酒。他们“补货”的地方——葡萄酒市场——靠近植物园，如今已经不复存在。在那里，葡萄的香味中夹杂着周围植物的芬芳，让人感觉不像是在巴黎了。葡萄酒从生产商，再到分销商，最后端上客人们餐桌的过程充满了仪式感，无论是杜朗若、勃艮第，还是波尔多，葡萄酒生产商系着有垂直口袋的黑色围裙，迈着稳健的步子，带着客人穿过仓库，进入黑暗的地窖里。他在地窖里点燃一支尖柄蜡烛，走到合适的地方，用木槌把蜡烛钉在墙上，接着他用凿子剜出木桶上的塞子，插上一截桂皮，酒就开始汩汩地流出来，砸出红色的沫子，散发出果香。他接满一杯，递给客人，客人喝上一口，在口中细细品味。这样的过程要重复几次，直到咖啡馆老板做出最终的选择。接着他们到市场的小酒馆里去商谈订单，那里还保持着拿破仑帝国时期的传统风格，一直没有改变。

用矿物肥皂洗得锃亮的吧台前挤满了常客。为首的是市场的卡车司机。搬运酒桶的工人会在这里享受几杯薄酒，好鼓起勇气去拱形酒窖那边，在一堆空桶和浸泡瓶塞的大缸之间吃午饭。

像许多其他地方一样，随着巴黎城市发展，开发商的胃口越来越大，葡萄酒市场现在也已经消失了。怀旧的人们只能到附近的某个“小酒馆”里浇灭自己的悲伤。有些人认为“小酒馆”（bistrot）这个词来自深褐色（bistre），因为酒馆的墙壁大多是这个颜色。还有一些人认为这个词来源于俄语单词“bistrot”[①]，1814 年，哥萨克人入侵巴黎期间经常说这个词，好让店家快点儿上菜。

市场小酒馆有闪亮的锡面吧台，大理石桌面的桌子，花砖地上撒着木屑，火腿和香肠挂在天花板上，人行道边的露台上摆着铁皮桌子，木炭条装在箱子里。虽然隐匿在一条小街上，这里还是相当受欢迎的。人们常用漫不经心的口吻说：“我知道一个小酒馆……”尽管对面墙

① bistrot：俄语中“快”的意思。——译者注

上贴着禁止在公共场所酗酒的法律条文，人们还是愿意在这里尝遍所有“重口味”的酒……根据不同的说法，人们接着“小酒馆”（bistrot）这个词的头韵展开各种变形，因此诞生了“小酒吧”（troquet）、“小酒家”（bistroquet）、“小酒舍”（listroquet ）、“酒馆老板”（bistroquier）、“酒馆老板娘”（bistrote）等叫法。常客们也会用特定的词结合以前帮派的黑话，或是从布吕昂、里克蒂斯、于斯曼、卡尔科、塞利娜、奥迪亚尔、布达尔、弗雷德里克·达尔等人的作品中截取只言片语，由此形成一种丰富而又生动的语言：进一家小酒馆是“去望弥撒”或“去换岗”；独自一人喝酒是“在瑞士”；如果只喝了一杯酒，叫“一条腿走到底”，喝两杯叫“往返”；点酒是“说一个颜色”；清醒就叫“织绒布”“挂水壶”。

酒鬼通常先“羽毛热起来”，之后开始“疯疯癫癫”“喝大”“犯晕”“断片儿”“点燃”“云里雾里”，那些和他一起喝酒的朋友们会说他“鼻子被蜇了”“气色不错”“像个酒桶”“喝得烂醉”。而“喝得肚子圆得像铲子的头”——这个说法是跟《烈性劣酒》的作者皮埃尔·佩雷学的，这个酒鬼“扬起风帆，鞋子像船一样两头晃地迈着方步回家了”！人们可以要“一斗酒”“一罐酒”“一吊酒”“一口酒”，喝光了的容器叫“尸首”。根据顾客们的奇思妙想，一升红葡萄酒还可以叫作“一注”“一个马车”“一个军团”“一个酒瓶”……他们根据不同的口感，在“锚地”——也就是吧台前——喝着“苦味酸酒”“除垢剂”“烈酒”“红棕酒”“丝绒酒”“催人犯罪酒”“污点酒”。他们让老板和伙计给他们“紧踩油门”加满“巴斯塔拉”“裤底”或“苏兹黑醋栗”，好继续“坐着灌醉自己”……

橘子石榴味的啤酒叫“哥萨克”，朗姆酒加水叫“罗密欧”，石榴汁啤酒叫“棺材”，番茄汁伏特加叫“荡妇玛丽”，糖浆柠檬汽水酒叫“魔鬼”，冷牛奶石榴汁酒叫“日本姑娘”。茴香酒里加石榴汁叫“红番茄”，加薄荷叫“鹦鹉”，加巴旦杏仁糖浆叫“摩尔人”，加水叫“海关”。一小份茴香酒叫“小木乃伊”，双份叫“筋斗”。

总的来看，这些关于酒的俗话有的俏皮，有的忧郁，表达了巴黎人生活中的不安和焦虑。更何况，“茴香酒”（patis）这个词在普罗旺斯奥克语中本身就有无聊、迷茫的困境或愤怒之意……人们自古就开始饮用这种用八角茴香酿制的饮料：从罗马时代就已经可以喝到用八角茴香混合其他植物酿成的酒。在地中海沿岸一带，这种酒甚至有许多不同的名字，我们可以品尝到阿尔及利亚的“小茴香”，希腊的“乌佐”，土耳其的“拉齐”，黎巴嫩的“阿拉克”。

实际上，在法国直到1915年，由于苦艾酒危害健康，被明令禁止，茴香酒才应运而生。纯的茴香酒能使人癫狂，直到20世纪30年代，喜欢喝这种酒的人也只能兑着比较轻柔的甜酒喝。后来的法令重新允许饮用高酒精度的茴香饮料。一个葡萄酒商的儿子保罗·里卡尔从中获益匪浅。他根据自己的配方，精细地配以普罗旺斯香草、甘草、八角茴香，用蒸馏器制出“正宗马赛茴香酒”，彻底颠覆了茴香饮料市场。以他的名字命名的“里卡尔茴香酒”先是席卷了马赛的咖啡馆和酒馆，之后是里昂，最后在1939年来到巴黎。自此，保罗·里卡尔同他的茴香酒和公司一起声名鹊起。

再让我们舒舒服服地在著名的“托内”椅子上坐上一会儿，享受一下细木工匠大师托内的作品，以及那精湛的曲木工艺。这种工艺与制作酒桶的工艺如出一辙：先把木头锯成板条，然后用蒸汽熏蒸，置于模具之中，待干燥后用机械打磨成型。这种椅子价格便宜，而且便于堆叠。此外，人们在酒馆里玩儿骰子、打牌，热闹的氛围让熟客们很难不技痒，一方面为了打发时间，一方面想看看由谁来请下一轮酒。从 18 世纪流行的棋类游戏到今天的乐透，酒馆里的吧台、大厅和后厅里到处都有各式各样有趣的游戏：1850 年开始有了台球、桌上足球、421、勃洛特、马尼拉牌、十点牌、扑克牌，还有赌马的三连赢和四连赢、刮彩票等。1880 年到 1900 年，轮盘赌曾风靡一时，吧台陀螺和老虎机在 1937 年被明令禁止。

今天与以往任何时候相比，咖啡馆的独到之处都与店主所选的设计师的才华密不可分。比如 1984 年，有一家阿韦龙人开的咖啡馆落户巴黎，他们请来设计师菲利普 · 斯塔克，精心设计了处处体现出新一代设计风格的凯诗德咖啡馆。还有朗乃设计的蓝色咖啡馆，希尔顿的麦克科尼柯咖啡馆，克里斯蒂安 · 德保桑巴克的波堡咖啡馆，阿诺 · 蒙蒂尼把过去著名的科莱特咖啡馆改造成水之酒吧，对于大众来说都是杰出的艺术品。这些咖啡馆通过精美的装潢来提升自己的品牌形象，而有一些更加精明和务实的店家，则利用通讯的飞速发展，满足客户的新需求。因此，1995 年，巴黎诞生了第一家“网吧”——卢森堡花园对面的轨道咖啡馆。客人们能在那里用电脑连通互联网，还能喝到卡布奇诺。其他一些咖啡馆也竞相模仿，于是出现了：网络基地、网络村、46 号网吧、点击网吧……

曾经人们用来见面交谈、交换意见和感受的时间，已逐渐被其他形式的兴趣和娱乐所代替和侵蚀：电视、广播、电影，尤其是当下垄断了我们绝大多数休闲和放松时间的互联网。在这21世纪之初，虚拟取代了现实。对于很多人来说，咖啡馆现在已经演变成一个大家中午匆忙吃个午餐的地方，在换乘地铁或是购物的间隙来歇个脚的地方。

但是仍有一些特殊的小群体——哲学家、艺术家在延续着历史的传统。除了那些鱼龙混杂的咖啡馆，他们对那些哲学、心理学、戏剧、装饰等专业人士聚集的咖啡馆烂熟于心，也许是在某条街的转角，抑或是在某个被旅游纪念品淹没的街区中心——那是个光怪陆离的世界，有时令人烦扰。但这些咖啡馆永远充满了诗意，扎根于巴黎的悠久历史当中。

古老的砖石仍然堆砌在咖啡馆崭新的装潢背后，在不同的环境当中生存下来。将会有怎样的冒险和转变在等待着这些永恒的“聊天商店”？蒙田曾经写道：“亲眼看到那些了不起的客人们坐过的位置，是不是远比听他们的故事和读他们写的故事，更加震撼人心呢？”[3]

只要巴黎仍在，世间欢乐长存。

——诺查丹玛斯 《百诗集》，1555[4]

注释

开篇

1. *Lectures pour tous*, Paris,Hachette et Cie, 1902, vol. 17, p. 256.

2. Tite Live, *Histoire romaine*, in E. de La Gournerie,*Histoire de Paris et de ses monuments*, Tours,Mame,1860.

3. *La Légende dorée* (*Legenda aurea*) rédigée en latin entre 1261-1266 par Jacques de Voragine.

4. Jules G. Janin, *L'Été à Paris*,L. Curmer, 1843.

5. H. Gourdon de Genouillac,*Paris à travers les siècles*, *Histoire nationale de Paris et des Parisiens depuis la fondation de Lutèce*,

Paris,F. Roy, 1881.

6. F. Caradec, J.-R. Masson, *Guide de Paris mystérieux*, Tchou, 1966,p. 363.

7. *Journal de Charles VII*, in H. E. de Witt, *Les Chroniqueurs de l'histoire de France depuis les origines jusqu'au xvie siècle*, Paris, Hachette et Cie, 1886, p. 69.

第一章

Au temps où les cafés n'étaient que tavernes,estaminets et cabarets

1. Édouard Fournier et Francisque Michel, *Livre d'or des métiers. Histoire des hôtelleries, cabarets,courtilles,restaurants et cafés*, Paris, Adolphe Delahays, 1859, tome I, p. 209.

2. *Ibid.*, p. 195.

3. Sorte d'hydromel.

4. *Livre d'or des métiers*, *op. cit.*,p. 198.

5. *Li Diz de l'Universitei de Paris,in OEuvres complètes de Rutebeuf*, par Achille Jubinal, Paris, E. Pannier,1839, tome I, p. 155-156.

6. Eustache Deschamps, *Poésies morales et historiques*, d'après le manuscrit de la Bibliothèque du Roi,Paris, Imprimerie Crapelet, 1832,p. 163.

7. Montaiglon, Rothschild, *Recueil de poésies françoises des xve et xvie siècles*, Paris, Pierre Jannet, 1876.

8. *Franches repues. « La manière comment ils eurent du vin »*, in OEuvres complètes de François Villon, La Haye,Adrien Moetjens, 1742, pp. 16-17.

9. *Petit traité de l'ordre judiciaire.*

10. *Livre d'or des métiers, op. cit.*,tome II, p. 8.

11. *Ibid.*, p. 70.

12. *Chanson nouvelle des taverniers et tavernières*, in *Fleur des chansons nouvelles*, Lyon, Benoît Rigaud,1586.

13. Ronsard, *OEuvres complètes*,par P. Blanchemain, Paris, Librairie A. Franck, 1866, tome VI, p. 293.

14. *Les Serées*, de Guillaume Bouchet, sieur de Brocourt, in *Livre d'or des métiers*, *op. cit.*, tome II, p. 52.

15. Pierre de Bourdeille, seigneur de Brantôme, *Mémoires*, Luxembourg,chez André Chevalier, 1735,tome IV, p. 45.

16. Le Marino, in *La Revue des Deux Mondes*, 1840, vol. 3, p. 475.

17. Auguste de Caumont, duc de La Force, et Gabriel Hanotaux, *Histoire du cardinal de Richelieu*, Paris,Librairie Plon, 1932, p. 194.

18. Tallcmant des Réaux, *Les Historiettes*, Paris, Alphonse Le vavasseur libr., 1834, tome III, p. 12.

19. Ernest Thoinan, *L'Entretien des musiciens par le Sieur Gantez,maître de chapelle*, Paris, chez A. Claudin, 1878.

20. Les béatilles sont un mélange de foies de volailles et de gésiers.

21. *Parodie de Cadmus*, in *Nouvelles parodies bachiques*,

recueillies par Ch. Ballard, Paris, 1714, p. 33.

22. *Livre d'or des métiers*, *op. cit.*,tome II, p. 326.

23. *Recueil de pièces en prose les plus agréables de ce temps*, *par divers autheurs*, *à Paris*, chez Charles de Sercy, 1661, in-12, 2e partie.

24. Chanson 35, in « Concert des chansons de Bacchus », *Le Parnasse des Muses*, *ou Recueil des plus belles chansons à boire*, tome I, p. 71.

25. *Livre d'or des métiers, op. cit.*,tome II, p. 297.

26. Nicolas de Lamare, *Traité de la police*, Paris, Michel Brunet, au Mercure Galant, 1719, p. 708.

27. Charles Vion de Dalibray,« L'Auberge » in *OEuvres poétiques*, à Paris, Toussaint Quinet, 1647.

第二章

Louis XIV découvre le café

1. *Lectures pour tous*, Paris,Hachette et Cie, 1902, vol. 17, p. 409.

2. Colletet, *Les Tracas de Paris*,*cité in* Théophile Lavallée, *Histoire de Paris depuis le temps des Gaulois jusqu'en 1850*, Paris, Hetzel, 1852,p. 44.

3. *De l'usage du caphé, du thé et du chocolate*, à Lyon, chez Jean Girin et Barthélemy Rivière, 1671.

4. *Lettres de Madame de Sévigné à sa fille*, du 10 mai et du 8 novembre 1676.

5. *De l'usage du caphé..., op. cit.*

6. *Correspondance complète de Madame, duchesse d'Orléans, née princesse Palatine, mère du Régent*,trad. M. G. Brunet, Paris, Charpentier,1857, pp. 128-129.

7. P. E. Lemontey, « Articles inédits » des *Nouveaux mémoires de Dangeau*,à Paris, chez Deterville, 1818, p. 189.

8. Cité par Héron de Villefosse dans *Histoire et géographie gourmandes de Paris*, Éditions de Paris,1956.

第三章

De la Régence à la Révolution : les cafés au coeur de la politique

1. J. A. Dulaure (1755-1835), historien,*Nouvelle description des curiosités de Paris*, 2de éd. corrigée et augmentée, Paris, chez Lejay libraire,1787, 1re partie, p. 106.

2. Joachim-Christoph Nemeitz (1679-1753), *Le Séjour de Paris*, Francfort-sur-le-Main, 1718, rééd. Leyde, chez Jean Van Abcoude, 1727, p. 112.

3. Jcan-Baptistc Rousscau (1671-1741), poète (la célèbre *Ode à la Fortune*), auteur de comédies dont *Le Café*, en un acte et en prose, 1696.

4. *In* Voltaire, *OEuvres complètes avec notes et remarques*, Paris, Delangle frères et Cie, 1827, tome XXXV,p. 213.

5. Alain René Lesage (1668-1747),*Le Diable boiteux*, Paris, chez la

veuve Barbin, 1707.

6. Vis-à-vis : petite voiture comportant deux places se faisant face;sabot : sorte de brouette en forme de baignoire ; gondole : nacelle posée sur quatre roues.

7. Barge où se réunissent les bandits.

8. L. Lurine (sous la direction de),*Les Rues de Paris*, Paris, G. Kugelmann,1844. vol. 1, p. 288.

9. François et Claude Parfaict,*Mémoires pour servir à l'histoire des spectacles de la foire par un acteur forain*, Paris, chez Briasson, 1743.2 vol.

10. Liqueur composée d'eau-de-vie brûlée, de sucre et de jus de fruit doux.

11. *In Voyage de l'Arabie heureuse*,à Amsterdam, chez Steenhower et Uytwerf, 1716, p. 337.

12. Abbé Bertrand de La Tour(1700-1780), prédicateur, écrivain,*OEuvres complètes*, J.-P. Migne, éditeur,1855, livre III, chap. V, p. 309.

13. *Dictionnaire de la conversation et de la lecture*, sous la direction de M. Duckett, Paris, Michel Lévy frères, 1852, tome III, p. 354.

14. M. Artaud, *Études sur la littérature depuis Homère jusqu'à l'école romantique*, Paris, éd. Henri Plon,1863.

15. E. Colombey, *Ruelles, salons et cabarets*, Paris, éd. E. Dentu,

1892.

16. D'après *Mélanges extraits des manuscrits de Mme Necker*, Paris,Ch. Pougens libraire-éditeur, 1798,tome II, p. 244.

17. J.-L. Dugast de Bois-Saint-Just,*Paris, Versailles, et les provinces au xviiie siècle*, 2de éd., Paris, chez Nicolle et Le Normant, 1809, vol. 2, p. 193.

18. Louise Bénédicte de Bourbon-Condé Maine, *Lettres de Madame la duchesse du Maine et de Madame la marquise de Simiane*, Paris, Léopold Collin,1805.

19. *OEuvres complètes de Voltaire*,1785, vol. 57, p. 109.

20. Abbé Morellet, *Mémoires*,Paris, Librairie française et de Ladvocat, 1821, tome I, pp. 131-132.

21. Stéphanie Félicité Genlis (comtesse de), *Mémoires de Madame de Genlis*, Paris, Firmin-Didot frères,1857, vol. 1, p. 25.

22. Antoine-Denis Bailly, *Choix d'anecdotes anciennes et modernes*,Paris, chez Roret, 1828, tome IV.

23. E. Colombey, *Ruelles, salons et cabarets*, *op. cit.*, tome II, p. 102.

24. *Le Pauvre Diable*, in *OEuvres de Mr de Voltaire*, *Mélanges de Poésie*,1775, tome XII, p. 122.

25. François Fosca, *Histoire des cafés de Paris*, Paris, éd. Firmin-Didot et Cie, 1934, p. 63.

26. *Éloge de Fréret par Bougainville*,in *OEuvres complètes* de

Fréret,Paris, éd. Dandré et Obré, 1796,tome I, vol. 23, p. 314.

27. Charles-François Panard, *Théâtre et oeuvres diverses*, Paris, chez Duchesne, 1763, tome IV, p. 263.

28. *In Mémoires secrets de M. de Bachaumont*, *op. cit.*, tome III, p. 69.

29. L.-J. Larcher, *La Femme jugée par les grands écrivains des deux sexes*, nlle éd., Paris, Garnier frères,1854, p. 365.

30. *Mélanges extraits des manuscrits de Mme Necker, op. cit.*, tome III,p. 82.

31. Diderot, *Mémoires, correspondance et ouvrages inédits*, Paris,Garnier Frères et Fournier aîné, 1841,

vol. II, p. 201.

32. *Le Palamède*, 1846, revue mensuelle des échecs et autres jeux,Paris, S. Dufour et Cie.

33. De M. J. A. Jacquelin, *in* Louis Castel, *Nouvelle anthologie ou Choix de chansons anciennes et modernes*,Imprimerie H. Balzac, Librairie ancienne et moderne du Palais Royal, tome II, p. 130.

34. Charles-Yves Cousin d'Avallon,*Pironiana*, Paris, chez Vatar-Jouannet et Pigoreau, 1801, p. 143.

35. Gustave Bord, *La Franc-Maçonnerie en France des origines à 1815*, Nlle Librairie nationale, 1908,Slatkine, 1985.

36. Louis Guillemain de Saint Victor, *Recueil précieux de la maçonnerie adonhiramite*, à Philadelphie,chez Philarèthe, 1787, p. 27.

37. *Théâtre de M. Favart*, Paris,chez Duchesne, 1763, vol. IV, p. 15.

38. Élie Fréron, *L'Année littéraire ou Suite des lettres sur quelques écrits de ce temps*, Amsterdam, chez Michel Lambert, 1762, vol. VI.

39. Grimm, *Correspondance littéraire,philosophique et critique depuis 1753 jusqu'en 1769*, Paris, Long-champs libraire, 1812, partie II, vol. I,p. 68.

40. M. de Labrousse-Rochefort,*Trente ans de ma vie (de 1795 à 1826) ou Mémoires*, Toulouse, imp.d' A. de Labrousse-Rochefort, 1846,tome VI, p. 46.

41. D. J. Garat, *Mémoires historiques sur le xviiie siècle et sur M. Suard*,Paris, A. Belin, 1821, tome I, p. XXVII.

42. Briffault, *Paris à table*, Paris,J. Hetzel, 1846.

43. Menon, *La Science du maître d'hôtel-cuisinier, avec des observations sur la connaissance et les propriétés des aliments*, Paris, Paulus-du-Mesnil,1749.

44. Vincent de La Chapelle, *Le Cuisinier moderne*, 1742.

45. P.-L. Lebas, *Festin joyeux ou la Cuisine en musique, en vers libres*,Paris, 1788.

46. Sébastien Mercier, *Tableau de Paris, critiqué par un solitaire du pied des Alpes*, Nyon, en Suisse, Natthey et Cie, 1783.

47. Montesquieu, *Lettres Persanes*,nlle éd. stéréotypée, Paris,

Didot et Firmin-Didot, 1803, tome I.

48. OEuvres de Montesquieu, nlle éd., Paris, Bastien libraire-éditeur,1783, tome I, *Préface*, p. xiii.

49. OEuvres de Montesquieu, Paris,Lefèvre éd., 1839, tome I, p. 15, *Notice sur la vie de Montesquieu.*

50. Restif de La Bretonne, *Les Nuits de Paris, ou l'Observateur nocturne,*Londres, 1789, tome I, partie 8,pp. 149-150.

51. Restif de La Bretonne, *Les Nuits de Paris, ou le Spectateur nocturne*,Londres, tome VII, 13e partie,pp. 3213-3214.

52. Arbre planté par le cardinal de Richelieu dans l' allée des maronniers du Palais-Royal, sous l' épais feuillage duquel se réunissaient les nouvellistes.

53. F.-A. Mignet, *Histoire de la Révolution française depuis 1789 jusqu'en 1814*, Paris, Firmin-Didot /Ladvocat, 1874, p. 62.

54. Louis Mayeul Chaudon, *Dictionnaire historique, critique et bibliographique*,Paris, Menard et Desenne,1822, tome XXI, p. 21.

55. D' après les *Mémoires secrets de Bachaumont de 1762 à 1787*,nlle éd. J. Ravenel, Paris, 1830,tome IV, p. 8.

56. De l' opérette *Laure et Pétrarque*, 1780, paroles Fabre d' Églantine, musique de Louis-Victor Simon. La chanson avait pour titres *Le Retour aux champs et L'Orage*. Ce dernier titre date de 1787.

57. Antonin Carême (1784-1833),Mémoires, 1833. *Les Classiques de la table*, Paris, Firmin-Didot, 1855, tome II.

58. Antonin Carême (1784-1833),« roi des chefs et chef des rois », fut l' inventeur des pièces montées composées de choux à la crème.

59. Chamfort, *Oeuvres complètes,Paris*, Chaumerot jeune, 1824, tome I,p. 439.

60. Pierre Pic, *Les Heures libres*,Paris, G. Steinheil, 1910, p. 398.

61. Grimm et Diderot, *Correspondance littéraire, philosophique et critique depuis 1753 jusqu'en 1790*, Paris,Furne et Ladrange, 1830, tome X,p. 74

62. Marquis de Ferrières (1741-1804), *Mémoires du marquis de Ferrières, avec une notice sur sa vie,des notes et des éclaircissements historiques*,2e éd., Paris, Baudouin Frères, tome I, pp. 6-7.

63. Citoyen Mercier, *Nouveau Paris*, à Brunswick, 1800, tome III,chap. LXXXIII, p. 23.

64. *In* Sébastien Mercier, *Tableau de Paris*, nlle éd., Amsterdam, 1783,tome X, pp. 62-63.

65. Brillat-Savarin, *Physiologie du goût, méditations de gastronomie transcendante*,« Méditation XXVIII, Beauvilliers », Paris, Just Tessier libraire,1834, tome I, p. 186.

66. Adolphe Huard, *Mémoires surCharlotte Corday d'après des documents authentiques et inédits*, 2e éd., Paris,Léon Roudiez, 1866, p. 85.

67. *Ibid.*

第四章

D'un Napoléon l'autre :les cafés, de la politique au spectacle

1. Georges Duruy, *Mémoires de Barras*, Paris, Hachette, 1895, p. 244.

2. Théophile Lavallée, *Histoire de Paris depuis le temps des Gaulois jusqu'à nos jours*, 2e éd., Paris, Michel Lévy Frères, 1857, p. 222.

3. Paris, Dubrochet, Hetzel, Paulin,1842, p. 82.

4. Jacques Hillairet, *Évocation du vieux Paris*, Paris, Les Éditions de Minuit, 1953.

5. Jean Richepin, *Les Étapes d'un réfractaire, Jules Vallès*, Paris, 1872.

6. Personnage de carnaval se livrant à des danses grotesques.

7. Eugène Labiche, en coll. avec Marc-Michel, *Un chapeau de paille d'Italie*, comédie-vaudeville en cinq actes représentée pour la première fois le 14 août 1851 au théâtre du Palais-Royal, Paris, éd. Michel Lévy Frères, 1851.

8. Alexandre Dumas, *Mes Mémoires*,Paris, Michel Lévy Frères, 1867,vol. 5, p. 312.

9. Charles Monselet, *Almanach des gourmands*, Paris, Librairie du Petit Journal, 1865.

10. Patrice Boussel, *Les Restaurants dans « La Comédie humaine »*, Paris, Éditions de la Tournelle, 1950.

11. Brillat-Savarin, *Physiologie du goût ou méditations de gastronomie transcendante*, *op. cit.*, p. 108.

12. Comte Rodolphe Apponyi,Ernest Daudet, *Vingt-cinq ans à Paris (1826-1850)*, Paris, Plon, 1913.

13. Jules Claretie, *La Vie à Paris,1907*, Paris, bibliothèque Charpentier,1908.

14. Jules Vallès, *La Rue*, Paris,Achille Faure libraire-éditeur, 1866,p. 23.

15. H. de Balzac, *Scènes de la vie de province*, 4 vol., Paris, Alexandre Houssiaux, 1855, tome IV, Illusions perdues, p. 156.

16. Armand Fouquier, Causes *célèbres de tous les peuples*, éd. illustrée,Paris, Lebrun et Cie, 1858,tome I, p. 78.

17. Aristide Bruant, chanson *Au bois de Vincennes.*

18. *Cahiers Jean Cocteau*, Société des amis de Jean Cocteau, Paris,Gallimard, 1981, 9-10, p. 133.

19. P. Mayer-Ledoyen, *Histoire du 2 Décembre*, Paris, 1852.

20. *Revue hebdomadaire*, Paris,Plon, 1929, vol. 38, p. 442.

21. Georges de Wissant, *Le Paris d'autrefois. Cafés et cabarets.* Paris,J. Tallandier, 1928.

22. Maxime Rude, *Tout Paris au café*, Paris, Maurice Dreyfous éditeur,1877.

23. *Ibid.*

24. *Ibid.*

25. E. Littré, *Dictionnaire de la langue française en 6 volumes*, Librairie Hachette, 1873.

26. Citée *in* Charles Nisard, *Des chansons populaires chez les Anciens et chez les Français*, Paris, E. Dentu éditeur, 1867.

27. Louis Veuillot, *Les Odeurs de Paris*, Paris, Palmé éd., 1867.

28. Alfred Delvau, *Les Plaisirs de Paris*, Paris, chez Achille Faure, 1867.

29. Emma Valadon (chanteuse Thérésa), *Mémoires de Thérésa écrits par elle-même*, 6e éd., Paris, E. Dentu,1865.

30. Cité in *Le Ménestrel, musique et théâtres*, journal du monde musical,Éditions Minkoff, 1848, vol. 16-17,p. 93.

31. Gérard-Georges Lemaire,*Les Cafés littéraires : vies, morts et miracles*,Paris, éd. de la Différence, 1997.

32. Louis Schneider, in *La Revue illustrée*, 1er avril 1896, Paris, La Librairie d' Art L. Baschet.

33. *Ibid.*

34. Maxime Du Camp, *Paris, ses organes, ses fonctions et sa vie dans la seconde moitié du xixe siècle*, Paris,Hachette, 1875, tome VI, p. 187.

35. Villemer, Delormel, Ranc,*Les Chansons d'Alsace-Lorraine*, chez Bathlot, Marpon et Flammarion,1885.

36. *Actes du gouvernement de la Défense nationale, du 4 septembre 1870 au 8 février 1871*, Librairie des publications législatives, 1876,p. 177.

37. Daniel Amson, *Gambetta, ou le rêve brisé*, Paris, Tallandier, 1994.

38. Jules Claretie, *Histoire de la révolution de 1870-1871*, Paris,G.

Decaux, 1875.

39. *Ibid.*

40. *Ibid.*

第五章

Montmartre ou le cabaret de Paris

1. *OEuvres de J.-F.* Regnard, Paris,Auguste Desrez éditeur, 1837, p. 426.

2. Gérard de Nerval, *La Bohème galante*, Paris, Michel Lévy Frères,1855, p. 235.

3. Georges Montorgueil, *Paris dansant*, Paris, éd. Théophile Belin,1898.

4. *Les OEuvres libres*, recueil littéraire mensuel, librairie Arthème Fayard, 1932, vol. 135.

5. Louise Delapalme, *La Ceinturede Paris : récits anecdotiques, ce qui fut, ce qui est*, éd. de La Revue moderne, 1962.

6. Montorgueil, *Les Demi-Cabots,le café-concert, le cirque et les forains*,éd. Charpentier et Fasquelle, 1896.

7. *Ibid.*

8. Jean Lorrain, *La Ville empoisonnée*: *Pall-Mall Paris,* éd. Jean Crès,1936.

9. J.-K. Huysmans, *Certains :G. Moreau, Degas, Cheret, Whistler...*,Tresse et Stock, 1894, p. 58.

10. Jules Lemaître, *Les Gaîtés du Chat Noir*, éd. P. Ollendorf, 1894.

11. André Billy, *L'Époque 1900*,Paris, Tallandier, 1951.

12. *Les Annales politiques et littéraires*,vol. 84, Adolphe Brisson, 1925.

13. Dominique Bonnaud, *La Fin du Chat Noir, ou les Derniers Mohicans de la Butte*, Les Annales, 1925.

14. *Ibid.*

15. Laurent Tailhade, *Plâtres et marbres*, éd. E. Figuière, 1913.

16. Joseph Place, *Chronique des Lettres françaises*, Paris, éd. H. Floury,1925, tome III, p. 184.

17. *Action française*, 22 mars 1933.

18. Francis Carco, *La Bohème et mon coeur*, Albin Michel, 1939, p. 156.

19. R. Dorgelès, *Bouquet de Bohème*, Albin Michel, 1947, chap. XI.

20. *Max Jacob*, *Une étude*, par André Billy, P. Seghers, 1956, p. 25.

21. Francis Carco, *Mémoires d'une autre vie,* éditions du Milieu du Monde, 1942.

22. Pierre Mac Orlan, *Villes :mémoires*, Gallimard NRF, 1929.

23. Rodolphe Darzens, A. Willette,*Nuits à Paris*, Paris, éd. E. Dentu,1889.

24. Anonyme, *in* Théophile Marion Dumersan, *Chansons nationales et populaires de France*, 1845, vol. 2,p. 201.

25. Yvette Guilbert, *La Chansonde ma vie, mes mémoires*, Paris,Bernard Grasset, 1927.

第六章

L'âge d'or :de la « Gaîté parisienne » à la « Fleur au fusil »

1. E. littré, *op. cit.*

2. Cité in *La Revue hebdomadaire*,Paris, librairie Plon, 1901.

3. Aurélien Scholl, *Les Coulisses*,Paris, Victor Havard, 1887.

4. André Billy, *op. cit.*

5. Auguste Lepage, *Les Cafés politiques et littéraires de Paris*, éd. E. Dentu, 1874.

6. Francis Carco, *Montmartre à vingt ans,* Paris, Grasset, 1938.

7. Ernest La Jeunesse, *Les Nuits,les ennuis et les âmes de nos plus notoires contemporains*, Paris, Perrimet et Cie, 1913.

8. Gabriel Astruc, *Le Pavillon des fantômes*, *Souvenirs*, Paris, Belfond,1927.

9. *Maurice Maeterlinck*, *Mes Mémoires*, par Gérard Harry, Paris,J. Lebègue et Cie, 1927.

10. Maître Hugo, *Vingt ans maître d'hôtel chez Maxim's*, Paris, Amiot Dumont, 1951.

11. Georges Méliès, *Mes mémoires*,1938, in *Georges Méliès*, *mage*. « *Mesmémoires* », Édition du Centenaire (1861-1961), Bessy, Duca, Méliès.

12. Hervé Lauvick, *Le Merveilleux Humour de Lucien et Sacha Guitry*,Arthème Fayard, 1959.

13. Léon Daudet, *Au temps de Judas*, B. Grasset, 1933.

14. Caradec et Masson, *Guide de Paris mystérieux*, Tchou, 1966.

15. Article publié dans un numéro du *Mot d'ordre* de février 1871.

16. Henri Rochefort, *La Lanterne,1868*, n° 11 à 20, p. 38.

17. Léon Daudet, *Écrivains et artistes*, Paris, éditions du Capitole,1929.

18. En 1876, le métallurgiste britannique Thomas améliore la conversion de la fonte en acier.

19. Ernest Raynaud, *La Mêlée symboliste (1870-1890), portraits et souvenirs*, Paris, La Renaissance du livre, 1918.

20. Jean-Paul Crespelle, *Montmartre vivant*, Paris, Hachette, 1964.

21. Poème paru dans la revue *L'Artiste* en 1869.

第七章

À Montparnasse,on refait le monde

1. Bimensuel illustré créé en juin 1914.

2. Léon Daudet, *Paris vécu*, 1929-1930, Paris, Gallimard-NRF.

3. André Warnod, *Les Berceaux de la jeune peinture : Montmartre,Montparnasse*, Paris, Albin Michel, 1925.

4. Pierre Labracherie, *Petite histoire des cafés de Paris*, article paru dans *Le Crapouillot*, numéro spécial,février 1951.

5. Jean Pellerin, *La Romance du retour*, Paris, NRF, 1921.

6. Georges-Albert Astre, *Ernest Hemingway par lui-même*, Paris, éd.du Seuil, 1968 ; *Correspondance*.

第八章

On « bluffe sur le moi »

1. Louis Merlin, *C'était formidable*,Paris, Julliard, 1966.

2. *In France... Demain* !..., par Jean Lagardère, Paris, P. Téqui, 1917.

第九章

L'explosion de Saint-Germain-des-Prés

1. J.-K. Huysmans, « Les habitués des cafés », in *De tout*, Paris, Plon-Nourrit, 1908.

2. Remy de Gourmont, *Promenades littéraires. Le symbolisme*,Paris, Mercure de France, 1963.

3. André Breton, *Point du jour*,Paris, Gallimard, 1970, p. 31.

4. Queneau, *Mémoires*, in *OEuvrescomplètes*, Paris, « La Pléiade », Gallimard,

1989.

5. Sartre, *Les Chemins de la liberté*, Paris, Gallimard, 1965.

6. André Salmon, Maurice de Vlaminck, *Rive gauche, Quartier latin,Plaisance, Montparnasse, les quais...*,1951.

7. *Ibid.*

8. François Fosca, *La Peinture en France depuis trente ans*, Paris, éditions du Milieu du Monde, 1948.

9. Guillaume Hanoteau, *L'Âge d'or de Saint-Germain-des-Prés*, Paris,Denoël, 1965.

10. Cité in *La Revue du Rouergue*,Rodez, P. Carrère Imprimeur-Éditeur,1965, vol. 19-20.

11. André Salmon, Maurice de Vlaminck, *Rive gauche, Quartier latin,Plaisance, Montparnasse, les quais...,op. cit.*

第十章

D'un Paris à l'autre

1. *Cahiers Jean Cocteau*, Société des amis de Jean Cocteau, Paris,Gallimard, 1981.

2. Alphonse Rabbe, « Album d' un pessimiste » dans *OEuvres posthumes*,Paris, Dumont, 1836.

3. Cité in Pons-Augustin Alletz,*Encyclopédie de pensées, maximes et de réflexions sur toutes sortes de sujets*, Paris, au Lys d' Or, 1761.

4. « Ce qu' on a dit de Paris » in *Le Diable à Paris*, *Paris et les Parisiens à la plume et au crayon par Gavarni,Granville, Balzac...*, Paris, Hetzel, 1868,tome I, p. 75.

参考文献

1.Safia Amor, Catherine Jarrige, *À chacun son café*, éd. Parigramme – Compagnie parisienne du livre, 2001.

2.Gérard Bauër, *Rendez-vous avec Paris*, Paris, éd. Albin Michel, 1959.

3.Claude Blanchard, *Le Parisien de Paris*, éd. La Jeune Parque, 1946.

4.F. Caradec, J.-R. Masson, *Le Guide de Paris mystérieux*, Tchou éditeur, 1966.

5.M. Cazes, *Cinquante ans de Lipp*, Paris, éd. La Jeune Parque, 1966.

6.Delphine Christophe, Georgina Letourmy, *Paris et ses Cafés*, Action artistique de la Ville de Paris, 2004.

7.Colombey, *« Ruelles, salons et cabarets. » Histoire anecdotique de la littérature française*, Paris, E. Dentu éditeur, 1892.

8.C. Condemi, *Les Cafés-Concerts*, Paris, éd. Quai Voltaire, 1992.

9.E. Corcellet, P.-J. Rémy et A. Weill, *La Coupole*, Paris, éd. Albin Michel, 1988.

10.R. Courtine, *La Vie parisienne : cafés et restaurants des boulevards 1814-1914*, Paris, éd. Perrin, 1984.

11.M.-C. Delahaye, *L'Absinthe. Histoire de la fée verte*, Paris, éd. Berger-Levrault, 1983.

12.A. Delvau, *Histoire anecdotique des cafés et des cabarets de Paris*, Paris, 1862.

13.C. Durand-Boubal, *Le Café de Flore*, Paris, 1993.

14.Léon-Paul Fargue, *Le Piéton de Paris*, Paris, éd. Gallimard, 1932.

15.A. Franklin, *« Le Café, le thé et le chocolat. » La vie privée d'autrefois*, Paris, Librairie Plon, 1893.

16.B. Girveau, *La Belle Époque des cafés et des restaurants*, Paris, éd. Hachette/ RMN, 1990.

17.Eugène de La Gournerie, *Histoire de Paris et de ses monuments*, Tours, Alfred Mame et fils éditeurs, 1883.

18.Jacques Hillairet, *Connaissance du vieux Paris*, Le club français du livre,1959.

19.B. Klüver et J. Martin, *Kiki et Montparnasse, 1900-1930*, Paris, éd. *Flammarion*, 1989.

20.H.-M. de Langle, *Le Petit Monde des cafés et débits parisiens au xixe siècle*, Paris, éd. PUF, 1990.

21.Léo Larguier, *Au Café de l'univers*, Avignon, Édouard Aubanel éditeur, 1942.

22.J. Leclant, *Le Café et les cafés à Paris*, 1644-1693, Annales ESC, 1951.

23.H. Lefuel, *Boutiques parisiennes du Premier Empire*, éd. A. Morencé, 1925.

24.G.-G. Lemaire, *Les Cafés littéraires*, éd. de la Différence, 1997.

25.—, *Les Cafés d'autrefois*, éd. Plume, 2000.

26.G. Lenôtre, *Paris qui disparaît*, Paris, éd. Grasset, 1937.

27.A. Lepage, *Les Cafés politiques et littéraires de Paris*, Paris, éd. E. Dentu,1874.

28.Mailly (de), *Les Entretiens des cafés de Paris et les différends qui y surviennent*, éd. Trévoux, 1702.

29.Henri Maret, *Le Tour du monde parisien*, Paris, éd. Hetzel, 1862.

30.F. Mauro, *Histoire du café*, éd. Desjonquères, 1991.

31.« *Mémoires de Bilboquet* » *recueillis par un bourgeois de Paris*, Paris, Librairie Nouvelle, 1854.

32.J. Mourat et P. Louvet, *Le Procope*, 1929.

33.L. Nucéra, *Les Contes du Lapin Agile*, Paris, Le Cherche-Midi éditeur, 2001.

34.M. Oberthür, *Le Chat Noir*, 1881-1897, éd. RMN, 1992.

35.—, Montmartre en liesse, 1880-1900, Paris, éd. Paris-Musées, 1994.

36.Pierre Pic, *Les Heures libres. Gaillardises et curiosités des temps passés*, éd. G. Steinheil, 1910.

37.Georges Pillement, *Paris inconnu*, Paris, éd. Bernard Grasset, 1965.

38.F. Planiol, *La Coupole*, Paris, éd. Denoël, 1986.

39. A. Pradines, *La Foire Saint-Germain*, éditions la Chronique musicale, 1875, rééd. Béziers, 1996.

40.Rochegude-Clébert, *Promenades dans les rues de Paris*, Paris, Club des libraires de France, 1958.

41.M. Rude, *Tout Paris au café*, éd. Dreyfous, 1877.

42. Aurélien Scholl, *« Les Coulisses », l'esprit du boulevard*, Paris, Victor Havard éditeur, 1887.

43.Ch. Simon, *« Paris de 1800 à 1900. » La vie parisienne à travers le xixe siècle*, Paris, éd. Plon, Nourrit et Cie, 1900.

44. M. Tardieu, *La Grande Épopée des Auvergnats de Paris*, Paris, éd. de Borée, 2002.

45. G. de Wissant, *Le Paris d'autrefois – Cafés et cabarets*, Paris, éd. Tallandier, 1928.

图书在版编目(CIP)数据

巴黎咖啡馆史话 / (法) 热拉尔·勒塔耶尔 (Gérard Letailleur) 著 ; 刘宇婷译. — 重庆 : 西南师范大学出版社, 2018.1
ISBN 978-7-5621-8932-9

I. ①巴… II. ①热… ②刘… III. ①咖啡馆 – 历史 – 巴黎 IV. ①F719.3

中国版本图书馆CIP数据核字(2017)第298912号

巴黎咖啡馆史话

BALI KAFEIGUAN SHIHUA

[法] 热拉尔 · 勒塔耶尔 (Gérard Letailleur) 著　刘宇婷 译

出 品 人：米加德
总 策 划：卢　旭　彦吴桐
责任编辑：何雨婷　姚丽晴
照片提供：索莱耶　王　欣
装帧设计：谷亚楠　朱海英
出版发行：西南师范大学出版社
重庆市北碚区天生路2号　邮编：400715
http：//www.xscbs.com
市场营销部电话：023-68868624
印　　刷：重庆市正前方彩色印刷有限公司
开　　本：890mm × 1240mm　1/32
印　　张：14.875
字　　数：245千字
版　　次：2018年1月第1版
印　　次：2018年1月第1次
书名原文：Histoire insolite des cafés parisiens
著作权合同登记号：2017年第060号
书　　号：ISBN 978-7-5621-8932-9

定　　价：78.00元

读者回函表

Readers

WIPUB BOOKS

姓名：__________ 性别：_____ 年龄：_____ 职业：________ 教育程度：______

邮寄地址：________________________________ 邮编：________

E-mail：__________________ 电话：__________________

您所购买的书籍名称：《巴黎咖啡馆史话》

您对本书的评价：

书名：	□满意	□一般	□不满意	故事情节：	□满意	□一般	□不满意
翻译：	□满意	□一般	□不满意	书籍设计：	□满意	□一般	□不满意
纸张：	□满意	□一般	□不满意	印刷质量：	□满意	□一般	□不满意
价格：	□便宜	□正好	□贵了	整体感觉：	□满意	□一般	□不满意

您的阅读渠道（多选）：□书店 □网上书店 □图书馆借阅 □超市/便利店

□朋友借阅 □找电子版 □其他 __________

您是如何得知一本新书的呢（多选）：□别人介绍 □逛书店偶然看到 □网络信息

□杂志与报纸新闻 □广播节目 □电视节目 □其他 __________

购买新书时您会注意以下哪些地方？

□封面设计 □书名 □出版社 □封面、封底文字 □腰封文字 □前言、后记

□名家推荐 □目录

您喜欢的书籍类型：

□文学-奇幻小说 □文学-侦探/推理小说 □文学-情感小说 □文学-散文随笔

□文学 历史小说 □文学-青春励志小说 □文学-传记

□经管 □艺术 □旅游 □历史 □军事 □教育/心理 □成功/励志

□生活 □科技 □其他________

请列出3本您最近想买的书：__________、__________、__________

请您提出宝贵建议：________________________________

____

★感谢您购买本书，请将本表填好后，扫描或拍照后发电子邮件至wipub_sh@126.com和xscbsr@sina.com，您的意见对我们很珍贵。祝您阅读愉快！

图书翻译者征集

为进一步提高我们引进版图书的译文质量，也为翻译爱好者搭建一个展示自己的舞台，现面向全国诚征外文书籍的翻译者。如果您对此感兴趣，也具备翻译外文书籍的能力，就请赶快联系我们吧！

您是否有过图书翻译的经验：□有（译作举例：____________________）
□没有

您擅长的语种：□英语 □法语 □日语 □德语
□韩语 □西班牙语 □其他____________

您希望翻译的书籍类型：□文学 □生活 □心理 □其他________

请将上述问题填写好、扫描或拍照后，发电子邮件至wipub_sh@126.com和xscbsr@sina.com，同时请将您的译者应征简历添加至邮件附件，简历中请着重说明您的外语水平等。

期待您的参与！

西南师范大学出版社
上海万墨轩图书有限公司